행동수정 및 긍정적 행동 지원의 이해

김미경

박영
story

머 리 말

　누구든 교사라면 잘 가르치기를 원한다. 이상하리만큼 한 사람의 자연인이 누군가를 가르치기 위해 교단에 서면 일종의 사명감이 발동하게 된다. 그리고 교사는 대학에서 바르게 그리고 효과적으로 가르치도록 훈련받는다. 대학을 졸업하고 교사로 임용된 사람이라면 그 사람은 교육적 사명감을 가졌다고 해도 과언이 아니다. 하지만 교사들은 학교현장에서 종종 좌절한다.

　특히, 장애 학생을 지도하는 교사들은 더더욱 그러하다. 교사들 업무 중 가장 복잡하고도 어려운 것이 도전행동 소위 말하는 문제행동의 감소 즉 공격행동, 자해행동, 상동행동 및 과잉행동의 빈도나 강도를 감소시키고, 사회성이나 주의력 결핍 등의 결핍행동의 빈도나 강도를 보통의 수준으로 증가시키는 것이다. 따라서 문제행동은 교육적, 사회적, 정서적으로 심각한 결과를 초래하므로 장애학생 교육의 우선 중재목표가 되어 왔다. 만약, 문제행동을 계속 보이게 될 경우 주변사람들은 아동에 대해 부정적인 태도를 가지게 되고 아동은 사회적으로 고립되어 인격 장애까지 초래하여 정상적인 대인관계 형성이 어려워지게 된다. 또한, 문제행동의 중재에 많은 시간과 노력을 기울여야 하므로, 상대적으로 학습에 방해를 받게 되어 아동의 전인적 발달을 도모하기 위한 교육의 기회를 놓치게 될 뿐만 아니라, 성인이 되었을 경우 고용의 기회도 잃게 될 수 있다.

　이것이 거듭되면 교사나 부모는 일종의 자포자기에 빠진다. 어느 학부모는 교육경력이 제법 되는 교사를 싫어하기도 한다. 타성에 젖어 시간만 보내고 그냥 적당히 학생을 지도한다고 생각하기 때문이다. 이와 같은 타성이나 좌절은 교사가 가진 능력과는 다르다. 교사가 좌절이나 타성에 젖는 것은 교사개인의 문제 때문이 아니라 대부분은 학생이 보이는 행동상의 문제 혹은 치료적인 문제 때문인 것이다.

　이러한 학생들의 도전적인 문제행동을 중재하기 위해 행동주의 원리를 적용하여 인간

행동을 변화시키려는 방법이 연구되었고 이에 대한 용어는 계속적으로 변화해 왔다. 이러한 각 용어들은 사람의 행동문제를 어떤 관점에서 보는지를 반영해 준다. 즉, 문제행동, 도전행동을 바라보는 시각, 문제행동을 하는 사람에 대한 철학적 인식이 반영되면서 용어에도 변화가 있어 왔다. 행동주의 원리를 적용하여 인간행동을 지원하는 것에 대한 용어에는 전통적으로 사용해 오던 행동치료/요법(behavior therapy), 행동수정/교정(behavior modification)을 비롯하여, 행동관리(behavior management), 행동지도(teaching of behavior), 응용행동분석(applied behavior analysis), 긍정적 행동지원(positive behavior support) 등이 있다.

최근 많은 학급에는 이런 문제들에 교사들이 적절하게 대처하고 효과적으로 전문적인 지도를 할 수 있도록 유용한 학급운영 기법들이 교사들에게 제공되고 있는 추세이다.

따라서 본 서는 기본적으로 교사가 겪는 학생들의 행동 및 학업상 부적응 문제를 효과적으로 해결할 수 있는 방안을 제시하고자 용어나 내용을 쉽게 풀어서 기술하였고, 설명의 기본방향을 행동수정이론(theory of behavior modification)를 바탕으로 한 긍정적 행동지원에 기초하여 기술(記述)하였다. 또한 1장은 기본이해인 반면 임용고시를 준비하는 학부 학생들에게 긍정적 행동지원에 대한 강조 및 요약정리의 개념으로 내용을 정리하였고 14장에서 다시 한 번 더 긍정적 행동지원에 대한 설명을 추가하였다. 그리고 행동수정에 대한 기본이해를 원하는 부모나 교사들은 2장부터 행동수정에 대한 기본이해를 잘 숙지한 후, 다시 한 번 1장의 부분을 살펴보면 요약정리를 할 수 있다는 점을 잘 양지해서 이 책을 활용해주길 바란다.

행동수정(behavior modification)과 긍정적 행동지원은 교사가 아동의 행동을 이해하고 행동을 변화시키기 위해 활용할 수 있는 이론으로 알려져 있다. 이 이론에 입각하여 아동을 지도한 교사의 경우 좌절에서 희망을 보았다고 한다.

부디 이 책을 통하여 아동의 행동을 중재하는 방법에 대한 기초지식을 익히고 그 실천의 지침이 되기를 기대한다.

언제나처럼 영암의 세한 쎄느강을 바라보며 ….

2019. 8.
저자 김미경

차 례

제1장 행동수정과 긍정적 행동지원의 기본이해

제 2 장 행동수정의 이해

제3장 인간행동에 관한 이론

제 4 장　바람직한 교사의 자세

제 5 장　행동수정의 원리

제8장 **바람직하지 못한 행동을 감소시키는 방법**

제 9 장　정신분석이론에 의한 중재

제11장 인지이론에 의한 중재

제12장 **생물학적 이론에 의한 중재**

제13장 생태학적 이론에 의한 중재

제14장 긍정적 행동지원

제15장 교사와 부모 협력

제 1 장

행동수정과 긍정적 행동지원의 기본이해

교사는 그저 단순히 교단에 서서 가르치는 사람이 아니다. 흔히 교사들끼리 하는 이야기지만 한사람으로서의 자연인이 책을 들고 아이들 앞에 서면 마음이 달라진다. 일종의 사명감이 생겨나는 것이다. 그리고 교사는 '나도 한번 잘 가르쳐 보리라'라는 결심을 하게 된다. 이런 관점에서 보면 '자리가 사람을 만든다'는 말도 일리가 있다.

그러나 교사는 아이들을 가르치면서 여기저기 많은 지뢰밭을 만나게 된다. 왜 아이들이 내 말을 제대로 이해하지 못하는지, 왜 아이들은 나의 말에 집중을 하지 못하는지에 대하여 고민도 하고 좌절에 빠지기도 한다.

저자가 대학원에 다닐 때 자신이 근무하던 학교를 잠시 휴직하고 대학원에 입학한 선생님 학생들이 있었는데 이들의 공통적인 대답은 자신이 아이들을 가르칠 때 가르침에 대한 한계를 느꼈다고 고백하면서 그 한계를 넘어보고자 대학원에 입학하였다고 말하였다. 물론 이것이 대학원에 입학한 모든 동기를 설명할 수는 없겠지만 아마도 아이들을 가르치면서 여러 가지 고민을 하였던 것은 사실인 것 같다.

교사는 아이들을 가르치는데 여러 가지를 기본적으로 알고 있어야 한다. 그 중에서 무엇보다도 교사는 자신이 가르치는 아이들 속에서 아이들 개개인이 동질적인 것이 아니라 서로 다름을 인정하여야 할 것이다. 아이들은 다른 환경, 다른 부모에게서 자라왔고 하나의 인격체로서 다른 생각, 판단기준, 다른 가치기준을 가지고 있는 것이다.

대부분의 사람들은 자신이 특별하다고 믿는다. 그리고 부모들은 자신의 아이가 남다르고 특별하다고 생각한다. 그래서 많은 부모들이 '우리 아이가 혹시 천재가 아닐까?'라고 의심하기도 한다. 저자도 우리 아이가 자라면서 언뜻언뜻 던진 말에서 감동을 하고 '혹시 천재성?'이라고 의심한 적이 있었다. 그러나 좀 더 관찰하고 다른 아이들을 면밀히 살펴보면 대부분은 천재가 아니라 범재이고 그만한 나이에 맞는 언행인 것이었다.

　　그럼에도 불구하고 아이들은 분명 서로가 다른 다양성이 존재한다. 어느 부모는 '어쩌면 같은 부모에서 나온 자식인데도 이렇게 다를 수 있느냐'고 말하기도 한다. 그리고 아이자신도 자신이 아주 특별하다고 느낀다.

　　물론 아이들은 대부분 다른 아이들과 유사한 면도 가지고 있다. 그러나 교사는 그 유사성만큼이나 다른 점들도 아이들이 가지고 있다는 점을 명심할 필요가 있다.

　　교육현장에서는 전통적으로 문제행동 즉 도전행동을 지도하는 방법으로 '행동수정'이라는 용어를 사용해 왔다. 이때 '행동수정'이라는 용어는 그 뿌리를 Skinner의 이론에 두고 있다. Skinner는 동물의 행동을 계속적으로 관찰하고 체계적으로 분석하였고, 동물행동을 지배하는 원리가 인간행동에도 적용되는지 알아보고자 실험실에서 인간행동 원리를 연구했다. 그가 발견한 행동 원리를 심리학과 교육학 영역에서 사람의 행동문제를 개선하는 데 사용하면서 '행동수정'이라는 명칭을 사용하기 시작한 것이다. 행동수정은 Skinner의 조작적 조건형성 원리를 응용해서 바람직하지 못한 행동을 하게 하는 요인을 제거하여 바람직한 행동으로 변화시켜서 그 행동이 유지되게 하는 것이다. 즉, 새로운 적절한 행동을 발달 · 유지하도록 하기 위해서는 정적 강화의 원리, 모방의 원리, 변별 원리 등을 적용하고, 부적절한 행동을 감소 · 제거하기 위해서는 소거 원리, 차별강화 원리, 벌 원리 등을 적용하는 것을 행동수정이라고 불러 왔다.

　　그 외에도 '행동관리'나 '행동지도'라는 용어는 주로 교육기관에서 행동수정의 이론을 적용하여 학생들의 행동을 다루는 방법을 지칭하는 또 다른 용어들이다. 즉, 심리전문가나 행동전문가보다는 학교와 같은 기관의 교사가 중심이 되어 학생의 행동을 관리하고 지도한다는 의미를 담고 있다.

　　이와 같이 문제행동을 다루는 것과 관련된 다양한 용어가 있는데, 그중에서 가장 중심이 되어 온 용어는 '행동수정'이라고 볼 수 있다. 그리고 '응용행동분석'과 '긍정적 행동지원'이라는 용어는 행동수정이 더욱 발전하면서 등장한 개념이다. 용어들의 개념을 요약하자면 '행동수정'은 행동 원리를 적용하여 사람의 구체적 행동을 체계적으로 변화시키는 것을 지칭하는 용어로 그 중심이 되는 이론은 행동주의다. 반면에, 1960년대 말에 등장한 '응용행동분석'이라는 용어는 행동수정의 내용에 개별화의 원리가 합해지면서 행동의 기능에 대한 관심이 더해진 개념이지만 여전히 주축이 되는 이론은 행동주의다. 그런데 2000년대에 등장한 '긍정적 행동지원'이라는 용어는 응용행동분석의 내용에 행동의 기능분석과 문제행동 예방의 원리가 더해진 개념으로, 행동주의적 관점 위에 생물학적 관점, 인지적 관점, 발달적 관점, 사회 및 환경적 관점 등이 종합된 것으로 볼 수 있다.

제1절 행동지원의 기본이해

1. 긍정적 행동지원 개념

응용행동분석은 장애아동의 많은 부적응 문제를 해결하는 데 큰 성과를 이루었다. 그러나 혐오자극으로 부적절한 행동을 통제하거나 보상 체계로 적절한 행동을 강화하는 것만으로 문제행동이 사라지고 적절한 행동이 온전히 습득되는 것은 아니었다. 뿐만 아니라 혐오자극 사용의 부작용과 그와 관련된 인권문제 등이 나타나기 시작하면서 중재의 제한적인 사용보다는 비혐오적 접근을 모색하려는 노력이 시작되었다(Horner et al., 1990; Meyer & Evans, 1989). 또한 문제행동의 원인과는 상관없이 후속결과만으로 문제행동을 완화시킬 수 있다는 행동분석가들의 주장에 대한 비난과 함께, 몇몇 행동분석가들은 문제행동의 원인에 대한 이해가 중요함을 강조하기 시작했다. 이때 행동분석가들이 말하는 문제행동의 원인이란 인간 내적 원인이 아니라 환경적 원인을 의미한다. 1980년대 초부터 문제행동에는 의사소통 기능이 있다는 것이 밝혀지기 시작하면서 문제행동을 유지하게 하거나 강화하는 환경적 요인을 찾아내는 문제행동의 기능평가를 시도하기 시작했다(Iwata, Dorsey, Slifer, Bauman, & Richman, 1982). 즉, 비 혐오적 중재와 행동의 기능평가는 응용행동분석의 발전과정에서 나오게 된 개념이다(양명희, 2016, 재인용).

이러한 응용행동분석 영역의 움직임들과 함께 긍정적 행동지원이라는 용어가 등장했다. 공식적으로 긍정적 행동지원이라는 용어가 사용되기 시작한 역사적 배경은 미국 장애인교육법(IDEA: Individuals with Disabilities Education Act)의 개정안이 1997년 6월에 공법(P.L.105-17)이 되면서부터다(Sugai et al., 2000). P.L.105-17은 학교의 규율을 어기거나 대인관계에서 바람직한 사회적 행동규범을 어기는 학생의 행동이 자신이나 다른 사람의 학습을 방해하는 경우에 긍정적 행동지원을 포함하는 전략을 고려하도록 요구하고 있다. 또한 이 법에서는 문제행동에 대해 긍정적 행동지원과 함께 행동의 기능평가(functional behavior assessment)를 하도록 규정하고 있기 때문에 행동의 기능평가는 긍정적 행동지원을 대표하는 특성으로 이해되고 있다(이대식 외, 2006). 그러나 행동의 기능평가는 응용행동분석의 발전과정에서 생성된 개념이므로 긍정적 행동지원이 가지는 독특한 특성이라고 보기는 어렵다(Alberto & Troutman, 2003). 사실 1994년 『Journal of Applied Behavior Analysis』의 27권 2호에서 처음으로 행동의 기능분석을 소개했다(Iwata, Pace, Dorsey, Zarcone et al., 1994). 따라서 응용행동분석이 행동의 기능평가를 행동지원 체계 내로 끌어들이는 일을 했고, 긍정적 행동지원은 행동의 기능평가를 제도화하여 실질적으로 실행되도록 했다고 볼 수 있다(양명희. 2016. 재인용).

긍정적 행동지원이란 사회적으로 의미 있고 중요한 행동을 변화시키기 위한 방법으로 긍정적 행동중재와 체계를 적용하는 것을 뜻하는 일반적 용어라고 Sugai와 동료들(2000)은 주장했다. 그들은 긍정적 행동지원이 행동에 대한 어떤 새로운 중재나 이론이 아니라고 주장하면서, 학교와 가정과 사회의 능력을 신장시켜서 연구에 근거한 실제가 교수와 학습이 이루어지고 있는 환경에 잘 연결되도록 하는 체계를 적용하는 것을 의미한다고 했다. 따라서 긍정적 행동지원은 학생의 문제행동이 덜 효과적이게 만들고 바람직한 행동이 더 잘 기능하도록 하여 학생의 실제 생활을 향상시켜 주는 환경을 만들고 유지하는 것에 초점을 둔다. 즉, 문제행동의 예방을 강조하는 종합적 중재 접근이다. 긍정적 행동지원(positive behavior support)은 한마디로 영유아의 발달 및 생애에 영향을 미치는 총체적 행동 형태를 항구적으로 구축하는 것을 목적으로 한다(김정일, 2004).

정서에 문제가 있는 아동은 종종 개인행동과 사회행동에서 문제를 보인다. 이와 같은 행동을 우리는 문제행동(바람직하지 못한 행동)이라고 하는데 학자들은 이와 같은 문제행동을 변화시키기 위하여 여러 가지 기법들을 개발하여 왔다.

그런데 아동이 보이는 문제행동을 보는 시각에 관련하여 생각해 볼 것이 있다. 즉, '아동이 바람직하지 못한 행동을 왜 하는가?'인 것이다. 아동이 바람직하지 못한 행동 즉 문제행동을 하는 이유를 행동수정 이론에서는 학습에 의한 것으로 보고, 정신분석이론에서는 아동의 정신세계, 그리고 인지주의 이론에서는 인지방식, 환경이론(environmental theory)에서는 환경 탓, 생물학적 이론(biophysical theory)에서는 아동의 생물학적 특징으로 보고 있다. 그러나 이와 같이 아동의 행동원인이 어디에 있든 간에 아동이 보이는 문제행동은 그 행동에 원인이 있고 그 행동의 원인을 알게 되면 문제행동의 처방(treatment)을 알 수 있을 것이다.

긍정적 행동지원(positive behavior support)은 이와 같이 문제행동의 원인을 탐색하고 문제행동을 바람직한 행동으로 지원하는 방식을 의미한다. 이와 같은 긍정적 행동지원은 행동의 대안을 아동에게 제공하여 준다는 의미에서 매우 의미 있는 중재법이라 할 수 있다. Sugai와 동료들(2000)은 이러한 예방을 위해 아동에게 기대되는 적절한 행동을 직접 가르치고, 문제를 가져올 만한 환경을 변화시키고, 기대되는 행동을 하도록 동기와 보상을 제공할 것을 제안하면서, 이러한 예방적 접근은 장애학생뿐 아니라 학교 안의 모든 학생을 대상으로 실시하는 것이 바람직하다고 했다.

긍정적 행동지원이 중요한 의미를 지니게 된 것은 자해나 공격적 행동과 같은 심각한 행동장애를 지닌 학생들에게 사용된 혐오적 중재의 역효과와 윤리적 문제로 인해 그에 대한 대체 중재로 긍정적 행동지원이 사용되면서부터다. 지금까지 교사들은 학생들의 문제행동이 발생하면 혐오스러운 후속결과를 적용하는 방법들을 자주 사용하였다(Sugai & Horner, 2002). 혐오자극을 적용하는 전통적 방법은 문제행동이 이미 발생한 후에 반응하는 것이므로 문제행동을 예방하지 못한다. 또한 그러한 전통적 방법들은 처음에는 문제행동의 즉각적인 감소를 가져다주는 것처럼 보이지만, 그러한 감소는 일시적이며 문제행동이 다시 나타나게 되는 경우가 많다. 효과가 있는 경우에도 전통적 방법이 시행되는 장소에서만 효과가 있을 뿐 다른 상황에서는 그 효과가 일반화되지 않는 경우도 많다. 뿐만 아니라 문제행동이 일어난 후에 반응하는 방법은 교사의 많은 시간과 자원을 요구한다. 그러한 시간을 절약할 수 있다면 교사는 아동을 교수하는 데에 시간을 더 효과적으로 사용할 수 있을 것이다. 무엇보다도 전통적 방법은 문제행동의 원인이나 환경적 영향을 고려하기보다는 행동의 유형이나 형태에 따라 접근해 왔다(Carr, Robinson, & Palumbo, 1990). 그렇게 되면 문제행동을 하는 이유가 남아 있는한, 아동의 문제행동은 중단되지 않고 계속되거나 다른 형태로 나타나게 된다. 즉, 전통적인 방법은 문제행동의 기능을 무시하고 비기능적인 방법을 주로 사용해 온 것이다. 그 외에도 벌과 같은 혐오적인 후속결과는 수많은 부작용을 가져온다. 예를 들면, 벌주는 분위기 자체가 문제행동을 유발하는 환경이 되기도 하고, 문제행동을 더욱 악화시키기도 하며, 벌주는 교사와 학생이 불쾌한 관계를 갖게 되기도 한다. 더 나아가 문제행동에 대해 혐오적인 후속결과만 주게 되면 문제행동은 감소할지 모르지만 학생들이 더 바르게 행동하는 방법을 학습하게 되는 것은 아니다. 따라서 Sugai와 동료들(2000)은 아동의 문제행동에 대해 반사적이고 혐오적인 방법을 취하지 않으려면 학교에 입학한 모든 학생은 행동지원이 필요하므로 학교는 모든 학생을 위해 행동지원을 해야 한다고 하면서, 긍정적 행동지원을 개인적 차원을 넘어서 학교 차원으로 확대할 것을 주장했다.

　　이렇게 긍정적 행동지원을 학교 차원에서 실행하기 위해서 모든 아동들에게는 기대되는 바람직한 행동을 가르치고, 위험요인이 있는 아동을 대상으로는 문제행동을 나타내지 않도록 집중적으로 지원, 예를 들면 멘토링, 사회적 기술훈련 등을 실시하고, 심각한 문제행동을 나타내는 아동에게는 더욱 전문적이고, 체계적이고 지속적인 중재를 개별적이며 계획적으로 지원하는 것이 필요하다(Sugai et al., 2000). 즉, 1차적으로는 모든 학생에게 보편적 중재를 적용하고, 2차적으로는 위험 가능성이 있는 학생들에게 목표행동에 대한 중재를 적용하고, 3차적으로는 만성적이고 심각한 문제를 지닌 소수의 학생들에게 강력하고 지속적인 중재를 체계적으로 적용하는 것을 뜻한다. 이렇게 하면 학생들의 전반적인 문제행동을 예방하고 개별화 지원이 요구되는 학생의 수를 줄일 수 있게 될 것이다(양명희, 2016, 재인용).

2. 긍정적 행동지원의 특징

　　중도 장애인에게 혐오적 중재를 가해 온 것에 대한 윤리적 문제의 비판에 뿌리를 두고 있는 긍정적 행동지원이 응용행동분석과 다른 점은 비윤리적인 것으로 비판받아 온 혐오적 중재에 대한 효과적이면서도 긍정적인 대안이 있다는 기본적 믿음을 바탕으로 한다는 점이다. 응용행동분석과 또 다른 점은 긍정적 행동지원은 표적이 되는 행동 자체를 변화시키는 것뿐 아니라 학생 개인의 삶의 질을 향상시키는 것과 같은, 보다 폭넓게 영향력을 미치는 것을 장기적인 목표로 삼고 행동중재를 사용한다는 것이다. 즉, 긍정적 행동지원에서는 개인의 사회적, 직업적, 육체적 성공에 큰 장애가 되는 문제행동을 감소시키는 것뿐 아니라 삶의 질을 향상시킬 수 있는 적절한 행동을 신장시키는 것에도 초점을 둔다는 점이다. 앞에서 말한 것처럼 긍정적 행동지원은 행동에 대한 지원을 긍정적인 방법으로 할 것을 의미하기도 하고, 긍정적인 행동을 지원할 것을 의미하기도 한다. 긍정적 행동지원이 특별히 강조되는 것은 개인의 필요와 구체적 지원을 잘 연결해 주기 위한 행동의 기능평가 사용, 환경의 재구성을 통한 문제행동의 예방, 문제행동과 동일한 기능을 하는 바람직한 행동의 적극적 교수, 부적절한 행동을 감소시키고 바람직한 행동을 증진시키는 후속결과의 체계적 사용이다.

긍정적 행동지원의 주요 특징을 행동 과학, 실용적 중재, 사회적 가치, 체계의 변화로 나누었다(양명희, 2016, 재인용). 긍정적 행동지원의 기본이 되는 특징을 살펴보면, 첫째, 긍정적 행동지원은 '행동은 학습된다.'는 원리에 근거한다. 일반적으로 인간행동은 여러 요인들에 의해 영향을 받으며 의도하지 않은 학습과정을 거쳐 학습된다. 따라서 행동과학은, 인간행동은 이해될 수 있는 것이고, 그러한 인간행동에 대한 지식이 커지면 더욱 바람직하고 기능적인 행동을 가르칠 수 있게 된다는 이론을 주장한다. 즉, 행동은 학습되는 것이므로 잘못된 행동도 학습에 의해 바뀔 수 있으며 바람직한 행동도 학습에 의해 습득될 수 있다는 것이다.

둘째, 긍정적 행동지원은 실용적인 중재를 강조한다. '실용적'이라는 표현은 문제행동과 문제행동이 발생하는 환경과 적용되는 중재 간의 상황적 적합성을 강조하는 전략을 의미한다. 긍정적 행동지원은 행동의 기능평가를 강조하는 것 외에 환경을 조정하고 새로운 행동기술을 가르치고 문제행동을 유지하게 하는 강화 요인을 제거하는 것도 강조한다. 긍정적 행동지원은 학생의 행동변화를 위한 핵심이 가르침에 있으며 그 변화가 의미 있게 유지되게 하려면 환경의 재조정이 필요함을 강조한다.

문제행동의 변화를 위해 적용하는 중재는 단지 심각한 문제가 있는 학생뿐 아니라 모든 학생에게 적용될 수 있는 것이어야 하며, 연구에서 그 효과를 입증한 것이어야 한다. 학생의 현재 수준, 중재가 행동에 미치는 영향, 중재 결과가 학생의 삶에 가져온 향상의 정도 등을 알아보기 위해서는 데이터를 측정해야 한다. 그리고 중재에 대한 모든 결정은 데이터에 근거해야 한다.

셋째, 긍정적 행동지원은 사회적 가치에 초점을 둔다. 학생의 행동변화가 사회적으로 의미 있어야 한다는 것은 행동의 변화가 학생의 하루 생활의 전 시간대와 장소에서 영향을 미치고 그 효과가 지속적이며 궁극적으로 현재와 미래의 삶에 긍정적 영향을 미쳐야 한다는 것이다. 또한 행동의 변화를 위해 적용하는 중재도 학생에게 직접적인 고통을 가하지 않으며, 학생이 속한 문화에서 받아들여지는 것이어야 한다.

넷째, 긍정적 행동지원은 문제행동을 지도하는 개인이 아닌 체계에 초점을 맞춘다. 학생의 문제행동에 대해 학교의 어느 한 전문가가 개입하여 문제를 해결하는 방법은 장기적인 문제를 해결해 주지 못하므로, 학교 안의 모든 사람들이 협력하여 학생의 문제행동에 접근하는 체계의 변화가 요구된다. 이를 실행하기 위해서 학교에는 강력한 지도력이 요구된다. 학교뿐 아니라 청소년 정신건강, 청소년 범죄 재판, 가족 서비스 등과 관련된 체계의 협조도 절대적으로 필요하다.

요약하자면 긍정적 행동지원은 문제행동에 접근하는 체계적 접근을 강조한다. 이를 위한 모든 절차와 과정은 행동과학, 실용적 중재, 사회적 가치에 그 바탕을 두는 것이어야 한다. 긍정적 행동지원의 목표는 행동의 기능평가에서 나온 결과를 사용하여, 문제행동의 실효를 경감시키고 바람직한 행동을 격려하고 지원하는 교수·학습 환경을 조성해 가는 데 있다. 따라서 긍정적 행동지원은 단순히 아동의 행동만 변화시키는 것이 아니라 장기적으로 아동의 삶의 질을 향상시킬 수 있으며, 아동을 지도하는 교사와 학교의 체계에도 긍정적 변화를 가져올 수 있게 하는 것을 목표로 한다(양명희, 2016, 재인용).

제2절 긍정적 행동지원의 개념적 이해

최근 교육장면에서 문제행동 중재방법으로 많이 사용되고 있는 긍정적 행동지원을 다시 한 번 더 요약 정리하면 다음과 같다.

긍정적 행동지원(Positive Behavioral Support: PBS)이란 문제행동을 지닌 아동들을 위한 효과적이면서 개별화된 중재를 개발하기 위해서 진단을 근거로 하는 협력적인 접근을 의미한다. 한 사람이 행동하고 생활하는데 영향을 미칠 수 있도록 광범위한 변화를 이끌어 내고자 환경을 재설계하는 데 주안점을 두는 중재이다. 또한 기능적 사정을 통해 문제의 근원을 수정하는 데 초점을 두는 문제행동에 대한 대처 접근이다.

긍정적 행동지원의 목적은 삶의 다양한 상황에서 나타나는 문제행동을 감소시키고, 아동의 건강과 안전을 증진하며, 의사소통이나 일상생활 기술 등의 기능적인 기술을 향상시키는 것이다. 이것은 긍정적 행동지원을 통해서 가정에서나 지역사회의 일상적인 일과와 활동에 성공적으로 참여하고, 또래들과 우정을 형성하며, 지역사회 교육기관에 성공적으로 통합되도록 하는 것을 의미한다.

긍정적 행동지원의 이론적 특징을 살펴보면 첫째, 문제행동은 상황과 관련되어 있다. 둘째, 문제행동은 학생을 위해 기능을 제공한다. 셋째, 효과적인 중재는 개인, 그를 둘러싼 사회적 상황 그리고 문제행동의 작용을 철저히 이해하는 것을 기초로 한다. 넷째, 각 학생의 존엄, 우선순위와 목적을 기초로 한 인간중심의 가치를 기반으로 해야 한다. 또한 학생과 학생의 행동을 대처해야 할 문제로 간주하기보다 학생이 교육이나 관련 서비스를 받는 체제와 환경, 학생과 주변 사람들의 기술적 손상을 중재의 초점으로 본다. 긍정적 행동지원은 오직 한 학생을 '교정'하고자 하기보다 체제와 환경을 조정하고, 조절하며, 학생과 주변 사람들의 적절한 기술을 촉진한다. 긍정적 행동지원은 문제행동을 제거하거나 소멸시키려고 하기보다 학생을 위한 새로운 접촉, 경험, 관계, 기술을 만들어낸다. 또한 단기간의 중재보다는 체계적인 변화를 가져오고, 환경을 변화시키며, 기술목록을 개발하고, 긍정적 행동결과를 확립하기 위해서 많은 노력과 시간이 필요함을 인정 한다. 그리고 긍정적 행동지원은 행동 전문가에 의해서만 이루어질 수 있는 것이 아니라 인간중심의 계획을 통해 모든 관계자들이 개발, 실행, 평가에 참여할 수 있다. 완고한 체제 안에서 이루어지는 것이 아니라 탄력적이고 인간중심적인 체제로 실행된다. 이러한 체제는 긍정적 행동지원을 사용함으로써 가능해질 수 있다. 긍정적 행동지원은 전문가들에 의해 확립된 행동을 형성하는데 초점을 두기보다, 학생과 가족들이 원하는 삶의 양식을 만들어내는 데 초점을 두고 고도로 훈련된 전문가에 의해 설계되고 실행될 수 있는 아주 특별한 기술이라기보다 학생을 포함한 모든 관계자들이 실행할 수 있는 전략이라는 점에 주안점을 둔다. 마지막으로 긍정적 행동지원은 신체적인 고통을 가하거나 개인의 존중감을 손상시키는 혐오적인 방법의 사용을 제한한다.

1. 긍정적 행동지원의 절차

효과적인 긍정적 행동지원을 실시하기 위해 긍정적 행동지원의 절차를 5단계로 나누어 살펴보면 그림 1-1과 같다.

1단계는 문제행동의 식별 및 정의 단계이다. 문제행동(자신이나 주변 사람들에게 건강 및 기타와 관련된 피해를 입히는 행동이나 방해행동)의 심각성에 따라 문제행동이 무엇인지를 결정하고 식별된 문제행동을 분명하게 정의해야 한다.

2단계는 기능적 행동진단 단계이다. 특정 문제행동을 교정하기 위하여 중재를 실시하기 전에 왜 이러한 행동이 발생하는지에 대한 이유를 분석하는 과정으로 단일 진단도구가 아닌 정보를 수집하는 과정을 의미한다. 또한 아동에 관한 전반적인 정보와 특정 정보(문제행동의 발생과 직접적으로 관련된 좀 더 상세한 환경적 사건에 대한 정보)를 수집한다.

3단계는 가설수립 단계이다. 왜 문제행동이 발생하며 문제행동은 아동에게 어떤 기능을 충족시키고 있는지에 대하여 정확하게 설명하는 단계이다. 그리고 문제행동에 대한 가설은 일반적인 특정 선행사건이나 배경사건을 제시하고 문제

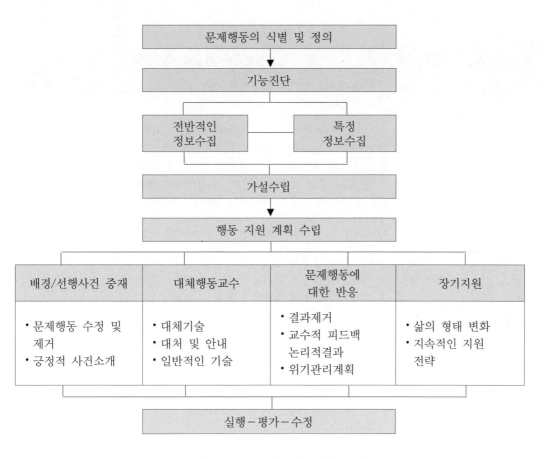

┌─────────────────────────┐
│ 문제행동의 식별 및 정의 │
└─────────────────────────┘
           ↓
┌─────────────────────────┐
│   기능진단   │
└─────────────────────────┘

┌──────────────┐   ┌──────────────┐
│ 전반적인   │──────│   특정   │
│ 정보수집   │   │ 정보수집   │
└──────────────┘   └──────────────┘

┌─────────────────────────┐
│   가설수립   │
└─────────────────────────┘
           ↓
┌─────────────────────────┐
│   행동 지원 계획 수립   │
└─────────────────────────┘

배경/선행사건 중재	대체행동교수	문제행동에 대한 반응	장기지원
• 문제행동 수정 및 제거 • 긍정적 사건소개	• 대체기술 • 대처 및 안내 • 일반적인 기술	• 결과제거 • 교수적 피드백 논리적결과 • 위기관리계획	• 삶의 형태 변화 • 지속적인 지원 전략

┌─────────────────────────┐
│   실행 - 평가 - 수정   │
└─────────────────────────┘

▶ 그림 1-1 ◀ 긍정적 행동지원의 절차

행동을 설명한 뒤 행동의 기능을 설명한다. 4단계는 행동지원 계획수립 단계이다. 긍정적 행동지원은 여러 가지 중재나 지원 전략을 사용함으로써 종합적인 접근을 하게 된다. 마지막 5단계는 계획의 실행-평가-수정 단계로 행동지원 계획이 효과가 있는지, 학생에게서 원하는 변화가 나타나고 있는지, 행동지원이 좀 더 효과적이기 위해서는 어떤 수정이 필요한지 등을 결정하게 된다.

2. 중재의 우선순위를 결정하기 위한 기준

긍정적 행동지원에서 문제행동의 선정은 중재효과와 관련해서 중요한 부분이다. 따라서 문제행동의 우선순위를 어디에 두느냐에 따라 중재방법과 전략이 달라질수 있으므로 문제행동의 중재를 위한 우선순위를 결정하기 위한 기준을 요약하면 표 1-1과 같다.

우선순위	행동유형	우선순위 결정을 위한 기준
1순위	파괴행동	• 자신이나 다른 사람들에게 해를 입히거나 건강을 해치거나 생명을 위협하는가?
2순위	방해행동	• 자신이나 다른 학생의 학습을 방해하는가? • 사회적 관계를 저해하거나 방해하는가? • 가정, 학교, 지역사회 활동에 참여하지 못하도록 방해하는가? • 위험하거나 방해가 될 정도로 참여하지 못하도록 방해하는가? • 효과적인 중재가 제공되지 않으면 파괴적인 행동으로 변할 가능성이 있는가?
3순위	경미한 방해행동	• 사회적 수용도를 저하시키는가? • 아동의 인상에 부정적인 영향을 미치는가? • 물건에 손상을 입히는가? • 방치하면 방해 행동으로 변할 가능성이 있는가?

긍정적 행동지원 중재전략으로는 선행사건 중재 및 배경사건 중재가 대표적으로 사용되어 왔으나 그 외 중재전략에 대해 살펴보면 표 1-2와 같다.

▶ 표 1-2 ◀ 행동지원 중재전략

중재전략	전략설명
선행사건/배경사건 중재	문제행동을 일으키는 사건을 변화시키기 위한 전략으로 문제가 되는 선행사건이나 배경사건을 수정하거나 제거하는 것을 의미한다.
대체행동교수	문제행동의 기능을 대체할 수 있는 바람직한 행동을 교수하기 위한 전략으로 문제행동과 동일한 기능을 가진 바람직한 기술을 가르치거나, 전반적인 능력이 향상될 수 있도록 일반적인 기술을 가르치는 등의 전략이 포함된다.
문제행동에 대한 반응	문제행동에 대한 다른 사람들의 반응을 효과적이고 교육적인 방향으로 전환시키기 위한 전략으로 문제행동으로 인하여 얻을 수 있는 성과를 감소시키고, 행동에 대한 교수적 피드백이나 논리적인 결과를 가르치며, 위기관리 계획을 수립하는 것이다.
장기지원	삶의 형태를 변화시키고 지속적인 지원을 위한 전략실행을 포함한다. 선택의 기회, 학교 및 지역사회 통합, 다른 사람들과의 관계, 가치 있는 역할의 수행, 전반적인 건강과 안녕/ 학생지원-교사 및 또래를 포함하는 주변인들에 대한 지원, 환경수정이 포함된다.

긍정적 행동지원(Positive Behavioral Support : PBS)은 앞에서도 여러번 언급하였지만 문제행동을 지닌 아동들을 위한 효과적이면서 개별화된 중재를 개발하기 위해서 진단을 근거로 하는 협력적인 접근을 의미한다. 따라서 긍정적 행동지원의 기능평가의 내용으로는 문제행동의 기술, 문제행동을 유지시키는 결과 규명, 문제행동을 일으키는 선행사건의 규명, 문제행동이 일어날 가능성을 높이는 배경사건의 규명 등으로 볼 수 있다.

1. 장애아동의 문제행동에 숨겨져 있는 기능

장애아동의 문제행동에 숨겨져 있는 기능은 너무나 다양하다. 그 문제행동의 기능을 구체적으로 요약하면 표 1-3과 같다.

▶ 표 1-3 ◀ 문제행동의 기능

기능	내용
관심끌기	다른 사람의 관심을 얻으려는 목적의 행동으로 인사를 하거나 자기와 함께 있어달라고 요구하거나 자신을 보게 하거나 자신에게 말을 걸어주기를 원하는 등의 기능을 지닌다.
과제나 자극회피하기	특정 사람이나 활동 등을 피하기 위한 목적의 행동으로 "싫어요.", "하기 싫어요." 등의 거부의 표현, 과제가 너무 어렵거나 쉽거나 지루하다는 표현, 쉬고 싶다는 표현 등의 의사소통적 기능을 지닌다.
원하는 물건 및 활동 얻기	원하는 것을 얻기 위한 목적의 행동을 특정 음식이나 음료수, 장난감 등의 물건을 얻거나 특정활동을 하기 위한 기능을 지니며, 때로는 원하는 물건을 잃게 되거나 원하는 활동이 종료될 때 물건을 잃지 않거나 활동을 지속하고자 하는 기능을 지니기도 한다.
자기조절	자신의 에너지(각성)수준을 조절하기 위한 목적으로 손 흔들기, 손가락 두드리기, 물건 돌리기 등의 행동으로 나타나며, 상동행동이나 자기-자기자극 행동으로 불리기도 한다.
놀이 또는 오락	단순히 하고 싶어서 하는 행동으로 특히 다른 할 일이 없는 경우에 나타나곤 한다. 자기조절의 기능을 지닌 행동과 유사하게 반복적인 돌리기나 던지기의 형태로 많이 나타나지만 자기-조절 행동과는 달리 행동에 완전히 몰입되는 경우가 많아 다른 활동이나 과제에 집중할 수 없게 만드는 차이가 있다.

또한 문제행동의 기능유형에는 네 가지 유형이 있다. 첫째, 사회적 정적강화(social positive reinforcement) 즉, 정적으로 강화되는 결과가 표적행동 수에 다른 사람에 의해 일어날 때, 그것을 사회적 정적강화라 한다. 사회적 정적강화는 다른 사람에 의해 제공되는 관심, 활동 혹은 선호물 등을 포함한다. 둘째, 사회적 부적강화(social negative reinforcement) 즉, 어떤 경우에 표적행동은 다른 사람에 의해 전달되는 부적강화에 의해 유지된다. 어떤 사람이 혐오적인 상호작용, 과제 혹은 표적행동 발생 후의 활동을 중단할 경우, 그 행동은 사회적 부적강화에 의해 유지된다고 말한다. 셋째, 자동적 정적강화(automatic positive reinforcement) 즉, 어떤 경우에 표적행동이 강화되는 결과는 다른 사람에 의해 전달되는 것이 아니라 행동자체의 자동적 결과로서 일어난다. 행동이 자동적으로 강화되는 결과를 가져올 때, 그 행동은 자동적 정적강화에 의해 유지된다. 넷째, 자동적 부적강화(automatic negative reinforcement) 즉, 표적행동이 자동적으로 감소하거나 그 행동의 결과로서 혐오자극을 제거할 때 일어난다. 자동적 부적강화, 즉 혐오자극으로부터의 도피는 다른 사람의 행위에 의해 일어나지 않는다.

2. 표적행동 정의하기

표적행동은 수정되어야 할 행동을 이르는 말로서, 행동수정을 하기 위해서는 먼저 표적행동을 잘 정의하여야 한다. 표적행동의 정의가 객관적이고 명확하게 이루어지지 않을 경우, 측정된 행동의 수준을 신뢰할 수 없게 되고, 행동상의 변화가 일어났다고 하더라도 그 또한 신뢰할 수 없다. 표적행동 정의의 구성요소는 행동을 설명하는 동작성 동사를 이용하여 상황, 행동판별 기준, 행동의 형태 등 객관적이고 명확하게 정의된 것을 의미한다. 표적행동을 관찰가능한 행동으로 세분화하였을 때의 장점으로는 첫째, 그 행동의 강도를 정확히 관찰하고 측정할 수 있고, 둘째, 막연하고 추상적인 수준은 해석의 여지가 넓으며 해석의 여지가 넓을수록 사실에서 멀어질 가능성이 많아지는데 이러한 문제점을 극복할 수 있다. 셋째, 표적행동이 세분화되면 그 행동을 수정하기 위한 방안도 구체적으로 세워질 수 있다.

3. 기능평가를 위한 기능분석 방법

기능평가를 위한 기능분석 방법에는 면접과 질문지로 정보를 수집하는 간접평가법과 관찰자가 발생하는 선행사건, 행동 및 결과를 기록하는 직접관찰법이 있다.

1) 간접관찰법

간접평가법의 유형으로는 면접과 질문지 등이 있다. 문제행동을 일으키는 사람(대상)과 이 사람을 잘 알고 있는 타인(가족, 교사)으로부터 정보를 수집하기 위해 행동면접과 질문지를 사용한다. 또한, 간접평가법은 보고자(어머니 등)가 평가질문에 반응하면서 정보를 제공하기 때문에 보고자 평가방법이라고 부르기도 한다.

면접은 문제행동, 선행사건, 결과 그리고 문제행동에 대한 통제변인에 관한 가설을 형성해 줄 기타 변인에 관한 정보를 파악하기 위한 것을 추론이나 해석이 필요없이 환경사건을 설명해준다.

장점으로는 실시하기 쉽고, 시간이 적게 소요되며 수많은 면접양식과 질문지를 사용하여 기능평가를 수행할 수 있다는 부분이고, 단점으로는 보고자의 기억을 기초로 하기 때문에 부정확할 수 있다는 부분일 수 있다.

관찰자가 발생하는 선행사건, 행동 및 결과를 기록하는 직접관찰법(ABC관찰법)은 정상조건에서 문제행동과 관련된 직전 선행사건과 직후 결과를 기록하는 것이다.

장점으로는 간접평가법에 비해 선행사건과 결과를 토대로 작성하는 것이 아니라, 관찰자가 이것들이 발생할 때마다 직접 기록하는 것이므로 더 정확하다.

단점으로는 면접이나 질문지 방법보다 더 많은 시간과 노력이 필요하고, 문제행동 관련된 선행사건과 결과에 관한 객관적 정보를 얻을 수 있지만 기능적 관계가 아니라 문제행동과 연관된 선행사건 및 결과의 상관관계만을 입증해 주는 면을 단점으로 볼 수 있다.

- ■ 선행사건
  - 문제행동은 보통 언제 일어납니까?
  - 문제행동은 보통 어디에서 일어납니까?
  - 문제행동이 일어날 때 누가 있습니까?
  - 문제행동이 일어나기 전의 활동과 사건은 무엇입니까?
  - 문제행동이 일어나기 직전의 다른 사람들이 어떤 말과 행동을 합니까?
  - 아동은 문제행동 전에 어떤 다른 행동을 합니까?
  - 문제행동은 언제, 어디에서, 누구와, 어떤 환경에서 일어날 가능성이 많

습니까?

- ■ 결과
  - 문제행동이 일어난 후 어떤 일이 발생하였습니까?
  - 문제행동이 일어날 때 당신은 어떻게 합니까?
  - 문제행동이 일어날 때 다른 사람들은 어떻게 합니까?
  - 문제행동이 일어난 후 어떤 변화가 있습니까?
  - 문제행동이 일어난 후 아동은 무엇을 얻습니까?
  - 문제행동이 일어난 후 아동은 무엇을 회피하게 됩니까?

적용방식으로는 기술식 방법으로 관찰자가 그 행동에 대한 간단한 설명과 그 행동이 일어날 때마다 각 선행사건과 결과를 간단히 적는다. 이 방법은 개방형으로 그 행동과 관련 있는 모든 사건을 기술한다. 또한, 이 방법은 관찰자가 관찰하는 모든 선행사건과 결과사건을 기술하기 때문에 간접방법을 사용하기 전과 행동의 기능에 관한 가설을 세우기 전에 사용할 수 있다.

관찰기록지나 검목표를 사용해서 기록할 수도 있다.

▶ 표 1-4 ◀ 검목표기록지

일시	행동 전에 일어난 일	행동(세부적으로 기술)	행동 후에 일어난 일

검목표를 사용하는 방법은 관찰자가 있을 수 있는 선행사건, 행동, 결과를 표시한다. 전형적으로 이 검목표는 문제행동, 선행사건, 결과를 면접(혹은, 기타 간접평가 방법)이나 관찰을 통해 확인한 후 작성한다. 검목표를 이용하여 ABC관찰을 하기 위해서 관찰자는 관련 항목에 선행사건, 결과사건, 특별한 문제행동이 발생할 때마다 체크 표시를 하여 기록한다.

간격기록법을 이용하는 방법은 간격기록법을 이용하여 선행사건, 행동, 결과를 기록하는 것이다. 간격기록법에서는 관찰기간을 짧은 시간 간격으로 나누고 행동이 그 시간 내에 일어나는 여부를 각 간격이 끝날 때 자료용지에 표시한다. 또한 각 간격 내에 기록해야 할 특정 선행사건과 결과를 확인하고 정의할 수 있다. 면접 혹은 기타 간접평가 방법이나 직접관찰을 통해 기록해야 할 특정 선행사건과 결과를 확인할 수 있다.

▶ 표 1-5 ◀ 간격기록지

■ 행동관찰 양식

학생 :　　　　　날짜 :　　　　　쪽 :

○표하시오 : 월 (화) 수 목 금　　　출석　　결석　　부분출석:　　부터　　까지

시간/ 기간	상황/활동	선행사건/ 장면사상	확인된 표적행동	후속결과/ 결과	학생반응	확인자
9:15	B	B,I	1	A	A,B	
9:16	B	B	1	A	A,B	
9:18	B	C	1	A,B	A,B	
9:20	B	A	1	D	A,B,C	
9:23	B	D	1	C	A	
9:24	B	D	1	B	A,C	
9:26	B	C	1	A	A,B	
9:27	B	B	1	D	D	
	주요사항	주요사항	주요사항	주요사항	주요사항	
	A. 그룹수업	A. 교사가 떠남	1. 물건을 삼키기	A. 교사가 꾸짖음	A. 멈춤	
	B. 개별수업	B. 교사가 눈길을 돌림		B. 교사가 물건을 요구함	B. 웃음	
	C. 개별수업	C. 교사가 다른 학 생에게 관심을 줌		C. 재 지시	C. 물건거부	
	D. 계단	D. 교사가 요청함		D. 무시	D. 계속	
	E. 복도	E. 신체적 접촉		E. 신체적 보조	E. 강함	
	F. 통학버스	F. 기다림		F. 활동 바꿈	F. 울음	
	G. 화장실	G. 접근 거부		G. 일시격리	G. 행동변화	
	H.	H.		H.	H.	
	I.	I.		I.	I.	
	J.	J.		J.	J.	
	K.	K.		K.	K.	
	L.	L.		L.	L.	

2) 직접관찰법

직접관찰법의 행동의 측정단위 즉 종속변인을 살펴보면 먼저 행동의 빈도

(frequency)이다. 이 행동의 빈도는 관찰기간 동안에 행동이 발생하는 횟수로 행동이 발생할때마다 간단히 횟수를 측정한다. 1회 발생이란 표적행동이 한 번 시작하여 끝나는 것으로 정의된다. 일반적으로 행동발생 횟수가 행동에 관한 중요한 정보가 될 때 빈도 측정을 사용하며 빈도는 관찰기간의 시간으로 나눈 비율로 나타낸다. 행동의 지속시간(duration)은 행동이 시작되어 끝날 때까지의 전체 시간을 의미하는 것으로 행동이 시작될 때부터 끝날 때까지의 시간을 측정해야 한다. 행동이 얼마나 오래 지속되었는지가 행동의 가장 중요한 측면일 때 지속시간 측정을 사용하며 지속시간은 관찰기간을 시간으로 나눈 백분율로 나타낸다.

행동의 강도(force)는 행동의 힘, 에너지, 노력 등의 정도를 의미하는 것으로 빈도나 지속시간보다 측정하기가 어렵다. 강도는 흔히 측정도구로 기록하거나 평정척도를 사용하여 기록한다. 행동 지연시간(latency; 반응시간)은 자극이 주어지고 행동이 발생하기까지의 시간을 의미하는 것으로 특정한 자극이나 사건 후에 대상 아동이 행동을 개시하기까지의 시간을 측정하는 것이다. 행동형태(topography)는 행동의 외형으로, 복잡성이나 그 운동요소를 서술한 것이다. 행동위치(locus)는 그 것이 어디에서 발생했는지, 행동의 표적이나 환경 내에서 그 행동이 발생하는 곳을 기술한다.

▶ 표 1-6 ◀ 관찰기록지

날짜 : 2019년 10월 21일   기록자 : 교사 김○○

아동	대상아동	반응기회									
○철수	교사 지시 후 책상 청소하기	16초	42초	26초	12초	8초	9초	초	초	초	초
		1회	2회	3회	4회	5회	6회	7회	8회	9회	10회

측정방법도 다양하나 몇가지 방법으로 살펴보면 성과측정법은 행동의 진행과정보다는 그 결과를 사후에 측정하는 방법으로 행동의 결과로 어떤 실체가 형성되었을 때 사용할 수 있는 간접평가의 방법이다. 연속기록법(일화기록법)은 관찰자는 어떤 사건이 일어날 때 중요한 사항들, 시간, 날짜, 장면, 참석자, 과제형태, 또는 일어난 활동 등에 대한 적절한 정보를 기록한다. 간격기록법(등간기록법, 동간격기록법)은 정해진 관찰시간은 동일하나 단위시간 간격으로 작게 나누어 그 단위시간에 행동이 발생되었는지 또는 얼마나 지속되었는지 등을 확인하는 방법이다. 그 외에 빈도기록법과 지속시간기록법 등이 있다.

하위유형	적용방법	단점
전간기록법	• 행동관찰시간을 짧은 간격으로 나누어 행동이 각각의 구간 동안 지속적으로 발생했는지를 관찰하여 기록하는 방법이다. 목표행동이 그 구간 내내 지속되면 (+)로 기록하고, 목표행동이 발생하지 않았거나 그 구간 전체 동안 행동이 지속되지 않으면 (−)로 기록한다. • 해당 시간간격 내에 지속적으로 나타난 행동에 대해서 표시하고 부분적으로 나타난 행동에 대해서는 표시하지 않으므로, 실제 행동발생의 양보다 덜 계산되는 경향이 있다. • 계속 오랜 기간 동안 지속되기를 바라는 행동을 측정하는 데 사용한다.	어떤 행동이 실제적으로 몇 번이 일어났는지 또는 그 행동이 얼마동안 지속되었는지에 대한 정보를 제공하지 못한다. 그러므로 어떤 행동의 발생빈도나 그 행동이 지속된 시간을 알아야 하는 경우라면 빈도기록 또는 지속시간 기록법을 사용하는 편이 좋다.
부분간격기록법	• 관찰시간을 짧은 구간들로 나누지만 목표행동이 각 구간 동안 지속되지는 않더라도 최소한 1회 이상 발생하면 (+)로 기록하고 발생하지 않으면 (−)로 기록한다. • 시간간격 내에 아주 잠시 나타났다 하더라도 행동이 일어난 것으로 간주되어 전체 행동 수에 기록되기 때문에 행동의 양을 사실보다 더 높게 계산하는 경향이 있다. • 지속시간 지체보다는 짧은 시간이라도 발생 여부가 중요한 행동을 측정할 때 사용한다.	
순간표집법 (시간표집법)	• 정해진 관찰시간 동안 계속 관찰하지 않고 몇 번의 기회만을 선택하여 관찰하는 방법이다. 동간격기록법과 달리 아동의 행동을 계속 지켜보지 않고 각 간격에서 한 순간 동안에만 행동을 관찰하고 기록한다. ⓐ 적용: 계속해서 대상아동의 행동을 관찰할 필요 없이 관찰이 필요한 행동의 발생빈도와 지속시간을 동시에 측정할 수 있다. ⓑ 행동발생률 = '+'로 관찰된 칸의 수/전체 관찰 칸수 × 100 ⓒ 제한점: 대상아동의 행동을 계속해서 지켜보아야 하기 때문에 어떤 일을 진행하면서 적용하기엔 어려움이 있다.	

제 2 장

행동수정의 이해

      교사가 아동의 다양성을 인정하게 되면 아동지도 방법도 모든 아동에게 동일하게 적용될 수 없음을 알게 될 것이다. 다시 말하면 한 교사가 한 아동에게 적용하여 효과를 보았던 교수법(敎授法)이라 하더라도 다른 아동에게는 효과가 전혀 없을 수도 있는 것이다. 예를 들어 어떤 교사가 청각단서를 통한 교수법으로 한 아동을 성공적으로 가르쳤다 하더라도 다른 아동에게는 시각적 단서를 통한 교수법이 더 효과적일 수 있는 것이다.

      따라서 교사가 좌절하지 않고 오랫동안 아동을 바르게 지도하기 위해서는 언제나 자신이 가지고 있는 교수방법 한 가지를 고집하여서는 안 되며, 모든 아동에게 효과적인 범용 교수법이란 존재하지 않는다는 점을 명심하고, 열린 마음을 가지고 아동을 다양한 각도로 분석한 후 다양한 방법으로 아동을 지도하여야 하는 것이다.

      흔히 교육현장에서 타성이란 말을 하게 되는데 이 타성은 아마도 자신이 이전에 생각하고 있었던 방식대로 아동을 지도하기 때문이 아닌가 생각한다.

      앞서 언급한 바와 같이 교사가 아동의 다양성을 인정하고 아동을 교수하는데 왕도가 없음을 깨닫게 된다면 아동을 가르치는 방법은 당연히 아동중심 교수방법을 사용하게 될 것이다.

      우리나라의 경우 이제까지의 교수방법은 교수 · 학습과정안을 통한 집단교육에 중심을 둔 듯하다. 이와 같은 방법은 교사는 일방적으로 잘 짜여진 교수 · 학습과정안을 가지고 지식을 전달하고, 아동은 좋든 싫든 교사의 수업내용을 받아들이는 방식으로 수업을 받았다. 이는 앞서 언급한 아동의 다양성 인정 측면을 위배한 것이고 아동개인에 맞는 교육을 하여야 한다는 측면을 위반한 것이다.

아무리 잘 설계하고 좋은 프로그램이라 하더라도 아동의 욕구와 흥미를 유발하지 못한다면 당연히 다양성이 인정되지 못한 것이고 아동에 맞는 교육이 이루어지지 못할 것이다. 결국 이와 같은 방식으로는 소기의 목적을 달성할 수 없을 것이다.

따라서 어떤 교수계획이 잘 되었다거나 어떤 프로그램이 좋은 프로그램이라는 평가는 교사나 교장과 같은 지도자 입장에서의 평가가 아니라 바로 아동이 평가하여야 한다. 비근한 예로 부모나 교사가 아무리 아동을 사랑으로 가르쳤다고 말하더라도 아동이 사랑받지 못하였다고 생각하면 사랑으로 가르친 것이 아닌 것이다.

마지막으로 교사가 명심하여야 할 것은 '학습'의 중요성이다. 모두가 잘 알다시피 초등학교시절 공부 잘 하던 친구들은 친구도 잘 사귀고 발표도 잘 하였다. 그리고 공부에 흥미가 없던 친구는 사교성도 떨어지고, 일종의 위축된 행동을 자주 보이곤 하였다. 집단따돌림을 받는 아동이 공부를 잘 하는 경우가 물론 있긴 하지만 드문 경우인 것이다. 즉, 어떤 아동이 보이는 학습능력은 단순히 학습능력의 문제만이 아니라 아동의 정서상 능력에도 영향을 미치는 것이다.

그런데 우리는 그 반대의 경우도 생각해 볼 수 있다. 즉, 아동의 정서상 문제가 학습능력을 떨어뜨릴 수 있는가에 관련한 것이다. 우리는 이와 같은 사례를 주변에서 흔히 발견한다. 중학교 다닐 때까지도 공부도 잘하고 친구도 잘 사귀며 성실하였던 친구가 어느 계기였든 간에 공부를 못하게 되고 학교에서 말썽꾸러기로 남게 되는 사례는 매우 흔하다.

이와 같은 결과로 볼 때 아동의 학습능력과 아동의 정서능력은 서로 상관성이 매우 높다고 할 수 있다. 즉, 아동의 학습능력이 아동의 정서에 영향을 미칠 수도 있고 반대로 아동의 정서능력이 학습능력에도 영향을 미칠 수 있는 것이다.

제1절 행동수정의 의의

행동수정(behavior modification)은 기본적으로 학습이론(學習理論)에 기초를 두고 있다. 즉, 행동수정 이론에서는 인간이 보이는 모든 행동은 학습으로 이루어진 것이며 인간이 학습으로 보인 행동은 다시 학습을 통하여 수정이 가능하다고 보는 것이다.

만일 인간에게 학습능력(學習能力)이 없을 경우 행동수정은 불가능할 것이다. 예를 들어 오리는 태어날 때 처음 본 것을 부모로 생각하는데, 아기오리가 처음 본 것이 사람이라면 그 아기오리는 언제나 그 사람만을 부모로 생각한다. 그리고 이 아기오리에게 진짜 엄마오리를 보여주면서 엄마오리임을 알려주었을 때 그 아기오리는 이미 학습되어 있어 엄마오리를 알지 못한다. 일종의 본능적인 학습이 끝난 것이기 때문이다.

그러나 인간은 다르다. 인간이 처음에 엄마라고 생각하였던 사람이 단순히 유모에 불과하였고 생모가 다른 사람이었음을 가르치면 생모(生母)를 알게 되고 그로 말미암아 기존에 생각하였던 엄마를 유모로 보고 생모를 엄마로 보게 된다. 이것이 바로 인간이 지닌 학습능력이다.

따라서 행동수정 이론에서는 아동이 보이는 행동을 이전에 학습으로 얻은 결과로 본다. 그러므로 이 학습의 원리를 통하여 아동을 학습시키면 다시 바람직한 행동을 증가시키고 바람직하지 않은 행동을 감소시킬 수 있다고 보는 것이다.

행동수정은 행동을 고친다는 의미를 담고 있다. 이런 의미에서 우리나라에는 행동치료사라는 자격증도 있는데 아동이 보이는 문제행동을 여러 가지 방법으로 수정하여 적절한 행동을 하도록 한다는 의미에서 치료라는 개념을 사용한 것으로 보인다.

행동수정의 관심은 당연히 아동의 행동에 있다. 즉, 아동이 보이는 행동에서 바람직한 행동은 학습을 통하여 증가시키고, 바람직하지 못한 행동은 학습을 통하여 감소시키는 것이다.

이때 부모나 교사는 이 행동이 바람직한 행동인지 아니면 바람직하지 못한 행동인지에 대한 결정이 필요하다. 바람직한 행동(appropriate behavior)이란 어떤 행동이 하나의 인간으로서 충족되고 생산적이며 사회적으로 용인될 수 있는 행동을 의미하고 바람직하지 못한 행동(inappropriate behavior)은 어떤 행동이 하나의 인간으로서 충족되지 못하고 생산적이지 못하며 사회적으로 용인될 수 없는 행동을 의미한다.

바람직하지 못한 행동은 학습을 통하여 수정될 수 있다는 행동수정(behavior modification)은 20세기 말부터 하나의 바람을 일으켰다. 당시 행동수정에 관련한 논문이나 저서들도 홍수처럼 나왔으며 대부분의 연구들은 이 행동수정 방법이 효과적이라고 하였다.

이는 아마도 시대적 상황에도 맞아떨어진 듯하다. 즉, 20세기 산업사회에서 전 세계는 자국국민을 일정한 능력에 맞는 한 사람으로 양성하여 생산성 있는 인재를 육성하고자 하였고, 그 생산성 있는 인재육성(人材育成) 과정에서 표준(standard)에 미달한 사람들에 대한 특별한 교육적 조치방법을 찾아내려 노력하여 왔던 차에, 아동에 대한 행동수정의 원리(principle of behavior modification)는 아마도 긴 가뭄의 단비 같은 이론이었을 것이다.

또 이 시기에는 한 사람의 인간이라 할지라도 표준에 미달하면 낙오자로 분류하여 사회에 적응할 수 없는 것으로 보고, 일부 강압적 수단을 사용하더라도 표준에 도달시키고자 노력하는 것이 그 사람의 인생에 도움이 되고 국가적으로도 생산성 손실을 막아내는 방법으로 생각하였다.

이는 미국을 중심으로 한 20세기 실용주의(實用主義) 이념과 매우 일치하는 것으로서 한 사람의 개인도 한 사회에서 도움이 되어야 하고, 인간에게 이로운 것이라면 무엇이든지 할 수 있고, 하여야 한다는 철학적 사조에 기인한다 할 것이다.

그러나 21세기에 들어오면서 상황은 매우 변하게 되었다. 이제 사람들은 인간에게 도움이 되는 것이 진정으로 무엇인가에 대하여 고심하기 시작하였고 진정으로 행복한 삶, 한 사람으로서의 삶의 질(quality of life)이 무엇으로 결정되는가에 대한 생각, 그리고 인간을 하나의 표준으로 생각할 수 있는 존재인가에 대한 생각을 다시 하게 되었다. 이는 실용주의(pragmatism; practicalism)에 대한 회의를 통한 결론인데, 이와 같은 철학적 사조를 실존주의(實存主義; existentialism)라고 한다. 사회나 보편적인 인간에게 도움이 된다 하여 한 사람으로서의 개인인 인간에게 표준을 강요하여서는 안 되며, 한 인간으로서의 개인은 독특한 개인으로 존재하여야한다는 생각이다. 그리고 인간의 다양성을 인정하고, 보다 폭넓은 의미에서 인간을 바라다보아야 한다고 생각한다. 따라서 인간을 생산성의 개념에서 보는 것이 아니라 한 인간이 지닌 내재적인 세계관에 입각하여 한 인간을 바라다보아야 한다고 믿는다.

이와 같은 배경에서 행동수정의 원리를 살펴볼 때 당연히 윤리적인 문제가 대두된다. 왜냐하면 학습의 원리를 통한 행동수정은 아동개인의 행동과 자유를 제약하고 있기 때문이다.

예를 들어 저자는 한 치료실에서 교사가 설탕물을 좋아하는 아동이 올바로 반응하였을 때 젓가락으로 설탕물을 찍어 아동의 입에 넣어주는 것을 본 적이 있다. 행동수정의 원리에 따르면 이 방법은 강화라고 하는 한 가지 행동수정기법인데 혹시 한 인간을 마치 동물 취급하는 것은 아닌지 고민할 수 있는 것이다. 또 근래 아동에 대한 체벌(corporal punishment)문제로 교사가 경찰의 수사를 받고, 이로 인해 자살도 하여, 아동의 인권과 훈육이라는 측면에 대하여 사회적으로 상당한 논란이 있었다. 이와 같이 아동의 행동을 변화시키기 위하여 사용하는 행동수정기법이 과연 윤리적인가 하는 고민은 행동수정을 도입하고 있거나 도입하고자 하는 교사나 부모에게 고민일 수 있는 것이다.

그럼에도 불구하고 행동수정은 필요하다. 왜냐하면 아동이 보이는 부적절한 행동으로 인하여 잃을 수 있는 삶의 질과 행동수정을 통하여 얻을 수 있는 삶의 질을 고려할 때 당연히 행동수정은 아동의 삶의 질 관점에서 실효성이 더 크기 때문이다.

저자는 매우 위험스러운 발언이긴 하지만 교사가 부적절한 행동을 하는 아동을 개인의 다양성 인정이란 이유로 방치할 경우 직무유기(職務遺棄)로 보고 싶다. 당장 아동에게 거부감이나 불편함을 준다거나 비윤리적이라고 생각하여, 아동의 부적절한 행동을 내버려둔다면 이 아동의 행동이 향후 인생에 전반적으로 영향을 미쳐 이 방치함이 더욱 비윤리적일 수 있는 것이다. 옛말에 "구더기 무서워서 장 못 담구나?"하는 말이 있다. 이는 구더기가 주는 문제점보다는 장이 주는 이로움이 더 크다는 의미이다.

그러나 행동수정이 지닌 비윤리성을 부정하지는 않는다. 명백히 행동수정에는 비윤리성이 존재한다. 그럼에도 불구하고 장기적인 삶의 질 관점에서 볼 때 행동수정은 필요한 것이다. 이는 매우 모순(矛盾)에 들어찬 말 같지만, 저자의 주장은 부모나 교사가 행동수정은 필요하지만 윤리적으로 부적절한 부분이 있음을 알고 있을 경우, 행동수정 방법을 사용할 때 이 비윤리성을 충분히 고려하여 사회적으로 그리고 교육적으로 지혜롭게 해결되어야 할 문제이지, 행동수정의 원리를 버려야 할 것은 아니라는 것이다.

이와 같은 배경에서 교사나 부모가 아동에게 행동수정의 원리를 도입할 때 윤리적인 문제를 고려할 경우 비윤리성이란 지뢰밭은 얼마든지 피할 수 있을 것이다.

1. 윤리적 행동수정

1) 윤리성

행동수정의 원리에는 벌(punishment)에 의한 방법도 있다. 그러나 교사나 부모가 행동수정의 원리를 윤리적인 방법으로 도입하고자 한다면 먼저 벌에 의한 방법을 도입하기에 앞서 비처벌적인 다른 행동수정 방법은 없는지를 탐색하여야 한다. 예를 들어, 행동수정의 원리에는 강화(reinforcement)에 의한 방법, 모델링(modeling)에 의한 방법 등과 같은 비처벌적 기법도 있는가 하면 타임아웃(time out; 격리)이나 과잉교정(overcorrection)과 같은 처벌적인 방법도 있다. 따라서 행동수정의 원리를 도입코자 할 경우 부모나 교사는 처벌적인 수단을 사용하기에 앞서 비처벌적인 방법을 먼저 고려하고 이를 실행하여야 할 것이다. 그럼에도 불구하고 아동의 행동에 변화가 없을 경우에는 가장 윤리적으로 용인 가능한 처벌방법으로 행동수정 기법을 도입하여야 할 것이다.

▶ 표 2-1 ◀ 윤리적 행동수정 방법

도입방법	설 명
윤 리 성	행동수정의 원리를 도입코자 할 경우 부모나 교사는 처벌적인 수단을 사용하기에 앞서 비처벌적인 방법을 먼저 고려하고 이를 실행하여야 한다.
효 율 성	행동수정의 원리를 도입하여 아동이 얻는 효과와 행동수정의 원리를 도입하여 아동에게 발생시킬 수 있는 악영향을 고려하여, 만일 그 효과정도가 악영향을 훨씬 더 뛰어 넘는다면 아동에 대한 행동수정의 원리를 도입하는 것이 바람직하다.
아동능력	아동이 행동수정의 원리를 이해하고 있지는 못하더라도, 부적절한 행동 상황에 대하여 아동이 제대로 이해할 능력이 있는지를 검토할 필요가 있다.
이 해	교사나 부모는 먼저 행동수정의 원리에 대한 이해를 충분히 하여야 하며 아동과의 관계형성에 있어 긍정적 애착을 형성하고 있어야 한다.
근 거	부모나 교사가 아동에게 행동수정의 원리 중 한 가지 기법을 도입하고자 할 때 그 기법이 해당 아동에게 도움이 될 것이라는 증거가 있어야 한다.
지 지	행동수정 방법은 반드시 사회적 지지를 받는 방법이어야 한다.

2) 효율성

교사나 부모는 중재로 발생할 수 있는 효과와 손실을 비교하여 생각할 필요도 있다. 즉, 행동수정의 원리를 도입하여 아동이 얻는 효과와 행동수정의 원리를 도입하여 아동에게 발생시킬 수 있는 악영향을 고려하여, 만일 그 효과 정도가 악영향을 훨씬 더 뛰어넘는다면 아동에 대한 행동수정의 원리 도입이 바람직할 것이나, 그 반대로 행동수정의 원리도입으로 인한 악영향 정도가 아동이 얻는 효과를 넘거나 유사한 정도라면 행동수정의 원리도입은 재검토되어야 함이 마땅하다.

3) 아동능력

행동수정의 원리 도입에 있어 부모나 교사가 윤리성 측면을 넘어 가장 먼저 고려하여야 할 것은 아동이 행동수정의 원리를 이해하고 있지는 못하더라도 부적절한 행동 상황에 대하여 아동이 제대로 이해할 능력이 있는지를 검토할 필요가 있다. 만일 인지능력(認知能力)이 떨어져서 아동이 상황을 제대로 이해하고 있지 못하다면 행동수정의 원리도입이 매우 힘들게 될 것이다. 물론 윤리적 측면에서도 문제가 있을 것이다.

예를 들어 아동이 간밤에 오줌을 쌌다 하여 행동수정 기법으로 아동에게 침대정리 및 옷 빨기 훈련을 시킨 경우, 만일 아동이 간밤에 실수한 것과 침대정리 및 옷 빨기가 연관이 있음을 알고 있다면 이는 매우 효과 있는 방법이겠으나, 반대로 그 인과관계(因果關係)를 전혀 알지 못하고 있을 경우 아동은 각각의 과제(task)를 독립적인 것으로 보게 되어 중재의 효과는 없게 되고 윤리적으로 볼 때 아무런 효과도 없는 벌이 될 뿐이다.

4) 이해

부모나 교사가 행동수정의 원리를 윤리적으로 도입하고자 할 때 부모나 교사는 막연히 프로그램 지침서에 따라 그냥 행동수정의 원리를 도입하여서는 안된다. 교사나 부모는 먼저 행동수정의 원리에 대한 이해를 충분히 하여야 하며 아동과의 관계형성에 있어 긍정적 애착을 형성하고 있어야 한다.

우리나라 속담에 '선무당이 사람 잡는다'는 말이 있는데 이는 제대로 알지도 못하면서 섣부르게 행동을 하였다가 일을 그르친다는 뜻이다. 따라서 부모나 교사는 행동수정의 원리에 대한 올바른 이해를 하여야 하고, 만일 그 이해가 부족하다고 판단되면 전문가와 상의하여 체계적인 방법을 자문받을 필요가 있다. 즉, 부모나 교사는 아동의 행동수정(behavior modification)에 집착한 나머지 성급하게 행동수정의 원리를 도입해서는 안 되며 충분히 아동과의 관계형성과 행동수정의 원리를 이해한 바탕 위에서 행동수정의 원리를 도입하여야 할 것이다.

5) 근거

부모나 교사가 아동에게 행동수정의 원리 중 한 가지 기법을 도입하고자 할 때 그 기법이 해당 아동에게 도움이 될 것이라는 증거가 있어야 한다. 이와 같은 증거는 물론 책에서 얻을 수도 있고 전문가(expert)의 자문(諮問)을 통하여 얻을 수도 있다. 예를 들어 우리 선조는 오줌을 싸는 아이에게 '남의 집에 가서 소금을 얻어오라'라는 방식으로 행동을 수정하고자 하였다. 물론 이 방법은 아동에게 수치심을 자극하여 다음날 저녁 오줌을 싸지 않게 되는 행동수정 기법 중 하나가 될 수 있을 것이다. 그러나 이와 같은 방법은 하급수준(下級水準; low level)의 행동수정 기법에 해당할 것이다. 왜냐하면 아동에게 처벌적인 방법을 동원한 것이기 때문이다.

아마도 이보다 조금 더 좋은 방법은 '네가 앞으로 다시 오줌을 싼다면 남의 집에 가서 소금을 받아와야 할 것이다'와 같은 경고가 될 것이고, 이보다 더 좋은 방법은 '내일 밤에 오줌을 싸지 않으면 선물을 사 주겠다'와 같은 방법일 것이다.

물론 이와 같은 방법을 모든 아동에게 적용할 수는 없을 것이다. 왜냐하면 아동의 인지능력과 아동이 오줌 싸는 빈도 등을 고려하여야 하기 때문이다.

따라서 부모나 교사는 아동의 행동에 대하여 어떤 방법이 효과적일 것인가 하는 것과 그 방법이 과연 효과가 있다는 증거가 있는지를 확인할 필요가 있다. 특히 교사의 경우는 자신이 사용하고 있는 행동수정 방법이 효과가 있는 방법임을 부모에게 객관적으로 증명할 수 있어야 한다. 왜냐하면 교육에는 시행착오(施行錯誤; trial and error)나 연습이란 존재하지 않기 때문이다.

6) 지지

언젠가 매스컴에서 어떤 종교의 신도가 마귀가 들었다 하여 손으로 때려 결국 사망에 이르게 하였다는 보도가 있었다. 그래서 이들이 살인혐의로 구속되었다. 이들은 아마도 이전에도 이와 같은 방법으로 영적 치유를 한 경험이 있을지 모른다. 그리고 어느 종교인은 지적장애인(mental retardation)을 매일같이 구타하는 방법으로 행동을 수정하여 사회의 지탄을 받은 적이 있다. 이 종교인은 학대에 의한 교육방법이 나름대로 효과가 있는 교육방법이라고 생각하였을지도 모른다.

그러나 이들의 의도가 아무리 양보하여 선의(善意; good faith)에 의한 행동이라 할지라도 사회적으로 용인되지 못하고 명백히 사회적으로 지지(支持)를 받지 못한 행동이라 할 수 있다. 따라서 이들의 행동은 무슨 방법을 쓰더라도 정당화되지 못할 것이다. 즉, 행동수정 방법은 반드시 사회적 지지를 받는 방법이어야 한다.

사회적 지지를 얻는 방법은 아마도 보편적으로 용인된 방법을 생각하여야 할 것이다. 이를 위해서는 이후 언급할 정상화의 원리(principle of normalization), 공정성의 원리(principle of fairness), 존경의 원리(principle of respect) 등을 반드시 고려함이 마땅하고 아동중심(child-centered)적인 입장에서 중재법에 진지하게 접근하여야 하고, 아동에게 성공기회를 제공할 수 있는 방법을 찾아야 한다. 물론 아동 개인의 존엄성과 가치를 고려하여 개인의 인권(人權; human right)을 반드시 보장하여야 할 것이다.

2. 장애아동의 인권

비장애아동도 마찬가지겠지만 특히 장애아동(children with disability)의 인권은 매우 중요하다. 왜냐하면 장애아동의 경우는 스스로의 인권에 대한 자기의식이 비장애아동에 비하여 떨어지기 때문이다. 따라서 부모나 교사는 장애아동의 인권에 세심한 배려를 하여야 하고 이들이 윤리적으로 적절하지 못한 대우를 받지 않도록 하여야 할 것이다.

학자들은 장애아동의 인권에 관련하여 흔히 Allen(1969)의 세 가지 원리(정상화의 원리, 공정성의 원리, 존경의 원리)를 지적한다. 그는 교사가 장애아동을 교육하는

▶ 표 2-2 ◀ 장애아동의 인권

원 리	설 명
정상화의 원리	장애아동이라 하여 교육의 목적이 비장애아동과 달라서는 안 되며 비장애아동의 교육목적을 사용하여야 한다.
공정성의 원리	아동과 교사 상호 간에 권리와 의무가 올바로 제시되고 그 바탕 위에서 서로 합의가 되어야 한다.
존경의 원리	사람은 누구나 한 인간으로 대우받아야 하며 동물이나 하나의 통계치로 취급되어서는 안 된다.

데 있어 고려해야 할 세 가지 원리를 제시하였는데 이 원리는 현재까지도 일반교육이나 특수교육에서 기본이 되고 있다. 여기서는 이 세 가지 원리를 중심으로 장애아동의 인권에 대하여 언급하고자 한다.

1) 정상화의 원리

정상화의 원리(principle of normalization)는 그 제목만 보고 장애인을 비장애인으로 만들어야 한다는 원리로 오해하여서는 안 된다. 정상화의 원리는 장애아동이라 하여 교육의 목적이 비장애아동과 달라서는 안되며 비장애아동과 동일한 교육목적을 사용하여야 한다는 원리이다.

일반적으로 교육의 목적을 사회적 측면에서 이야기할 때 인재양성을 든다. 인재양성을 통하여 사회는 발전하고 우리 인간들의 문화는 성장할 것이다. 따라서 교육이야말로 우리 사회를 지탱하고 유지발전시키는 데 없어서는 안되는 것이다. 이와 같은 측면에서 장애아동의 경우도 예외일 수 없다.

장애아동이라 하여 사회적 공헌도가 낮을 것이라고 속단하여 인재양성 측면이 아니라 다른 측면에 목적을 둘 경우 이는 장애아동의 인권을 심히 침해하는 것이라 아니할 수 없다.

또 교육의 목적을 아동개인의 측면에서 이야기할 때 그 아동의 삶의 질에 도움이 되도록 하는 것이 교육의 목적이다. 이는 교육의 목적이 개개인의 행복 정도를 증가시키기 위한 것인데 이 역시 장애아동이나 비장애아동 간에 차이가 존재해서는 안된다.

따라서 정상화의 원리(principle of normalization)는 장애가 있든 없든 아동의 욕구, 지적인 힘, 지식바탕 위에서 아동을 고려하고 교육하여야 한다는 원리이다. 예를 들어 단지 장애아동이기 때문에 특수학교나 특수학급에 들어가는 것은 잘못인 것이다.

2) 공정성의 원리

얼마 전 한 중학교를 방문할 기회가 있었는데 수업시간에 복도에 서서 벌을 받는 모습을 본 적이 있다. 물론 그 이유를 묻지는 않았지만 아마도 준비물을 지참하지 못한 결과거나 교실에서 떠들었기 때문일 것이다.

받아쓰기를 못한다고 휴식시간을 주지 않거나, 준비물이 부족하다고 복도에 서 있게 하는 교사의 중재는 당연히 공정치 못하다. 왜냐하면 학생의 학습권(學習權)을 침해하는 것이기 때문이다. 따라서 교사는 조금 더 공정한 다른 방법을 고민하여야 할 것이다.

　일반적으로 '공정하다'라는 말의 의미는 '공평하고 올바른 것'을 의미한다. 인간관계에서 공정함을 이야기하기 위해서는 상호 간에 권리와 의무가 올바로 제시되고 그 바탕 위에서 서로 합의가 되어야 할 것이다. 이런 측면에서 볼 때, 교사와 학생 간의 공정성은 매우 힘들 수 있다. 왜냐하면 교육에서는 교사의 명령과 학생의 복종을 전제로 하는 경우가 많기 때문이다. 그럼에도 불구하고 교사와 학생 간의 공정성은 당연히 보장되어야 한다. 이는 특히 장애아동의 경우 더욱 그러하다.

　공정성의 원리(principle of fairness)는 이와 같은 측면에서의 공정을 의미한다. 예를 들어 교사나 치료사가 아동을 대상으로 어떤 행동수정을 하고자 할 때 해당 아동은 치료방법에 대하여 자세한 설명을 들을 권리가 있고 해당 학생 또는 부모가 그 치료방법이 효과적이라는 증거를 제시받을 권리가 있다. 따라서 교사와 아동 또는 아동의 부모 간에 공정하다 함은 이와 같은 아동과 부모의 권리를 교사가 충족시켜 주어야 하는 것이다.

　예를 들어 교사가 명백한 증거도 없이 단순히 자신이 생각한 행동수정 방법이 문제행동(inappropriate behavior)을 치료할 것이라고 믿고 아동이나 아동의 부모와 상의 없이 행동수정 기법을 도입할 경우 이는 그 효과를 떠나 공정하지 못한 것이 되는 것이다.

　물론 행동수정 기법을 사용하여 효과를 얻은 경우는 그 후유증이 적겠지만 만일 자신의 중재방법에 대한 맹신(盲信)으로 그냥 중재법을 사용하였다가 도리어 해를 입힌 경우 그 후유증은 대부분 교사의 책임이 되는 것이다. 이와 같이 불공정으로 인한 문제는 교사가 아동에게 적절한 행동수정 방법을 사용하지 못하고 부적절한 행동수정 방법을 사용하였을 때 크게 발생한다.

　윤리적 관점에서 교사가 저지르기 쉬운 불공정 사례는 교사가 아동의 부적절한 행동에 대하여 그저 벌만 주어 적절한 행동 대안을 마련해 주지 못하는 경우(일부 교사는 문제행동의 원인이나 배경을 찾아 중재방법을 강구하거나 예방하려는 노력은 하지 않고 외부로 노출된 모습만 보고 벌만 준다), 단순히 아동이 부적절한 행동을 하고 일부 장애가 있다는 이유만으로 아동이나 부모의 동의 없이 그리고 자신의 노력 없이 그냥 특수학교나 특수학급 등에 보내는 경우(경험이 많은 교사는 자신의 판단을 중시한다. 그래서 자기가 한번 보면 그 아동이 특수학교에 가야 되는지 아니면 자신이 가르쳐서 도움이 될 것인지를 즉각 판단할 수 있다고 생각한다), 교사가 자신이 이제까지 아동을 교육하면서 체득(體得)한 방법이 최선이라고 맹신하고 다른 전문가로부터의 자문을 회피하는 경우(일부 교사는 장애아동은 그 특성이 매우 다르고 예후도 다르며, 특수교육 방법도 많이 변화 발전되었다는 사실을 간과한 채 자신의 판단만을 신뢰한다. 더 심한 경우는 교육문제에 관한 한 자신보다 더 잘 아는 사람은 없으며 자신이 다른 전문가에게 뭔가를 자문하면 자신의 체면이 손상되는 것으로 착각한다) 등을 들 수 있다.

3) 존경의 원리

존경의 원리(principle of respect)는 한 개인의 권리에 관한 것이다. 즉, 사람은 누구나 한 인간으로 대우받아야 하며 동물이나 하나의 통계치로 취급되어서는 안 된다(Allen, 1969).

교사가 이와 같은 존경의 원리에 따르고 있는지를 객관적으로 판단하기란 매우 어렵다. 왜냐하면 대부분의 교사는 아동을 존경하고 그들을 사랑하라고 배웠고 머리에는 이와 같은 사실을 익히 익히고 있기 때문이다. 그러나 '글은 글대로 나는 나대로(書自書我自我)'라는 말이 있듯이 배운 것과 행동하는 것은 극명한 차이가 있다. 이 점에 있어서 교사는 자폐성장애 아동으로부터 배워야 할 것이다. 자폐성장애 아동은 배운 것과 행동하는 것에 차이가 없기 때문이다. 교사나 부모가 존경의 원리를 위배하는 경우는 너무나 많다(체벌, 핀잔, 기회박탈, 특수학급 임의배치, 약물남용 등).

따라서 교사는 손을 가슴에 얹고 자신이 아동을 존중하였는지를 질문하고 그 스스로 자신이 아동을 지도함에 있어 언제나 진정으로 한 인간으로서 존중과 존경을 바탕으로 지도한다고 대답할 수 있어야 한다.

제 3 절 개별화교육

우리 중에서 혹시 장애인은 '비장애인의 모습이 되기 위하여 노력해야 할 사람 즉, 표준에 미달한 사람'이라고 생각하는 사람이 있을까? 만일 우리가 이런 생각을 하고 있다면 우리는 아마도 1900년대 중반에 사는 사람의 모습일 것이다.

우리는 '정상(normal)' 또는 '표준(standard)'이라는 기준에 대하여 다시 한번 생각해 보아야 할 것이다. 무엇이 정상이고 무엇이 비정상(abnormal)일까? 우리는 진정으로 정상에 해당할까? 우리는 지적장애인을 이야기할 때 지능지수(intelligence quotient: IQ)를 가지고 많이 이야기한다. 지능지수가 100이면 보통의 능력을 가진 사람이라고 말한다. 정상이란 얘기다. 그리고 지능지수가 70 정도면 지적장애인이라고 한다. 비정상(abnormal)이란 얘기다. 그러나 이미 수없이 많은 학자들이 이야기하는 것처럼 지능지수 기준은 인간을 평가하는 하나의 기준일 뿐, 우리 인간의 모든 것을 설명하여 주지는 못한다. 예를 들어 지능지수가 높으나 손재주(학자들에 의하면 손재주는 지능과 연관이 있다고 한다)가 형편없는 사람도 있고, 지능지수(intelligence quotient: IQ)가 낮으나 손재주가 비상한 사람이 있다. 만일 우리 인간들이 지적장애의 표준을 손재주로 정하였다면 손재주 좋은 사람은 천재가 되는 것이고 손재주가 나쁜 사람은 지적장애인이 되는 것이다.

우리 사회가 산업사회가 되면서 우리 인간들은 표준, 정상이라는 말을 좋아하게 되었다. 공장에서 생산한 제품이 기준에 통과하면 합격이고 그렇지 못하면 불량이라고 생각하는 것이다. 이는 공산품(工産品)을 만들어 내는 데는 적합한 생각이고 이것이 우리에게 생활의 윤택함을 주었음도 당연하다. 그러나 문제는 이런 공산품 생산에서나 사용하여야 했을 사고방식을 우리 인간에게까지 적용한 것이 문제인 것이다. 이런 공업화(工業化; industralization)를 위한 사고방식을 인간에게까지 적용하여 표준화시켜 왔다는 말이다. 인간도 하나의 정해진 규격, 정해진 규칙을 만들어, 인간의 다양성, 독창성을 무시한 채, 실용적인 인간, 사회에서 필요한 인간을 만들어 내자는 생각을 가진 것이다. 그 결과로, 급기야는 인간의 능력을 표준화하여, 최소한 이 정도(표준)는 하여야 사회생활을 할 수 있고, 이 정도(표준)에 도달하지 못한 사람은 비정상으로 도태되어야 한다고 생각한 것이다. 참으로 위험하고 비윤리적인 발상이 아닐 수 없다. 인간에게 어찌 그 한사람의 능력이나 모습이 표준화될 수 있는가? 어찌 한사람의 능력이 어떻게 수치로 결정되어야 하고 한사람의 모습이 다른 사람의 모습과 같아야 한다고 생각할 수 있겠는가?

이와 같은 배경에서 개별화 교육(individualized education program: IEP)의 개념이 탄생하였다. 한사람의 인간은 동일한 표준에 의하여 교육하거나 그 정도를 평가할 수는 없는 것이다. 이는 마치 정원의 식물과도 같다. 어떤 식물은 채송화 같이 작은 식물이 있는가 하면 어떤 식물은 해바라기처럼 키가 큰 식물도 있다. 그것만이 아니다. 개나리처럼 작은 나무도 있고 잣나무처럼 키가 큰 나무도 있다.

이처럼 사람도 정원의 식물처럼 다양한 것이다. 따라서 정원의 식물을 모두 같이 같은 자리에 같은 입장에서 기르는 것이 아니라 각기 식물의 특성에 따라 가꾸는 것과 같이 사람도 그 사람의 특성에 따라 그들을 교육하고 배려하여야 하는 것이다. 이런 관점에서 보면 모든 사람들은 장애가 있든 없든 개별화교육을 받아야 하며 독특한 개인으로서 인정받아야하는 것이다. 이것이 바로 개별화교육

(individualized education program: IEP)의 배경이다.

따라서, 개별화교육은 교육 대상자들에게 개인의 모든 개인차를 고려하여 그에 합당한 교수방법을 제공함으로써 학습효과를 극대화하는 방법이다.

미국공법(public law: PL)105－17의 주요 골자는 특수교육에 적합한 아동교육을 위하여 개별화교육 계획(individualized education program: IEP)을 작성토록 한 것인데 이 개별화교육 계획은 아동이 일반학교에 다니든 특수학교에 다니든 상관없이 아동의 교육욕구를 반영하기 위한 계획이다.

제4절　응용행동분석

1. 행동주의와 학습이론

최근의 행동주의는 대부분 학습이론을 포함한다. 또한 현대의 심리학 자체가 행동을 그 중요 제재(subject matter)로 한다는 의미에서 행동과학으로 불리는 것이 보편적 현상이다.

행동주의는 "학습은 경험이나 수업을 통해 지식, 이해 또는 완전 습득을 얻게 되는 것"(American Heritage Dictionary)이라는 과거의 정의를 신뢰하지 않고, 1961년 Kimble이 정의한 "강화받은 훈련결과에 의한 행동 잠재력의 비교적 영속적인 변화"라는 것에 동의한다.

한마디로 행동주의자들의 주장은 학습은 관찰 가능한 행동의 변화여야 한다. 관찰 가능하지 않는 의식의 문제는 관여하지 않는다.

2. 고전적 조건화와 조작적 조건화

"관찰 가능한 행동변화"에 주안점을 둔 초기의 대표적인 행동주의 연구자들이 파블로프(Pavlov, 1849－1936)와 손다이크(thorndike, 1874－1949)이다. 고전적 조건화 이론을 정립한 파블로프는 사실 행동주의 이론과는 생소한 개를 대상으로 한 소화 생리 연구로 1904년 노벨생리학상을 받았다. 그러나 이후 "개의 타액 분비가 무조건적 행동반응"임을 우연한 기회에 발견하였다. 즉, 개가 실제 먹이를 먹는 경험을 한 이후에는 비슷한 형상만 보아도 타액을 분비한다는 사실을 확인하였다. 이에 따라 그는 그의 나이 80세경인 1931년 조건반사를 행동치료에 도입한 최초의 획기적인 저서 「조건반사와 심리」를 남겼다.

다음으로 조작적 조건화의 이론을 정립한 연구자는 손다이크이다. 즉, 손다이크는 어떤 강화된 자극(S)에 따라 강화된 결과(반응: R)을 도출할 수 있고, 반대로 자극을 약화시키면, 반응으로서의 결과 역시 약화된다는 "효과의 법칙(low of effect)를 1930년대 이전에 확립하였다. 손다이크의 효과의 법칙은 연습에 의한 효과, 혹은 준비에 의한 효과도 포함한다.

위에서 언급한 조작적 조건화란 동물이 원하는 강화를 받기 위하여 반응이 조작적으로 사용된다는 것을 의미한다. 강화의 결정은 동물에 의하여 결정되는 수의적 특성을 지닌다. 반대로 고전적 조건화에서는 동물로부터 반응이 이끌어내어지는 불수의적 측면이 강조된다. 조작적 조건화와 고전적 조건화를 도식화하여 비교해 보면 그림 2-1과 같다.

* 조작적 조건화

* 고전적 조건화

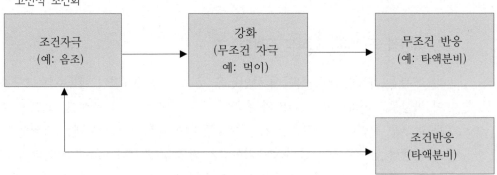

▶ 그림 2-1 ◀   조작적 조건화와 고전적 조건화 내용의 도식화 비교

3. 행동주의

와트슨(Watson, 1878-1958)은 행동주의 창시자로 알려져 있다. 행동주의는 보다 과학적인 학문일 뿐만 아니라 심리학 역시 모든 관심의 대상은 행동이어야 한다는 강력한 주장을 남겼다.

와트슨 지금까지 심리학이 지지하였던 "의식의 흐름에 대한 연구는 철학의 영역으로 돌려주어야 한다. 행동주의는 모든 유기체의 행동양상을 연구하고 이해하기 위해서는 현재 표현되어지고 있는 행동에 관심을 기울여야 한다고 주장한다. 또한 환경 혹은 경험이 인간 행동에 어떤 변화를 가져오는지를 연구해야 한다는 점을 강조하고 있다.

행동주의의 창시자 와트슨은 행동주의자들은 단일한 연구 기제로 연구에 임하고 있음으로 인간, 혹은 동물을 구분할 필요가 없다는 것도 분명히 하였다. 아울러, 행동은 우리가 눈으로 확인 가능한 것임으로 연구의 대상은 보이지 않는 의식이기에 앞서, 인간행동 자체가 연구되어야만 행동변화를 보장할 수 있다고 보았다.

4. 응용행동분석의 원리

스키너의 인간행동의 연구 체계는 1968년에 창간된 "응용행동분석 연구지(Journal of Applied Behavior Analysis)" 창간의 중요한 지지적 역할을 하였다. 이때 스키너가 주장한 응용행동분석에 대한 정의는 다음과 같이 정리될 수 있다. 즉,
   - 응용행동분석은 유기체의 행동원리에 근거한 과학적 체계화이다.
   - 과학적 체계는 그 절차를 응용하여 사회적으로 유익한 행동이 될 수 있는 준거와 객관성을 담보로 한다.

역사적으로 '행동분석적' 입장은 살아있는 유기체에 대한 행동분석의 기본 원리를 근간으로 하여 두 갈래로 나누어 질 수 있다. 즉, 1960년대 이전의 연구가 주를 이루는 '실험행동분석'과 1960년대 이후 인간행동의 사회적 적용을 강조한 '응용행동분석'으로 구분해 볼 수 있다.

스키너(Skinner, 1904-1990)는 현대적 의미에 있어 응용행동분석의 실제 창시자로 볼 수 있다. 이는 시대적으로 '행동수정'이라는 실험행동중심의 개념이 생성되었던 행동주의의 팽창시대를 와트슨의 시대로 하는 것과 비교되는 개념이다.

즉, 지금까지 행동주의가 실험실중심의 동물실험을 근간으로 발전되었다면 스키너의 경우는 실험실의 결과를 인간중심의 현장에 접목시키려는 현실적 노력을 배가하였다.

예를 들면, 스키너가 환경과 인간행동 사이에 발생하는 모든 결과를 관찰 가능하고 측정 가능한 것이어야 한다고 주장한 것은 인간행동의 방향을 사회적 적응력 증대로 응용발전시켜야 한다는 점을 강조하는 것이 된다. 이는 1953년에 출간한 '과학과 인간행동'의 기본적 원리가 되었고, 초기의 '급진적 행동주의(radical behaviorism)'를 뛰어 넘고 오늘날의 응용행동분석(Applied Behavior Analysis)으로 이어졌다.

1) 반응행동과 조작행동

앞서 파블로프가 제시한 무조건적 자극은 무조건적 반응을 이끌어 낼 수 있다. 이때 무조건적 자극에 의하여 인출되어지는 수동적 반응행동(respondent behavior)으로 볼 수 있다. 스키너는 이러한 수동적 반응행동을 조작적 행동(operant behavior)에 대비되는 선택적이며 작동적인 주관적 행동으로 제시한다.

즉, 조작적 행동은 우리가 자발적으로 '걷는 것, 물건을 잡는 행동, 아동의 장난감 선택과 놀이진행' 등의 대부분의 생활적 행동이 이에 속한다. 스키너는 조작적 행동의 중요성을 선행 자극에 이끌려 자동 생성되는 자동 반응에 두지 않았다. 예를 들면 아동이 "왜 걸어가는가?"의 보이지 않는 이유를 알아야 하는 것이 아니라 "걸어가면 어떤 결과(consequences)가 주어지는가?"에 관심을 두는 것이 필요하다고 강조한다.

한마디로 숨겨진 선행자극에 의존하는 반응행동과 달리 조작적 행동은 관찰 가능한 결과에 의하여 통제가 가능하게 된다. 동시에 행동의 원인을 파악할 수도 있고 향후 행동에 대한 예측성도 높여 준다.

2) 조작적 조건화와 유관강화

스키너의 조작적 조건화(operant conditionning) 원리는 손다이크의 조작적 조건화원리와 유사하다. 다만 조작적 조건화에서 특히 강조하는 것은 발생하는 행동과 발생된 행동에 따른 결과이다. 또한 조작적 조건화의 성립은 원하는 것을 얻기 위해 사용되는 강화인자로서의 자극(s)의 생성과 밀접한 연관성이 있다.

이때 바람직한 행동결과를 유발시키기 위해 연계적으로 사용되어지는 강화자를 '유관강화(contingent reinforcement)'로 본다. 유관강화라는 의미는 바람직한 결과가 도출되는 것에 유관되어 있다(의존, 혹은 수반된 상태)는 것을 뜻한다. 만약 어떤 행동을 하지 않으면 이 행동에 의존된 유관강화인자도 상실된다.

스키너의 조작적 조건화와 유관강화의 원리는 행동을 변화 수정하기 위한 모든 상황에서 가장 빈번하게 언급되는 원칙적 원리에 속한다. 또한 갖가지 강화 기법과 바람직한 행동형성에 따른 절차적 기법들이 조작적 조건화와 연계되어 있다. 이에 따른 내용들은 행동수정의 중요 내용으로서 '차별강화' 혹은 '기능분석' 등의 내용으로 상세히 설명되고 있음으로 이를 활용하여 충분한 이해가 가능할 것이다.

스키너의 유관강화 이론과 조작적 조건화가 가장 구체적으로 사용되는 일상생활의 예를 들면 TV의 광고 프로그램으로 볼 수 있다. 예를 들면, 시청자들에게 멋진 옷을 입은 모델을 자극인자로 제시하고, 멋진 옷을 사 입었을 때의 행동을 상상적으로 유발하게 함으로써 시청자 자신이 모델과 유사한 멋진 상태가 되는 유관강화의 효과를 얻는다. 동시에 멋진 옷이 멋진 사람을 만들어 준다는 결과적 반응을 도출함으로 광고 자체가 조작적 조건화의 원리에 부합하게 된다. 이러한 측면을 보다 단적으로 보여 주는 것이 아동들의 언어-행동 학습이다.

스키너 역시 사회적 관계의 모든 문화를 이러한 유관적 강화에 의하여 체계화되는 현상으로 정의하였다.

결론적으로 스키너는 응용행동분석을 통하여 강화기제를 통제함으로써 행동을 통제 변화 혹은 수정할 수 있음을 강조한다. 또한 우리의 행동은 의식 혹은 무의식의 형태와 무관하게 끊임없이 모든 환경에서 강화가 이루어진다. 다만 중요한 것은 언제, 어디서, 무엇이 행동을 통제 혹은 발생시키는가의 문제일 것이다. 스키너는 살아 있는 모든 사람은 언제나 자신을 둘러싸고 있는 환경에 의하여 조건화(conditioning)된다는 사실도 중요하게 해석한다.

결론적으로, 스키너의 행동 이론은 오늘날 우리가 바라는 중요한 한 가지 명제에 대한 과학적 해답이다. 스키너는 "행동이란 관찰과 측정이 가능한 모든 환경에 대한 개인적 반응"이라는 전제를 확립하였다.

스키너의 응용행동분석적 행동이론은 과학적 행동이론의 조건을 충족시켜주는 한편, 문제행동에 대한 친사회적 행동변화(행동의 수정)의 욕구를 연구의 실천적 역할로 간주한다.

인지행동치료(cognitive behavior therapy)는 인지에 변화를 일으킴으로써 행동을 변화시키려는 목적을 가진 모든 치료접근법을 의미한다. 인지행동치료의 실제적 결과는 일반적으로 인지와 행동의 변화라는 두 지표를 통해 나타난다. 행동수정은 인지행동치료가 아니며 동시에 인지치료 역시 인지행동치료가 아니다. 인지적 매개가 입증이 되고, 인지적 매개가 치료계획의 중요한 요소일 때 인지행동치료라는 명칭이 적용될 수 있다.

인지행동치료와 인지적 행동수정(cognitive behavior modification)은 거의 같은 의미로 사용된다. 둘의 기본 가정과 치료방법은 거의 같지만 치료결과의 초점에서 약간 다르다. 인지행동수정은 생각, 해석, 가정, 반응전략을 바꿈으로써 가시적인 행동을 변화시키려는 시도를 꾀하지만 인지행동치료는 인지에 미치는 치료의 효과에 더 초점을 둔다. 인지가 변하면 행동변화가 뒤따를 것이라는 가정에서이다. 따라서 인지행동치료가 더 포괄적이고 인지행동수정은 그 안에 포함된다고 볼 수 있다. 가장 빨리 나타난 인지행동치료는 1960년대 초이지만(Ellis, 1962) "인지행동수정"에 대한 책이 출판된 것은 1970년대의 일이다.

인지행동치료는 개인의 행동을 사정하고 치료하는 다양한 모델과 전략을 포함하므로 인지행동치료를 설명함에 있어서 가장 어려운 점 중의 하나는 그 범위를 정하는 것이다. 인지행동치료는 유형이 정해진 중재가 아니다. 관련성이 있는 수많은 다른 중재를 의미한다. 문제해결, 분노통제, 자기교수, 대안반응, 자기통제, 자기관리, 자기감시, 자기평가, 자기강화 훈련 등이 여기에 속할 수 있다.

이처럼 인지행동치료는 개념을 정하기 어려운 다양성에도 불구하고 인지행동치료의 기초가 되는 세 가지 이론적 가정이 있다.

① 인지적 사건(사고, 신념)이 행동에 영향을 미친다.
② 인지적 매개 사건의 변화를 통하여 행동변화가 가능하다.
③ 인지적 활동은 모니터링이 가능하고 변화될 수 있다.

첫 번째, 한 개인은 실제 상황에 반응하기보다는 자신이 지각하는 상황에 반응하므로 한 사건에 대해 내리는 인지적 평가는 그 사건에 대한 반응에 영향을 미친다. 인간은 환경의 영향을 받기만 하는 수동적인 존재이기보다는 자신의 환경을 만들어 나가는데 상당한 역할을 하는 능동적인 존재이다. 따라서 한 개인의 인지적 평가를 바꾸는 것은 행동과 정서를 변화시키기 위한 효과적인 전략이며 임상적인 가치가 있다.

인지적 요인이 아동기 정신병리의 유일한 원인은 아니며 생물학적, 유전적, 사회적, 인지적, 환경적 요인들이 아동의 행동이나 정서문제 발생에 기여하지만 적응에 문제를 보이는 아동과 그렇지 않은 아동 간에는 인지적인 차이가 있는 것으로 알려져 있다. 그 대표적인 것으로 인지결손과 인지왜곡을 들 수 있다. 인지결손은 신념이나 태도가 비합리적이거나 왜곡된 논리에 근거한 것으로 자신에 대한 주변의 지원은 간과하고 자신의 능력을 과소평가하는 우울증 아동에게서 흔히 볼 수 있다. 공격적인 아동은 타인에게 공격적인 의도를 부여하는 인지왜곡의 경향을 보인다.

두 번째, 인지적 활동은 과학적 조사의 대상이 될 수 있다. 한 개인의 인지를 완벽하게 알기는 어렵다 할지라도 개인의 인지적 경향을 알 수는 있다. 미로검사나 Stroop검사를 통해서 충동성의 억제에 대해 알아볼 수 있다.

세 번째, 바람직한 행동변화는 인지적 중재 모델을 통해 이루어질 수 있다. 인지행동치료는 유관강화가 행동을 변화시킨다는 사실도 수용하지만, 행동을 변화시키는 다른 방법 특히 인지변화를 통한 방법도 강조한다. 인지적 중재(mediation)가 행동에 영향을 줄 수 있음을 입증하기 위해, 인지행동 연구자들은 같은 크기의 소음이 듣는 이의 소음에 대한 기대에 따라 다른 생리적 반응을 일으키며(Nomikos, Opton, Averill, & Lazarus, 1968), 어떤 과제를 자신이 성취할 능력이 있다고 지각하는 효능감은 실제 행동을 강하게 예측하는 변인이 됨(Bandura, 1997)을 주목했다.

인지행동치료에서는 한 개인의 행동과 더불어 수반되는 인지내용과 처리과정을 이해하는 것이 중요하다. 여기서 인지란 하나의 단일 개념이 아니라 복합적인 개념이다. 개인의 생각, 혼잣말, 지각, 기억, 평가, 귀인, 신념, 스키마, 태도, 목적, 기준, 가치, 기대, 이미지 등을 포함한다. 또한 인지는 내용과 더불어 정보가 처리되는 과정도 포함한다.

1. 인지행동치료기법

인지행동치료와 관련되어 나타난 주된 치료들을 간추려 보면 다음과 같다.

1) 합리적 정서적 행동치료(Rational-Emotive Behavior Therapy: 이하 REBT)

Ellis의 책(Reason and Emotion in Psychotherapy, 1962)이 이 접근법의 주된 참고문헌이다. Ellis는 인간의 사고와 정서는 서로 연관되고 있다고 보며, 어떠한 경험이나 사건에 대한(Activating event: A) 한 개인의 신념체계(Belief systems: B)가 어떤 정서적, 행동적 결과(Consequences: C)를 낳는다고 보았다. Ellis는 비현실적이고 과잉일반화된 신념이나 욕구를 현실적인 것으로 대치함으로써 정서나 행동에 변화가 일어날 수 있다고 가정했다. 주된 치료기법은 논리적인 방법으로 질문하고, 개인의 신념에 도전하고, 반박하고, 토론함으로써 개인의 비합리적인 신념을 무너뜨린다. 이외에도 자신의 사고를 모니터하기, 독서치료, 역할놀이, 모델링, 이완훈련, 조작적 조건화, 기술훈련 등의 다양한 기법도 사용한다. REBT가 다른 인지행동치료와 가장 차별화되는 점은 Ellis가 철학적인 측면을 강조했다는 점이다. 이러한 Ellis의 철학적 관점은 REBT의 목적에 잘 반영되어 있다. REBT의 목적은 자신에 대한 흥미, 사회적 관심, 자기 결정, 자신과 타인에 대한 관용, 유연성, 불확실함에 대한 수용, 궁극적 관심을 따르기, 자기수용, 과학적 사고, 인생을 이상적으로 보지 않기이며 이런 합리적 철학을 채택한 사람은 정서적 장애를 최소화시킬 수 있다고 가정했다.

2) 인지치료

인지치료(cognitive therapy)는 Aron Beck(1963)의 이론에 기초하고 있다. Beck은 우울증이 인지적 요소와 연관이 있으며 우울증 환자의 사고패턴에 체계적인 왜곡이 있음을 발견하였다. 환자들은 부정적인 인지 도식을 통해서 사건을 여과시키기 때문에 현실을 왜곡하고, 과장하여 부정적으로 해석하며 그 결과 우울증을 특징짓는 감정적 상태와 행동적인 증상을 보인다고 보았다. 이러한 인지적 모델은 우울증뿐만 아니라 일반적인 정신병리에 포괄적으로 적용될 수 있다. 이 모델에 의하면 정서장애는 왜곡된 사고의 결과이거나 인생 사건의 비현실적인 인지평가의 결과이다.

잘 적응하는 사람의 인지구조 즉, 스키마는 생활 사건을 현실적으로 평가하게 하지만 비적응적인 개인의 스키마는 현실을 왜곡하게 한다. 이러한 왜곡은 정보의 선택적인 추출, 임의적인 유추, 결과의 과잉일반화, 극대화, 최소화의 형태를 취한다. 인지치료의 목적은 생활 사건에 대한 환자의 왜곡된 평가를 보다 현실적인 인지평가로 대치하는 것이다. 치료는 환자에게 ① 자동적으로 떠오르는 자신의, 생각을 모니터하고, ② 인지, 감정, 행동 간의 연관성을 인지하고, ③ 자신의 사고의 타당성을 검증하고, ④ 이런 왜곡된 사고를 보다 현실적인 사고로 대치하고, ⑤ 잘못된 사고패턴에 빠지게 하는 신념이나 가정을 확인하고 바꾸는 것을 배우도록 한다.

3) 귀인 재훈련

귀인 재훈련(attribution retraining)은 개인의 사고나 기대를 변화시키는 인지 재구조화에 속하는 치료의 대표적인 것이다. 귀인 양식이란 한 개인이 수행에 대한 성공과 실패의 원인을 설명함에 있어서 선호하는 설명을 의미한다. 즉, 자신의 성공과 실패의 원인을 자신 밖의 외부요인과 자신 안의 내부요인 중 어디에 있다고 보는가와, 그러한 요인이 변화가 가능한 요인이라고 보는지 혹은 변화가 불가능한 안정된 요인이라고 보는지를 밝히는 것이다. Bandura(1977)는 아동들이 자신이 잘하거나 못하는데 대한 원인을 어떻게 설명하는가는 미래 수행에 대한 기대, 성공과 실패에 대한 감정적인 반응, 과제 수행에서의 끈기와 관련이 있다고 주장했다.

비적응적인 귀인 양식을 가진 우울한 아동이나 무력감을 느끼는 아동들을 위한 귀인 재훈련 프로그램은 아동이 성공의 원인을 자신의 능력(내적이고 안정된 것)으로 돌리고, 실패의 원인은 그들의 노력(내적이지만 안정되지 않은 원인)으로 돌리는 경향을 늘이고자 하였다. 아동의 긍정적인 통제감과 효능감을 장려하는 것이 치료의 주목적이다. Dweck(1975)는 실패할 것이라 기대하는 경향이 있는 초등학교 학생들을 대상으로 연구를 하였다. 대상 아동들은 매일 25회기를 훈련받았으며 매회기마다 15개의 수학문제를 풀었다. 훈련조건에서는 문제의 난이도를 조정하며 아동들에게 수학 문제를 풀게 하고, 틀렸을 때마다 실험자가 실패는 더 열심히 해야 함을 의미한다고 말해주는 귀인 재훈련을 하였다. 그 결과 수학 문제를 푸는데 있어서 더 끈기를 보였고, 실패는 능력의 부족이 아니라 더 많은 노력을 요하는 것으로 신념체계가 변화되었다.

4) 자기통제/자기규제

자기통제(self-control)로 언급되는 치료기법은 전통적인 행동주의 접근법과 인지행동치료 사이의 가교역할을 했다고 볼 수 있다. Kanfer(1971)가 제시한 자기규제(self-regulation) 방법은 자기 모니터링, 자기기록, 자기평가, 자기강화로 구성된다. 자기 모니터링은 자신이 과제에 집중하고 있는지 자신의 부정적인 혼잣말을 살펴보는 것이다. 스스로 관찰한 행동을 차트에 기록하고, 기록된 행동을 이전의 것과 비교하고, 미리 정해진 수준에 도달했으면 자기강화를 하는 것이다.

5) 자기교수 훈련

Meichenbaum(1969)은 입원한 조현병 환자들에게 "건강한 말(healthy talk)"을 하도록 조작적 치료절차를 통해 훈련한 결과, 건강한 혼잣말을 하는 환자가 주의 산만이 덜하고 여러 과제에서 우월함을 보임을 발견하였다. 이 발견은 행동수정에서 인지적 요소의 역할에 초점을 맞추는 계기가 되었다. Meichenbaum과 Goodman(1971)은 충동적인 아동을 대상으로 한 자기교수 훈련(self-instructional training)을 개발하였다. 인지적 중재에 결손이 있는 충동적인 아동들에게 내적인 언어의 중재적 측면을 강화하여 자신의 행동을 적절히 통제하기 위해서였다. 자기교수란 개인이 문제해결 과정동안 자신을 인도하기 위해서 사용하는 내면적인 대화이다. 이러한 자기교수는 비장애아동일 경우 저절로 나타나며 새로운 과제를 시도할 때 가장 흔히 나타난다. 그러나 충동적인 아동의 경우에는 이러한 자기교수가 결여되어 있으므로 모델링을 통해서 과제 수행시에 사용할 수 있는 사고전략을 제공한다.

이 훈련 프로그램에서 사용된 절차는 Luria(1961)와 Vygotsky(1962)가 제시한 절차와 같다: ① 모델이 큰 소리로 말하며 과제를 수행하고 아동은 관찰한다. ② 아동이 같은 과제를 수행할 동안 모델이 구어 지시를 한다. ③ 아동 스스로 큰 소리로 말하며 과제를 수행한다. ④ 아동이 작은 소리로 말하며 과제를 수행한다. ⑤ 아동이 속으로 혼잣말을 하면서 과제를 수행한다. Meichenbaum과 Goodman(1971)은 이러한 자기교수를 통해 충동적인 아동들의 과제 수행이 상당히 향상되었음을 발견했다.

이 교수에 사용된 자기교수는 여섯 가지의 수행 관련 기술을 훈련받는다. ① 문제의 정의("내가 해야 할 일이 무엇이지?"), ② 문제에 대한 접근, ③ 초점 맞추기("조심해서 그려야 해"), ④ 적응 진술, ⑤ 실수 교정("괜찮아. 비록 실수는 했지만 다시 잘 그릴 수 있어"), ⑥ 자기강화("잘 했어. 난 지금 잘하고 있어")이다.

예를 들어, 선들을 묘사해야 하는 과제의 경우, 다음과 같이 자기교수 훈련 절차를 모델링해 보일 수 있다.

"내가 해야 할 일이 무엇이지? 여러 가지 선으로 이루어진 그림을 베끼는 것이구나. 난 천천히 조심해서 그려야 해. 자 선을 아래로 죽 긋자. 잘했어; 이번에는 오른쪽으로 긋자. 됐어; 이제는 아래로 좀 긋고 왼쪽으로. 잘했어. 난 지금까지 잘 하고 있어. 천천히 하는 것을 잊어서는 안되지. 다시 위로 선을 긋자. 아니구나 아래로 그어야 하는구나. 괜찮아. 조심해서 지우면 되니까. 잘 지웠어. 비록 실수는 했지만 난 천천히 조심스레 그릴 수 있어. 난 다시 아래로 그어야 한다. 드디어 끝마쳤구나"(Meichenbaum & Goodman, 1971).

Goodman(1973)은 충동적인 아동에게 한 자극을 제시하고 유사한 6개의 그림 중에서 그 그림과 같은 것을 찾아내는 검사인 "같은 그림 찾기(Matching Familiar Figure Test)"를 실시하였다. 충동적인 아동은 정답을 찾기 위해 6개의 그림을 살펴보는데 있어서 나름대로의 체계나 전략이 없었다. 이런 아동들에게 인지적인 전략을 자기교수 훈련을 통해 가르쳤더니 6개의 선택 그림 모두를 살펴보는 횟수가 전보다 상당히 증가하였으며 정답을 찾아내는 방법이 체계적으로 변했다.

6) 문제해결 치료

D'zurilla와 Goldfried(1971)가 문제해결(problem-solvingy) 이론을 행동수정에 적용할 것을 제기하는 논문을 출판했다. 문제해결은 문제 상황에 적응하기 위해 문제 상황을 바르게 인지하고, 효과적인 다양한 반응을 생각해내고, 가장 효과적인 반응을 선택할 가능성을 높이는 인지과정을 의미한다.

Spivack과 Shure(1974)는 행동문제를 가진 아동은 문제 상황에서 문제해결을 위해 생각해낼 수 있는 해결책의 수가 적을 뿐 아니라 자신의 행동이 가져올 가능성이 높은 결과를 예측하지 못함을 발견하였다. 이러한 결함을 보충하기 위하여 30회기에 걸쳐 두 유형의 사회적 추론에 관한 훈련 프로그램을 개발했다. 한 유형은 또래와의 단순한 갈등 상황에서의 대안적인 해결책을 예측하는 능력을 키우는 것이었다. 훈련의 초점은 여러 가지 게임을 이용하여 대인관계 문제에서 어떻게 해야 하는가를 가르치는 것이었다. 처음에 게임들은 주의집중 기술, 다른 사람의 정서 확인하기, 사람들이 각각 좋아하는 것과 싫어하는 것이 다르다는 것, 다른 사람에 대해서 정보를 모으는 것을 배우는 내용으로 구성되었다. 마지막 단계의 게임들은 대인관계 문제에 있어 몇 가지 해결책을 찾고 대인관계에서의 원인과 결과를 평가하는 것이었다. 이러한 훈련은 사회적 추론능력을 상당히 향상시켰으며 사회적 행동에 지속적으로 긍정적인 효과를 미쳤다. 즉, 사회적 적응과 직접적으로 관련된 대인관계의 인지기술을 향상시킴으로써 부적응 행동을 감소시켰다.

거북이 기법(Robin & Schneider, 1974)은 초등학교 정서·행동장애 학생을 대상으로 사회적 상황에서 공격적이거나 충동적인 반응을 표출하는 것을 억제하고 대안적인 반응을 생각해내는 것을 훈련시키기 위해 개발된 최초의 문제해결 접근법의 하나이다. 이 기법은 공격적인 아동이 공격적 행동을 표출할 조짐이 보이면 주위 사람이 "거북이"라고 말해 주고, 해당 아동은 거북이처럼 자신의 몸을 웅크려서 잠시 생각하는 것이다.

문제해결 능력을 키우기 위한 인지적 중재는 특정 문제에 대한 특정 해결책을 내는데 초점을 맞추기도 하지만, 예상되는 문제상황과 해결책은 무한하므로 아동의 기본적인 인지과정을 훈련시키기도 한다. 이러한 인지적 중재의 한 예로는 아동이 자신의 행동을 규제하기 위해 자신에게 하는 자기지시를 들 수 있다. 가령 실수를 줄이기 위해 반응을 보이기까지의 시간을 늦추기 위해서 "천천히"라는 단순한 자기지시적인 단서를 사용하게 하거나 "나는 대답하기 전에 멈추고, 보고, 생각해야 한다."는 말을 하게 하는 것이다. 일반적으로 이러한 단서의 사용은 모델링이나 직접교수를 통해 가르친다.

2. 성인과 아동의 인지행동치료

성인에 대한 인지행동치료와 아동을 대상으로 하는 인지행동치료 간에는 몇 가지 중요한 차이점이 있다. 먼저, 클라이언트가 아동이라면 인지와 감정발달에 관심을 기울여야 한다. Ellis의 합리적 정서적 치료나 Beck의 인지치료는 클라이언트가 이성적인 것과 비이성적인 것, 논리적인 사고와 비논리적인 사고를 구분할 수 있는 인지능력을 가지고 있을 때만 가능하다. 만약 치료사가 자신의 비이성적인 사고에 도전하는 말을 할 경우 아동들은 나무라는 것으로 받아들일 수 있으며 치료사가 의도하는 철학적 변화를 이해하기 어렵다. 아동을 사정할 경우에는 아동의 발달적 측면을 고려하는 것이 중요하다. 아동기에는 흔한 문제이지만 나이가 든 후에는 임상적으로 심각한 불안이 있다. 따라서 인지행동치료에서는 개인의 주의집중능력, 기억용량, 구어의 이해 정도, 개념적인 추론 능력, 상대방의 입장 취하기 능력이 성공적인 중재에 중요한 역할을 한다. 성인에게는 성공적인 전략일지라도 아동이 이해하거나 다루기는 어려운 전략들이 있을 것이다.

성인과 아동의 경우 치료에 의뢰되는 문제의 성질이 다르다. 성인의 경우, 대다수가 스스로의 선택에 의해 치료를 하지만 아동은 본인이 아무리 어떤 문제로 심리적인 고통을 받아도 교사나 부모가 그것을 문제시 할 때만 치료에 의뢰되는 경우가 많다. 따라서 성인은 주로 자신에게 고통을 주는 우울이나 불안 문제로 치료를 하지만, 아동은 성인에게 고통을 주는 행동 즉, 충동성, 낮은 자기통제력, 반사회적인 행동으로 의뢰되는 경우가 많다. 그 결과, 치료를 요하는 인지문제의 성격도 성인의 경우와 아동의 경우가 서로 다르다.

성인을 대상으로 인지치료를 할 때의 치료의 전형적인 표적은 인지적 왜곡이다. 이런 인지적 왜곡은 환경의 비논리적인 해석, 자신의 수행에 대한 지나치게 높은 기대, 일상생활 사건에 대한 부정확한 지각을 비롯하여 비합리적인 신념, 잘못된 인지과정과 혼잣말이 될 수 있다. 성인의 경우에는 사고의 결과가 바람직하지는 않지만 적어도 사고과정이 있고 능동적인 사고를 한다. 그러나 아동이 의뢰된 경우의 인지적 문제는 인지적 왜곡보다는 인지적 결손이 많다. 어떤 바람직한 행동을 수행하기 위해서 필요한 인지기술을 가지고 있지 않다. 다시 말해 치료에 의뢰된 아동은 효과적인 문제해결자가 되기 위한 정보처리 활동을 하지 않고 자신의 행동을 통제하기 위한 반성적인 사고과정을 가지고 있지 않다. 따라서 그러한 인지결손을 극복하도록 훈련시키는 것이 아동을 대상으로 하는 인지행동치료의 주된 목표가 된다.

또한 아동이 성인의 경우보다 가족, 학교, 또래라는 사회적 환경에 의해 더 많은 영향을 받으므로 문제에 대한 원인과 바람직한 치료법을 찾기 위해서는 부모를 비롯하여 아동에게 강한 영향력을 미치는 사람을 치료과정에 포함시키는 것이 성공적인 치료의 결정적인 요소가 된다.

제 3 장

인간행동에 관한 이론

이해를 돕기 위하여 시각장애인들이 코끼리 만지는 이야기(맹인모상; 盲人摸像)를 하자면 옛날 인도의 한 왕이 신하를 시켜 코끼리 한 마리를 가져오게 한 뒤 시각장애인들에게 만져 보도록 하였다. 그리고 어떤 모양인지를 물었다. 시각장애인들은 각기 자신이 만진 부분만을 근거로 각양각색(各樣各色)으로 대답하였다. 이빨을 만진 사람은 무처럼 생겼다고도 하고, 귀를 만진 사람은 곡식을 까불 때 사용하는 키(箕)처럼 생겼다고 하며, 다리를 만진 사람은 기둥, 등을 만진 사람은 널빤지처럼 생겼다고 하고, 꼬리를 만진 사람은 새끼줄처럼 생겼다고 하였다. 결국 맹인모상은 자기입장에서 자신의 주장만이 옳다고 주장하는 사람의 무지함을 빗댄 이야기다. 그러나 여기에서는 이 맹인모상을 약간 각색하여 지혜로운 판단으로 보고 있음을 이해하기 바란다. 옛날에 시각장애인 여러 명이 있었다. 이들은 코끼리를 한 번도 만져본 적이 없었다. 그래서 코끼리 모양을 전혀 알지 못하였다. 그런데 어느 날 동네에 코끼리 한마리가 들어왔다. 누구도 이 코끼리 모습을 알지 못하여 시각장애인들은 각자가 한 번씩 코끼리를 만져보고 모양을 이야기하기로 하였다.

첫 번째 시각장애인은 코끼리 다리를 만졌다. 코끼리는 마치 대궐의 기둥처럼 서 있었다. 그래서 첫 번째 시각장애인은 '이 동물은 큰 기둥 같다!'라고 말하였다. 두 번째 시각장애인은 코끼리 가슴에 손을 대었다. 까칠까칠한 피부와 더불어 넓은 판자와 같았다.

그래서 두 번째 시각장애인은 '이 동물은 기둥처럼 생긴 것이 아니라 마치 큰 널빤지 같이 생겼다!'라고 말하였다. 세 번째 시각장애인이 나섰다. 그는 마침 코끼리 코를 만지게 되었다. 그리고 그는 '이 동물은 기둥 모양도 아니요, 널빤지도 아니요, 마치 커다란 야구 방망이 같이 생겼다!'고 말하였다.

마지막 시각장애인(blindness)은 코끼리를 만지지 않았다. 다만 앞서 첫 번째 시각장애인에게 기둥이 몇 개나 되는지, 두 번째 시각장애인에게 널빤지는 어떤 모양이었는지, 그리고 야구방망이는 어떤 모양으로 있는지를 물었다. 그리고 이를 종합하여 마음 속으로 그림을 그렸다. 그리고 말하였다. '코끼리는 코가 길고 네 개의 발이 있는데 기둥처럼 크고 가슴은 마치 널빤지처럼 넓고 둥글게 생겼다!'

사람이 행동하는 이유는 무엇일까? 이와 같은 질문은 매우 어리석은 질문 같기도 하지만 그 대답을 쉽게 하기란 매우 어렵다. 그래서 학자들은 사람이 행동하는 이유에 대하여 많은 연구를 해왔다. 그런데 학자들의 주장은 매우 다르고 다양하였다. 이는 마치 앞서 이야기한 '장님 코끼리 만지는' 듯한 모습이었다. 그러나 오랜 세월동안 이 과정이 거듭되면서 인간이 행동하는 이유는 점차 조금씩 밝혀지게 되었다. 이들의 주장을 모두 정리해 가면서 말이다.

그러나 인간이 행동을 하는 이유에 대해서는 아직도 불분명한 면이 많이 있다. 이들의 주장을 크게 요약하면 여섯 가지 이론 즉, 정신분석 이론(psychodynamic theory), 생물학적 이론(biophysical theory), 환경 이론(environmental theory), 그리고 행동수정 이론(behavior modification theory), 인지 이론(cognitive theory), 생태학적 이론(ecological theory) 등으로 정리할 수 있다.

▶ 표 3-1 ◀ 인간행동을 설명하는 이론

이 론	설 명
정신분석 이론	인간이 행동하는 것은 인간 내부에 존재하는 심리적인 활동의 역동성에 의한 것이다.
생물학적 이론	인간이 행동하는 이유를 신체적 생물학적 특성으로 인한 것으로 본다. 즉, 아동이 부적절한 행동을 하는 이유는 신체적인 문제가 있기 때문인 것이다.
환경 이론	인간의 행동은 그가 처한 환경 속에서 행동을 배우고 행동한다.
행동수정 이론	어떤 사람이 보이는 행동은 어미 이전에 이 행동에 대하여 학습을 통하여 배웠다.
인지 이론	인간행동은 그 사람의 인지발달 정도, 인지 방식 등에 의하여 영향을 받는다.
생태학적 이론	사람이 행동하는 이유는 한 가지 이론만으로 설명하지 않고 통합적으로 행동원인을 파악하여 이해하여야 한다.

본 장에서는 이와 같은 인간이 행동하는 원인에 관한 이론적 모델들에 대하여 알아보고자 한다. 여러분은 이들 이론을 이해하고 '장님 코끼리 만지듯' 인간 행동의 원인에 대한 모습을 마음 속으로 정리하고 이해하여야 할 것이다.

제1절 정신분석이론

1. 의의

정신분석이론(psychodynamic theory)은 1950－60년대에 세계적으로 선풍적인 인기를 끌었다. 이는 인간의 내면세계를 알고 싶어하는 인간의 호기심에 기인한 것으로 보인다. 그리고 현재에도 이 정신분석이론(精神力動理論)은 인간의 내면세계를 설명하는 주요 수단이 되고 있다. 특히 픽션 드라마(fiction drama)나 소설 등에 정신분석이론이 자주 등장하는데 예를 들어, 어떤 주인공이 어린시절 경험하였던 충격을 잊지 못하여 악몽에 시달린다든지, 유아시절 자신이 겪은 부모와의 갈등경험이 성인이 된 지금 다시 자신의 자녀와의 갈등으로 표출되는 등의 내용이 그러하다.

또 딥스와 같은 소설에서는 스토리전개를 보다 극적으로 묘사하기 위하여 아버지를 용서하는 등의 내용이 있는데 이와 같은 내용은 정신분석이론(psychodynamic theory)에 근거를 둔 것으로 보인다.

정신분석이론은 프로이드(Sigmund Freud)이론을 연구한 사람들(이들을 프로이드 학파라고 한다)의 주장이다. 이 이론에서는 인간이 왜 행동을 하는가에 대한 대답을 인간 개인 내부에서 찾는다. 즉 인간 내부에는 행동을 유발하는 심리적인 활동이 있는데 이 심리적 활동의 역동성으로 인하여 인간이 행동을 한다는 것이다.

만일 어떤 사람이 다른 어떤 사람과 상호작용(interaction)하는 행동을 하고 있을 경우 그 상호작용행동의 양이나 질은 그 사람 내부에 존재하는 심리적 역동에 달려 있다는 것이다. 이와 같은 주장은 일리가 있어 보인다. 왜냐하면 우리가 어떤 사람과 대화를 하고자 할 때 이미 심리적으로 대화하고자 하는 의지가 있고 그로 말미암아 대화를 시도하기 때문이다. 우리는 흔히 '내키지 않아서 …'라는 말을 사용한다. 이 '내킴'이란 바로 심리적 역동성이다.

2. 인간의 심리구조

그런데 인간 내부에 존재하는 심리적 역동성은 무엇으로 설명할 수 있을 것인가? 또 심리적 역동성은 어떤 모습을 하고 있는 것일까? 이를 설명하기 위하여 정신분석이론의 창시자인 프로이드는 인간의 심리구조를 본능(id; 이드), 자아(ego), 초자아(superego) 등 셋으로 나누어 설명하였다.

▶ 표 3-2 ◀ 인간의 심리구조

구 조	설 명
본능	인간이 태어날 때부터 가지고 있는 본능적 욕구
자아	본능을 통제하여 현실 상황에 맞는 욕구충족을 하도록 해주는 것
초자아	사회적 규범, 도덕, 그리고 자신이 형성한 가치기준

1) 본능

본능(id)은 인간이 태어날 때부터 가지고 있는 본능적 욕구를 말한다. 이와 같은 본능은 한 사람의 정신에너지의 원천이 된다. 인간의 본능(本能)은 여러 가지가 있지만 심리적인 측면에서의 본능적 욕구에는 성욕, 공격력 등이 있다. 즉, 심리적 측면에서 인간의 본능은 쾌락(pleasure)으로 볼 수 있다. 인간이 지닌 이 심리적인 본능은 인간의 심리적 에너지의 밑바탕이 되는데 이 밑바탕을 이루는 에너지를 리비도(Libido)라고 한다.

2) 자아

자아(ego)는 본능을 통제하여 현실 상황에 맞는 욕구를 충족하도록 해준다. 인간이 심리적으로 현실적인 자아(自我)가 형성되면 본능적 욕구를 충족시키고 방출(release)하는데 있어 단순히 본능에 의하지 아니하고 현실적인 방법을 찾는다. 예를 들어 공격성이라는 인간의 본능적 욕구 충족을 위하여 사람은 다른 사람을 때리거나 하는 등의 폭력을 사용하지 않고 운동을 하는 등의 방법으로 욕구를 충족시키게 된다. 이 역할을 담당하는 것이 자아(自我; self)이다.

3) 초자아

초자아(superego)는 세상을 살아가면서 배운 사회적 규범, 도덕, 그리고 자신이 형성한 가치기준이다. 이 초자아(超自我)에는 양심(良心; conscience)과 자아이상 (自我理想)이 있다. 양심은 타인의 비난·처벌경험으로부터 생기는 죄책감인데 이 것이 의식세계에 내면화된 것이다. 그리고 자아이상(ego-ideal)은 잘한 행위에 대 해 보상받은 경험에 의해 생기는 이상적인 자아상이다.

3. 인격발달

정신분석이론에서는 사람의 인격발달(personality development)이 어떻게 이루어 지는가에 대한 설명을 하였는데, 정신분석 이론가들은 사람의 인격발달이 아동기 에 이루어진다고 믿는다. 그리고 아동의 인격발달은 일련의 성적단계를 거치면서 발달한다고 본다. 이들 인격발달 단계를 설명하면 표 3-3과 같다.

▶ 표 3-3 ◀ 인격발달 단계

단계	나이	설 명
구강기	0-1	만족, 쾌감을 주는 대상에 애착이 형성된다.
항문기	2-3	통제욕구에 대한 적합과 부적합 등의 인격이 형성된다.
남근기	3-5	자기개성과 자기정체성이 형성된다.
잠복기	6-11	주위환경 탐색과 지적탐색이 활발한 시기이다.
생식기	11-성인기	타인에 대하여 관심과 협동자세를 갖고 이타적이고 원숙한 생식기적 성 격을 갖게 된다.

1) 구강기

첫 번째 단계는 구강기(口腔期; oral stage; 0~1세)다. 이 단계 아동의 주 성감대 는 구강(입, 혀, 입술 등)이다. 이 나이 아동이 보이는 행동 즉, 무엇이든 물건을 주 면 입으로 들어가는 모습을 보이는데 이것이 바로 구강기임을 입증하는 것이다. 이 시기 아동은 젖을 빨며 성적욕구를 충족하고 자신에게 만족, 쾌감을 주는 대 상에게 애착(attachment)을 가지게 된다.

이 시기 아동이 구강(口腔)으로 욕구를 충분히 충족하지 못하면 더 이상 인격 이 발달하지 못하고 나이가 든 이후에도 구강기에 머물러 음주·흡연 등을 애호 하게 되고 남을 비꼬는 말(구강으로) 등을 하게 된다.

또 이 단계는 인간이 처음으로 환경과 접촉하는 시기인데 이 시기를 통하여 사람은 관계형성이란 것을 배우기 시작하고, 믿음과 불신을 배우게 된다. 따라서 정신분석이론에서는 구강기 아동의 욕구충족(입, 혀, 입술 등을 통한 충분한 경험)을 매우 중요시한다.

2) 항문기

두 번째 단계는 항문기(肛門期; anal stage; 2~3세)다. 이 단계에 있는 아동은 배변훈련 등을 통한 자극으로 성적쾌감을 얻는다. 이 시기에 아동이 부모 등으로부터 적절한 배변훈련을 받지 못하면 대소변은 더러운 것이라는 식의 반동형성(反動形成; reaction formation)으로 결벽증(潔癖症; mysophobia)이 생길 수 있다.

이 단계를 통하여 통제욕구에 대한 적합과 부적합 등의 인격이 형성된다. 그리고 이 단계 말기에, 자발적인 성취감, 수치심, 의심 등을 배우게 된다.

3) 남근기

세 번째 단계는 남근기(男根期; phallic stage; 3~5세)다. 이 단계에 사람은 성감대가 항문에서 성기로 옮겨가는데 남아는 어머니에 대해 성적으로 접근하려는 욕망과 애착을 느끼며 자신의 아버지를 경쟁자로 생각하는 오이디푸스 콤플렉스(oedipus complex)를 가지게 된다. 또한 아버지가 자신의 성기를 없앨까 두려워하는 거세불안(去勢不安; castration anxiety)도 생겨난다. 반대로 여아가 아버지에 대해 가지는 성적애착과 접근 감정을 엘렉트라 콤플렉스(electra complex)라고 한다. 이 시기에 사람은 자기개성과 자기정체성 인격이 형성된다.

4) 잠복기

네 번째 단계는 잠복기(潛伏期; latent stage; 6~11세)다. 이 시기 아동은 성적욕구가 억압되며 주위 환경에 대한 탐색과 지적탐색이 활발한 시기로 사회적으로 용납되는 행동에 에너지(energy)를 투입하게 된다. 이 시기 아동은 자신의 에너지를 학습으로 바꾼다.

5) 생식기

마지막 단계는 생식기(生殖期; genital stage; 11~성인기)다. 이 단계에는 이성에 대해 진정한 관심을 가지고 성숙한 사랑을 할 수 있게 된다. 이 시기까지 순조로운 발달을 보인 사람은 타인에 대하여 관심과 협동자세를 갖고 이타적(利他的)이고 원숙한 생식기적 성격을 갖게 된다. 그리고 이 단계에는 이전의 단계가 모두 통합된다.

4. 교육

정신분석이론(psychodynamic theory)에 의한 교육은 정신분석학적 개념을 이용하여 왜 이 아동이 학교에서 이와 같이 행동하는가를 해석하여 교육적 처방을 내리는데 중점을 둔다. 따라서 정신분석이론에 의한 교육방법은 해당 아동을 아동과 관련한 전반적인 사항(인격발달단계, 외부환경 등)을 고려하여 왜 아동이 이와 같은 행동을 하게 되었는지를 탐색하게 된다. 그리고 만일 아동으로부터 특정 인격발달 단계에서 머문 사실이 발견되면 해당 단계를 충분히 경험하도록 해준다.

이때 교사의 역할은 아동을 의사소통 대상으로 보고 아동과 안정적인 애착관계를 수립한다. 즉, 정신분석이론에서의 교사역할은 교육이 아니라 교사와 아동 간에 안정적인 관계유지를 통하여 아동 정신세계 내부에서 스스로 올바른 행동을 할 수 있는 힘을 방출(release)하도록 한다.

결론적으로 정신분석이론에 의한 아동행동 이해는 아동행동의 원인이 아동 정신세계 내부에 있다는 가정으로부터 출발하고 있으며, 교사의 아동교육은 아동에게 스스로 바람직한 행동을 찾을 수 있도록 환경을 제공하여 주는 것이지 교사가 인위적으로 아동을 교육해서는 안된다는 점을 강조한다.

이와 같은 정신분석 치료란 용어는 아동치료에 있어 일반화된 말로써 이 정신분석치료에 의한 교육적 접근에서는 표 3-4와 같은 교육원리를 따른다(Long et al., 1980).

정신분석이론에 관련한 교육방법에 관련해서는 본 서 제9장에서 자세히 언급할 것이다.

▶ 표 3-4 ◀   정신분석치료에 의한 교육원리

원 리	설 명
상호작용	지속적인 상호작용으로 올바른 상황 인식 및 애착형성(라포)
강약점 설명	문제가 있음을 아동이 인정한 후 치료를 위하여 아동에게 강·약점 설명
성공환경 제공	아동이 현 수준에서 성공적으로 기능을 수행할 수 있는 환경 제공
성공기술 제공	주어진 환경 속에서 자신의 능력과 기술을 성공적으로 활용하는 방법을 가르침
최적조건 제공	최적 조건환경에서 아동이 이해하고 생각하고 느끼고 행동하게 함.

모든 행동 관찰	생활 중 아동에게 발생하는 모든 문제는 중요하며 치료를 위해 가치가 있어 이를 면밀히 관찰함
일반과제 중시	일반과제를 통하여 자발성, 경쟁, 공유, 시험, 격리 등의 관계를 배우도록 함
행동미성숙 인정	아동은 스트레스를 받고 있는 동안에는 미성숙한 방법으로 행동할 수 있음을 인정함
감정 표출	문제아동은 자신의 부적절한 감정을 타인에게 표출할 수 있음. 공격적인 아동은 타인에게 공격적인 행동을 보일 수 있음 과잉행동의 아동은 타인에게 과잉행동을 보일 수 있음 위축된 아동은 타인을 무시해버릴 수 있음 수동-공격적 아동은 타인을 모방함으로써 감정표출법을 배움 아동이 어른행동을 모방하면 자기인식에 성공한 것임
적응	정서·행동장애 아동은 성인의 중재로 적응하는 방법을 배움 성인중재를 적대감보다는 보호행동으로 재해석하도록 함 교사는 중재가 아동의 위험, 전염병, 심리적 위축 등으로부터 보호하기 위한 것임을 반복하여 이야기해야 함
교사	교사의 역할은 아동이 무슨 말을 하는지 듣기 위해서 그리고 아동이 느끼는 것이 무엇인지 알기 위해서임
기대	교사는 아동으로부터 적당한 양의 실망과 적대감을 기대하고 받아들여야 함
공공자원	아동의 가정과 사회는 치료에 중요한 자원임
개별 중재	교사는 아동에 따라 각각 서로 다르게 중재해야 함 비록 한 그룹에 하나의 규칙이 있더라도, 개개인에 대한 기대는 성장과 변화를 위하여 필요함
위기	위기는 교사가 아동을 가르칠 수 있고 아동이 배울 수 있는 기회임
제한	행동의 제한은 사랑의 형태로 있을 수 있음 즉, 물리적 제한은 아동을 돌보고 보호하기 위한 치료적 행동임
교육	아동에게 사회, 학습기술을 가르치는 것은 스트레스가 많은 환경에 맞는 능력을 키우기 위한 것임
동일시	아동은 어른들과 생활하면서 무의식적인 동일시를 통하여 배움

제 2 절 생물학적 이론

1. 의의

생물학적 이론(biophysical theory)에서는 인간이 행동하는 이유를 인체시스템으로 설명한다. 따라서 생물학적 이론에서는 인간이 행동하는 이유를 신체적, 생물학적 특성으로 인한 것으로 본다. 즉, 아동이 부적절한 행동을 하는 이유는 신체적인 문제가 있기 때문인 것이다.

인간의 행동을 생물학적으로 볼 때 유전/기질, 신경전달물질(neuro sychopharm - acology), 영양, 신경기능장애(neurologic dysfunction) 등이 중요한 요인이 되는데 이와 같은 생물학적 특성으로 인간은 적절한 행동을 할 수도 있고 부적절한 행동을 할 수도 있다. 또 신경조직(neurological organization) 발달정도, 인지운동(perceptual motor) 발달정도, 학습(learning) 발달정도, 정신(지능지수) 발달정도, 감각통합(sensory integration) 발달정도 등도 인간의 행동에 영향을 미치는 것으로 보는데 이와 같은 신체나 정신적인 발달수준에 따라 인간의 행동이 적절할 수도 부적절할 수도 있는 것이다.

이와 같은 생물학적 이론으로 인간의 행동을 설명하는 데는 일부 타당한 측면도 있다. 예를 들어 자폐성장애(autistic disorder), 학습장애(learning disorder), 발달장애(developmental disorder)의 경우 생물학적 원인이 주된 원인으로 밝혀지고 있다. 즉, 이 아동들은 생물학적 측면에서 선천적으로 이상을 지니고 태어난 증거가 나타나고 있는 것이다. 그러나 현재까지 생물학적 이론(biophysical theory)으로 인간의 행동문제를 모두 설명해 주지는 못한다. 왜냐하면 분명한 신체적 기능이상이 발견되지 않았는데도 이상행동을 보이는 아동의 경우가 너무나 많기 때문이다.

그러나 생물학적 이론으로 인간행동을 설명하는 명백한 증거는 신체부분의 크기나 모양에서 결함이 있는 신체적 결함의 경우 즉, 신경계장애(neural tube defect), 내반족(clubfoot), 구개파열(cleft lip) 등은 명백한 증거가 되며, 맹(blindness), 농(deafness)과 같이 신체부분 기능에 이상이 있는 경우, 페닐케톤뇨증(PKU: phenyketonuria), 테이삭스병(Tay-Sachs disease) 등과 같이 신체에서 정상적인 신체 기능에 필요한 화합물을 만들지 못하는 경우(신진대사(metabolism)상 문제), 낫세포질환(sickle-cell disease), 중성증(hemophilia)과 같이 피가 정상적인 기능을 수행할 수 없는 경우 등도 매우 그 증거가 분명하다.

2. 예방

한편 생물학적 이론에 의한 인간행동 설명에서 의미 있는 것은 생물학적으로 인간행동의 원인이 밝혀진 경우는 그 처방이 매우 용이하게 된다는 것이다. 다시 말하면 생물학적 이론에 의하여 어떤 문제행동의 원인이 밝혀질 경우 약물투여를 통한 치료가 가능해지고, 그 예방도 비교적 용이해진다는 것이다. 예를 들어 풍진(風疹; rubella)이 태아에 중대한 영향을 미친다는 연구결과는 너무나 명백한 생물학적 증거이다. 그래서 우리나라도 자녀를 가질 수 있는 예비엄마(여고시절)에게 반드시 풍진 예방주사를 맞도록 하여 장애아동 자녀를 가질 가능성을 줄여준다. 기왕 언급한 김에 풍진에 관하여 조금 더 언급하면 풍진은 임신에 관련하여 가임여성에게 가장 심각한 질병이다. 따라서 반드시 풍진 예방주사를 맞아야 하는데 임신하기 최소 2~3개월 전에 맞아야 한다. 이를 게을리하여 임신 중 임산부가 풍진(rubella)에 감염되면 태아에게 악영향을 미쳐 태아의 건강을 심각하게 해친다. 풍진으로 인한 장애유형은 지적장애(mental retardation), 자폐성장애(autistic disorder), 심장병(心臟病; cardiopathy), 백내장(白內障; cataract), 기형아(deformed child), 운동장애(movement disorder) 등이다. 따라서 가임여성은 반드시 풍진주사를 맞아, 산모로 인하여 아이가 감염될 수 있는 여지를 제거해 주어야 한다. 이는 필수 사항으로서 우리나라 고등학교에서도 이를 교육하고 있으나 당사자가 이를 심각하게 받아들이지 못하여 낭패를 보는 경우가 한 두건이 아니다.

이와 같이 생물학적 이론(biophysical theory)은 원인의 규명과 함께 명백한 예방적 수단이 가능해진다는 장점이 있다. 그리고 생물학적 이론에서는 임신이전부터 장애아동 출산을 예방하는 방법들에 관해서도 연구하고 있는데 앞서 언급한 풍진 외에도 건강한 아동을 출산하기 위한 생물학적 예방조치는 표 3-5와 같다.

▶ 표 3-5 ◀ 생물학적 예방조치

조 치	설 명
혈액형	RH-혈액형 및 ABO 부적합.
건강진단	계획 임신 및 각종 건강 진단.
유전상담	유전요인을 지니고 있는 예비부모의 유전상담.
부모 연령	부모 연령과 장애아 출현간의 상관관계 높음

1) 혈액형

한국사람 중 RH-혈액형을 가지고 있는 사람은 매우 적다. 따라서 이 혈액형을 가지고 있는 사람은 사고 등으로 인하여 혈액이 부족할 때 치료에 중대한 영향을 미칠 수 있고, 임신 중 태아에게도 중대한 영향을 미칠 수 있다. 그 원리는 RH 항체가 태아에게 영향을 미쳐 태아의 적혈구(赤血球; erythrocyte)를 파괴하여 사산(死産)이나 출산 후 빈혈(貧血; anemia), 신부전증(腎不全; renal failure)을 유발하게 된다는 것이다. 따라서 RH-혈액형인 산모는 반드시 의사와 상담하여 처방을 받아야 한다. 의사의 지침에 따라 임신을 하고 필요할 때 항체를 형성해 주는 주사를 맞을 경우 건강한 아이를 출산할 수 있기 때문이다.

한편, 혈액형의 경우 산모가 O형이고 태아가 A 또는 B형인 경우, ABO부적합(ABO blood type incompatibility)이 나타날 수 있다. 그러나 이는 비교적 간단하게 처방될 수 있고 출현율(出現率; prevalence)도 그다지 많지 않다. 그러나 예비엄마는 이 점을 충분히 고려해 두는 게 좋다.

2) 건강진단

저자는 임신을 앞둔 산모에게 계획을 통하여 반드시 임신을 하도록 권하고 싶다. 이는 비단 엄마뿐만 아니라 아버지의 경우도 해당한다. 의학적 지식이 부족하여 자세한 내용을 설명할 수 없으나 장애아 출산을 유발할 원인이 되는 질병은 풍진(rubella), 결핵(結核; tuberculosis), 간염(肝炎; hepatitis), 각종 성병(性病; venereal disease), 고혈압(高血壓; hypertension), 심장병(心臟病; cardiopathy), 갑상선 기능저항증(甲狀腺機能低下症; hypothyroidism) 등이라고 한다. 따라서 부모는 의사와 상의하여 필요한 검사를 받아야 할 것이다.

그리고 자녀를 갖기 위하여 예비부모는 사전에 건강한 신체와 건강한 마음 가짐을 가져야 한다. 신체적이든 정신적이든 스트레스가 쌓여 있는 상태에서 자녀를 갖게 되면 설사 건강한 자녀를 낳았다 하더라도 자녀의 양육에 부정적 영향을 미칠 수 있는 것이다.

3) 유전상담

유전(遺傳; heredity)은 부모의 특성을 자녀가 이어받는 것이다. 따라서 부모가 매우 바람직하지 못한 유전요인을 가지고 있다면 이를 의사와 상담하여 적절한 대책을 강구하도록 하는 것이 좋다. 유전은 부부 양가 친족 중 유전이상(유전병)에 의한 장애가 있었는지를 확인하고 이것이 예방 가능한 것인지 등을 의사와 같이 상의한다.

4) 부모 연령

부모 연령과 장애아 출현(prevalence) 간의 관계는 매우 높다. 이는 산모나 아버지의 건강이 좋지 못하고 여러 가지 유해물질 등에 노출되어 알 수 없는 유전인자 변형을 유발한 결과일 것이다. 따라서 부모의 연령이 30대 중반 이상인 경

우 의사와 상의하여 건강한 아이를 출산하도록 산전, 산후 검사를 적절히 하여야
한다.

3. 교육

생물학적 이론에 입각하여 교육할 때 교육의 주요 목표는 우선 아동에 대한
면밀한 관찰과 진단/검사를 통하여 감각 또는 신경학적인 손상(neurological injury)
이 있는지를 밝혀내고, 일단 손상이 밝혀지면 그에 합당한 의학적 처방과 더불어
교육을 하게 된다.

이와 같은 생물학적 이론에 의한 경우, 교사는 지시를 강조하고 일상적인 일
을 강조하게 된다. 그리고 계획에 따라 행동하고 학습과제를 반복하여 제공하면
서 환경자극을 제한한다. 이미 여러분도 알아차렸겠지만 이는 앞서 언급한 정신
분석이론(psychodynamic theory)과는 매우 상반된 중재방법이다.

생물학적 이론에 의한 교육중재방법에 대해서는 본 서 제12장에서 자세히
언급할 것이다.

제 3 절 환경이론

1. 의의

환경이론(environmental theory)에서는 인간이 행동하는 원인을 한 인간의 주위
환경이라고 생각한다. 즉, 인간의 행동은 그가 처한 환경 속에서 행동을 배우고
그에 따라 행동한다는 것이다. 예를 들어, 범죄(delinquency; criminality)를 저질러 감
옥소에 가서 여러 가지 범죄기법을 배우게 되고 그 배운 것을 바탕으로 다시 범
죄를 저지르게 된다는 것이다.

이와 같은 환경이론 측면에서의 인간행동 설명은 물론 모든 인간 행동을 설
명하기는 어렵지만 매우 의미가 있는 부분이 있다. 사람의 행동이 다른 외부환경
의 영향 없이 독립적으로 행동하는 경우는 거의 드물다.

예를 들어 학교폭력을 행사하는 사람의 가정환경을 보면 부모로부터 학대
(child abuse)를 받은 경우라든지, 낮은 사회경제적 지위(socio-economic status: SES)

에 있는 가난한 가정, 형제 중 학교폭력을 행사한 적이 있는 가정이 많았다(이민호, 2004). 따라서 가정환경이 학교폭력을 유발하였다 할 수 있다.

이와 같은 사례는 얼마든지 있다. 흔히 우리가 말하는 맹모삼천지교(孟母三遷之敎)도 환경의 중요성을 강조하는 말이고 환경요인이 한사람의 인생 즉, 한사람의 행동에 많은 영향을 미친다는 것을 알게 한다.

2. 환경이론에서의 장애

환경이론 측면에서 보면 아동은 장애(disability)가 없다고 가정한다. 그리고 아동이 장애가 있는 경우라면 아동이 장애가 있는 것이 아니라 환경에 문제가 있는 것으로 본다. 따라서 장애아동(children with disability)을 치료하는 것은 아동 그 자체를 중재하는 것이 아니라 아동의 주변 환경을 조정하는 것이다.

환경이론(environmental theory)에 의하면 여러분은 매우 의아한 부분이 있을지 모른다. 그러나 생각해 보라! 20층 아파트에 엘리베이터가 없다면 그 아파트 꼭대기에 사는 사람은 아마도 모두 장애인이 될지도 모른다. 하루에도 여러 번 아파트를 오르내리다 보면 관절이 망가질 수 있기 때문이다. 이와 같이 아파트에 엘리베이터가 없으면 사람이 문제가 아니라 건물에 장애가 있는 것이다.

이와 같은 논리를 비약하면 장애인편의시설(障碍人便宜施設; convenient facilities for disabled)에 관련해서도 해답이 명료해진다. 즉, 우리들이 생활하는 모든 건물에 엘리베이터가 없거나 경사로가 없거나 자동문이 없을 경우 그리고 도로에 점자블록이 없는 경우, 건널목 신호등에 소리신호가 없는 경우, 이 모두를 우리는 장애인 편의시설이라고 하는데 환경이론에서 보면 이런 시설들은 장애인 편의시설이 아니라 당연히 있어야 할 시설이고 만일 이런 시설이 없는 경우라면 사람이 장애인인 것이 아니라 그 건물이나 시설이 장애시설인 것이다.

조금 더 환경이론(環境理論)을 살펴보면 근래 사회적 문제로 대두되고 있는 학교폭력도 학생 개인의 문제로 보기에는 미흡한 면이 매우 많다. 왜냐하면 사회적인 풍토나 주변 환경 그리고 매스미디어가 폭력을 조장하여 그와 같은 학교폭력이 만연해진 것이라는 진단도 매우 의미가 있기 때문이다.

그 뿐만이 아니다. 침대에 진드기가 있거나 새로 지은 아파트에서 나오는 유독성 화합물 등도 아동의 정서발달에 치명적인 영향을 미칠 수 있다. 또 부모의 양육태도 역시 아동의 정서발달에 영향을 미치는 것이다.

물론 환경이론(environmental theory)이 아동의 정서 · 행동장애(emotional disturb-

ance)를 모두 설명할 수는 없지만 아동을 둘러싼 환경요인이 아동의 정서발달에
영향을 미친다는 환경이론은 일부 측면에서 매우 의미가 있는 것이다.

이와 같은 측면에서 볼 때 인간의 행동을 설명하는 환경이론 역시 다른 이론
과 마찬가지로 의미를 부여할 수 있다.

3. 교육

환경이론을 교육에 적용할 경우 집단 또는 개인에 미치는 환경영향을 면밀
하게 검토할 뿐만 아니라 어떤 환경이 집단이나 개인에게 도움이 될 것인가에 대
하여 충분히 연구 검토한 후 아동을 교육하게 된다. 따라서 교육은 아동에게 가
장 적합한 환경을 제공하면서부터 시작되는 것이다.

환경이론에 의한 교육중재방법에 대해서는 본 서 제10장에서 자세히 언급할
것이다.

제 4 절 행동수정 이론

1. 의의

행동수정 이론에서는 인간을 행동하게 하는 것은 바로 학습이라고 본다. 행
동수정(behavior modification)에 대해서는 이미 행동수정의 의의에서 설명하였으나
다시 한번 행동수정 이론에서 주장하는 이론을 설명하면 인간의 행동은 학습으로
습득된다는 논리이다. 따라서 행동수정 이론에서는 어떤 사람이 보이는 행동은
이미 이전에 이 행동에 대하여 학습을 통하여 배웠다고 본다.

예를 들어 사람이 전기선에 손가락을 대지 않는 행동은 이미 이전에 전기선
이 감전을 부른다는 사실을 알고 있기 때문이며, 문명의 혜택을 입지 못하여 전
기에 흐르는 전기(電氣)에 대하여 알지 못하는 경우는 아무 두려움 없이 만졌다가
감전이 되는 것이다.

따라서 행동수정 이론에서는 사람이 보이는 행동에 대하여 그 사람의 의식
속에 잠재되어 있는 심리적인 상태(정신분석이론)나 그 사람의 건강상태(생물학적 이
론), 그 사람의 주위 환경(환경이론)보다는 그 사람이 보이는 행동 그 자체에 관심

의 초점을 두고, 이 행동이 적절한 행동인지 아니면 부적절한 행동인지를 판단하여 만일 부적절한 행동인 경우에는 학습을 통하여 행동을 수정하여야 한다고 주장한다.

이와 같은 원리에 의하면 행동수정 이론이 외형상 드러나는 행동에만 관심이 있는 것 같지만 실제로는 행동의 정확한 이해를 위하여 왜 그런 행동을 하였는가를 관찰한다. 그러나 이와 같은 행동의 관찰은 기본적으로 그 사람이 행동한 이유에 초점이 있기보다는 학습으로 이 행동이 있었다고 가정하고 학습으로 습득된 행동은 또 다른 학습으로 변경할 수 있다고 본다.

이와 같은 배경에서 행동이론에서는 사람의 행동은 관찰할 수 있고 측정할 수 있는 것으로 본다. 그러므로 사람의 행동은 주로 외부의 힘에 의하여 학습되어 결정된다고 보는 것이다. 그런데 사람이 행동을 습득하는 과정은 무엇일까? 행동이론에서는 강화(reinforcement)의 원리를 강조한다. 즉, 사람이 행동을 학습하는 것은 강화되어 나타난다는 것이다.

예를 들어 아동이 어느 날 어른에게 인사를 하여 칭찬받았을 경우 아동은 인사를 하면 칭찬(강화)을 받을 것이라고 생각하여(학습), 계속 인사를 하게 된다. 또는 아동이 어느 날 어른에게 인사를 하여 그 어른으로부터 반응(강화)을 받은 경우, 즉 어른이 인사를 받아주었을 경우 아동은 사회적 교류에 대한 만족감(학습)으로 계속하여 인사를 하게 된다.

반면에 아동이 어느 날 어른에게 인사를 하였는데 도리어 혼이 난 경우 아동은 인사를 하면 혼이 날 것으로 생각하여 더 이상 인사를 하지 않게 된다. 이와 같은 원리가 바로 강화의 원리이다(Roberts, 1975). 이 원리는 행동수정 전반에 걸쳐 사용되고 있다. 이후에도 이 강화의 원리를 설명하겠지만 강화의 원리를 간단히 설명하면 사람은 강화를 받으면 적절한 행동이 나타난다는 것이다. 즉, 강화를 받으면 학습이 이루어진다는 의미이다. 앞서 아동의 인사의 예에서 설명한 바와 같다.

그런데 사람의 행동이 효과적으로 강화되기 위해서는 강화하고자 하는 행동이 발생한 직후 가능한 빨리 강화할수록 효과가 있다. 그리고 강화의 방법은 강화받는 사람이나 집단의 특성에 맞는 것일수록 효과가 크다. 또한 강화는 한번 강하게 강화해 주는 것보다는 여러 차례 자주 강화해 주는 방법이 효과가 크다.

이와 같은 강화의 원리는 사람의 행동을 기본적으로 학습에 의한 습득으로 보는 것인데 사람의 행동은 그 사람 내부의 문제라기보다는 외적 환경자극에 의하여 습득된다는 신념(belief)이 포함되어 있다. 따라서 어떤 사람의 행동을 수정한다는 것은 그 사람 내부의 심리적 측면을 자극하기보다는 강화라는 외부환경 자극을 조작(manipulation)하여 그 사람에게 새로운 행동을 습득하도록 하는 과정인 것이다.

이와 같은 행동수정 이론은 20세기 중반부터 특수교육에 많은 공헌을 하였는데 최근 들어 인간의 심리적인 측면이나 생물학적 측면을 강조하는 학자들로부터 많은 공격을 받는 것이 사실이다. 예를 들어 일부 행동장애를 보이는 사람에게서 심리적인 이상이 일부 발견되기도 하고, 과학의 발달과 더불어 행동장애인의 생물학적 원인이 밝혀지면서 단순히 행동수정 이론만으로는 사람의 행동을 설명할 수 없다는 것이다.

2. 교육

행동수정 이론에 의한 기법으로 여러 가지 문제행동을 수정한 사례가 많이 있다. 예를 들면 지적장애(mental retardation), 자폐성장애(autistic disorder), 우울증(depression), 학습장애(learning disability), 사회적 위축(social withdrawn), 언어장애(speech disorder), 섭식장애(eating disorder), 품행장애(conduct disorder), 주의력 결핍과잉행동장애(attention deficit hyperactivity disorder) 등이 그것이다.

행동수정 이론에 의한 교육방법은 기본적으로 아동이 학습하는데 장애가 되는 부적응 행동(maladaptive behavior)을 수정하고자 한다. 이때 부적응 행동을 수정하는 방법은 여러 가지가 있지만 기본적으로 행동을 면밀히 관찰하여 목표행동을 정하고 강화의 원리에 따라서 가장 이상적인 강화제와 강화시기를 정한 다음, 강화원리에 입각한 중재를 지속적으로 제공한다. 이들 행동수정 원리에 관해서는 이후 장을 달리하여 그 기법과 원리를 체계적으로 설명할 것이다.

제 5 절 인지이론

1. 의의

인지란 사고와 학습에 관련된 정신능력 자극에 대한 주의집중, 자극 간의 유사점이나 상이점 인식, 지각통로 간의 교차, 기억, 사고, 추론, 문제해결 및 기타 많은 유사한 능력 등을 포함한 정신능력의 집합체로서 지식을 습득, 저장, 전환, 창출, 평가, 활용하는 과정을 말한다(공마리아, 2004).

인지이론(cognitive theory)에서는 인간이 행동하는 이유를 개개인이 인지하고 있는 인지접근방식에 의한 것으로 설명하고 있다. 이와 같은 인지적 접근방식에 의한 장애원인 설명방법은 아동의 마음에 무엇이 문제가 있는가, 과연 아동심리란 무엇인가? 등을 인지 측면에서 설명하고자 한다.

즉, 인간행동은 그 사람의 인지발달정도, 인지방식 등에 영향을 받는다는 것이다. 이와 같은 인지이론은 인간행동원인을 두뇌의 심리구조에서 찾으려 하는 시도로서 행동수정 이론에서 생각하고 있는 표면행동 중심보다는 보다 근원적인 사고중심에서 인간을 바라보는 측면이다.

2. 동화와 적응

인지이론에서는 인간이 행동하는 이유를 인지양식으로 설명하고자 한다. 따라서 인지이론에서는 인지발달을 중요시하는데 피아제(Piaget)는 인지의 발달은 새로운 지식을 자신의 스키마(schema) 속에 동화(assimilating)시키거나 새로운 지식과 경험에 조절(accommodating)하여 자신의 스키마를 바꾸면서 발달한다고 한다.

▶ 표 3-6 ◀ 동화와 적응

구 분	설 명
동 화	한 사람이 가지고 있던 기존의 생각 속에 새로운 정보를 흡수시키는 것을 의미한다.
조 절	한 사람이 가지고 있던 기존의 생각 속에 새로운 정보가 들어온 경우 그 정보를 통하여 새로운 생각체계(스키마)를 만드는 것을 의미한다.

동화란 사람에게 새로운 정보가 들어왔을 때, 그 사람 내부에 기존에 존재하는 스키마(인식체계)가 이를 잘 받아들여 새로운 정보로 잘 만드는 것을 말한다. 다시 말하면 동화는 한 사람이 가지고 있던 기존의 생각 속에 새로운 정보를 흡수시키는 것을 의미한다.

반대로 한사람이 가지고 있던 기존의 생각 속에 새로운 정보가 들어온 경우 그 정보를 통하여 새로운 인식체계(스키마)를 만드는 것을 조절이라고 한다.

예를 들어 어떤 사람이 '날아다니는 것은 모두 새'라고 생각하고 있었는데(스키마; schema) 갈매기를 처음보고 '아! 날아다니는 것이구나! 그러므로 새로구나!'

라고 생각하고 그 갈매기를 자신의 머리 속에 '새 중에는 갈매기도 있다'라는 생각을 만들 경우 이는 동화가 된다.

반면에 그 사람이 날아다니는 것은 모두 '새'라는 생각을 하고 있었는데 '비행기를 처음 본 경우' 그는 처음에는 비행기를 새로 생각하였으나 새로운 정보를 통하여 날아다닌다고 하여 모두 새가 아님을 알고 '날아다니는 것 중 비행기는 새가 아니다'라는 사실을 알게 된다. 즉, 현재 자신이 지니고 있던 인식체계(스키마)를 수정해서 새로운 정보를 통해 자신의 생각체계(스키마; schema)를 수정하게 된다. 이 과정을 조절이라고 한다.

이와 같은 동화와 조절은 상호 보완적인 형태로 동시에 일어난다. 즉, 어떤 사람이 어떤 행동을 하고자 할 때 그 사람은 이미 알고 있는 지식을 적용시켜 보고자 하는 동화과정과, 무엇인가 새로운 방법을 획득하여 자기생각을 변화시키는 조절과정이 동시에 일어나는 것이다.

피아제에 의하면 인간은 자신의 심리구조를 일관성 있게 그리고 안정되게 유지시키려는 경향 즉, 평형상태(equilibration)를 유지하려는 경향이 있다고 한다. 즉 사람은 자신의 생각을 안정적으로 유지시키고자 하는 것이다.

그래서 사람의 행동은 쉽게 다른 정보에 동화될 수 없고, 조절할 수 없게 된다. 그러나 사람은 새로운 정보가 들어온 경우 동화와 조절과정을 통하여 새로운 행동을 배우게 되는데 이때 평형상태를 잃게 된다(disequilibration). 그러면 사람은 이 평형을 유지하기 위하여 다시 동화와 조절을 하게 되고 다시 평형을 유지하게 되면 이제 이전보다는 보다 높은 차원(보다 발달한)의 인식체계(스키마)가 형성된다. 이 과정이 평형화의 원리인데 피아제는 이런 평형화(equilibration)의 원리를 인지발달의 주요 원리로 보고 있다.

3. 인지발달 단계

피아제(Piaget)는 인지발달 단계에는 4단계 즉, 감각운동기(sensorimotor period), 전 조작기(pre-operational period), 구체적 조작기(concrete operational period), 형식적 조작기(formal operational period)가 있다고 하였다. 이를 설명하면 표 3-7과 같다.

단계	나이	설 명
감 각 운 동 기	2세까지	물체를 만져 조작하거나 시행착오법으로 문제를 해결하거나 지식을 습득함.
전 조 작 기	5-7세	외부세계에 대한 내적 표상방식을 통하여 문제를 해결함.
구체적 조작기	7-12세	구체적인 문제를 해결하기 위하여 직관으로 해결하기보다는 논리를 사용함.
형식적 조작기	12세 이후	추상적인 문제를 해결하기 위하여 논리를 사용함.

1) 감각운동기

첫 번째 발달단계는 감각운동기(sensorimotor period)이다. 이는 약 2세까지 해당한다. 이 단계에 아동은 물체를 만져 조작하거나 시행착오법(施行錯誤法)에 의하여 문제를 해결하거나 지식을 습득하게 된다. 이 단계에서 아동이 주로 배우는 것은 인과관계, 감각운동 스키마 발달, 사물 불변성 개념(사물은 인간의 인식과 독립하여 언제나 존재한다는 것) 등을 깨닫는다.

2) 전 조작기

두 번째 발달단계는 전 조작기(pre-operational period)이다. 이는 약 5-7세까지이다. 이 단계가 되면 아동은 감각운동기에 사용하던 감각운동 스키마에 의한 문제해결에서 외부세계에 대한 내적 표상방식을 통한 문제해결로 이동한다. 예를 들면, 점차 복잡한 언어사용, 거짓말 또는 상징놀이, 외형과 실체 간의 구별능력, 다른 사람이 무슨 생각을 하고 있는가를 추론할 수 있는 능력 등이 생긴다. 다른 사람이 무슨 생각을 하고 있는가를 추론하는 능력을 마음이론(theory of mind)이라고 하는데, 자폐성장애 아동이 전형적으로 이 부분에 결함을 보인다. 전 조작기에 아동은 일반적인 것으로부터 특정 사안으로 추리해 나가는 방식보다는 하나의 특정사항을 서로 연계하여 추리하는 직관적인 추리방식을 사용한다. 예를 들어, 전 조작기 아동은 '12시가 되니 점심시간이구나!'라고 생각하기보다는 '내가 배가 고프니 점심시간이구나!'라고 추리한다. 전 조작기 아동은 문제를 해결하는데 있어 기억하고 있는 것을 통하여 문제를 해결하기보다는 자기가 지각하고 있는 정도로 문제를 해결하려 한다.

전 조작기의 주요 한계는 다른 사람의 의견을 시각적으로 파악하지 못하고,

한번 한 말을 일관성 있게 다시 말하기 어려우며(egocentric speech; 자기중심적인 언어구사), 무생물도 생각할 수 있고 사람처럼 느낄 수 있다는 신념(belief)을 가지며, 일정시간에 어떤 문제에 집중할 수 있는 능력이 떨어진다. 예를 들어, 만일 작고 넓은 유리컵에서 높고 좁은 유리컵으로 액체를 옮길 경우, 전 조작기 아동은 좁은 유리컵의 넓이를 생각하지 못하고 높이가 같기 때문에 높고 좁은 유리컵 액체가 더 많이 있다고 생각한다. 피아제는 두 개 차원을 동시에 생각하는 능력을 양의 보존이라고 하였다. 이 양의 보존은 구체적 조작기(concrete operational period)에 중요한 항목이다.

3) 구체적 조작기

세 번째 발달단계는 구체적 조작기(concrete operational period)이다. 이 시기는 5-7세부터 약 12세까지이다. 이 기간 중 아동은 사물을 분류하고, 사물을 연속으로 배열하며, 규칙중심의 게임을 하고, 떨어져 있는 다른 사람의 생각을 이해하며, 4칙 연산을 사용하여 숫자를 다루게 된다. 이와 같은 능력은 구체적인 문제를 해결하기 위하여 직관으로 해결하기보다는 논리를 사용함을 의미한다.

4) 형식적 조작기

마지막으로 네 번째 발달단계는 형식적 조작기(formal operational period)이다. 약 12세가 되면 아동은 추상적인 문제를 해결하기 위하여 논리를 사용한다. 즉, 아동은 무엇이 진실인가에 대한 가설을 세우고 그것을 검증할 수 있게 된다. 이 단계에 도달한 청소년은 여행을 계획할 때 속도와 거리와 같은 두 가지 논리적 부류를 다룰 수 있다. 그리고 이 시기에 시간 관련 변화들을 계획할 수 있어, 10년이 지나면, 자신과 부모와의 관계가 달라질 것이라는 것을 알게 된다. 또 행동결과 역시 예측이 가능하여, 특정 학습과정에 관련한 직업선택도 예측할 수 있다. 이시기 청소년은 부모가 약속하고 이를 이행하지 않는 즉, 논리적으로 일관성이 있고 없는 것을 알아차릴 수 있다.

형식적 조작기의 마지막은 상대적 사고력이다. 이 시기 10대는 자신의 행동과 부모의 행동이 상황요인에 의하여 영향을 받는다는 점을 알게 된다. 그러나 형식적 조작기에 해당하는 아동에게도 한계는 존재한다. 즉, 취학 전 아동이 다른 사람의 생각을 제대로 알 수 없는 것과 마찬가지로, 청소년도 다른 사람이 자신과 다른 생각을 가질 수 있음을 제대로 알지 못한다. 그런데 이와 같은 자기중심적인 인지갈등과 모순을 해결하는 능력은 청소년 자신의 능력에 따라 다르게 나타난다.

형식적 조작기의 이와 같은 한계성은 피아제 발달단계 4단계 이후 인지발달 마지막 단계에 극복된다. 즉, 논리적인 추리, 실제적이고 윤리적인 고찰, 해결할 수 없는 문제를 해결할 수 있는 문제로 재구축하는 능력, 그리고 애매한 상황을 참는 능력 등은 성인기 초기에 생겨난다.

4. 마음이론

최근 행동주의(behaviorism)에서 인지주의(cognitivism)로의 학문적 패러다임이 동과 함께 아동자신과 타인의 마음상태를 이해하는 문제가 상당한 관심을 끌고 있다. 이 분야의 연구에서는 주로 마음이론(theory of mind)이란 용어로 사용하고 있다. 마음이론이란 용어를 최초로 사용한 학자는 Premack과 Woodruff(1978)인데 이들은 이 용어를 타인의 의도, 생각, 느낌 등을 알고 타인의 행동을 예측하는 능력의 의미로 사용하였다.

마음이론은 행동을 예측하고 설명하기 위하여 자신과 타인의 마음상태를 알아내는 능력 즉, 자기자신과 다른 사람의 마음상태를 이해하고 추론할 수 있는 능력인데, 인지이론(cognitive theory)에서는 자폐성장애 아동의 사회적 결함, 의사소통 결함 및 역할놀이(pretend play)의 결함의 원인을 마음이론의 결손 탓으로 보고 있다. 예를 들어, 속임수를 쓸 수 있다는 것은 마음이론(theory of mind)이 존재한다는 것을 의미한다. 즉, 속임수를 융통성 있게 사용한다는 것은 상당한 적응능력일 뿐만 아니라, 속이기 위한 전략 가운데 속고 있는 사람의 잘못된 생각에 대한 정신상태 개념이 반영되어야 하기 때문이다(방명애, 2000).

자폐성장애가 마음의 특성을 이해하는 능력에 결함이 있다는 사실은 그들의 행동에서 추론할 수도 있으나 많은 실험 연구에서도 입증되고 있는데, 예를 들어 거짓 신념(false belief), 지식(knowledge), 지각(perception), 바람(desire)과 정서(emotion) 등 여러 마음상태에 대한 연구들이 이루어졌다(김혜리, 1998).

마음이론을 평가하는 전형적인 방법이 거짓신념 과제(false belief task)인데 (Wimmer & Perner, 1983), 이 과제는 타인이 처한 상황에 대한 이해 바탕에서 다른 사람의 행동을 예측하는 능력을 알아본다. 마음이론에서는 자폐성장애 아동이 비밀을 유지하거나 다른 사람의 주의를 사물에 끌기와 같은 타인의 마음상태를 보여주는 사회적 행동에서 결함을 보이지만 타인으로부터 사물을 얻어내기 등과 같은 기계적인 학습(rote learning)에 관련한 사회적 행동에서는 결함이 없다는 점을 강조한다(Carr, 1999).

연구에 의하면 4세 이상의 아동은 마음이론을 이해하였으나 3세 아동의 경우는 마음이론을 제대로 이해하지 못하였다. 즉, 마음이론은 4세 이후에 발달한다고 볼 수 있다(Perner et al., 2002).

5. 중앙응집이론

중앙응집(central coherence)이란 다양한 정보를 모아서 맥락 내에서 보다 상위의 의미를 구성하려는 경향이다(서경희 2001). 중앙응집은 전체보다는 지엽적인 부분만 정보처리하는 경향과 낱낱의 정보를 통합하여 의미를 구성하지 못하고 단편적인 정보만 처리하는 경향을 모두 포함한다(Teunisse et al., 2001).

따라서 인지이론에서는 아동의 정서적인 문제가 직접적인 손상에 의한 것이라기보다는 인지스타일에 의한 것이라고 본다. 예를 들어 자폐성장애 아동은 환경에 의미를 부여하고 의미 있는 환경을 받아들이는데 있어 방대하고 복잡한 정보를 처리하는 데 어려움을 가지고 있기 때문에 세상을 느끼지 못한다는 것이다. 그래서 그들은 상관없는 일에 사로잡히고 이에 몰두하게 된다는 것이다.

일부 정서·행동장애 아동은 사물을 보는데 있어 전체를 보기보다는 부분에 집착한다. 결국 그들은 나무를 보고 숲을 보지 못하는 것이다. 그래서 정보를 상황으로보다는 정보 조각들로 처리한다. 즉 정보처리 투입관리 접근방식이 하향식 접근(top down approach)이 아니라 상향식 접근(bottom up approach)방식을 취하는 것이다(Carr, 1999).

이와 같은 중앙응집이론은 자폐성장애 아동의 마음 작동을 설명하는 좋은 시도이다. 물론 이 이론이 자폐성장애 아동의 모든 것을 설명할 수는 없으나 인지심리에서 관련 있는 모든 연구들을 통합할 경우 이와 같은 복잡한 자폐성장애 아동의 원인 규명문제들을 해결할 수 있는 큰 틀(frame work)을 향후 제공할 수 있을 것이다.

6. 실행기능이론

실행기능은 인간이 전반적인 행동수립을 하는데 필요한 의사결정 과정(decision making process)에 관한 능력이다. 그래서 이는 자극 또는 예측 가능한 자극에 대하여 인간이 이를 억제하고 연속화시키며 유연한 행동을 계획하는 과정에 해당한다

(Goldman-Rakic, 1987). 즉, 실행기능이란 계획, 조직화, 목표선택, 유연성, 자기규제, 억제, 현상유지 등과 같은 인간의 광범위한 능력을 포괄하는 것인데, 일반적으로 사람들은 실행을 함에 있어 목표지향적이고 미래지향적인 모습을 보이나, 자폐성장애 아동의 경우 1) 계획, 2) 충동억제, 3) 반응하고는 싶지만 반응을 억제함, 4) 현상유지, 5) 조직화된 탐색, 6) 유연한 사고와 행동, 7) 외부통제로 관여를 참는 능력, 8) 사고모델이나 내적 표상에 의한 행동 등에서 결함을 보인다 (Hughes, 1996).

그런데 Jacques와 Zelazo(2001)는 비장애아동을 대상으로 한 실행기능 검사에서 2세 아동은 기본적인 과제 요구에 대한 이해를 하지 못하였고, 3세 아동은 약간 이해하였으며, 4-5세 아동은 거의 완벽하게 수행하였다. 이 결과로 볼 때, 실행기능은 4-5세가 되어야 가능하다는 점을 시사해 주고 있다. 이와 같은 결과는 Andrews(1997)의 연구결과에서도 유사하게 나타났다.

7. 교육

인지이론(cognitive theory)에 의한 교육중재방법에 대해서는 본 서 제11장에서 자세히 언급할 것이다.

제6절 생태학적 이론

1. 의의

앞서 언급한 바와 같이 사람이 행동하는 이유를 설명하는 학자들의 주장은 그 이론마다 매우 다르고 복잡하다. 따라서 이들 이론적인 주장을 마치 장님 코끼리 만지는 듯한 이론으로 봄이 마땅할 것이다. 이들 이론들은 나름대로의 근거가 있고 장점과 맹점을 동시에 지니고 있다. 따라서 한 가지 이론만이 옳고 다른 이론은 잘못되었다는 생각보다는 각자의 이론이 일부는 타당한 측면이 있기도 하고 일부 측면은 그렇지 못한 측면이 있다고 보는 것이 합당할 것이다.

즉, 한 번도 코끼리를 만져보지 못한 시각장애인이 코끼리 모습을 상상해 낸 앞서의 언급처럼 이들 이론을 종합적으로 정리하다보면 사람이 행동하는 이유를 어느 정도 이해할 수 있을 것이라고 믿는다.

　　따라서 사람이 행동하는 이유를 한 가지 이론만으로 설명하지 않고 통합적으로 행동원인을 파악할 필요가 있을 것이다. 이와 같은 통합구조에 의하여 인간행동을 이해하고자 하는 시각이 바로 통합이론(統合理論)이고 이 이론에 근거한 이론을 생태학적 이론(ecological theory)이라고 한다.

　　개인은 자신이 속한 환경을 통해서 세상을 경험하고 학습하게 되며, 자신이 경험하고 학습한 것에 대해 자기 내면세계를 정립하게 된다. 사람은 이러한 과정을 통해 외부 환경에 대한 적절한 대처능력을 성립하게 되고 성립된 대처 능력을 바탕으로 상황에 따라 자신의 삶에 유리하도록 환경을 변화시킬 수 있다(최은영, 2002).

2. 생태학적 체계

　　생태학적 이론(ecological theory)에서는 사람이 보이는 행동의 원인을 앞서 언급한 인간행동이론 모두를 통합적인 관점에서 바라보고 통합적으로 이해하고자 하는 것이다. 이와 같은 통합이론(integration theory)은 매우 타당한 것으로 보인다. 왜냐하면 사람의 행동문제를 단편적으로 보는 것이 아니라 종합적으로 보기 때문이다. 그러나 통합적 시각으로 인간의 행동을 바라본다는 것이 그 실천에서는 매우 어렵다. 자칫 통합적 시각을 통하여 사람의 행동을 바라보다가 아주 엉뚱한 결과를 초래할 수도 있기 때문이다.

　　따라서 생태학적 이론에 의한 접근으로 인간행동을 이해하고자 할 때에는 체계적인 접근을 통하여 여러가지 이론을 종합하여 근거 있는 사정-중재모형(assessment-intervention model)을 만들어야 한다(Shea & Bauer 1987). 이를 위하여 생

▶ 표 3-8 ◀　생태학적 체계

체계	설　명
내부체계	한 사람 내부에 관련한 체계
소체계	사람개인의 내부체계(ontogenic)가 타인과 상호작용하면서 발생하는 내부 심리상태
중간체계	집단별로 생활하면서 실제로 활동하는 상호작용 상태
외부체계	소체계와 중간체계가 포함된 보다 큰 사회적 체계
대체계	사람이 활동하는 사회조직의 일반적 인식과 같은 문화적 신념과 가치

태학적 이론에서는 한 사람의 생태를 시스템으로 종합하여 보는데 이들 생태학적 요인에는 내부체계(ontogenic), 소체계(micro system), 중간체계(meso system), 외부체계(exo system), 대체계(macro system) 등이 있다(Shea & Bauer, 1994). 이들을 설명하면 표 3-8과 같다.

1) 내부체계

내부체계(ontogenic)는 한사람 내부에 관련한 체계로서 정신분석이론(psychodynamic theory)과 생물학적 이론(biophysical theory)과 밀접한 관련이 있다. 즉, 한사람 개인의 정신세계와 신체적 능력을 의미한다. 이를 우리는 성격, 능력, 자질 등으로 표현하기도 한다. 생태학적 이론으로 볼 때면 사람들은 누구나 외부환경과 상호작용(interaction)하기 위한 자신의 내부세계를 가지고 있다. 그리고 생물학적 신체 특성을 지니고 있다. 이와 같은 특성으로 사람은 개개인이 지닌 독특한 개인을 형성한다. 이 내부체계에서의 요인들에는 지능, 기술능력, 학습능력 등이 있다.

2) 소체계

소체계(micro system)는 사람개인의 내부체계(ontogenic)가 타인과 상호작용하면서 발생하는 내부 심리상태이다. 예를 들어 학교 교실에서 아동이 다른 아동과 대화를 한다거나 간단한 장난을 할 때 나타나는 상태와 능력을 모두 의미한다. 이와 같은 소체계(micro system)는 한사람이 다른 사람을 이해하는 능력과 관련이 있다. 다른 사람과 교류할 때 그 사람의 말을 오해한다거나 과잉믿음을 보일 때에는 소체계의 이상으로 볼 수 있을 것이다. 이 소체계는 당연히 이후 설명할 중간체계와 외부체계, 대체계와 밀접하게 관련이 있다.

이 소체계에서 또래관계나 대인관계 형성 등의 활동이 일어난다. 즉, 이 소체계는 한 사람의 내부체계와 다른 한 사람의 내부체계 간 상호작용이다.

3) 중간체계

중간체계(meso system)는 아동이 집단별로 생활하면서 실제로 활동하는 상호작용 상태와 관련이 있다. 중간체계의 예는 소체계에서 조금 확대된 학교, 가정, 동아리, 공공사회 속에서 상호작용(interaction)하는 것으로 볼 수 있다. 아동의 경우 적절한 또래관계가 중요한데 중간체계는 소체계와 외부체계를 연결하는 통로가 된다.

예를 들어 일반적으로 아동은 학교나 동아리 활동을 통하여 사회를 익히고 지식을 습득할 수 있어 이 활동에 적극적으로 즐기면서 활동하려는 행동을 할 것이다. 그러나 어떤 이유에서든지 이 중간 체계에서의 활동이 부진하거나 부적절할 경우 이는 이 활동에 대하여 아동이 다른 생각을 가지고 행동하는 것으로 유추할 수 있다.

중간체계는 결국 한 사람의 내부체계와 다수의 다른 사람 집단간의 상호작용이다.

4) 외부체계

외부체계(exo system)는 소체계와 중간체계가 포함된 보다 큰 사회적 체계로 설명될 수 있다. 예를 들면 법률, 학칙, 동아리 일원으로서의 규약 등이다. 외부체계는 그 구조가 공식적(formal)이든 비공식적(informal)이든 상관없다.

이와 같은 외부체계는 중간체계나 소체계에 영향을 미치는데 보다 정확히 설명하면 이와 같은 외부체계를 고려하여 사람들은 소체계나 중간체계 행동을 하게 된다.

한 사람이 생활하면서 규칙에 따르지 않으면 처벌을 받는다거나 회비를 내지 않으면 동아리 활동에서 제지를 당한다는 규정이 있는 경우 이 사람의 행동은 그 규정이나 규칙에 따르고자 하는 행동을 보일 것이다.

또 외부체계는 다른 사람의 내부체계로 볼 수 있다. 즉, 다른 사람이 생각하는 방식과 행동방식은 자기자신 밖의 체계나 이 체계는 한사람의 행동에 중요한 영향을 미친다. 부모님의 직업환경은 자신의 체계와는 상관이 없으나 중대한 영향을 미친다.

5) 대체계

대체계(macro system)는 사람이 활동하는 사회조직의 일반적 인식과 같은 문화적 신념(belief)과 가치(value)를 의미한다. 이 대체계에 대한 신념과 가치, 태도 등은 사람의 행동에 직·간접적으로 영향을 미친다. 특히 아동의 경우 교육방식, 교사태도, 특수교육 방법, 장애아동(障碍兒童) 등에 대한 사회적 인식에 따라서 아동의 행동은 매우 다르게 나타날 것이다. 예를 들어 아동이 장애인을 돕거나 타인에게 해를 입히지 않는다는 문화적 가치를 지닌 사회에서 교육을 받은 경우 이 아동의 행동은 장애인에 대한 편견(偏見; prejudice)을 지금보다는 덜 지니게 될 것이고 이후 초등학교나 중학교에 입학한 경우에 타인을 괴롭히는 행동 즉, 집단따돌림에 대해 부정적인 생각을 덜 가지게 될 것이다.

3. 교육

생태학적 이론(ecological theory)에 의한 교육중재방법에 대해서는 본 서 제13장에서 자세히 언급할 것이다.

바람직한 교사의 자세

제 4 장 바람직한 교사의 자세

본 장에서는 교사의 판단이 아동행동에 어떻게 영향을 미치는가와 행동에 문제가 있는 아동을 위한 바람직한 교사의 자세는 어떤 것인지에 대하여 언급하고자 한다.

제 1 절 교사의 판단

교사의 행동은 교사의 신념에 따라 다르게 나타난다(Fink, 1988). 즉, 교사가 아동의 행동에 대하여 어떤 판단을 하는가에 따라 교사의 행동은 다르게 나타나고 그 효과가 달라진다는 것이다.

이와 같은 Fink(1988)의 주장을 언급하지 않더라도 실제로 교사가 아동교육에 관련하여 판단한 결과는 고스란히 아동교육 방식에 영향을 미칠 것은 당연하다. 즉, 교사는 자신의 신념에 따라 아동에게 교육하고 그에 따라 교육적 결과가 나타나는 것이다.

교사가 아동이 보이는 과잉행동에 대하여 학급에서 아동이 적절한 행동법을 제대로 배우지 못해 자기가 하고 싶은 대로 행동하는 것으로 판단한 경우, 교사는 아동에게 적절한 행동을 아동에게 습득시키기 위한 노력을 하게 될 것이다.

반면에 교사가 과잉행동 문제를 두뇌이상에 의한 과잉행동인 것으로 본 경우 교사는 당연히 부모와 상의하여 아동을 병원에 데리고 가서 진단을 받도록 하고 이에 합당한 약물을 처방받았을 때 그 처방에 따라 약물처방을 하는 일을 주저하지 않을 것이다. 또 교사가 과잉행동의 원인을 아동 내부의 문제가 아니라 교실환경 때문인 것으로 판단한 경우 교사는 산만하지 않고, 질서가 있으며, 조직화된 교실환경을 제공하기 위한 노력을 기울일 것이다.

이를 좀 더 구체적으로 언급하면 교사가 어떤 아동의 부적절한 행동원인을 환경요인에 의한 것으로 판단한 경우, 심리학적 요인이나 생물학적 요인(biophysical factor)에 의한 것이라고 판단하는 교사와는 전적으로 다른 접근을 하게 될 것이다. 즉, 환경요인(environmental factor)에 의한 것이라고 판단한 교사는 아동좌석의 위치를 바꾸고, 운동과 행동 그리고 교육장면과 교수전략을 적절히 제한하는 방법으로 접근할 것이다. 반면에 교사가 아동의 부적절한 행동원인을 내부 심리적인 요인에 의한 것이라고 판단한 경우에는 아동에게 자신의 표현과 감정을 제대로 하게 하고 자신의 감정을 표출하도록 격려하거나 미술치료(art therapy)나 음악치료(music therapy) 등을 통하여 감정표현을 돕는 방법을 사용할 것이다. 또 아동행동 원인을 생물학적 요인으로 판단한 교사는 아동에게 구조화된 환경을 제공하여 반복훈련과 학습을 하게 하거나, 아동에게 적절한 의학적 처방을 하도록 할 것이다.

결과적으로 아동행동에 대한 교사의 신념이 중재법을 좌우할 수 있는 것이므로 교사의 신념(belief)은 매우 중요하고도 어려운 것이다. 또한 교사는 신념만이 중요한 것이 아니라 그 신념으로부터 실천에 옮길 수 있는 역동적인 에너지가 있어야 한다.

따라서 이와 같은 아동행동에 대한 교사의 신념은 아동중재 방식에 크게 영향을 미치는 것이다. 그리고 교사가 아동교육에 대하여 어떤 판단을 가지고 있다는 의미는 교사 스스로 그 판단에 입각한 교육을 실시할 경우 효과가 있을 것이라는 신념도 같이 가지고 있다는 것을 의미한다.

이 점에서 교사의 판단과 그 적용방법에 대한 확고한 신념이 부족하여 막연히 그럴 것이라는 생각이나 자신의 판단에 대하여 미심쩍어 할 경우 어떤 판단을 내렸든 간에 그 효과는 매우 미약해질 것이다.

또 교사가 아동의 행동에 대하여 판단을 내리기만 하고 구체적인 처방 실천을 게을리 할 수 있다. 이와 같은 실천력 부족은 아무런 의미가 없다. 행동이 없는 판단이 아동에게 무슨 영향을 미치겠는가?

따라서 교사는 올바른 판단과 그 판단에 기초한 실천이란 두 가지 단계를 모두 하여야 한다.

그런데 이 점에서 교사가 유의해야 할 점이 있다. 첫 번째는 가장 위험스러운 교사인데, 이는 제대로 알지도 못하면서 확신에 찬 신념으로 아동을 지도하는 것이다. 이와 같은 교사는 밖으로 보기에는 열심히 하는듯하나 효과가 없고 도리어 아동에게 해를 줄 수 있는 것이다.

둘째는 가장 무능한 교사인데, 이는 주로 우유부단(優柔不斷)한 형태이다. 즉, 올바로 판단을 하고도 그 판단이 과연 맞는지를 계속하여 고민하다가 아무런 조치도 취하지 못하는 것이다. 이와 같은 교사는 물론 실력도 있고 판단력이 있으나 아무런 성과를 보이지 못하여 무능한 교사로 낙인될 것이다. 따라서 교사는 심도 있는 훈련과 다양한 경험을 통하여 자신의 판단이 올바른 판단일 수 있도록 노력하여야 할 것이다.

셋째는 추진력(推進力)이 부족한 교사이다. 교사가 아동행동 문제에 대하여 올바른 판단을 하였고 올바른 중재를 하고 있음에도 불구하고 교사가 자기확신이 부족하여 이 방법이 과연 맞는 것인지에 대하여 계속하여 회의(懷疑)를 느낀다면 결과가 매우 혼란스러울 수 있다. 따라서 교사는 아동이 보이는 행동에 대하여 교사가 판단한 결과에 따라 처방법을 정한 경우에는 중재방법 선택이나 결과에 대한 예측에 대하여 보다 확실한 신념을 가지고 아동을 지도하여야 한다.

제 2 절 교사의 자질

바람직한 교사가 갖추어야 할 자질을 간단히 요약하면 도덕성과 교수방법을 들 수 있다. 이를 설명하면 표 4-1과 같다.

▶ 표 4-1 ◀ 교사의 자질

자 질	설 명
도덕성	교사가 갖추어야 할 가장 중요한 덕목은 도덕성이다.
교수방법	교사는 인간 개개인에 대한 개성을 존중하고 현대사회가 요구는 방향으로 교수하여야 한다.

1. 교사의 도덕성

어느 고등학교에서 정년 퇴임하신 교장선생님께서 말씀하신 것을 정리한 것이다. 어느 날 교장실에 전화 한 통이 걸려왔다. 다른 고등학교에 다니는 고 3 학생이었다. 전화통화에서 그 학생은 매우 분노하고 있었다. 그리고 그 날 그 학생은 학교를 결석하고 전화하는 것이라고 하였다. 교장선생님은 학생의 마음을 가라앉히도록 하는데 대화의 초점을 두었다. 수분 간의 통화 후 학생은 교장실을 방문하기로 하였다. 교장실을 방문한 학생의 모습은 외견상 매우 총명해 보였다. 그리고 교장선생님에게 아주 예의바른 모습을 보였다. 학생의 이야기는 다음과 같았다. 그 학생은 고 3 학생이고 그 고등학교에서 영어부장이었다. 다른 학생들보다 약간은 영어를 잘하는 편이었기 때문에 자기가 자진하여 영어부장이 되었단다. 영어부장이 된 이후 친구들이 어려운 영어문제를 물어오기도 하였고 이 학생이 스스로 학생들에게 영어문제를 개발하여 제공하기도 하였다.

그러던 어느 날! 이 학생은 아주 어렵고 잘 모르는 문제를 만나게 되었다. 정답은 답안을 보아 알 수 있었지만 왜 그것이 정답인지를 알지 못하였다. 그래서 마음이 급했던 그 학생은 영어 수업시간에 영어선생님에게 질문을 하게 되었다. 그런데 영어선생님은 그 정답에 대하여 그리고 그 이유에 대하여 자세히 알지 못하였다. 그리고 그 영어선생님은 학생의 돌발적인 질문이 자신을 시험하려 한 것이거나 자신을 놀리려 한 것으로 오해하게 되었다.

이후 그 영어선생님은 영어시간만 되면 아주 어려운 문제를 들고 와서 이 학생에게 풀어보라고 하고는 제대로 풀지 못하면 '너 같은 놈이 어찌 영어부장이냐! 그런 문제도 풀지 못하느냐'며 면박을 주었다. 이 같은 일이 반복되면서 이 학생은 학교가 싫어지게 되었다. 영어선생님에 대한 분노감도 폭발할 지경에 이르게 되었다. 그래서 그 학생은 상담을 요청한 교장선생님 고등학교로 전학하여 공부하고 싶다고 교장실을 찾은 것이다.

교장선생님은 학생에게 현실적인 문제에 대하여 설명하였다. 현실적으로 고등학교 3학년이 다른 학교로 전학할 방법이 없음을 설명하였다. 그 학생은 매우 낙담하였다. 그러면서 그 학생은 자퇴를 하고 검정고시를 통하여 대학에 입학하겠다고 하였다. 그래서 교장선생님은 학생에게 검정고시를 하는 방법도 하나의 방법일 수 있으나 같이 다니던 고등학교 친구들이 졸업한 이후 사회생활에 얼마나 중요한지를 설명하고 학교에 적응하는 방법에 대하여 이야기하였다.

교장선생님은 영어교사에 대하여 그분도 사람이니 아마도 그런 잘못된 판단을 한 것 같다고 말하였다. 그러면서 그 영어선생님에 대하여 측은지심(惻隱之心; natural sympathies)을 가져볼 것을 권유하였다. 즉, 그 선생님이 보이는 행동이 얼마나 성숙하지 못하고 단편적인 시각을 가진 것인지, 영어를 잘하여 교사자격을 얻어 교사가 되었는지 모르지만 그의 판단과 행동이 얼마나 부족한 인간성에서 비롯된 것인지에 대하여 그 선생님을 딱하게, 측은(惻隱)하게 보라고 권유하였다. 학생은 한번 해 보겠노라고 대답하였다. 이후 며칠이 지나 교장선생님은 다시금 그 학생으로부터 한 통의 전화를 받았다. 그 학생의 목소리는 밝은 편이었다. 그 학생은 말하였다. '교장선생님! 영어선생님은 아직도 변한 게 하나도 없어요. 그런데 제 마음이 변했어요. 그 선생님의 측은한 행동을 보고 있으려니 인간적인 동정심까지 생겼어요!' 교장선생님의 말씀에 따르면 이후 그 학생은 명문대학에 진학하였고 유학까지 갔다 왔다고 한다.

2. 교수방법

교사는 인간 개개인에 대한 개성을 존중하고 현대사회가 요구하는 방향으로 교수하여야 한다. 산업혁명 이후, 인류문화는 급속히 분업화가 이루어지고 표준화에 의한 소품종 대량생산 체제로 인한 인력의 대량 산출을 요구받게 되었다. 따라서 당시에는 사회적 욕구(needs)에 의한 공교육의 필요성이 대두된 것이다. 이와 같은 산업사회의 교육은 일정한 표준과 일정한 전문성을 사회로부터 요구받아 이에 적합한 인재 양성에 목표를 두게 된 것이다.

이와 같은 사회적 욕구에 대한 현상은 인류가 현재 향유하고 있는 외형적 사회 경제적 풍요를 가져다 준 것이 사실이다. 산업사회에서 인간에게 가졌던 기본적인 가설은 인간에게는 보편적이고 표준화된 능력이 존재하는 것으로 생각하고 인간이 인간으로서의 가치를 가지려면(다시 말하면, 산업사회의 일원이 되려면) 일정한 표준에 도달하여야 하며 인간에겐 그와 같은 능력이 있다고 본 것이다. 그래서 이 능력을 공교육을 통하여 교육시켜 마치 공장에서 표준화된 제품을 대량으로 생산하듯 우리 인간들을 규격화된 모습으로 대량 산출하려 하였던 것이다.

그러나 인간은 본래 태어나면서부터 인간의 얼굴 생김새만큼이나 천차만별(千差萬別)의 능력을 가지고 있어 이들의 능력을 표준화시키려는 발상은 문제가 있는 것이다.

인간이 서로 다른 능력을 가지고 있다는 점이 인정된다면 그 교육에 대한 생각도 달라져야 할 것이다. 아마도 이런 생각으로 교육을 하려면 기존의 표준화된 대량 생산교육 체제는 새로운 모습으로 바뀌어야 할 것이다. 그렇다면 새로운 교육체제란 무엇일까? 물론 인간 개개인의 능력에 맞는 교육이 타당한 방법일 것이다.

이제까지 우리나라 교육의 가장 심각한 결함은 주입식 교육방법이다. 이는 새로운 교육적 변화에 대한 적응으로 볼 수 없는 것이다. 주입식교육 방식이 지닌 근본적인 문제점은 교사가 학생에게 일방적인 방식으로 지식을 제공하고 학생들은 이를 수동적으로 또는 기계적으로 암기만 하는 데 있다. 이와 같은 주입식 교육방식으로 인한 가장 큰 문제는 학생의 자율적 학습과 독립적 학습을 저해하였다는 것이다. 탈 현대사회가 추구하는 창의성 교육이나 살아있는 현장교육과는 거리가 먼 교육방식인 것이다.

주입식 교육이 가져온 두 번째 문제점은 자발성의 저해뿐만 아니라 자발성을 억제한다는 것이다. 새로운 지식을 찾고 탐구하여야 하는 다양화되고 다변화된 사회 속에서 지식의 가공이나 활용을 할 수 있도록 하는 자발성을 억제시키는 현재의 주입식 교육방식으로는 학생들에게 동기부여란 있을 수 없을 것이다.

또한 주입식 교육방식은 권위주의적인 관점에서의 교육방식일 것이다. 학생은 교사로부터 제공되는 내용을 일방적으로 받아들여야 하고 교사입장에서 교사가 판단하는 기준에 따라 점수를 부여하는 방식이기 때문에 교사와 다른 사고 개념의 틀이란 만들어질 수 없는 것이다.

이와 같은 배경에서 교사는 아동에 대한 새로운 인식, 새로운 교수법을 개발하여야 할 것이다.

또 한편으로 교사는 교사의 행동이 아동에게 중대한 영향을 미친다는 것을 인식하여야 한다. 아동의 부적절한 행동의 원인이 교사에게 있을 수 있다는 것이다(Kaffman, 1989). 즉, 교사가 아동의 행동에 대하여 지속적이지 못하게 행동을 수정한다거나, 아동에게 적절한 행동을 강화하지 않고 도리어 부적절한 행동에 강화를 하는 경우, 아동에 대한 부적절한 기대, 아동에게 적절치 못한 과제 제시, 아동 개개인에 대한 교사의 반응부족, 부적절한 행동 모델링, 빈번하게 벌이나 화를 내는 방법 사용, 자기방식만을 고집하고 다른 중재방법 도입을 꺼리거나 전문가 등 타인의 도움을 구하는데 인색함을 보이는 등의 교사의 행동은 아동에게 적절한 행동을 촉진(prompting)하여 준다기보다는 도리어 부적절한 행동을 조장(facilitation)하는 원인이 된다는 것이다.

따라서 교사는 자신의 행동이 아동에게 중재한 영향을 미친다는 것을 깨닫고 바른 마음자세로 아동을 교육하여야 할 것이다.

제 5 장

행동수정의 원리

인간은 혼자서는 살 수 없다. 사회적 동물이기 때문이다. 그래서 인간은 여러 가지 주변 인물의 영향을 받으며 살아간다. 다른 사람의 행동에 영향을 받아 한사람의 행동이 나타나게 되는 것이다. 사람은 누구나 자신을 흉보면 기분이 나빠져서 싸움도 하게 되고, 자신을 칭찬하면 기분이 좋아 다정해진다. 즉 다른 사람의 행동이 본인의 행동에 영향을 미치는 것이다.

사람들은 대부분 웃는 얼굴, 긍정적인 반응, 격려, 높은 점수, 보너스 등을 기분 좋은 요인으로 받아들이고 좋아한다. 그러나 사람들은 슬픈 얼굴, 부정적인 반응, 낮은 점수, 임금삭감 등은 고통스런 자극으로 받아들이고 이런 상황을 피하고자 한다.

또 어떤 사람이 하는 행동(behavior)은 자신이 행동을 한 후 다른 사람의 반응이나 결과에 영향을 받는다. 이를 후속반응이라고 한다. 또 한 사람의 행동은 반드시 그 행동을 하기 위한 사전적인 요인이 있다. 예를 들어 어떤 사람이 화를 내는 것은 화를 내게 한 사전요인이 존재하기 때문인 것이다.

따라서 한 사람의 행동은 행동 전(사전)의 요인과 행동을 한 후(결과)의 반응에 따라 영향을 받는다는 것이다. 이와 같은 결과로 볼 때 한 사람의 행동은 행동 결과와 예상결과에 따라 행동이 결정된다(Shea & Bauer, 1987)는 것이다. 이때 '한 사람이 행동을 하고 그 행동의 결과(consequences of behavior)로서 나타난 반응(행동의 결과물)'을 행동수정 이론에서는 강화제(reinforcer)라 한다. 이와 같은 강화제는 사람의 행동을 증가시키기도 하고 감소시키기도 한다.

강화제는 여러 가지 유형이 있을 수 있는데, 기본적으로는 1차적인 강화제 (음식, 음료수, 토큰 등과 같은 물질적 강화제, 유형 강화제)와 2차적인 강화제(칭찬, 미소, 승인 등과 같은 사회적 강화제, 무형 강화제)로 구분한다. 이와 같은 강화제(reinforcer)는 사람에 따라 동일할 수 없고 각기 다르게 나타난다. 동일한 강화제가 어떤 사람에게는 강화제가 될 수 있으나 어떤 사람에게는 강화제가 될 수 없는 경우도 있다.

예를 들어 아동이 학교에 가는 이유 즉, 아동을 학교에 가게 하는 강화제는 아동에 따라 각기 다를 수 있는 것이다. 예를 들어 '수철이가 학교에 가는 이유' 의 경우, 수철이가 점심식사 때문에 학교에 간다면 강화제는 맛있는 점심식사일 것이다. 이 점심식사는 1차적 강화제(primary reinforcer)에 해당한다. 그러나 만일 어떤 아동이 학교에 가는 이유가 친구들과 같이 어울리는 것이라면 이것은 2차적인 강화제(secondary reinforcer)에 해당할 것이다.

또 아동이 학교에 가는 이유를 유형적인 강화제(tangible reinforcer)와 사회적인 강화제(social reinforcer, 무형강화제(intangible reinforcer))로 구분할 수도 있을 것이다. 유형적인 강화제란 음식이나 물건 같은 강화제를 의미하고 사회적인 강화제는 칭찬이나 놀이 등과 같은 강화제를 의미한다.

강화제는 다시 정적강화제(positive reinforcer)가 있을 수 있고 부적강화제 (negative reinforcer)가 있을 수 있다. 예를 들면 정적 강화제에는 보상이나 즐거움 등이 해당하고, 부적 강화제는 벌과 같은 것이 해당한다. 이들 두 가지 모두는 적절한 행동을 하도록 하는 행동결과에 대한 반응(강화제)이 된다.

인간은 자신의 생각에 칭찬받고, 보상을 받는 행동을 반복하려는 경향이 있다. 그리고 자신의 생각에 벌을 받은 행동은 반복하지 않으려는 경향이 있다. 이와 같은 강화의 원리(principle of reinforcement)는 행동수정의 전반적인 원리가 되고 있고 사람이 이와 같은 원리에 따라 행동을 습득해간다는 가정이 전제가 되고 있다.

본 장에서는 이와 같은 행동수정의 원리를 설명하고자 한다. 여기에서 설명하는 행동수정의 원리는 교사나 부모가 교실에서 또는 집에서 조직적이고 체계적으로 적용할 수 있을 것이다. 그러나 염두해 둘 것은 교사/부모는 강화원리에 대한 단순한 기억과 적용만 해서는 안된다. 효율적인 행동수정 적용을 위해서 교사와 부모는 보다 행동수정의 원리에 대하여 연구하고 공부하여 그 방법에 대하여 고민하여야 한다.

원 리	설 명
강화의 원리	행동수정 이론의 헌법에 해당
행동수정의 종류	정적강화, 부적강화, 소거, 벌 등
일반화와 변별	일반화, 변별
강화계획	연속강화, 간헐적 강화

제1절 강화의 원리

우리는 어린 시절부터 이 강화의 원리로 삶의 방법을 배웠다. 예를 들어 어릴 때 예쁜 짓을 하여 주위 사람들로부터 칭찬받고 자신감도 가졌다. 그리고 뭔가를 잘못하여 혼이 나면서 그런 행동은 해서는 안되는 것임을 알게 되었다.

학교에 다니면서 공부를 잘했다고 부모님께 칭찬을 받거나 피자를 얻어먹고 다시 칭찬이나 피자를 먹고 싶어 공부를 더 열심히 하기도 하고, 성적이 떨어져 핀잔을 받아 다시는 핀잔을 받지 않으려고 공부를 하기도 하였다. 이와 같은 일들이 모두 강화의 원리에 해당하는 것이다. 그러나 강화의 원리는 위에서 언급한 것처럼 그리 간단하지는 않다. 적어도 정서·행동장애가 있는 아동에게 이를 적용하고자 할 때에는 체계적이고 주도면밀(周到綿密)한 계획 그리고 이 강화의 원리

▶ 표 5-2 ◀ 강화의 원리

원 리	설 명
목표행동의 선택	아동이 보이는 행동 중에서 오직 하나의 행동만을 정하여 집중적으로 행동을 수정하고자 하는 것이다.
즉시강화	아동에게 목표행동이 나타나면 즉시 강화하여야 한다.
매번강화	아동이 목표행동을 보일 때마다 강화하여야 한다.
간헐강화	아동의 목표행동이 만족할 만한 수준에 도달한 경우에는 간헐적으로 강화하여야 한다.
사회적 강화	아동에게는 물질적 강화제 뿐만 아니라 사회적 강화제를 동시에 제공하여야 한다.

를 사용하는 사람의 창의성이 필요하기 때문이다.

한마디로 강화의 원리는 행동수정 이론의 헌법(憲法)이라 할 수 있다. 행동수정 이론의 기본은 '사람은 강화(reinforcement)를 받아 적절한 행동법을 배운다'는 강화의 원리가 중심이기 때문이다. 강화의 원리를 설명하면 아래와 같다.

1. 목표행동 선택

행동수정의 원리 중에서 가장 중요한 첫 걸음은 목표행동(target behaviors)의 선택이다. 교사나 부모는 아동이 보이는 행동 중에서 오직 하나의 행동만을 정하여 집중적으로 행동을 수정하고자 하는 목표(objectives)를 정해야 한다.

즉, 우리가 만일 어떤 중재를 통해 개인의 특정 행동(목표행동)을 변화시키기 원한다면, 그 변화시키고자 하는 행동이 나타난 후에만 강화해야 한다. 즉, 행동 치료사가 아동의 행동을 변화시키고자 한다면 무엇보다도 먼저 변화시키고자 하는 행동(목표행동)을 정하고 그 목표행동을 아동이 알아차리도록 해주어야 하는 것이다.

1) 목표행동의 원리

문제되는 한 아동의 행동을 치료하기 위해 가장 먼저 해야 할 일은 한 아동의 행동에 대하여 바르게 관찰, 평가, 진단하고 현재 상태의 행동에서 변화시키고자 하는 행동의 목표를 설정해야 한다(이민호, 2003).

성급한 부모나 교사는 아동이 보이는 여러 가지 행동을 동시에 해결하고자 한다. 이와 같은 예는 너무나 흔한데, 아동의 성적이 전반적으로 낮다고 하여 모든 과목을 일시에 향상시키려 한다거나 아동이 보이는 여러 가지 부적절한 행동을 일거에 소거(extinction)시키려 한다면, 아동이 자신의 능력 범위 밖의 일이라고 생각할 수도 있으며, 아동 자신이 어떤 행동을 해야 강화를 받을 수 있는 것인지가 명확하지 않아 혼동을 일으키게 된다. 따라서 행동수정을 실시하는 교사나 부모는 아동행동에 대한 중재계획을 하고 도입하는데 목표행동을 정하지 않거나 아동도 모르게 목표행동을 정한 경우에는 절대로 중재에 성공할 수 없음을 명심하여야 한다.

따라서 가장 효과적인 것은 아동이 보이는 여러 가지 행동 중에서 오직 하나의 행동만을 선택하여 집중적으로 수정하고자 하는 노력을 기울여야 한다. 이와 같은 원리가 바로 목표행동의 선택인 것이다.

2) 목표행동의 중요성

교사나 부모가 아동이 보이는 문제행동 중에서 특정 행동을 선택하여 목표행동으로 삼은 경우, 반드시 그 목표행동만을 강화하여야 하고 그 행동이 나타난 다음에만 강화하여야 한다. 만일 다른 적절한 행동을 하였다 하여 목표행동이 아닌 다른 행동에게 강화를 제공할 경우, 아동은 자신이 현재 목표행동으로 정해진 행동을 알지 못하게 되고 그로 인하여 혼란이 발생할 수 있다. 이와 같은 측면에서 볼 때 교사나 부모가 아동에게 목표행동만을 강화하는 것은 아동에게 목표행동을 제시하는 것이 된다.

3) 목표행동의 선택

목표행동 선택시 유의해야 할 것은 '목표행동을 어떻게 그리고 어떤 행동을 목표행동으로 정하는가'이다. 이와 같은 사항에 대해서는 이후에도 언급하겠으나 아동이 보이는 여러 가지 행동을 관찰하고 그 행동을 면밀히 분석할 필요가 있다. 그리고 분석과정에서 이 행동을 목표행동으로 정할 것인가 여부는 아동의 입장에서 볼 때 이 행동으로 인하여 아동의 생활에 지장을 주는 정도로서 판단할 수 있을 것이다.

또 '어떤 행동을 목표행동으로 정하여야 하는가'에서는 우선순위(優先順位; priority)가 중요한데 먼저 아동의 안녕에 위협이 되는 행동을 우선적으로 고려하고 다음으로 가능하다면 가정에서 부모에게 가장 힘든 요인이 무엇인지를 확인하여 그 부모를 힘들게 하는 행동을 우선적인 목표행동으로 선정하는 방법도 고려할 만하며, 학교생활에서 가장 중대하게 영향을 미치는 요인을 우선 고려할 수도 있다.

또한 행동수정 초기에는 아동이 보이는 행동 중에서 아동이 행동수정의 원리를 이해하고 이에 따르기 용이하며 아동에게 성공확률이 높은 것을 선택하는 점도 고려할 만하다. 그러나 이와 같은 설명에 따르는 것보다도 교사나 부모가 아동의 상태를 충분히 고려한 후 그에 적절한 목표행동을 정하는 것은 교사나 부모의 능력이라 할 수 있다.

4) 목표행동의 구체성

또한 목표행동을 정하는데 있어서도 부모나 교사는 목표행동을 막연하게 정하지 말고 매우 구체적으로 정하여야 한다. 예를 들어 자리이탈 행동의 경우 '자리 이탈을 하지 않도록 한다'는 목표보다는 '자리 이탈을 국어 수업시간 중 2회 이내로 한다'와 같은 구체적인 목표행동 설정이 더욱 좋다.

2. 즉시강화

행동수정 이론에서는 교사나 부모의 끈기를 요구한다. 대부분 부모나 교사가 아동과 약속한 경우 그 약속을 깨는 것은 아동이 아니다. 그 약속을 깨는 사람은 부모나 교사가 대부분이다.

예를 들어 한 아동의 아버지가 매일 저녁 아동과 함께 동화책을 하루 30분씩 읽기로 약속한 경우, 아동은 아버지를 기다리고 있게 된다. 그러나 아버지는 저녁에 늦게 들어올 수도 있고 때로는 피곤하여 '오늘은 좀 쉬자!'라고 말할 수도 있다. 아버지가 약속을 깬 것이지 아동이 약속을 깬 것이 아니다. 또 아동의 비만을 막기 위하여 저녁 8시 이후에는 아무것도 먹지 말자라고 약속하고도, 아동이 하도 칭얼대니 엄마가 '오늘만이야'라고 말하며 간식을 주는 것 역시 엄마가 약속을 깬 것이다.

1) 강화시점

교사나 부모가 아동의 행동을 수정하고자 하여 목표행동을 정하였을 때, 부모나 교사는 아동에게서 목표행동이 나타날 때만을 기다렸다가 즉각 강화제를 제공하여야 한다. 이점은 매우 중요하다. 대부분의 부모나 교사는 행동수정의 원리를 제대로 사용하지 않고 건성으로 시도해보다가 '행동수정 이론은 단지 이론일 뿐'이라는 푸념을 한다.

우리나라 속담에 '세 살 버릇 여든까지 간다!'라는 말이 있다. 이는 어린시절 버릇이 매우 고쳐지기 힘들다는 의미인데, 행동수정의 원리에서는 아동이 보이는 행동은 이미 이전에 학습(버릇)된 것이고 이를 수정하려면 또다시 학습과정을 거쳐야 한다는 이론이다. 따라서 이 버릇을 수정하기 위해서는 이전에 습득될 때보다 더욱 강력하고 체계적인 노력이 필요한 것이다. 이와 같은 원리를 절대로 간과(看過)해서는 안된다.

2) 즉시강화의 중요성

즉시강화의 원리는 행동수정(behavior modification) 초기단계에 매우 중요하다. 그리고 행동수정이 아니라 아동에게 새로운 행동을 확립시켜 주고자 할 때에도 매우 중요하다. 행동수정 이론에서는 이미 습득된 행동을 수정하는 것 뿐만 아니라 새로운 기술을 습득시켜 주는 방법도 종종 사용될 수 있는데 이때에도 행동수정의 원리와 같이 새로운 기술을 습득시키고자하는 목표행동을 정하고 그 행동이 나타날 때마다 즉시강화하면 새로운 행동기술은 쉽게 습득된다.

3) 지연강화의 문제점

부모나 교사가 목표행동을 정하고 중재하는 프로그램에서 강화제를 즉각 제공하지 않고 지연(遲延)시켜 제공하면 어떻게 될까? 아마도 아동은 자신이 한 목표행동과 강화간의 관계를 제대로 이해하지 못할 수 있을 것이다. 그래서 아동은 자신이 강화받은 것이 목표행동에 의한 것이 아니라, 다른 행동 즉 비 목표행동(예를 들어 목표행동이 문제풀이였는데 아동은 의자에 가만히 앉아 있어서)이 우연히 그리고 무의식적으로 강화될 수도 있다. 따라서 즉시 강화의 원리는 새로운 행동을 확립시키거나 목표행동의 빈도를 늘리고자 할 때, 그 행동이 발생하자마자 즉각 강화를 하여야 한다.

3. 계속강화

1) 습관

사람의 습관은 쉽게 변화되지 않는다. 저자는 고등학교 때부터 지금까지 손으로 볼펜 돌리는 것이 습관이 되었는데 언젠가 세미나 발표에서도 열심히 볼펜을 돌리는 모습이 카메라에 포착된 적이 있다. 이 볼펜 돌리는 습관은 우리나라 내각에 있는 국무위원(國務委員)도 어쩔 수 없는 것 같다. 언젠가 TV뉴스에서 장관 중 한 명이 펜을 돌리고 있었다. 아마 거의 본능에 가까운 행동이었을 것이다.

이와 같이 사람이 한번 습관화되면 좀처럼 그 습관을 바꾸기 힘들다. 특히 습관화가 자동화된 경우는 더욱 그러하다. 거의 무의식적으로 행동하게 되는 것이다.

그런데 교사가 행동수정 기법으로 아동의 행동을 수정하여 이 행동이 일부 유지되었다 하여 이 행동이 금방 수정(修正)된 것으로 판단하면 이는 매우 위험한 것이다. 행동수정원리를 사용하는 교사/부모가 행동수정 원리에 따르다가 낭패를 보는 경우는 대부분 이 경우에 해당한다. 그리고 초보 행동수정 치료는 이와 같은 간단한 원리를 모르고 행동이 수정된 것으로 믿고는 다시 성급하게 새로운 행동을 수정하려고 한다. 그러나 한 아동의 행동이 완전히 수정되어 일반화(一般化; generalization)된다는 것은 그리 간단한 것이 아니다. 행동수정의 원리가 일반화가 안된다는 주장을 펴는 사람들은 아마도 이와 같은 계속강화의 원리를 제대로 알지 못한 결과일 것이다.

2) 연속강화

부모나 교사가 행동수정의 원리로 아동의 행동이 수정되어 일시적으로 유지된다 하더라도 일반화까지는 아직 거리가 멀다는 것이다. 아동이 이제 막 새로운 행동을 획득하였거나, 적응하지 못하였을 경우, 그리고 충분히 습관화되지 못한 행동의 경우에는 강화를 멈추지 않고 그 행동이 나타날 때마다 계속해서 강화(continuous reinforcement)하여야 한다.

가끔 다른 생각에 골똘하면서 길을 걸었는데 자기도 모르게 집에 도달한 경험을 해보았을 것이다. 이와 같은 원리는 자동화의 원리(principle of automation)인데 그 사람의 머리에는 이미 집에 가는 과정이 자동화되어 있기 때문에 집에 가면서도 충분히 다른 생각을 할 수가 있다. 이와 같은 원리는 습관화(習慣化)와 관련이 있는데 새로 습득된 행동이 완전히 체득(體得)되지 못한 상태에서 그 체득과정이 중지되면 일반화될 수가 없는 것이다.

4. 간헐강화

1) 연착륙

아동이 새로운 행동기술을 습득한 후 이 기술(skill)이 완전히 정착되기 위해서는 시간이 필요하다. 그리고 이 기간에 교사나 부모는 아동의 습득된 행동기술이 연착륙(軟着陸)할 수 있도록 지원하여 줄 필요가 있다. 갑자기 강화를 없앤다거나 계속 강화만을 하게 되면 아동은 강화(reinforcement)에 물릴 수도 있고 강화가 없어진 바람에 새로 습득한 기술을 버릴 수도 있기 때문이다.

2) 간헐강화

만일 아동이 강화제가 주어지는 이유를 정확히 알지 못하고, 강화제가 있을 것이라는 사실만을 알고 있다면, 목표행동(target behaviors)이 만족할 만한 수준에 도달할 때까지 계속해서 강화하여야 한다.

즉, 행동을 새로 습득하게 하고자 할 때에는 강화를 행동이 발생할 때마다 매번 지속적으로 주는 것이 효과적이다. 그러나 습득된 행동의 유지를 위해서는 강화를 간헐적으로 제공하는 것이 효과적이다(박계신, 2003). 이때 교사나 부모가 계속강화를 중지하는 시점 즉, 간헐강화(間歇强化)를 하는 시점이 매우 중요하다. 이는 아동이 목표행동(target behaviors)을 만족할 만한 수준 정도에 도달한 시점이 된다. 즉, 목표행동이 만족할 만한 시점에 도달하기 전까지는 계속강화를 제공하고 목표행동이 만족할 만한 시점에 도달한 후부터는 간헐적으로 강화(intermittently reinforcement)해야 한다. 이 방법이야말로 새로 습득된 행동을 확고히 유지시키도록 하는 유일한 방법이다. 따라서 교사나 부모는 일단 목표행동이 만족할 만한 수준에 도달하였는지를 면밀히 관찰·측정하고 만족할 만한 수준에 도달한 시점에서부터 강화제를 지속적인 방식에서 간헐적인 방식으로 변경한다.

5. 사회적 강화

행동수정의 궁극적인 목적(goal)은 목표행동을 적절하게 하도록 하는 것이다. 즉, 목표행동을 잘 수행할 수 있도록 강화제로 사용하는 물질적인 보상이나 칭찬과 같은 사회적인 보상은 궁극적인 목적이 아닌 것이다. 이와 같은 물질적인 보상이나 사회적 강화는 오직 목표행동을 원만하게 수행하도록 해주는 수단(手段)에 불과한 것이다. 이 수단을 통하여 아동에게 자신의 성취에 대한 만족을 줌으로써 보다 원만한 목표행동으로의 도달을 돕는 것이다.

다시 말하면 행동수정의 목표는 자기통제(self control)와 자기훈련(self discipline)이라고 할 수 있다. 아동 스스로가 목표행동에 대하여 통제하고 스스로 훈련을 통하여 새로운 행동을 습득하고 일반화(generalization)시켜 가는 과정인 것이다.

이와 같은 자기통제와 자기훈련을 촉진하기 위하여 행동수정 면에 물질 강화제를 사용하는데 이후 아동이 원만한 행동통제 및 훈련을 위해서는 사회적 강화제를 같이 사용하여야 한다. 이와 같은 사회적 강화제는 아동에게 일반화를 위한 방향을 제시하는 길이 될 수 있다.

행동수정(behavior modification)을 실시할 때 교사나 부모는 흔히 토큰, 과자, 별 표시, 스마일 표시, 돈과 같은 물질적인 강화제를 아동에게 제공하는데 이때 교사나 부모는 단순히 거래형태와 같은 물질적 강화제공이 아니라 미소를 지어 준다든지, 등을 두드려 준다든지, 칭찬해 준다든지 등과 같은 사회적인 보상을 물질적 보상과 함께 제공한다.

이와 같이 물질적 보상과 사회적 보상을 함께 제공하면 아동은 물질적 강화제를 받기도 하고 사회적 강화제를 제공받아 처음에는 이중(二重)으로 강화를 받는다. 그러다가 행동수정이 진행되면서, 교사나 부모는 점차 물질적 강화제를 줄이고 사회적 강화제를 점차 늘려가면서 목표행동을 유지시킨다.

이때 행동수정이 효과적으로 이루어질 경우 아동의 목표행동(target behaviors)은 처음에는 물질적 강화제 때문에 그리고 사회적 강화제 때문에 점차 좋아지게 되는데 이 과정으로 인하여 이후에는 아동이 스스로의 행동에 대하여 자기만족감을 갖게 되고 스스로 할 수 있는 능력이 생겨난다. 이것이 바로 자기통제(自己統制; self control)와 자기훈련(自己訓練; self discipline)이다.

이와 같은 자기통제와 자기훈련을 아동 스스로 할 수 있게 되면 아동은 이제 혹은 간헐적인 사회적 강화제만으로도 혹은 즉각적인 물질적 보상이 아닌 보다 지연된 물질 보상만으로도 목표행동을 유지시키게 된다.

제2절 행동수정의 종류

표 5-3은 행동수정의 종류 및 원리를 예시한 것이다. 이 표를 통하여 각 행동수정 기법의 의미를 대략 이해할 수 있을 것이다.

▶ 표 5-3 ◀ 행동수정의 종류 및 원리

분류	원리		
	나타난 행동	후속결과	기대효과
정적강화	이불을 갠다.	칭찬한다.	이불을 갤 것이다.
	대답을 한다.	100원을 준다.	대답할 것이다.
	앉아서 공부한다.	칭찬하고 상을 준다.	앉아서 공부할 것이다.
소거	자기를 봐 달라고 꼬집는다.	그 행동을 무시한다.	더 이상 봐 달라고 꼬집지 않을 것이다.
	남을 놀린다.	이 행동을 무시한다.	더 이상 놀리지 않을 것이다.
벌	의자에 바르게 앉지 않는다.	꾸지람을 한다.	의자에 바르게 앉을 것이다.
	크레용을 부러뜨린다.	쉬는 시간을 주지 않는다.	더 이상 크레용을 부러뜨리지 않을 것이다.

부적강화	물건을 던진다.	던지지 않으면 이전에 부여했던 숙제를 면제하겠다고 한다.	물건을 던지지 않을 것이다.
	숙제를 하지 않는다.	이번에 숙제하면 다음엔 숙제를 줄여 준다고 한다.	숙제를 할 것이다.

표 5-3에서 보는 바와 같이 행동수정은 목표한 아동의 행동결과에 따라 그 후속결과를 조작(manipulation)함으로써 이루어진다. 이 후속결과의 조작방법이 바로 행동수정법이다. 그리고 행동수정법은 목표행동의 선정부터 시작하는데 행동수정에서 정하는 목표행동(target behaviors)은 대부분 바람직한 행동을 증가시키는 목표, 바람직하지 못한 행동을 줄이기 위한 목표 등이다.

이 절에서는 행동수정방법 중 가장 중요한 네 가지 즉, 정적강화(positive reinforcement), 소거(extinction), 벌(punishment), 부적강화(negative reinforcement)에 대하여 설명할 것이다. 여러분은 이 방법들을 완전히 이해해야 할 것이다. 왜냐하면 이 4가지 중재방법은 행동수정 원리와 기법에서 기본적인 요소이기 때문이다.

일반적으로 정적강화는 목표행동을 증가시키고, 벌과 소거는 목표행동을 감소시키며, 부적강화는 특정 목표행동에 따라서 행동을 줄이거나 늘린다.

1. 정적강화

정적강화(positive reinforcement)는 이미 앞에서도 설명한 바와 같이 아동이 어떤 적절한 행동(목표행동)을 보인 직후에 강화를 제공하는 것이다. 이 강화는 아동이 보인 행동결과에 대한 교사의 반응이라고 말할 수 있는데, 이는 바람직한 행동을 지속적으로 유지시키거나 바람직한 행동을 증가시키는데 도움이 된다(Alberto & Troutman, 1990).

정적강화를 위해서 교사나 부모는 먼저 목표행동을 아주 구체적으로 정하여야 한다. 그리고 아동이 그 행동을 할 때마다 강화하고 물질적인 강화제를 사회적 강화제와 같이 제공하고 점차적으로 물질적 강화를 제거하고 사회적 강화만으로 행동을 유지시켜야 한다. 또한 이후 아동이 적절한 수준에 도달한 경우 간헐적으로 강화하여 아동이 완전히 새로이 습득한 기술을 익혀 일반화되도록 하여야 한다. 이는 앞서 설명한 강화의 원리와 같다.

2. 소거

소거(extinction)는 바람직하지 못한 행동을 줄이는데 효과적인 방법이다 (Downing et al., 1991). 소거는 정적강화와 다르게 바람직하지 못한 행동을 야기하는 강화제를 제거해 주는 방법이다.

이 소거과정에서는 보통 두 가지 행동반응 형태가 나타나는데, 처음 형태 (initial phase)는 행동을 유지하게 하는 강화제가 제거된 직후에 아동은 목표행동 빈도가 보통 극적으로 줄어들거나 증가하게 된다. 그리고 두 번째 형태(second phase)는 목표행동이 점차 수정되게 된다.

초기에는 아동이 이미 자신이 확립한 목표달성 방법이 제대로 기능하지 않게 되자 이에 대응하여 자신의 방법으로 자기가 원하는 것을 얻어 보려는 인간의 본질적 행동형태이다. 즉, 아동이 이미 확립한 자신의 방법을 시도해 보았는데도 이에 대한 성과가 없는 것에 대하여 아동이 혼란을 겪는 것은 당연하다. 이 초기 국면에서 미숙한 교사/부모는 좌절하여 번번이 포기하고 손을 들어버린다. 그러면서 행동수정 방법이 도리어 아동의 행동을 악화시켰다고 불평한다. 그러나 보다 숙련된 교사/부모라면 이 시기가 아동의 혼란기(混亂期) 즉, 소거발작(폭발)기임을 알아차리고 자신의 행동수정 방법을 계속 지속하여 목표행동을 소멸시켜 나간다.

3. 부적강화

부적강화는 이미 제공하고 있던 혐오자극(부적 강화제)을 제거하는 방법이다. 즉, 혐오자극(aversive stimulus)을 제거시켜 목표행동을 얻어내고자 하는 방법인 것이다. 따라서 부적강화는 아동이 행동하는 과정에서 아동에게 불쾌하고 힘들었던 것(혐오자극)을 제거하여 주는 과정(Axelrod, 1983)이라 할 수 있다. 부적강화를 한마디로 말하면 바람직한 행동과 유관하여 나쁜 것을 제거해 주는 과정이다(한경임, 2003).

부적강화를 설명하기 위해서는 정적강화와 벌을 먼저 이해하여야 한다. 정적강화는 바람직한 행동을 하였을 때 반응(정적강화의 경우 강화제)을 제공하는 것을 말한다. 이와 같은 결과로 아동은 바람직한 행동을 증가시키게 된다.

한편 벌은 바람직하지 못한 행동을 하였을 때 반응(벌의 경우 혐오자극)을 제공하는 것을 말한다. 이와 같은 결과로 바람직하지 못한 행동이 줄어들게 된다. 결국 정적강화와 벌 간의 차이는 정적강화에서는 강화제를 제공하여 바람직한 행동을 증가시키고자 하나 벌은 혐오자극을 제공하여 바람직하지 못한 행동을 줄이고자 하는 것이다.

그렇다면 부적강화는 무엇인가? 이는 정적강화와 비교하여 이해하는 것이 좋을 것이다. 정적강화는 방금 언급한 바와 같이 바람직한 행동을 하였을 때 반응(정적강화의 경우 강화제)을 제공하는 것을 말한다. 이와 같은 결과로 아동은 바람직한 행동이 증가하게 된다. 반면에 부적강화는 바람직한 행동을 하도록 기존에 제공하던 혐오자극을 제거하는 것이다.

결국, 정적강화는 반응을 제공하여 바람직한 행동을 증가시키고자 하나 부적강화는 그 반대로 자극을 철회하여 바람직한 행동을 증가시키고자 하는 것이다. 즉, 부적강화는 그 목표가 적절한 행동을 증가시키고자 하는데 있다는 점에서는 정적강화와 같으나 이를 위하여 기존에 제공하던 혐오자극을 제거해 주는 것이 차이점이라고 할 수 있다.

부적강화는 벌과 혼동할 수 있는데 벌은 행동빈도를 변화시키기 위해서 혐오적인 자극을 추가하거나 아동이 즐기는 것을 뺏어버리는 것이므로 부적강화와는 정반대의 개념이 될 수 있다. 이를 도표로 정리하면 표 5-4와 같다.

▶ 표 5-4 ◀ 정적강화, 부적강화, 벌 간 비교

구 분	정적강화제	혐오자극	결과
정적강화	제공	없음	바람직한 행동 증가
부적강화	없음	제거	바람직한 행동 증가
벌	없음	제공	바람직하지 못한 행동 감소

표 5-4는 부적강화를 보다 쉽게 이해하기 위하여 강화제 추가 및 제거에 따라 행동수정법을 구분한 것이다. 부적강화의 예는 여러 가지가 있다. 예를 들어 합창대회 준비를 위해 같은 노래를 한없이 반복하여 연습을 하고 있을 때, 선생님이 오늘 '제대로 노래를 세 번만 잘 부르면 연습을 끝내주겠다!'라고 말하는 경우이다. 이때 선생님은 학생들이 합창 연습을 제대로 적극적으로 참여하기를 바라고 부적강화를 제공한 것이다. 노래연습을 지루하게 하는 것이 혐오자극이었는데 이를 제거하여 줌으로써 바람직한 행동(노래연습에 열중함)이 증가하는 것이다.

또 학교에서 선생님이 부득이한 일로 교실을 비우면서 '조용히 자습하면 오늘 낸 숙제(혐오자극)를 면제해 주겠다(제거)'고 하여 아동이 교실에서 조용히 있도록 하는 것(행동증가)도 부적강화에 해당한다.

따라서 '부적(負的; negative)'이란 말은 부정적이라는 의미가 아니라 기존에 제공하던 혐오자극을 제거함을 의미한다. 그리고 부적강화란 이와 같은 혐오자극을 제거하여 도리어 적절한 행동을 유발시키는 것을 의미한다.

4. 벌

행동수정 측면에서 볼 때 벌은 아동이 보이는 바람직하지 못한 행동을 감소시키기 위하여 사용하는 방법이다. 즉, 정적강화는 바람직한 행동을 증가시키는 방법이나 벌은 바람직하지 못한 행동을 감소시키기 위한 방법이다. 따라서 정적강화와 부적강화는 목표행동이 바람직한 행동이나 벌은 목표행동이 바람직하지 못한 행동이다.

▶ 표 5-5 ◀ 목표행동 측면에서 정적강화, 부적강화, 벌

구 분	목표행동	방법	결과
정적강화	바람직한 행동	강화제공	바람직한 행동 증가
부적강화	바람직한 행동	혐오자극 제거	바람직한 행동 증가
벌	바람직하지 못한 행동	혐오자극 제공	바람직하지 못한 행동 감소

교사나 부모가 벌에 의한 중재방법을 사용하고자 할 때 명심하여야 할 것은 벌이 주는 문제점이다. 즉, 표 5-5에서 보는 바와 같이 벌은 바람직하지 못한 행동을 감소시킬 뿐 바람직한 행동을 증가시키지 못한다. 따라서 교사나 부모는 벌을 중재법으로 사용하고자 할 때 이 점을 고려하여 바람직한 행동 대안을 훈련시켜야 할 것이다. 또한 부모나 교사는 아동의 윤리적 측면과 아동의 인권을 고려하여 벌(罰)을 자제하여야 하나 부득이 벌 중재방법을 사용하여야 할 경우에는 낮은 수준의 벌부터 시작하여 가장 높은 수준의 벌로 이동하는 방법을 사용함이 타당하다. 벌을 수준별로 나열하면 제한(制限), 차별(差別), 질책(叱責), 반응대가(反應代價), 타임아웃(time out), 과잉교정(過剩矯正), 체벌(體罰) 등이다(Kerr & Nelson, 1989).

행동수정(behavior modification)에 의하면 벌은 표 5-6과 같이 두 가지 방법이 있다. 그 하나는 혐오적인 자극을 제공하는 방법이다. 예를 들면 때리거나, 과제

부여와 같은 혐오자극을 제공하는 것이다. 또 다른 하나는 벌로 아동이 좋아하는 물건을 치우거나 행동을 제한하는 방법이다. 예를 들면 체육활동 배제, 쉬는 시간 배제 등이 그것이다.

▶ 표 5-6 ◀ 벌 중재 분류

분 류	목표행동	방 법	예
혐오자극 제공	바람직하지 못한 행동	직접 혐오자극 제공	• 회초리 • 과제부여
선호자극 배제		간접 혐오자극 제공	• 좋아하는 운동 참여배제 • 쉬는 시간 배제

앞서 언급한 바와 같이 행동수정 측면에서 볼 때 벌은 효과 면에서 가장 낮은 수준의 중재방법으로 구분할 수 있다. 그러나 교사나 부모들은 자주 이 방법을 사용하는데 그 이유는 당장의 가시적 효과 때문일 것이다.

물론 벌을 사용하면 즉각적으로 효과가 나타난다. 혐오자극(aversive stimulus)을 회피하려는 아동의 생각이 벌 중재 효과를 키우는 것이다. 그러나 이와 같은 벌 중재 효과는 장기적으로 볼 때 매우 제한적이라 할 수 있다. 물론 벌 중재법으로도 장기적으로 바람직하지 못한 행동을 줄일 수 있다. 그러나 벌 중재에 의한 바람직하지 못한 행동 감소는 궁극적인 소멸이 아니라 혐오자극을 기피한 일시적인 현상이다.

또 교사나 부모가 벌에 의한 중재법을 사용할 때 냉정함과 공평한 마음을 가지고 아동을 중재하는 것이 아니라 다소간의 개인감정 문제를 유발할 수 있다. 이와 같은 개인감정 문제로 인하여 벌을 받는 아동은 자신이 행동수정을 받고 있다는 마음보다는 벌 제공자에 대한 악감정(惡感情)과 이 문제를 문제행동과 벌 간의 관계가 아니라 자신과 벌 제공자 간의 관계로 인식할 수 있는 것이다.

이 점에서 우리는 라포(rapport)를 생각해야 한다. 물론 라포(애착관계 형성)는 행동수정에서 어느 경우든 매우 중요한 것이지만 특히 벌 중재에서는 더욱 그러하다.

예가 적절할지는 모르겠으나 만일 여러분의 가정에 애완견으로 강아지가 한마리 있다고 하자. 이 강아지를 여러분이 때리거나 위협하면 이 강아지는 자신이 뭔가를 잘못하여 혼나는 것으로 인식하고 자꾸만 움츠리게 된다. 이와 같은 현상은 주인과 강아지 간에 일종의 라포가 형성되어 자신이 혼나는 것은 자신이 잘못하여 혼나는 것이며 잘못한 경우 혼이 나도 된다는 무의식중의 강아지 생각이 작용한 결과이다.

반대로 여러분이 아닌 다른 사람 즉, 이 강아지를 전혀 본적이 없는 사람이 강아지를 때리려고 하거나 위협하면 강아지의 행동은 어떠한가? 아마도 강아지는 전혀 모르는 사람이 자신을 공격하는 것으로 인식하고 이를 드러내면서 적의를 품고 으르렁거릴 것이다. 이와 같은 현상은 타인과 강아지 간에는 라포가 형성되어 있지 못하여 자신이 혼나는 것은 자신이 잘못하여 혼나는 것이 아니라 아무런 이유 없이 그저 혼나는 것이며, 자신을 공격하려는 의도로 파악하고 있어 적대감을 보이는 것이다.

사람의 경우도 마찬가지이다. 만일 존경하는 사람(라포가 형성된 경우)이 자신의 잘못에 대하여 질책을 하거나 혼을 내면 '내가 좋아하는 사람이 나의 잘못을 지적하여 주는 구나!'라고 생각하겠으나 그렇지 못한 사람이 혼을 내면 '당신이 뭔데?'라는 생각을 가지고 도전의식을 보이게 된다.

따라서 부모나 교사가 아동을 대상으로 벌을 사용할 때 아동이 반항을 하거나 적의를 품게 되면 즉각 벌 중재법을 그만두고 먼저 아동과의 라포 형성에 주력하는 것이 현명할 것이다.

제3절　일반화와 변별

1. 일반화

우리 사회에서는 일반화(generalization)의 오류가 너무나 많다. 예를 들어 언론에 학교폭력에 대한 기사가 나면 사람들은 학교가 마치 폭력의 온상인 것처럼 오해하기도 한다. 또 어떤 교사가 촌지를 받았다는 보도만으로 모든 교사를 촌지 받는 교사로 매도하기도 한다. 이와 같은 것은 모두 일반화(一般化)의 오류(誤謬)에 해당한다.

그런데 반대로 정치권에서는 이와 같은 사람들의 일반화 오류를 이용하여 정치적 발언을 종종 하기도 한다. 예를 들어 "일부 몰지각한 정치인의 잘못을 정치인 모두의 잘못으로 보지 말았으면 좋겠다"와 같은 발언이다.

일반화의 오류는 오해를 낳는다. 전에 어느 라디오에서 들은 이야기인데 노처녀가 처음으로 교회에 갔는데, 한 잘생긴 남자가 너무나 친절하게 대해 주었더

란다. 그리고 저녁이면 집까지 바래다 주겠노라고 하면서 보디가드 역할도 자청하더란다. 이 노처녀는 '드디어 결혼을 하게 되나 보다! 그가 날 사랑하는구나!'라고 생각하였단다(오해, 과잉일반화). 그러나 그 노처녀는 며칠을 못 가 실망하게 된다. 왜냐하면 그 남자는 처음 온 신도에게는 누구에게도 신앙생활을 돕기 위한 수단으로 아주 친절하게 대해 주었기 때문이다. 그 노처녀는 신앙심은 깊어졌으나 결혼은 아직도 못 하고 있다.

일반화는 학습에서 매우 중요한 요소다. 왜냐하면 아동이 특정한 조건에서 학습과정을 통하여 습득한 것을 그 조건이 아닌 다른 상황에서도 학습하여 습득한 기술을 사용할 수 있어야 하기 때문이다. 예를 들어 사람에게 일반화과정이 없다면 사람은 특정 조건이 바뀌면 언제나 새로이 학습을 하여야 할 것이다. 즉, 일반화가 되지 않을 경우 버스터미널 근처에서 학습한 기술을 기차역 근처 식당에서 사용하지 못할 것이다. 왜냐하면 버스터미널이란 특정 조건에서 학습한 것을 기차역이란 다른 특정 조건에서는 사용하지 못하기 때문이다.

▶ 표 5-7 ◀ 일반화의 종류와 오류

오류와 종류	구분	의미	예
일반화의 종류	자극 일반화	자극이 달라도 반응하는 일반화.	• 학습장소, 학습을 시킨 사람, 학습에 쓰인 자료가 바뀌어도 그 학습과제를 할 수 있다.
	반응 일반화	학습에서 습득한 목표행동 이외에 이와 비슷한 다른 행동도 수행할 수 있는 일반화.	• 聞一知十(문일지십) • 한 자릿수 덧셈을 배운 후 두 자릿수 덧셈을 할 수 있다.
일반화의 오류	과잉 일반화	학습한 것을 과대 확장하여 일반화함.	• 남자는 모두 늑대다. • 정치인은 모두 사기꾼이다.
	과소 일반화	학습한 것을 과소 축소하여 일반화함.	• 검은 개는 개가 아니다.

다시 한 번 일반화의 개념을 이해하기 위하여 간단한 예를 들어 보자. 한 여성이 어렸을 때 이웃집 아저씨에 대한 안 좋은 기억 때문에 모든 남자들에 대해 불신감과 혐오감을 가지고 있다면 이는 지나친 일반화일 것이다(과잉 일반화). 이 경우의 여성은 아저씨와 다른 남성은 분명히 다른 자극이며, 자극에 명백한 차이가 있는데도, 자극의 유사성을 지나치게 확대하여 반응한 것이다. 반대로 아동이 누런 강아지를 보고 '개'임을 배운 경우 흰 강아지를 '개'가 아니라고 우기는 것

은 과소 일반화일 것이다. 이 아동은 검은 개와 흰 개는 분명 같은 자극인데도, 자극에 명백한 차이가 없는데도 자극의 유사성을 지나치게 축소하여 반응한 것이다(과소 일반화).

일반화의 정의는 어떤 과제를 학습한 후, 그 학습을 한 장소가 아닌 다른 장소에서도 그 과제를 수행할 수 있는 행동을 의미한다. 이를 학습의 전이라고 한다. 예를 들면, 아동에게 블록으로 빨강색을 가르쳤는데 빨간 블록을 보면 빨강색이라고 하지만 빨간 공을 보고는 빨강이라고 하지 못한다면 빨강을 배운 것이 일반화(전이)가 안되었다고 하고, 만약 아동이 빨간 공이나 빨간 꽃을 보고서 빨강색이라고 말한다면 일반화가 되었다고 말한다.

이와 같은 학습 일반화는 자극일반화(stimulus generalization)와 반응일반화(response generalization)로 나누어 볼 수 있다(박계신, 2003).

1) 자극일반화

자극일반화는 학습을 한 장소, 학습을 시킨 사람, 학습에 쓰인 자료가 바뀌어도 그 학습과제를 할 수 있는 것을 말한다. 사람은 특정 장소, 특정 사람, 특정 자료를 통하여 학습한 경우에 다른 장소, 다른 사람, 다른 자료를 통하여 학습한 경우에도 모두 일반화가 일어나야 한다.

2) 반응일반화

반응일반화는 학습에서 습득한 목표행동 이외에 이와 비슷한 다른 행동도 수행할 수 있는 것을 말하는데, 예를 들면 한 자릿수 덧셈을 가르쳤는데 두 자리 덧셈도 할 수 있는 것을 말한다.

3) 일반화 전략

교사나 부모는 중재프로그램을 통해 긍정적으로 변화된 의사소통 및 일상에서의 바람직한 행동이 가정, 학교 등 아동의 실제생활 환경 어디에서나 일반화되도록 돕기 위한 전략을 마련하여야 한다(진흥신, 2002). 즉, 부모나 교사는 일반화가 아동에게서 자동적으로 나타나지 않는다는 점을 명심하여야 한다. 그러므로 훈련과정의 한 부분으로 계획하고 프로그램화하여 체계적으로 전개할 필요가 있다. 따라서 교사나 부모는 언제나 같은 장소에서 같은 교사나 부모가 같은 교안을 가지고 가르치는 것보다는 다른 장소에서, 다른 시간에, 다른 교사나 부모가 가르치는 방법 즉, 다양한 경험을 통하여 중재하는 것이 그렇지 않는 중재보다 더 좋다는 점을 명심하여야 한다.

사람은 환경과 교류하면서 다양한 상황 속에서 배운 개념을 종합적으로 적용한다. 예를 들어 어떤 사람은 꽃은 꺾어서는 안된다고 배웠으면서도 애인이 꺾어 바친 꽃은 행복하게 받아든다. 즉, 환경에 따라 다른 기준을 적용하고 있다는 것을 입증한다. 그리고 사람은 사람을 만나면 반가운 표정을 짓는 것이 보통이지만 영안실에서는 그렇지 않다. 이 역시도 사람은 환경에 따라 적절히 행동하는 기준이 있는 것이다. 물론 이와 같은 과정은 이후에 설명할 변별(辨別)과 밀접한 관련이 있다. 즉 상황에 따른 행동구분은 변별(discrimination)을 통하여 가능해진다.

이와 같은 기술을 사람이 특히 정서·행동장애 아동들이 용이하게 습득할 수 있는 방법은 자연적인 상황에서 배우는 것이다. 왜냐하면 이 자연적인 상황이 바로 환경에 따라 적절한 행동을 보이는 기준이 되기 때문이다.

아동 특히 정서·행동장애 아동은 어떤 상황에서는 바람직한 행동을 보이기도 하지만 또 다른 상황에서는 바람직한 행동을 보이지 않는 경우가 종종 있다. 다시 말하면 이 아동은 아직 일반화되지 못한 것이다. 따라서 부모나 교사는 적어도 행동수정 초기에 계획적으로 일반화를 위한 노력을 계획하여야 한다.

교사나 부모가 아동의 일반화를 돕기 위한 전략은 표 5-8과 같다(Vaughn, Bos, Lund, 1986).

▶ 표 5-8 ◀ 일반화 전략

요 점	내 용
강화제	• 점진적인 강화제 제거, 물질 강화제에서 사회적인 강화제로 전환, 강화제의 양, 정도, 형태의 다양화
지시	• 일관성 있는 지시, 지시 바꾸어 말하기, 사진이나 그림사용하기 등과 같이 다양한 지도
과제매체	• 교수자료 매체다양화, 문자매체의 경우 종이의 크기, 색깔, 쓰는 도구, 잉크의 다양화
과제반응법	• 과제수행 중 아동 반응법 다양화(예를 들어 문자 반응에서 언어반응으로), 시험 형태의 다양화 등
자극다양화	• 제시물 크기 모양 색깔의 변화, 아동에게 제공되는 자극의 다양화
교실	• 위치 변경, 개별/그룹교수 등과 같이 교육실 다양화
교사	• 도우미, 또래, 부모 등 지도자 다양화

2. 변별

일반화만큼이나 변별(discrimination)도 학습에서 매우 중요하다. 만일 변별 과정이 없다면, 우리는 다양한 상황에서도 행동을 일반화하여 동일하게 행동할 것이다.

예를 들면 사람들은 파티에서의 행동과 교회에서의 행동을 다르게 하며, 축구장에서의 행동과 교실에서의 행동을 다르게 한다. 즉, 사람은 변별을 통하여 하나의 상황에서 어떻게 행동하고 다른 상황에서는 어떻게 행동하여야 하는지를 알게 된다(Axlorod, 1983).

▶ 표 5-9 ◀ 일반화와 변별

구 분	의 미
일반화	• 특정 상황에서 학습된 행동이 그 상황이 아닌 다른 상황에서도 나타나는 것
변별	• 상황에 따라 다르게 행동하는 경향

이와 같은 변별 역시 일반화만큼이나 중요한 학습행위이다. 그리고 변별과 일반화는 서로 독립적이지 않고 서로 보완적인 역할(supplemental roles)을 하며 이와 같은 일반화와 변별을 통하여 사람은 올바로 행동할 수 있다.

즉, 사람은 어떤 상황에서는 기존에 학습한 내용을 일반화를 통하여 행동하기도 하고 어떤 상황에서는 기존에 학습한 결과와 다른 상황임을 판단하여 다르게 행동하는 것이다.

제4절 강화계획

부모나 교사가 행동수정의 원리에 따라 적절한 행동을 증가시킬 목적으로 강화방법을 사용하고자 할 경우 먼저 목표행동을 정하고 강화계획을 세우게 된다. 강화계획(reinforcement schedules)은 아동이 목표행동을 보일 경우 교사나 부모가 그에 대한 반응으로 강화제를 제시하고자 하는 계획이다.

이와 같은 강화계획은 기본적으로 저변에 강화의 원리를 고수하면서 그 원리에 따라 1차적으로 적절한 목표행동을 유도하고 이후 점차 일반화시켜 가기 위한 과정인 것이다. 이와 같은 강화계획은 행동수정 효과에 상당한 영향을 미친다.

교사나 부모가 이와 같은 강화계획을 면밀하게 작성하여 적용할 경우 아동의 적절한 행동을 증가시킬 것이나, 강화계획을 허술하게 작성하여 적용한 경우는 그 효과를 크게 기대하기 어려울 것이다.

일반적으로 강화계획에는 연속강화(continuous reinforcement), 간헐강화로 고정비율 강화(fixed ratio reinforcement), 고정간격 강화(fixed interval reinforcement), 변동비율 강화(variable ratio reinforcement), 변동간격 강화(variable ratio reinforcement) 등이 있다(이금섭, 2003). 표 5-10은 이들 간의 차이를 도표로 설명한 것이다.

▶ 표 5-10 ◀ 강화계획 유형

구 분		의 미	예
연속강화		목표행동이 발생한 직후 강화제를 계속하여 제공하는 방법	• 선 따라 그리기를 잘할 때마다 포커칩을 주었다.
간헐강화	고정비율 강화	아동이 적절한 반응을 일정 횟수 또는 일정비율 나타내었을 때에만 강화제를 제공하는 방법	• 문제를 7문제씩 풀어서 스마일 표시를 주었다.
	고정간격 강화	일정한 간격으로 특정 기간이 경과할 때마다 강화제를 제공하는 방법	• 자리에 10분 계속해서 앉아 있을 때마다 과자를 주었다.
	변동비율 강화	평균적으로 일정수준 이상에 해당하면 강화제를 제공하는 방법	• 사회시간에 평균적으로 5회 손들었을 경우마다 칭찬해주었다.
	변동간격 강화	강화의 간격은 일정하지 않으나 평균적으로는 일정한 간격으로 강화하는 방법	• 사회시간에 평균적으로 10분 동안 계속해서 자리에 앉아 있을 때마다 1회씩 강화하였다.

1. 연속강화

연속강화는 목표행동이 발생한 직후 강화제를 계속하여 제공하는 방법이다. 이와 같은 연속강화는 교사나 부모가 목표행동을 정하고 처음 강화를 제공하게 되는 시점 즉, 행동수정 초기에 많이 사용한다.

그러나 연속강화(continuous reinforcement)는 아동이 바람직한 목표행동을 빠르게 습득할 수 있게 해주나 일정시점이 되면 아동이 일반화되어 강화 없이도 목표행동을 하여야 하기 때문에 장기적으로 사용하기에는 부적합하다.

따라서 부모나 교사는 행동수정 초기에 연속강화를 사용하여 목표행동을 익히도록 계속 강화하나 아동이 목표행동을 만족할 만한 수준까지 도달한 경우 이후부터는 간헐적인 강화를 실시하고 이후에는 완전히 일반화시켜야 할 것이다.

2. 간헐강화

간헐강화는 일단 계속강화로 행동수준이 적정수준에 도달한 경우, 강화에 대한 반응수준을 유지하기 위하여 도입하는 강화방법이다. 즉, 간헐강화는 아동의 행동반응 수준을 적절하게 유지시키기 위한 수단인 것이다.

간헐강화는 연속강화에서 점차 강화의 빈도를 줄여가는 과정인데 목표행동의 상황에 따라 고정비율 강화, 고정간격 강화, 변동비율 강화와 변동간격 강화를 사용할 수 있다. 아래는 이를 설명한 것이다.

1) 고정비율 강화

고정비율 강화(fixed ratio reinforcement)는 아동이 목표행동에 대하여 적절한 반응을 일정 횟수 나타내었을 때에만 강화제를 제공하는 방법이다. 즉, 교사나 부모가 목표행동 수행 정도를 미리 정하여 고정해 두고 아동이 합당한 정도로 행동하였을 경우에만 강화하는 방법이다. 예를 들어 사회문제 20문항 중 15문항에 답하면 30분 동안 만화책을 보게 하는 것, 책을 80% 정도 정확히 5문장 읽으면 아동이 좋아하는 음악을 5분 동안 들을 수 있도록 하는 것 등이 고정비율 강화법이다.

이와 같은 고정비율 강화는 교사나 부모가 목표행동의 정의에서 목표행동 수행정도를 고정비율로 미리 정해야 한다. 앞의 예에서 사회문제 15문항에 답하면 강화를 제공하기로 한 경우, 교사나 부모가 정한 목표행동은 사회문제 75점 이상을 바람직한 행동으로 정한 것이다. 그리고 읽기에서 5문장을 읽고 이 문장에서 80% 이상을 정확히 읽는 경우도 교사나 부모가 목표행동으로 정한 기준이 된다.

이 경우에도 교사나 부모는 처음에는 목표행동에 도달하였을 경우 매번 계

▶ 표 5-11 ◀ 고정비율 강화

목표행동	고정비율	강화제
사회문제 풀이 수를 증가시킨다.	75점	칭찬과 더불어 30분간 만화책을 보게 한다.
실수 없이 읽기	80%	칭찬과 더불어 30분간 TV를 보게 한다.

속강화를 실시하다가 만족할 만한 수준에 도달한 경우에는 간헐강화로 아동이 일반화될 수 있도록 도와주어야 한다.

2) 고정간격 강화

고정간격 강화(fixed interval reinforcement)는 교사가 아동에게 특정 기간(particular time period)이 경과할 때마다 강화제를 제시하는 방법이다. 예를 들어 수업시간에 자리에 앉아 있는 행동수정을 고정간격(10분) 강화로 강화할 경우 아동이 수업 중 자리에 10분 동안 계속하여 앉아 있을 때마다 보상한다. 고정간격 강화에서 강화와 강화 간 간격이 길면 길수록 성과의 수준은 낮아질 것이므로 강화 초기에는 그 간격이 짧아야 한다.

이와 같은 고정간격 강화는 고정비율 강화와 마찬가지로 교사나 부모가 목표행동의 정의에서 목표행동 수행 정도를 고정간격으로 미리 정하여야 한다. 앞의 예에서 목표행동은 자리에 앉는 시간을 10분으로 정하여 10분 동안 계속하여 자리에 앉아 있으면 바람직한 행동으로 정한 것이다.

이 경우에도 교사나 부모는 처음에는 목표행동에 도달하였을 경우 계속강화를 실시하다가 만족할 만한 수준에 도달한 경우에는 간헐적인 강화로 아동이 일반화될 수 있도록 도와주어야 한다.

적절한 비유일지는 모르나 우리 사회에서는 주로 고정간격 강화에 의한 강화를 받는 경우가 많다. 예를 들어 저자는 대학 교수로서 매월 월급을 받는데 이와 같은 월급은 고정기간(한달)이 지나면 강화제로 월급을 받는 것이다.

▶ 표 5-12 ◀　고정간격 강화

목표행동	고정비율	강화제
계속하여 자리에 앉기	10분	칭찬과 더불어 포커칩을 제공한다.
수영장에서 수영하기	5분	칭찬과 더불어 음료를 제공한다.

▶ 표 5-13 ◀　변동비율/변동간격

목표행동	내　용
변동비율 강화	비율이 변동하나 평균적으로는 강화비율이 유지됨
변동간격 강화	간격이 변동하나 평균적으로는 강화간격이 유지됨

3) 변동비율 강화

교사나 부모가 고정비율 강화(fixed ratio reinforcement)로 행동수정을 실시한 경우 간헐강화로서는 변동비율 강화가 적절하다. 부모나 교사가 변동비율 강화를 적용하고자 할 때 비율이 변동한다는 의미는 강화제 제공비율이 변화함을 의미한다. 예를 들어 앞서 고정비율 강화에서 든 예를 볼 경우, 사회문제 20문항 중 15문항을 답하면 10분 동안 만화책을 보게 하였을 때 아동의 행동이 만족할 만한 수준에 도달하면 변동비율 강화에 들어간다. 변동비율 강화에서는 앞서의 문장읽기 예에서 때로는 책을 80%정도 정확히 5문장 읽으면 강화하기도 하고, 어떤 때는 책을 80% 정도 정확히 6문장을 읽으면 강화하기도 하며, 어떤 때는 7문장을 80% 정도 정확히 읽으면 강화한다. 그러나 그 강화의 평균은 5문장 정도로 한다. 이와 같은 원리가 바로 변동비율 강화이다. 따라서 강화제 제시비율은 평균으로 정한다.

요즘 사회문제가 되고 있는 슬롯머신도 평균적으로 당첨 비율이 정해져 있기 때문에 변동비율 강화라 할 수 있다.

대개 교사나 부모는 행동수정과정에서 너무 일찍 연속강화(continuous reinforcement)나 고정비율 강화를 변동비율 강화로 변화시키는 것은 아닌지 걱정한다. 이는 옳은 생각인데 바람직한 행동은 변동비율 강화로 변화되기 전에 아동은 고정비율 강화에서 목표행동을 적절히 확립하여야 한다. 대부분 행동수정프로그램에서는 이와 같은 전환을 하는데 교사나 부모가 인내심을 가지고 있지 못해 실패를 한다. 표 5-14는 5비율 변동비율 강화를 설명한 것이다.

▶ 표 5-14 ◀ 5비율 변동비율 강화

강화 회차	내용(목표행동 발표 횟수)
1	7회 발표하여 강화제 제공
2	3회 발표하여 강화제 제공
3	4회 발표하여 강화제 제공
4	5회 발표하여 강화제 제공
5	6회 발표하여 강화제 제공
평균	평균적으로 5회 발표하여 강화제를 제공한 셈이 됨

4) 변동간격 강화

교사나 부모가 고정간격 강화로 행동수정을 실시한 경우 간헐강화로서는 변동간격 강화가 적절하다. 부모나 교사가 변동간격 강화를 적용하고자 할 때 간격이 변동한다는 의미는 강화제 제공간격이 변화함을 의미한다.

변동간격 강화(variable ratio reinforcement)는 변동비율 강화와 유사하나 강화제 제시를 평균적인 행동반응에 의거하여 하게 된다. 즉, 이 방법에 따르면 행동수정을 받는 아동은 강화가 언제 제공될지를 알지 못하나 어떤 행동을 하면 강화를 받을 것이라는 것을 알고 있다.

예를 들어 변동간격 강화(10분)로 자리에 앉는 행동을 수정하기로 한 경우 교사는 자리에 앉는 행동에 대하여 계속해서 강화를 제공한다. 그러나 그 간격은 약간씩 다르다. 즉, 처음에는 적절한 행동을 한 9분 후에 강화를 받을 수도 있고, 두 번째는 11분 후 강화를 제공할 수도 있다. 그러나 이와 같은 간격의 평균을 구해 보면 평균이 10분이 된다. 따라서 평균적으로 10분마다 강화하는 것이다. 표 5-15는 10분 변동간격 강화를 표로 제시한 것이다.

▶ 표 5-15 10분 변동간격 강화

강화 회차	내용(목표행동 : 자리에 앉아 있는 시간)
1	9분 동안 자리에 앉아 있어서 강화제 제공
2	10분 동안 자리에 앉아 있어서 강화제 제공
3	11분 동안 자리에 앉아 있어서 강화제 제공
4	8분 동안 자리에 앉아 있어서 강화제 제공
5	12분 동안 자리에 앉아 있어서 강화제 제공
평균	평균적으로 10분 동안 자리에 앉아 있어서 강화제 제공

이 경우도 변동비율 강화처럼 교사나 부모는 행동수정 과정에서 연속강화(continuous reinforcement)나 고정간격 강화를 너무 일찍 변동간격 강화로 변화시키는 것은 문제가 있다. 따라서 변동간격 강화로 강화방법을 바꾸기 전에 고정간격 강화에서 적절한 행동을 확립하여야 한다.

3. 강화계획의 선택

행동수정 교사는 고정비율 강화나 고정간격 강화에서 변동비율 강화나 변동간격 강화로 이동할 때 세심한 주의를 기울여야 한다. 행동수정 과정에서 이 이동이 너무 일찍 또는 너무 늦게 이루어진다면, 새로 획득된 행동은 소멸될 것이다.

그런데 위 강화계획(schedules of reinforcement)에서 어느 계획을 사용할 것인가 하는 문제는 해당 행동에 따라 다르다. 예를 들어 관심행동이 자리에 앉는 것에 있다면 간격강화가 가장 적당할 것이다. 그러나 그 행동이 특정 과제의 종류나 수의 실행에 있다면, 비율강화가 적용되어야 한다.

따라서 어느 방법을 사용할 것인가 하는 것은 행동수정 방법 부분에 해당한다. 여러분은 경험으로 이와 같은 강화에 대한 특정 계획을 적용할 때와 방법을 알고 있다면 혼동을 줄일 수 있을 것이다.

제 6 장

행동수정 단계

이제까지 여러분은 행동수정의 전반적인 윤곽을 익혔다. 여러분은 제5장의 내용을 충분히 이해하고 본 장을 읽기 바란다. 왜냐하면 앞서 설명한 내용들은 행동수정(behavior modification)의 원론(原論)에 해당하며 이후에 설명할 내용들은 행동수정에 대한 구체적인 각론(各論)에 속하기 때문이다.

이와 같은 배경에서 본 장에서는 행동수정을 위한 구체적 단계와 절차에 대해 설명하고 이에 대한 예를 제시하고자 한다. 성공적인 행동수정을 위하여 교사

▶ 표 6-1 ◀ 행동수정 단계

행동수정 단계	의 미
목표행동의 선택	행동수정을 하고자 하는 목표행동 선택
기초자료 수집 (신뢰성 있는 관찰)	행동수정을 위한 목표행동의 기초자료 수집(신뢰성 있는 자료)
강화제 결정	행동수정을 성공적으로 하기 위한 강화제 결정
강화 공간	강화수단으로 사용하기 위한 강화 공간 계획
강화 제거	목표행동의 일반화를 위한 강화제 제거
촉진(촉구)과 용암	목표행동을 효과적으로 익히도록 촉진을 사용하고 이를 익힌 경우 스스로 목표행동을 할 수 있도록 용암법 사용.
평가	행동수정 효과를 평가하고 피드백

와 부모는 아래에 설명할 절차에 충실히 따라야 할 것이다.

　　그런데 본 장에서는 행동수정 절차를 설명할 뿐 행동수정 기법에 대해서는 언급하지 않고 있다. 이들 기법에 대해서는 장을 달리하여 설명할 것이다. 행동수정의 단계를 요약하여 도표로 정의하면 표 6-1과 같다.

제1절　목표행동의 선택

1. 목표행동의 중요성

　　행동수정 이론을 통하여 아동의 행동을 수정하고자 할 때 첫 번째 단계가 목표행동(target behavior)의 선택이다. 아마도 교사나 부모가 행동수정 중에 목표행동을 정확히 정하였다면 절반의 성공일 것이다. '시작이 반'이란 말이 있듯이 목표행동의 선택은 그만큼 중요한 것이다.

　　행동수정은 마치 양복의 단추 채우기와 같다. 행동수정은 단계별로 이루어져 있기 때문에 첫 단추를 잘 꿰어야 한다는 의미다. 따라서 첫 번째 단계가 잘못되면 이후의 단계도 매우 힘들어진다는 점을 명심하기 바란다.

　　앞에서도 언급한 바와 같이 목표행동은 우리가 현재 직접적으로 수정하고자 하는 아동의 행동을 의미한다. 따라서 목표행동은 교사나 부모가 증가시키고자 하는 바람직한 행동 혹은 감소시키고자 하는 바람직하지 못한 구체적인 아동의 행동이다.

2. 목표행동 선택시 고려사항

　　표 6-2는 목표행동 선택시 고려사항을 도표로 요약한 것이다. 표에서 보는 바와 같이 교사나 부모가 목표행동을 정할 때에는 잠재목표행동, 목표행동 선택에서의 우선순위, 행동의 빈도와 강도, 아동의 발달수준 등을 고려하여야 한다. 이를 설명하면 아래와 같다.

고려사항	내 용
잠재목표행동	목표행동으로 정해질 가능성이 있는 행동들의 집합
목표행동 선택에서의 우선순위	잠재적인 목표행동들을 가장 중요한 것에서부터 중요하지 않은 것까지 우선순위 목록에 의해 체계적으로 정리
행동빈도와 강도	잠재목표행동의 빈도 정도와 강도 정도
발달수준	잠재목표행동이 발달수준에 합당한 행동인가 고려

1) 잠재목표행동

목표행동을 정하고자 할 때 교사나 부모는 어떤 행동을 목표행동으로 정하여야 하는지에 대하여 고민하게 된다. 아동이 다행히 오직 한 가지 행동만이 바람직하지 못하거나, 오직 한 가지 행동만을 해결하면 되는 것이라면 좋겠지만 그런 경우는 아예 없다 할 것이다. 즉, 아동에게서 보이는 부적절한 행동이나 아동이 하기를 원하는 적절한 행동은 하나만이 아닐 것이다. 아동은 여러 가지 바람직하지 못한 행동을 가지고 있고 아동이 했으면 좋겠는데 하지 못하는 행동들은 너무나 많다.

그렇다면 이와 같은 행동 중에서 어떤 행동을 목표행동으로 정해야 할까? 교사나 부모가 아동의 목표행동을 선택하기 위해서는 먼저 아동이 보이는 바람직하지 못한 행동과 아동이 행동하기를 바라는 바람직한 행동들에 대하여 면밀히 관찰할 필요가 있다. 이와 같은 행동들을 잠재목표행동(alternative target behavior)이라 한다. 즉, 잠재목표행동(潛在目標行動)이란 목표행동으로 정해질 가능성이 있는 행동들의 집합을 의미한다.

그리고 잠재적인 목표행동들의 중요도를 결정하여 가장 중요한 것에서부터 중요하지 않은 것까지 우선순위 목록에 의해 체계적으로 정리할 필요가 있다. 왜냐하면 그 중요도에 따라 행동수정 목표행동선택의 우선순위가 달라지기 때문이다. 이와 같은 과정을 통하여 부모나 교사는 우선순위를 매기게 된다.

교사나 부모는 반드시 우선순위에 따라 행동을 수정하여야 한다(Morris, 1985). 왜냐하면 잘못된 목표행동 선택으로 인하여 도리어 중요한 것을 놓칠 수 있기 때문이다.

2) 목표행동 선택의 우선순위

행동을 수정하기 위해 적용될 수 있는 우선순위 결정은 이미 앞에서 간단히 언급하였는데 보다 구체적으로 설명하면 다음과 같다.

첫째로 최우선순위는 아동의 삶을 위협하는 문제이다. 즉, 아동의 생명에 지장을 주거나 다른 아동의 안전에 심각한 영향을 주는 문제를 우선적으로 목표행동으로 정하여야 한다. 이는 결국 본인이나 타인의 안녕에 영향을 미치는 것이기 때문이다. 따라서 교사나 부모는 다른 어느 잠재적 목표행동보다 우선적으로 이와 같은 행동을 목표행동으로 정하여야 한다.

다음 우선순위는 가족과 생활하는데 문제가 있는 행동이다. 아동의 행동문제로 인하여 부모나 형제가 고통받고 있을 경우 아동의 생활도 매우 곤란하게 된다. 따라서 아동의 삶을 위협하는 문제가 없을 경우 가족과 생활하는데 문제가 있는 행동은 최우선순위가 된다.

다음 우선순위는 아동이 특수교육에 참여하는데 문제가 있는 행동이다. 이와 같은 행동들은 직접적으로 아동의 안녕이나 가족에게 고통을 주지는 않지만 이 행동으로 인하여 아동이 교육을 받을 기회를 잃게 된다.

따라서 이와 같은 행동을 계속할 경우 교육활동에 참여할 수가 없어 아동의 삶의 질(quality of life)에 중대한 영향을 미치게 된다. 결국 아동의 삶을 위협하는 문제가 없고 가족과 생활하는데 문제가 없을 경우 아동이 특수교육에 참여하는데 문제가 있는 행동은 최우선순위가 된다.

마지막으로 가정이나 학교 이외에 사회적응 활동을 제한하는 행동도 우선순위에 둘 수 있다. 이와 같은 문제들은 앞서의 경우처럼 중재를 하지 않으면 사회기술을 익히고 상호작용 기술을 익히며 취미활동 등에 중대한 지장을 줄 수 있는 문제들이다. 따라서 아동의 삶을 위협하는 문제가 없고 가족과 생활하는데 문제가 없으며 아동이 특수교육에 참여하는데 문제가 없는 경우 가정이나 학교 이외에 사회적응 활동을 제한하는 행동은 목표행동 선택의 최우선순위가 된다.

물론 목표행동 선택 우선순위는 아동의 욕구와 행동수정 적용상황에 따라 달라질 수 있다. 그러나 궁극적인 행동수정 목적(goal)은 아동을 중심(child-centered interventions)으로 아동의 삶의 질에 도움을 주는 것이어야 한다. 교사나 부모가 목표행동을 정할 때의 우선순위를 요약하면 표 6-3과 같다(Cooper, Heron, & Heward, 1987).

순위	내 용
1	이 행동이 자신이나 타인에게 위험한 경우 먼저 선택한다.
2	향후 행동수정에서 이 행동이 매우 필요하다면 먼저 선택한다.
3	문제행동의 지속 정도가 긴 경우 먼저 선택한다.
4	특정 행동이 다른 행동보다 높은 수준의 강화를 유발한다면 먼저 선택한다.
5	아동의 능력과 영향 정도가 큰 것을 먼저 선택한다.
6	주의력 문제를 감소시킬 수 있다면 먼저 선택한다.
7	다른 행동강화를 증가시킬 수 있다면 먼저 선택한다.
8	소요되는 노력(시간과 에너지)에 따라 낮은 것부터 먼저 선택한다.
9	행동수정에 포함된 비용이 낮은 것부터 먼저 선택한다.

3) 행동의 빈도와 강도

위 표 6-3에서 언급한 우선순위 3번은 문제행동의 지속 정도가 긴 것을 우선 결정하는데 이때에는 아동의 행동빈도를 고려하는 것이 좋다. 왜냐하면 비록 바람직하지 않은 행동이라도 빈번하게 나타나지 않을 경우에는 우선순위에서 매우 밀릴 수 있기 때문이다.

다시 말하면 비록 바람직하지 않은 행동이라 할지라도 그 빈도가 매우 낮을 경우에는 더 빈번하고 더 중요한 바람직하지 않은 행동을 수정하는 것이 좋을 것이기 때문이다. 따라서 빈번한 빈도를 보이는 바람직하지 못한 행동은 행동수정 우선순위에서 상위에 해당할 것이다.

또한 아동이 보이는 행동의 강도도 고려함이 좋다. 예를 들어 아동이 보이는 바람직하지 못한 행동 중에 어떤 행동은 비록 부적절한 행동이긴 하지만 다른 바람직하지 못한 행동보다는 상대적으로 미미하여 눈에 거슬리지 않는다. 반면에 어떤 바람직하지 못한 행동은 그 빈도가 비록 낮은 수준이라 할지라도 그 문제행동이 너무 심각하여 매우 거슬리는 경우도 있다.

따라서 교사나 부모는 이와 같은 행동의 강도를 고려하여 잠재적 목표행동 중에서 목표행동을 정하여야 할 것이다.

4) 발달수준

부모나 교사가 아동행동 수정을 위하여 목표행동을 선택할 때 가장 간과해서는 안 되는 요인 중 하나는 아동의 발달수준(發達水準)이다. 보통 장애아동의 경우는 발달이 지체되어 있는 경우가 많다. 따라서 아동의 행동이 바람직한 행동인지 아니면 바람직하지 못한 행동인지를 파악하기에 앞서 아동의 행동이 발달수준 (developmental level)에 맞는 행동인지 아닌지를 확인하는 것이 중요하다.

예를 들어 비록 생활연령(chronological age)이 7세라 하더라도 정신연령(mental age)이 4세에 불과하다면 이 아동은 4세의 발달수준을 보이는 것이므로 행동수정 역시 4세 연령에 합당한 기술을 사용하여야 한다. 따라서 이때 이 아동은 7세가 아니라 4세의 관점에서 행동이 적절한 행동인지 아닌지를 고려하여 목표행동을 정하여야 한다.

아동발달 관점에서 볼 때 지극히 정상적인 행동임에도 불구하고 부모나 교사가 바람직하지 못한 행동으로 오인하여 목표행동으로 정하는 어리석음을 범하여서는 안된다는 것이다.

3. 목표행동 선택과정

위에서 언급한 바와 같이 목표행동을 선택하는 과정은 매우 면밀한 검토와 고민을 요구한다. 여기서는 이와 같은 목표행동 선택과정에서 관련요인을 빠뜨림 없이 용이하게 선택하는 하나의 지름길을 단계별로 안내하기로 한다(Cooper, Heron,

▶ 표 6-4 ◀ 목표행동 선택과정

과 정	내 용
행동분석 및 잠재적 목표행동	아동이 보이는 행동을 분석하고 행동수정이 필요한 잠재적인 목표행동을 정한다.
목표행동 선택	잠재적인 목표행동 중 한 가지를 목표행동으로 선택한다.
목표행동 수정법 결정	선택된 목표행동을 수정하기 위한 방법이나 방향을 정한다.
관찰가능성과 측정가능성 검토	목표행동이 정량적 기법에 의하여 관찰이 가능한 것인지, 행동수정을 통한 성과를 측정할 수 있는지를 검토한다.
목표행동 기술	구체적인 목표행동을 기술한다.

& Heward, 1987). 표 6-4는 목표행동 선택과정을 요약한 것이다.

1) 행동분석 및 잠재적 목표행동

첫 번째 단계는 아동이 보이는 행동의 분석이다. 이 단계에서는 아동의 여러 행동을 분석하는 과정이다. 그리고 이 과정에서 행동수정이 필요한 잠재적인 목표행동을 정한다.

2) 목표행동 선택

다음으로는 앞서 정한 잠재적인 목표행동을 중심으로 그 행동의 빈도, 행동의 지속성, 행동의 심각성 등을 고려한다. 이와 같은 과정을 통하여 잠재적인 목표행동 중 한 가지가 목표행동으로 선택된다.

3) 목표행동 수정법 결정

다음으로 선택된 목표행동을 수정하기 위한 방법이나 방향을 정한다. 이때 행동수정기법 중에서 가장 효과적인 적용기법을 고려하고 그 기법의 윤리성 및 실효성 등에 대한 증거도 확보한다.

4) 관찰가능성과 측정가능성 검토

다음은 그 행동이 정량적 기법에 의하여 관찰이 가능한 것인지를 검토한다. 그리고 행동수정을 통한 성과를 측정할 수 있는지도 검토한다. 이때 관찰방법 및 성과 측정방법도 정한다.

행동수정법은 일반적(一般的)인 원리(原理)보다는 과학적(科學的)인 원리(原理)에 따른다. 그리고 정성적(定性的)인 원리보다는 정량적(定量的)인 원리에 따른다. 이와 같은 과학적/정량적 원리에 대하여 조금 난해한 느낌을 받을 수 있겠으나 간단하게 언급하면 교사나 부모가 목표행동을 정하여 행동수정 하였을 때 아동의 행동이 '그냥 조금 좋아졌다'거나 '느낌상 개선을 보였다'라는 판단(이와 같은 원리가 일반적인 원리이고 정성적인 원리이다)이 아니라 실제로 좋아진 정도와 개선된 정도를 수치로 표현 가능하여야 한다(이와 같은 원리가 과학적 원리, 정량적인 원리이다).

따라서 교사나 부모가 목표행동을 정하여 과학적 접근법으로 그리고 정량적 접근법으로 행동수정하기 위해서는 그 목표행동을 직접관찰할 수 있어야 하고 그 목표행동의 빈도를 측정할 수 있어야 한다(Rusch, Rose, & Greenwood, 1988). 이것이 바로 관찰가능성(觀察可能性)과 측정가능성(測定可能性)이다.

5) 목표행동 기술

마지막으로 목표행동을 기술(description)한다. 교사나 부모가 관찰가능하고 측정가능한 목표행동을 정한 경우, 교사와 부모는 구체적인 목표행동을 기술(記述)하고 그에 따른 중재법은 무엇인지 그리고 중재효과를 확인할 수 있는 성과지표(측정방법)는 무엇인지에 대하여 생각하여야 한다. 그리고 생각만 하여서는 안되고 반드시 문서로 작성하여 비치하여야 한다. 이와 같은 문서는 특별한 양식은 없지만 양식에 반드시 포함되어야 할 사항은 목표행동, 중재방법, 성과지표 등이다. 이와 같이 문서로 작성해 둘 경우 아동의 행동수정 성과를 제대로 파악할 수 있고 다른 전문가나 교사들과 의사소통하는 데 있어서도 객관적이고 전문적인 표현이 될 수 있다. 표 6-5는 이와 같은 목표행동 기술양식을 도표로 제시한 것이다.

▶ 표 6-5 ◀ 목표행동 기술양식

구 분	기술내용
목표행동	하기를 혹은 하지 않기를 기대하고 있는 행동
목표행동 기대수준	기대행동의 성과 정도(정확도, 지속성 기술)
기대수준 정도	기대수준 수행 정도(행동비율 혹은 빈도율)
평가방법	평가방법, 측정방법
평가시기	평가간격

제2절 기초자료 수집

1. 기초자료의 의의

교사나 부모가 목표행동을 선택하고 행동수정 절차에 들어가기 전에 먼저 해야 할 것이 있다. 즉, 교사나 부모는 행동수정에 앞서 목표행동에 대한 기초자료를 수집하여야 한다. 이와 같은 기초데이터의 수집을 통하여 얻은 정보를 행동수정에서는 기초자료(base data)라고 한다. 그리고 이와 같이 행동수정에 앞서 교사나 부모가 목표행동에 대하여 기초데이터를 수집하는 과정을 기능적 사정

(functional assessment)이라고 부르기도 하는데 이 기능적 사정은 행동을 야기하고 유지시키는 원인을 확인해가는 과정이라 할 수 있다(Lennox & Miltenberger, 1989). 교사나 부모가 이와 같은 문제행동의 기능을 고려하지 않고 중재기법을 사용할 때 또 다른 문제행동을 야기할 수 있다(윤치연, 2003).

이와 같은 기초자료는 행동수정기법을 통하여 목표행동을 수정하는 과정을 거치면서 성과를 확인할 수 있는 기본자료가 된다. 그래서 이를 기초선자료(baseline data)라고 부르는 것이다.

2. 기초자료 수집방법

교사나 부모가 선택한 목표행동에 대한 기초자료를 관찰하고 이를 기록하는 방법에는 기본적으로 세 가지 방법이 있다(Lennox & Miltenberger, 1989).

첫째는 상담 및 설문지(questionnaires)에 의한 방법인데 이 방법은 아동 또는 부모 등을 상담하여 목표행동에 대한 자료를 수집하거나 검사도구에 의하여 검사점수를 수집하거나 또는 아동 본인이나 아동과 관련이 있는 사람(교사, 부모, 1차 양육자 등)으로부터 설문으로 정보를 얻어내는 방법이다.

그리고 둘째는 부모나 교사가 직접 아동의 목표행동을 관찰하여 목표행동의 빈도나 발생률 등을 기록하는 방법이다.

마지막으로 목표행동이 나타나는 행동이 어느 환경에서 나타나는가를 알아보거나 어느 환경에서 나타나지 않는지를 알아보기 위하여 환경을 실험적으로 조작하여 정보를 얻을 수 있다.

교사나 부모가 목표행동에 대한 정보를 기본적으로 알고 있을 경우 중재에 앞서 효율적인 강화일정 등을 계획할 수 있다. 따라서 이와 같은 자료는 중재방법만큼이나 중요한 것이다.

3. 직접관찰법

교사나 부모는 직접관찰을 통하여 행동이 일어나는 환경 내에서 아동의 행동을 관찰하여 문제행동의 기능을 파악하는 직접관찰을 통하여 환경 내의 특정 상황과의 상관관계를 확인하여 문제행동의 유지변인을 찾아낸다(문장원, 2004).

기초자료수집(base data collection) 방식 중 교사나 부모에게 가장 권장할 만한 방식은 목표행동이 발생하는 장소에서 아동을 직접관찰(direct observation)하는 방식이다. 앞서 언급한 검사점수나 설문지(questionnaires) 그리고 아동행동 관련자의 정보도 물론 매우 중요하다. 그러나 이와 같은 검사점수, 설문지, 관련자 정보 등은 어디까지나 보조적인 자료에 불과할 것이다.

　　중요한 것은 직접적으로 아동의 행동을 관찰하고 그 행동에 대한 원인을 분석하며 적절한 행동수정 원리를 도입하는 것이 실수를 줄이는 방안이 되는 것이다. 표 6-6은 직접관찰법을 요약한 것이다.

▶ 표 6-6 ◀　직접관찰법

방법	내용
시간 샘플링법	특정 환경 하에서 일정 시간만을 정하여 관찰하는 방법
그래프법	관찰을 통한 목표행동의 빈도를 그래프 형태로 그리는 방법

1) 시간 샘플링법

　　교사나 부모가 아동을 직접 관찰하여 정보를 얻고자 할 때는 물론 상황에 따라 다르겠으나 가장 좋은 방법은 시간 샘플링법(time sampling)이다. 시간 샘플링법은 아동의 특정 환경하에서 일정 시간만을 정하여 관찰하는 방법인데 아동의 모든 행동을 항상 관찰하는 것이 가장 효과적이겠지만 현실적으로 모든 시간전체를 관찰하기는 매우 어렵다. 근래 폐쇄회로를 통하여 아동의 행동을 녹화하여 이를 수십 배속으로 돌려가면서 관찰하는 경우도 있으나 이와 같은 폐쇄회로법도 현장에서의 현실감이 떨어진다. 또 특히 많은 아동이 있는 가운데 폐쇄회로를 통한 관찰은 관찰을 더욱 어렵게 만들 수도 있다.

▶ 표 6-7 ◀　시간 샘플링 절차

절　차	내　용	예
목표행동 결정	목표행동을 결정한다.	수업 중 손드는 행동
기준시간 간격	샘플링 시간을 정한다.	수업시작 20분 후마다
관찰기간	샘플링 기간 중 관찰기간을 정한다.	10분
기록방법	관찰결과를 기록하는 방법을 정한다.	기록표
기타	기록정리 방법을 정한다.	그래프

시간 샘플링 기법에 의할 경우 교사나 부모는 먼저 관찰해야 할 목표행동을 선택하고 기준시간 간격을 정하며 그 목표행동을 관찰하는 시간길이를 정한다. 그리고 이 계획에 의하여 관찰을 하고 그 기간 중 발생한 목표행동 빈도를 기록한다. 표 6-7은 시간 샘플링 절차를 요약한 것이다.

2) 그래프법

교사나 부모가 목표행동을 정하고 그 목표행동에 대하여 직접관찰을 한 경우 두 가지 점을 항상 염두에 두어야 한다.

그 첫째는 관찰빈도이다. 여기서 관찰빈도는 목표행동이 관찰기간 동안에 발생된 횟수이다. 이 관찰빈도는 가장 기본적인 기초자료가 된다. 따라서 이 관찰빈도에 오류가 발생하였을 경우 행동수정 효과를 제대로 파악할 수 없을 것이다. 이는 관찰자료의 신뢰성과 타당성과 관련이 있다. 이와 같은 신뢰성(信賴性; reliability)과 타당성(妥當性; validity)에 대해서는 후에 언급하기로 한다.

그 둘째는 목표행동의 빈도를 그래프로 표시하는 것이다. 목표행동을 그래프로 표시한다는 것은 관찰을 통한 목표행동의 빈도를 그래프 형태로 그리는 것을 의미하는데 이 과정은 행동수정에서 매우 중요한 의미를 갖는다. 즉, 교사나 부모는 기초자료(base data)와 중재자료(intervention data)를 비교하여 강화제 효과와 강화일정을 재검토할 수 있을 것이다.

그런데 교사나 부모가 강화제 효과를 판단하는 기준은 아동이 목표행동에 어떻게 반응하고 있는가를 고려하여 내릴 수 있다. 즉, 그 행동이 증가하고 있는지 아니면 감소하고 있는지 아니면 정체상태에 있는 것인지를 판단하여 의사결정을 하게 되는 것이다. 그래프는 교사나 부모가 이와 같은 판단을 용이하게 도와주는 중요한 도구인 것이다.

제3절 신뢰성 있는 관찰

1. 신뢰성의 개념

부모나 교사가 행동수정을 위하여 목표행동을 측정한 자료가 때로는 측정자(관찰자)의 잘못 등으로 인하여 오류를 발생시킬 수 있다. 아동의 성격이나 그 날의 기분 또는 측정방법상의 문제 등은 언제나 측정의 오류를 발생시킬 수 있는 것이다.

이와 같은 측정오류는 크게 방향성 오류와 비방향성 오류로 구분할 수 있다. 방향성 오류는 측정시에 일정한 방향으로 항상 나타나는 오류를 말하며 비방향성 오류는 무작위로 그 크기와 방향이 변화하며 나타나는 오류이다.

신뢰도분석은 비방향성 오류를 검사하기 위한 것이며, 타당성 분석은 방향성 오류와 관련된 개념이라고 볼 수 있다. 그러나 이와 같은 통계적 개념에 연연할 필요는 없다. 다만 신뢰성은 동일한 사항을 반복적으로 측정한 경우에 안정적으로 그리고 일관성 있게 측정이 이루어졌는가를 나타내는 것이라는 점만을 이해하면 될 것이다.

이와 같은 신뢰성은 측정한 결과가 올바른 측정이었음을 증명하는 중요한 절차이다. 따라서 측정하는데 있어서 교사나 부모는 자신이 측정한 행동에 대해서 먼저 신뢰성을 측정하는 것이 좋다. 만일 이를 무시할 경우 부모나 교사는 왜곡된 정보를 토대로 행동수정을 할 수 있기 때문이다.

2. 목표행동 관찰신뢰성

앞서 언급한 바와 같이 교사나 부모가 행동수정을 하기 위해서는 먼저 목표행동을 선택하고 이에 따라 목표행동을 세밀히 관찰하여야 한다. 그리고 그 관찰내용을 기록하고 그래프로 표시하여야 한다. 그런데 한 가지 추가할 것은 이 관찰내용이 신뢰성이 있어야 한다는 것이다. 만일 교사나 부모가 신뢰할 수 없는 측정치를 이용하여 기초자료로 삼고 이를 바탕으로 행동수정을 하게 된다면 애초에 자료가 잘못되었기 때문에 이후의 과정이 모두 허사가 되는 것이다.

▶ 표 6-8 ◀ 목표행동 관찰신뢰성

방 법	내 용
복수관찰	복수의 관찰자가 아동의 목표행동을 관찰하고 이를 측정하는 방법
케르와 넬슨의 관찰신뢰도	낮은 빈도 관찰자 빈도를 보다 높은 관찰자 빈도로 나누고, 그 결과에 100을 곱하는 방법으로 관찰신뢰도를 구하는 방법
홀과 휴튼의 관찰신뢰도	관찰자가 관찰한 빈도수 차이를 중심으로 관찰데이터에 대한 관찰자 간 신뢰도를 계산하는 방법

따라서 교사나 부모가 관찰을 통하여 아동의 목표행동을 측정할 경우 그 관찰내용에 대한 신뢰도를 높여야 한다. 표 6-8은 관찰신뢰성을 높이고 측정하는 방법을 설명한 것이다.

1) 복수관찰

복수관찰은 관찰자가 혼자가 아니라 2명 이상인 경우이다. 이때 신뢰도가 높은 관찰결과가 되기 위해서는 복수 관찰자가 얻은 관찰치의 합치도가 높은 결과이어야 한다. 이는 비단 행동수정 중재를 실시하기 전 기초자료(base line data)를 수집할 때 뿐만이 아니라 행동수정 중 자료를 수집하는 과정에서도 마찬가지이다.

이때 자료의 신뢰도를 높이기 위하여 두 명 이상의 관찰자가 똑같은 행동을 똑같은 시간에 똑같은 방법으로 관찰하여 서로간의 일치도를 계산하는데 이것을 관찰자 간 일치도 또는 채점자 간 일치도라고 한다.

결론적으로 목표행동에 대한 관찰은 두 사람 이상이 하고, 동일한 환경 하에서 동일한 시간에 아동의 목표행동을 관찰한 결과가 관찰자간에 같은 결과가 나온 경우 관찰신뢰도가 가장 높은 것으로 볼 수 있다. 즉, 관찰의 결과 합치도가 100%에 가까울수록 관찰데이터 신뢰도는 높은 것이다.

2) 케르와 넬슨의 관찰신뢰도

Kerr와 Nelson(1989)은 낮은 빈도 관찰자 빈도를 보다 높은 관찰자 빈도로 나누고, 그 결과에 100을 곱하는 방법으로 관찰신뢰도를 구하는 방법을 제안하였다. 이들이 제안한 관찰신뢰도 산정법은 아래와 같다.

단계 1: 낮은 빈도관찰자 빈도 값을 분자로 한다.
단계 2: 높은 빈도관찰자 빈도 값을 분모로 한다.
단계 3: 이를 계산한 후 결과에 100을 곱한다.

예를 들어, A와 B가 모두 정수의 욕설 빈도를 동일한 시간 동안 관찰한 경우 욕설행동을 A는 10회 관찰하였고, B는 9회로 관찰하였다. 공식을 이용하여, 관찰자 간 신뢰도 지수를 계산하면, 9/10 × 100=90%가 된다.

3) 홀과 휴튼의 관찰신뢰도

Hall과 Houten(1983)은 관찰자가 관찰한 빈도수 차이를 중심으로 관찰데이터에 대한 관찰자 간 신뢰도를 계산하는 방법을 제안하였다. 이들이 제안한 관찰신뢰도 산정법은 아래와 같다.

> 단계 1: 두 관찰자 간 빈도수 차이를 계산한다.
> 단계 2: 두 관찰치 중에서 적은 관찰치와 단계 1에서 구한 빈도수 차이를 합한다.
> 단계 3: 단계 2의 값을 분모로 하고, 관찰치 중에서 적은 관찰치를 분자로 하여 계산한 후 그 결과에 100%를 곱한다.

예를 들어, 관찰자 A와 B가 5분 간격으로 총 21회 다빈이의 욕설행동을 함께 관찰하였다고 하자. 이때 A는 20회 목표행동을 관찰하였고, B는 18번 관찰하였다면, 앞서의 공식을 이용하여 관찰자 간 신뢰도 지수를 계산하면, $18/(18+2) \times 100 = 90\%$가 된다.

제4절 강화제 결정

1. 강화제의 중요성

행동수정 중재의 성패는 강화제가 효과를 좌우한다고 해도 과언이 아니다. 행동수정프로그램에 어떤 형태의 중재를 적용하든, 행동이 강화되지 않으면 그 행동은 아마도 수정되지 못할 것이다.

물론 행동수정에서 교사나 부모는 모든 요인을 주의 깊게 계획하고 정확하게 중재하여야 한다. 그러나 그보다 더 중요한 것이 강화이다. 만일 아동이 목표행동을 하였는데도 행동결과에 대하여 효과적인 강화를 받지 못했다면 행동수정은 이루어지지 못할 것이다.

그리고 교사나 부모가 명심하여야 할 것은 강화제는 강화제를 제공하는 사람(교사, 부모)이 자의적으로 판단하여 '이것이면 되겠지'라고 믿어 제공하는 것이 아니라는 사실이다. 당연히 아동중심(child-centered)에서 아동에게 진실로 강화가 될 만한 강화제여야 하는 것이다.

그런데 실제로 어떤 강화제가 효과가 있을 것인가를 알아내기란 매우 어렵다. 실제로 테스트 해보기 전에는 말이다. 이는 많은 시행착오를 동반해야 할 것이다.

그러나 교사나 부모가 보다 쉽게 잠재적인 강화제를 사전에 파악하여 보다 시행착오를 줄일 수 있다면 지름길로 갈 수 있고 시간적으로나 비용적으로 낭비를 줄일 수 있을 것이다. 여기서는 이런 방법들에 대하여 설명하고자 한다.

2. 강화제 결정시 고려사항

교사나 부모가 동일한 강화제를 사용하였다 하더라도 그 효과는 아동의 특성에 따라 천차만별(千差萬別)이다. 이는 강화제가 어떤 아동에게는 유인효과가 있으나 어떤 아동에게는 유인효과가 전혀 없을 수도 있기 때문이다. 따라서 강화제는 아동의 특성, 아동의 선호에 따라서 달라져야 한다.

그리고 어떤 아동에게 가장 적절한 한 가지 강화제를 정하였다 하더라도 계속하여 강화제를 제공할 경우, 경제학에서 말하는 한계효용체감의 법칙(限界效用遞減의 法則)에 따라 그 강화제의 효용은 떨어져 유인효과를 얻을 수 없다. 따라서 동일한 아동에게도 하나의 강화제를 사용할 수 없고 빈번히 강화제를 변경하여야 한다. 결국 부모나 교사는 행동수정 과정을 거치면서 면밀히 강화제의 효과를 살펴보고 그때그때 상황에 따라 강화제를 계속 사용하거나 강화제 변경 등을 검토하여야 하는 것이다.

또한 교사나 부모가 효과가 매우 클 것으로 생각하였던 강화제도 어떤 아동에게는 효과적이지 못할 수 있으며, 반면에 효과가 별로 없을 것으로 보이는 강화제도 때로는 행동수정의 강력한 수단이 될 수 있다. 따라서 여러분은 강화제

▶ 표 6-9 ◀ 강화제 결정시 고려사항

고려사항	내 용
강화제의 호불호	강화제는 좋은 것과 나쁜 것이 없다.
한계효용체감의 법칙	아무리 좋은 강화제라 하더라도 강화제를 제공하는 빈도가 많아지면 많아질수록 효과는 떨어진다.
잠재적 강화제	잠재적 강화제를 계속 개발하여야 한다.
물질적 강화제와 사회적 강화제	강화제는 물질적 강화제와 사회적 강화제를 동시에 고려하여야 한다.

선정을 실수 없이 하여야 하는데 이를 위한 지침은 표 6-9와 같다.

1) 강화제의 호불호

강화제는 좋은 것과 나쁜 것이 없다. 즉, 어떤 강화제는 모든 아동에게 효과가 있다거나 어떤 강화제는 효과가 없다는 식의 흑백논리(黑白論理)는 있을 수 없다. 따라서 한 아동에게 적용하여 높게 강화되었다 하여 다른 아동에게도 적용하는 것은 매우 위험한 생각이다. 예를 들어 어떤 아동은 만화책을 좋아하나 어떤 아동은 만화영화를 좋아한다.

2) 한계효용체감의 법칙

아무리 좋은 강화제라 하더라도 강화제를 제공하는 빈도가 많아지면 많아질수록 효과는 떨어진다. 이 원리가 바로 한계효용체감의 법칙이고 물림현상(satiation)이다. 그러나 좋은 강화제라면 그렇지 못한 강화제보다는 효과기간이 길 것이다. 따라서 교사나 부모는 이 점을 명심하여 아동의 반응 정도를 살펴, 아동의 선호도 변화를 보고 다양한 강화제를 제공하여야 한다.

3) 잠재적 강화제

교사나 부모는 잠재적 강화제를 계속 개발하여야 한다. 앞서 언급한 바와 같이 아동의 강화제 선호도(preference scales)는 일정한 것이 아니라 언제나 변화할 수 있다. 따라서 교사나 부모는 잠재적 강화제를 끊임없이 개발하여야 한다. 그리고 아동이 기존 강화제에 대하여 지루함이나 식상함을 느끼기 직전에 새로운 강화제로 대체하여 주어야 한다. 따라서 교사나 부모가 강화의 원리를 효과적으로 수행하려면 기존의 강화제와 잠재적 강화제를 효과적으로 혼합하여 사용하여야 하는 것이다.

4) 물질적 강화제와 사회적 강화제

강화제는 물질적 강화제와 사회적 강화제를 동시에 고려하여야 한다. 앞에서도 언급했듯이 강화의 최종 목적(goal)은 아동이 강화제 없이도 바람직한 행동을 하는 것이고 강화제를 제공하는 것은 이를 위한 수단임을 명심하여야 한다. 따라서, 강화제를 물질적인 강화제만 사용하는 것은 일반화에 어려움을 주고 행동수정 초기에 사회적 강화제만을 제공하는 것은 강화의 원리를 아동이 이해하지 못하게 되는 문제점이 있다.

그러므로 교사나 부모는 강화제를 제공할 때 처음에는 물질적 강화제와 사회적 강화제를 동시에 제공하고 일정 수준의 목표행동이 달성된 경우 간헐적으로 물질적인 강화제와 사회적 강화제를 제공하다가 이후에는 사회적 강화제만으로 행동을 유지시키고 결국에 가서는 아무런 강화제 없이도 목표행동을 할 수 있도록 하여야 한다.

3. 강화제 결정방법

다음으로 교사나 부모가 강화제를 결정하는 방법에 대한 설명을 하고자한다. 이는 매우 미묘한데 여러 방법 중에서 여러분은 직접관찰하는 방법과 아동과 직접상담하는 방법을 주의 깊게 살펴보기 바란다. 왜냐하면 이들 방법이 효과가 있다는 연구결과가 있기 때문이다(Karraker, 1977).

그리고 다시 한번 강조하지만 한 아동이 오늘 특정 강화제에 유인되었다고 하여 다음 주에도 그 강화제에 유인될 것이라고 기대하는 것은 잘못된 생각이다. 따라서 다양한 잠재적 강화제를 항상 준비하여야 한다. 표 6-10은 강화제 선택 방법과 효과를 요약한 것이다.

▶ 표 6-10 ◀ 강화제 선택 방법과 효과

방 법	내 용	효 과
선호도검사	선호도 검사도구에 의함	비교적 낮음
강화제 선호목록	강화제 선호목록을 작성함	비교적 낮음
아동 면담	강화제와 관련한 아동 면담	매우 높음
관련자 상담	아동이 아닌 관련자와 면담	비교적 높음
직접관찰	직접 아동을 관찰함	매우 높음

1) 선호도검사

강화제 선호도검사(preference scales)는 강화제를 결정하거나 아동의 강화제선호도에 순서를 매겨 잠재적 강화제를 정하기 위하여 고안된 검사도구이다. 이 선호도 검사는 교사나 부모가 아동에게 그림이나 질문으로 다양한 강화물을 보여주고 이들 중에서 아동이 좋아하는 것을 선택하게 하는 방법이다.

이와 같은 방법으로 교사나 부모는 강화제를 결정하고, 순위를 매겨두어 아동에게 체계적으로 강화제를 제공할 수 있다.

2) 강화제 선호목록

교사나 부모가 잠재적 강화제로 선택할 수 있는 강화제 목록을 미리 작성하여 둘 경우, 이 목록을 통하여 잠재적 강화제를 선택할 수 있을 것이다. 이를 강화제 목록이라 한다.

또 이 강화제 선호목록은 항상 동일한 것이 아니라 교사나 부모가 판단하여 추가하고 싶은 경우는 언제든지 포함시켜 잠재적인 강화제로 사용한다. 그리고 교사나 부모는 이 강화제 목록을 바탕으로 해당 아동을 관찰하고 상담하여 잠재적 강화제와 현재 강화제를 선택할 수 있다.

3) 아동상담

교사나 부모는 아동과 상담하여 아동이 선호하는 강화제를 알아낼 수 있다. 이는 강화제 선택방법 중 매우 효과적인 방법인데 아동의 자기결정권을 인정하고 아동에게 선택권을 주어 목표행동 수정에 대한 이해를 증가시킬 수 있다.

아동은 상담을 통하여 자기가 선호하는 강화제를 제시하게 되고 교사나 부모는 이 잠재적 강화제 중에서 하나를 선택하여 강화제로 사용하기 때문에 아동이 매우 좋아할 가능성이 큰 것이다.

또한 강화제 상담을 하는 과정에서 교사나 부모는 자연스럽게 아동과 목표행동 수정에 관하여 대화를 할 수 있게 되고 아동에게 이 목표행동 수정에 대하여 설명할 수 있게 되며 아동의 궁금증에 대해서도 대답할 기회가 생겨 목표행동 수정과정을 용이하게 할 수 있다.

그러나 모든 아동이 상담에 의하여 강화제를 선택할 수 있는 것은 아니다. 특히 정서·행동장애 아동의 경우 스스로 강화제를 말할 수 없는 경우도 있는 것이다. 이 경우에는 아동을 직접관찰하여 강화제를 선택하거나 앞서 언급한 다른 목록에 의한 방법을 선택하는 것이 좋다.

또한 아동과의 상담이 어려운 경우 아동이 아닌 1차 양육자나 부모 등과 상담하여 강화제를 선택할 수도 있다. 아동의 보호자(1차 양육자 또는 부모, 교사 등)와 상담하여 강화제를 선택하는 경우에도 상담과정에서 목표행동 수정에 대한 설명을 자세히 할 수 있고 그에 대한 질문에 대답을 하게 되어 목표행동 수정에 대한 보호자의 이해를 높일 수 있다는 장점이 있다. 그러나 아동과 직접상담하여 강화제를 선택하는 방법보다는 그 효과가 낮을 것이다.

강화제와 관련하여 아동과 상담할 때 교사나 부모가 주로 질문하는 방식은 '가장 좋아하는 장난감은 뭐니?' '무슨 일하기를 가장 좋아하니?' 등과 같은 것이다. 이때 아동은 자기가 싫어하는 것을 묻는 것보다 자기가 좋아하는 것을 물었을 때 이에 대한 대답을 하는 것을 매우 즐거워하였다.

상담에 의한 강화제 선택방법은 앞서 언급한 것처럼 장점이 많은 반면에 단점 또한 존재한다. 즉, 상담에 의한 강화제 선택은 시간소모를 필요로 하고, 상담 대상인 아동에게 의사소통 능력이 있어야 한다는 점이다. 게다가 교사나 부모의 숙련된 상담기술 역시 필요하다.

4) 관련자와의 상담

관련자와의 상담은 아동 담당교사, 부모 등과 같이 아동이 아닌 관련자와 상담하여 강화제를 선택하는 방법인데 이 방법도 효과적인 방법이다. 물론 아동과 직접적인 상담에 비해 바람직하지는 않지만, 이 방법은 아동과 직접적인 상담이 어려울 경우 사용하는 것이 좋다. 따라서 아동상담의 보조적인 수단으로 사용함이 바람직하다.

관련자 상담을 통한 강화제 선택방법은 1차 양육자 또는 부모, 교사 등과 목표행동 수정에 대한 충분한 대화기회를 얻을 수 있다는 부수적인 효과면에서는 매우 의미가 있다.

그러나 관련자 역시 아동을 관찰하는 사람이고 직접적인 아동이 아니므로 이들의 판단이 모두 옳다고 볼 수는 없다는 문제점이 있다.

5) 직접관찰

직접관찰(direct observation)은 부모나 교사가 목표행동 수정을 위하여 효과적으로 사용할 수 있는 방법 중 하나이다. 직접관찰은 교사나 부모가 여러 가지 상황에서 아동의 활동을 관찰하고 기록하여 이를 토대로 강화제를 선택하는 방법이다. 여기서 여러 가지 상황이란 아동이 활동하는 상황 즉, 운동장, 교실, 쉬는 시간 등과 같은 모든 상황이면 더욱 좋다.

1. 강화공간

교사나 부모가 행동수정 수단으로 물질적 강화제, 예를 들어 비스킷과 같은 것을 강화제로 선택한 경우는 직접 그 즉시 제공하게 되므로 별도의 강화공간은 필요 없을 것이다. 그러나 강화제로 만화책을 보게 한다든지, 운동장에서 놀게 한다든지, TV를 보게 한다든지 하는 강화제를 사용할 경우는 강화지역이 별도로 있는 것이 좋다.

강화공간(reinforcement area)이란 아동이 목표행동을 하였을 때 교사나 부모가 아동에게 강화제를 제공하는 공간을 의미한다. 예를 들어 일정 공간, 일정 시설, 운동장 등을 의미한다. 이와 같은 강화공간은 목표행동 수정을 시작하기에 앞서 정하여야 하고 이 강화공간에서 강화제를 제공하여야 하므로 물질적 강화제나 사회적 강화제의 경우는 사전에 준비하여 두어야 한다.

이 강화지역은 아동이 목표행동을 하였을 때 그 공간에 가서 강화를 받는 공간이다. 따라서 이 공간에는 예를 들어 물질적 강화제가 만화책이라면 만화책이 있어야 할 것이고 강화제가 만화영화라면 만화영화를 볼 수 있는 시청각 장치가 되어 있어야 한다.

그리고 교사나 부모는 아동의 연령, 체격, 발달 정도 및 이해수준을 고려하여 강화공간의 집기나 장비를 정한다.

이와 같은 강화지역은 교실이나 공부방 같은 곳을 같이 사용하지 말고 별도로 분리된 공간을 사용하는 것이 좋다. 왜냐하면 이 공간으로 가는 것은 강화를 받는 공간이라는 점을 아동이 알게 되기 때문이다.

따라서 교사나 부모는 아동에게 이 지역이 강화지역임을 알게 한 이후에는 이 공간에서 학습을 시킨다거나 처벌을 하는 등 강화 이외의 수단으로 이 공간을 사용하여서는 안된다.

2. 강화제 제거

행동수정의 궁극적인 목표는 물질적이든 사회적이든 강화제 없이도 목표행동을 하도록 하는데 있다. 따라서 강화제는 수단에 불과한 것이다. 그러므로 행동수정에서는 결국 일정 기간이 경과한 뒤 강화제를 제거(phasing out reinforcers)하여야 한다.

만일 목표행동을 수정하여 강화제 없이도 아동이 목표행동을 하게 되면 일반화에 성공한 것이다. 교사나 부모는 이와 같은 결과를 기대하고 행동수정을 하는 것이다.

이를 위하여 교사는 목표행동에 대한 강화제 제공을 매우 주의 깊게 하여야 한다. 즉, 아동이 목표행동에 반응하는 정도에 따라서 때로는 고정적으로 연속강화를 제공하기도 하여야 하고(고정간격 혹은 고정비율 강화; fixed interval or ratio reinforcement schedule), 강화제 제공을 변동시켜가며 제공(변동간격 혹은 변동비율강화; variable interval or ratio reinforcement schedule)하여야 한다. 이와 같은 강화제 제공빈도의 체계적 관리를 통하여 아동의 행동은 점차 일반화되어 가는 것이다. 표 6-11은 체계적인 강화제 제공요령으로 일반화에 접근하는 방법을 설명한 것이다.

▶ 표 6-11 ◀ 강화제 제거 절차

단 계	내 용
1단계	물질적 강화제와 사회적 강화제 동시 제공
2단계	간헐적 물질적 강화제 제공 및 사회적 강화제 동시 제공
3단계	물질적 강화제 소거 및 간헐적 사회적 강화제 제공
4단계	사회적 강화제 소거

1) 물질적 강화제와 사회적 강화제 동시 제공

행동수정 초기 목표행동이 발생할 때마다 물질적 강화제와 사회적 강화제를 동시에 제공한다.

2) 간헐적 물질적 강화제 제공

목표행동이 발생하였을 때 물질적 강화제와 사회적 강화제를 동시에 제공하나 물질적 강화제는 간헐적으로 제공하고 사회적 강화제는 목표행동이 발생할 때마다 제공한다.

3) 물질적 강화제 소거 및 간헐적 사회적 강화제 제공

목표행동이 발생하였을 경우 물질적 강화제는 점차 소멸시키고 간헐적으로 사회적 강화제만 제공한다.

4) 사회적 강화제 소거

목표행동이 발생하였을 때 사회적 강화제를 간헐적으로 제공하다가 점차 사회적 강화제도 소멸시킨다.

제 6 절 촉진(촉구)법과 용암법

1. 촉진(촉구)법

행동수정에서 촉진(prompting)이란 아동이 올바르게 행동하는 방법을 알게 하기 위하여 교사나 부모가 아동에게 보조적인 자극을 제공하는 행동이다(Wolery, Ault, & Doyle, 1992).

촉진(촉구)법은 아동이 목표행동(target behaviors)에 대하여 어떻게 행동하는 것이 옳은 길인지를 알지 못할 때 부모나 교사가 아동에게 적절한 도움을 제공하여 아동의 목표행동 방향을 가르쳐 주는 과정인 것이다.

이때 촉진하는 방법은 특별히 존재하는 것이 아니라 교사나 부모가 아동 상황에 따라 적절한 방법을 사용한다. 촉진의 예는 다음과 같은 것들이 있다(Schloss, 1986).

* 주어진 과제를 완료하도록 아동의 손이나 발을 지도
* 아동이 과제를 완료하도록 반복적으로 간단한 말로 지도
* 따라 하도록 말로 시범을 보임
* 행동을 유도하기 위한 3차원의 교구나 인쇄물을 제공함

이와 같은 촉진법은 아동의 목표행동 성공가능성을 증대시키기 위한 보완적인 자극(supplement stimuli)(Martin & Pear, 1992)이다. 따라서 행동수정 초기에는 목

표행동을 아동이 제대로 익히도록 하기 위하여 다양한 유형의 촉진이 필요할 수 있다.

2. 용암법

위에서 언급한 촉진법은 행동수정에서 그 자체가 목표가 될 수 없다. 왜냐하면 아동은 목표행동을 부모나 교사의 촉진적 행동 없이도 할 수 있어야 하기 때문이다. 따라서 교사나 부모의 촉진도 강화제와 마찬가지로 제거되어야 할 것이다.

그러나 아동에게 계속하여 촉진법으로 목표행동을 지원하다가 어느 순간 갑자기 촉진을 중단하면 아동이 원만하게 목표행동을 배울 수 없을 것이다. 따라서 아동의 목표행동에 대하여 촉진법을 사용한 경우 그 촉진법을 점차 소거하는 절차가 필요한 것이다.

이와 같이 촉진법을 통한 지원의 양을 점차 줄여가는 방법을 용암법(fading)이라 한다. 즉, 촉진법의 반대 개념이 용암법이다. 그리고 자극에 대한 촉진에서 자극통제로 전이하는 방법 즉, 어떤 부가적인 자극없이 아동이 바람직한 행동을 할 수 있도록 점차 촉진을 줄이는 것을 말한다(강영택, 2003).

용암법은 강화제 제공을 점차 소멸시키는 원리이다. 이를 단계로 제시하면 아래와 같다.

- 목표행동을 매번 촉진하고 강화한다.
- 목표행동에 대하여 간헐적으로 촉진하고 강화한다.
- 목표행동에 대하여 강화만을 제공한다.
- 목표행동을 일반화한다.

제 7 절 평 가

이제까지 여러분은 행동수정 단계를 공부하였다. 이 단계를 다시 한번 요약하면 행동수정의 단계는 목표행동의 선택(행동수정을 하고자 하는 목표행동 선택), 기초자료 수집(행동수정을 위한 목표행동의 기초자료 수집), 강화제 결정(행동수정을 성공적으로 하기 위한 강화제 결정), 강화공간(강화수단으로 사용하기 위한 강화 공간 계획), 강화 제거(phasing out; 목표행동의 일반화를 위한 강화제 제거), 촉진과 용암(목표행동을 효과적으로 익히도록 촉진을 사용하고 이를 익힌 경우 스스로 목표행동을 할 수 있도록 용암법사용) 등에 대하여 공부하였다. 이제 마지막 단계는 행동수정 중재를 하여 실행한 결과를 측정하여 그 성과를 평가(evaluating the effects of intervention)하는 것이다.

이때 수집된 정보는 실행과정에서 나타난 중재효과에 관한 정보가 될 것이다. 그리고 기초자료(baseline data)로 수집된 정보는 기초선 자료로서 목표행동 기초자료와 목표행동의 성과를 비교하기 위한 척도가 된다. 이들 간의 비교를 통하여 교사나 부모는 아동의 목표행동 변화를 알게 된다.

바람직한 행동을 증가시키는 방법

제7장 바람직한 행동을 증가시키는 방법

행동수정기법은 기본적으로 바람직한 행동을 증가시키는 방법과 바람직하지 못한 행동을 감소시키는 방법 두 가지로 요약된다. 본 장에서는 이 중 바람직한 행동을 증가시키는 방법에 대하여 먼저 설명하고자 한다. 그리고 장을 달리하여 바람직하지 못한 행동을 감소시키는 방법에 대하여 언급하기로 한다.

바람직한 행동을 증가시키는 방법에는 정적강화(positive reinforcement), 행동형성(shaping), 유관계약(contingency contracting), 토큰강화(token reinforcement), 모델링(modeling) 등이 있다.

이 방법들은 교사나 부모가 아동에게 바람직한 행동을 정립시키고자 할 때 유용한 방법들이다. 여러분은 이들 방법들에 대한 원리를 터득하여 아동개인에 맞는 방법을 고려하여 행동수정 단계에 따라 도입하면 될 것이다.

이와 같은 방법들에 대하여 여러분은 혹시 '다 아는 방법', '이미 사용하고 있는 방법', '특별한 무엇이 들어 있는 게 없지 않은가?'라고 생각할지도 모른다. 그러나 이는 잘못된 생각이다. 그 잘못된 생각이란 증거로 저자는 '다 알면서도 왜 행동을 수정시키지 못하는가?'라고 반문하고 싶다. 물론 행동수정의 원리는 이미 알려진 사실일 수도 있다. 그러나 이를 체계적이고 구체적으로 목표를 정하여 수정해 가는 원리를 터득하여야 하는 것이다. 이것이 바로 행동수정이 지닌 장점인 것이다.

▶ 표 7-1 ◀ 바람직한 행동 증진법

방 법	내 용
정적강화	아동이 바람직한 행동을 다시 할 가능성을 증가시킬 수 있도록 목표행동을 강화하는 과정
행동형성	목표행동이 결정되었을 때 목표행동에 대하여 계속적으로 비슷한 행동을 할 수 있도록 체계적이고 직접적으로 강화하는 것
유관계약	아동과 상의하여 교사나 부모가 원하는 행동을 아동이 하면 아동에게 아동이 원하는 무엇인가를 제공하기로 약속을 하는 과정
토큰강화	부모나 교사가 정한 목표행동을 아동이 하면 직접 강화제를 제공하는 것이 아니라 그 강화제 중간에 토큰이란 매개체가 존재하여 토큰을 제공하고 그 토큰 속에 강화제라는 의미를 담는 것
모델링	사람이 지닌 모방능력을 이용하여 행동수정에서 응용하는 방법

제1절 정적강화

정적강화의 기본원리에 대해서는 이미 설명한 바 있다. 여기서는 앞서 설명한 내용을 중심으로 요약을 하고 정적강화 기법에 대한 부분을 조금 더 자세히 설명하고자 한다.

정적강화는 아동이 바람직한 행동을 다시 할 가능성을 증가시킬 수 있도록 목표행동을 강화하는 과정이다. 이와 같은 정적강화 방법은 아동에 따라 그 강화 수준을 달리할 수 있다. 예를 들어 긍정적인 관심표명만으로도 가능한 경우도 있고, 칭찬이나 인정을 해주는 방법도 있으며, 물질적 강화제를 제공하면서 사회적 강화제를 제공하는 방법 등도 있다.

정적강화는 기본적으로 아동이 관심과 칭찬을 본능적으로 원한다는 가정에 입각한다. 이와 같은 가정은 대부분 아동의 경우 틀림없는데, 이 가정이 맞는다면 아동은 관심과 칭찬을 부모나 교사로부터 얻기 위하여 바람직한 행동을 하거나 바람직하지 않은 행동을 줄이려 할 것이다.

제5장에서 언급한 바와 같이 부모나 교사가 아동으로부터 정적강화의 효과를 얻기 위해서는 행동수정 초기 아동이 바람직한 행동을 하였을 때마다 매번, 가능하면 빨리, 즉각적으로 강화하여야 한다.

또한 교사나 부모는 정적강화를 단계별로 실시하여야 하는데 이 단계를 언급하면 아래와 같다(Shea & Bauer, 1987).

▶ 표 7-2 ◀ 정적강화 단계

단 계	단계요약	내 용
단계 1	목표행동 선택	아동의 모든 행동에 강화하지 않는다.
단계 2	목표행동 시점파악	아동행동을 관찰하여 목표행동 할 때를 알아낸다.
단계 3	즉시강화	초기에는 목표행동을 할 때마다 즉시 강화한다.
단계 4	강화행동 명확화	강화대상 행동을 명확히 해 준다.
단계 5	반응 및 강화제공	강화할 때 열성적으로 말해 주고, 관심이 있을 만한 강화제를 제공한다.
단계 6	아동행동에 공감	적절한 행동을 하였을 때 아동행동에 공감해 준다.
단계 7	다양한 강화제	강화제를 다양화한다.

1) 목표행동 선택

아동의 행동을 수정하고자 할 때 부모나 교사는 반드시 목표행동을 선택하여야 한다. 일거에 아동의 행동을 모두 수정하려 하는 것은 모든 것을 수정하려 하지 않는 것과 같다. 그리고 목표행동의 선택은 매우 구체적이어야 한다.

2) 목표행동 시점파악

부모나 교사가 목표행동을 정하였을 경우 아동의 행동을 면밀히 관찰하여 기초자료를 수집하여야 한다. 이 과정에서 부모나 교사는 아동이 어떤 상황에서 그리고 어느 시점에서 목표행동을 보이는지에 대한 정보를 알아낸다.

이와 같은 목표행동 시점을 부모나 교사가 알고 있다면 강화제공을 빠뜨리지 않고 제공할 수 있을 것이다.

3) 즉시강화

행동수정 초기에 강화의 효과를 극대화하기 위해서는 아동이 목표행동을 한 직후에 즉각적으로 강화하여야 한다(한경임, 2003). 이는 아동에게 어느 행동이 강화를 받는 행동인지를 알 수 있게 하여 자신의 행동과 강화 간의 관계를 알 수 있게 한다. 그래서 강화에 대한 반응을 올바르게 할 수 있게 된다.

4) 강화행동 명확화

교사나 부모는 아동에게 목표행동을 알려 주어야 한다. 즉, 어느 행동을 하거나 하지 않으면 강화를 받을 것임을 아동이 알고 있어야 한다. 따라서 부모나 교사는 강화를 하면서 '나는 네가 ○○하는 것을 좋아해!'와 같은 말을 해줌으로써 아동이 이 행동을 하면 강화를 받을 것임을 알게 한다.

5) 반응 및 강화제 제공

아동의 목표행동에 대하여 부모나 교사는 그 행동에 대하여 강화를 제공하는데 이때 아주 열성적으로 강화한다. 예를 들어 손뼉을 쳐서 칭찬할 경우 약간은 과장된 모습으로 즐거워하며 환호해 준다. 그러면서 물질적 강화제를 제공한다. 물질적 강화제 제공은 상담이나 관찰, 혹은 강화제 선호 목록 등을 통하여 아동이 좋아하는 것을 제공한다.

6) 아동행동에 공감

아동이 적절한 행동을 하였을 때에는 아동에게 그 행동에 대하여 부모나 교사가 공감(empathy)해 준다. 그리고 지지를 보낸다. '잘 했어!', '잘하는 구나!', '옳지!' 등과 같은 말과 함께 아동의 기분을 좋게 해준다.

7) 다양한 강화제

아동이 강화제에 식상하지 않도록 강화제를 다양화한다. 따라서 부모나 교사는 잠재적 강화제 목록을 통하여 다양한 강화제를 개발한다.

제 2 절 행동형성

앞서 언급한 정적강화는 예를 들어 바람직한 행동의 경우 아동이 바람직한 행동을 하였을 때 강화하는 방법이다. 즉, 환경 내에서 바람직한 것을 더해 주는 것이다(한경임, 2003). 따라서 정적강화로 아동의 행동을 수정할 경우 아동이 자발적으로 목표행동을 보여야 한다.

그러나 아동이 보이는 행동 중에서 아동이 바람직한 행동을 보인다면 정적 강화할 수 있겠으나 아동이 바람직한 목표행동을 보이지 않을 경우는 매우 난감하다. 이와 같은 문제점을 해결하기 위한 기법이 바로 행동형성이다.

1. 행동형성의 의의

아동에게 바람직한 행동을 가르치기 위해서는 일순간에 바람직한 행동을 보이는 목표행동(적분)을 강화하거나 아니면 바람직한 행동을 잘게 잘라서 목표행동으로 정하고(미분), 이를 단계적으로 행동을 가르치는 방법을 생각하여야 한다.

행동형성(shaping)은 목표행동이 결정되었을 때 목표행동에 대하여 계속적으로 비슷한 행동을 할 수 있도록 체계적이고 직접적으로 강화하는 것이다(Panyan, 1980; Shea & Bauer, 1987). 즉, 행동형성은 한 개인이 현재 하지 못하는 행동을 할 수 있도록 하기 위하여 목표행동을 할 수 있을 때까지 목표행동과 비슷한 행동이나 근사치 행동에 대하여 차별강화를 하는 것이다(한홍석, 2004). 즉, 행동형성은 형성하고자 하는 목표행동을 향하여 관련 있는 행동들을 강화하여 점진적으로 행동을 형성해가는 과정이므로 점진적 접근법이라고도 한다(한홍석, 2004).

이와 같은 행동형성은 아마도 정적강화보다 훨씬 더 중요하고 일선에서 부모나 교사에 의하여 빈번하게 사용되는 방법일 것이다. 그럼에도 불구하고 행동수정 관련 서적에서는 이 행동형성 방법에 대하여 설명이 부족한 것은 그 중요성에 비하여 그 원리는 아주 간단하기 때문일 것이다. 따라서 여러분은 이 점을 간과해서는 안된다.

2. 행동형성 절차

행동형성에서는 교사나 부모가 아동이 행동해야 할 바람직한 궁극적인 목표행동을 먼저 정하고 이 목표행동에 도달하기 위하여 비슷한 행동을 하였을 경우에도 강화하는 계획을 수립한다. 이때 하위 목표행동을 정하는 것도 좋다.

행동형성은 마치 화가가 스케치를 통하여 대강의 그림을 먼저 그리고 이후 색을 칠하는 과정이라든지, 조각가가 외형을 대강 만든 다음 세밀하게 조각하는 것, 또는 미장이가 처음에는 적당히 벽을 바른 다음 곱게 발라가는 과정과 마찬가지이다.

즉, 아동이 목표행동과는 유사하지만 아직 미숙한 행동일 경우 이를 강화하여 주어 이 미숙한 목표행동이 보다 정확하고 성숙한 행동이 되도록 돕는 것이다.

행동형성 절차는 기본적으로 행동수정 단계에 따르나 목표행동과 유사한 행동일 경우에도 강화하는 전략을 사용한다. 이를 단계별로 요약하면 아래와 같다.

▶ 표 7-3 ◀ 행동형성 단계

단 계	내 용
목표행동의 선택	교사나 부모가 형성하고자 하는 바람직한 행동을 선택하는 과정
기초자료 수집	행동수정을 위한 목표행동의 기초자료 수집
강화제 결정	바람직한 행동을 한 경우 제공 할 강화제
1차 하위 목표행동 강화	1차 목표행동과 비슷한 행동을 할 때마다 강화
2차 하위 목표행동 강화	2차 목표행동과 비슷한 행동을 할 때마다 강화
촉진(촉구) 및 용암	목표행동을 원만하게 수행하도록 촉진 등의 방법을 사용하고 용암법을 통하여 촉진을 소거
최종 목표행동	다양한 강화계획에 따라 강화하고 목표행동이 일반화될 때까지 점차적으로 강화제 소거

1) 목표행동의 선택

목표행동의 선택은 교사나 부모가 형성하고자 하는 바람직한 행동을 선택하는 과정으로 앞서 설명한 바와 같다. 이때, 궁극적인 목표행동과 이를 실현하기 위한 하위 목표행동을 구체적으로 정하는 것이 좋다. 물론 유사한 목표행동으로 정하는 경우도 있다.

2) 기초자료 수집

기초자료 수집 역시 행동수정을 위한 목표행동의 기초자료 수집이 주목적이다. 이 자료수집의 유의사항은 신뢰성 있는 관찰을 통한 자료수집(data collection)이다.

3) 강화제 결정

강화제 결정 역시 아동 또는 부모와의 상담(counselling)이나 관찰(observation) 그리고 선호도 검사(preference scales), 강화제 목록(reinforcer lists) 등을 통하여 아동이 선호하는 강화제를 선택한다.

4) 1차 하위 목표행동 강화

행동형성의 핵심은 이 단계이다. 먼저 목표행동과 비슷한 행동을 할 때마다 강화를 제공한다. 여기서 목표행동과 비슷한 행동이 매우 애매한데 이는 아동이 보이는 행동수준에 따라 다르다. 아동이 목표행동에 대하여 비교적 유사한 행동능력을 보이고 있다면(이는 기초자료 수집에서 알 수 있다) 그 능력을 기초로 1차 하위 목표행동으로 하는 것이고, 만일 아동이 목표행동과 매우 거리가 있는 수준의 유사성을 보이고 있다면 그 수준이 바로 1차적인 하위 목표행동일 것이다.

5) 2차 하위 목표행동 강화

만일 아동이 1차 하위 목표행동에 익숙하였을 경우 이제는 다시 2차 하위 목표행동을 정하고 1차 하위 목표행동에는 강화하지 않으나 보다 최종 목표행동에 근접한 2차 하위 목표행동에 대하여 강화를 제공한다. 이와 같은 과정을 통하여 하위 목표행동을 최종 목표행동으로 근접시켜간다.

6) 촉진(촉구) 및 용암

하위 목표행동을 원만하게 수행하도록 촉진 등의 방법을 사용하고 용암법을 통하여 촉진을 소거시킨다.

7) 최종 목표행동

최종 목표행동에 도달한 경우 다양한 강화계획에 따라 강화하고 목표행동이 일반화(generalization)될 때까지 점차적으로 강화제를 소거시킨다.

3. 행동형성시 유의사항

1) 아동 발달수준 고려

부모나 교사가 행동형성방법을 통하여 아동행동을 형성하고자 할 때 아동의 발달수준을 충분히 고려하여야 한다. 예를 들어 2살 수준의 아동에게 발달수준에 맞지 않는 라면 끓이기와 같은 행동을 가르친다면 무리가 될 것이기 때문이다.

▶ 표 7-4 ◀ 행동형성시 유의사항

유의사항	내 용
아동 발달수준 고려	아동행동을 형성하고자 할 때 아동의 발달수준을 충분히 고려
현실적인 기술	아동의 삶에 도움이 되는 현실적인 기술
목표행동과 유사	반드시 최종 목표행동과 유사한 하위 목표행동에게만 강화
하위 목표행동의 일반화	강화를 계속하다가 어느 정도 수준이 되면 다음 단계의 목표행동으로 이동

2) 현실적인 기술

아동에게 행동형성을 통한 기술(skill)을 습득시킬 경우 그 기술은 아동의 삶에 도움이 되어야 하고 현실적인 기술이어야 한다. 예를 들어 전자계산기를 사용하는 방법이라든지, 공중전화를 통하여 수신자 부담 전화를 거는 방법 등은 생활에 매우 유용할 것이다. 그러나 반대로 중증 지적장애 아동에게 세 자릿수 곱셈을 가르치려 한다면 생활에 도움이 되지 않을 것이다.

3) 목표행동과 유사

부모나 교사가 행동형성을 통하여 아동의 행동을 형성할 때 반드시 최종 목표행동과 유사한 하위 목표행동에게만 강화하여야 한다. 그리고 그 하위 목표행동은 최소한 아동이 현재 보이는 행동 이상이어야 한다. 만일 행동형성과정에서 부모나 교사가 기초자료 수집오류로 인하여 현재 아동수준보다 그 아래로 기준을 정한 경우 도리어 중재 방향과 반대로 보상하는 결과가 되어 아니한 만도 못하게 된다.

4) 하위 목표행동의 일반화

행동형성에서 교사나 부모가 하위 목표행동을 정하고 그 행동에 대하여 강화를 계속하다가 어느 정도 수준이 되면 다음 단계의 목표행동으로 이동하여야 하는데 이 시점을 정하는 것이 매우 중요하다. 이는 어떤 정답이 없는데 오직 대답할 수 있는 것은 너무 오랫동안 강화하면 아예 그 수준으로 고착화될 수 있고, 반대로 너무 일찍 다음 높은 단계의 하위 목표행동으로 넘어가면 새로운 하위 목표행동을 하지 못한다는 것이다.

이와 같은 기술은 쉬운 일이 아니다. 부모나 교사의 아동에 대한 충분한 이해와 사랑 그리고 행동형성에 대한 오랜 경험이 오류를 줄일 수 있을 것이다.

4. 행동연쇄 중재방식

행동연쇄 중재에는 두 가지 형태, 즉 전진적 행동연쇄와 후진적 행동연쇄가 있다(Panyan, 1980).

▶ 표 7-5 ◀ 행동연쇄방법

유의사항	내 용
전진적 행동연쇄	교사나 부모가 형성하고자 하는 목표행동 단계 중 처음 단계를 먼저 형성하고 마지막 단계를 가장 마지막에 형성하는 방법
후진적 행동연쇄	교사나 부모가 형성하고자 하는 목표행동 단계 중 마지막 단계를 아동에게 먼저 형성하고 처음 단계를 가장 마지막에 형성하는 방법.

1) 전진적 행동연쇄

전진적 행동연쇄(forward shaping or chaining)는 교사나 부모가 형성하고자 하는 목표행동 단계 중 처음 단계를 먼저 형성하고 마지막 단계를 가장 마지막에 형성하는 방법이다.

즉, 행동형성하고자 하는 행동에서 처음 회 차에서는 첫 번째 단계를 아동에게 하도록 하고 나머지 단계는 부모 또는 교사가 도와준다. 이때 아동은 부모나 교사의 행동을 지켜보게 한다. 그리고 다음 회차에서는 첫 번째 단계와 두 번째 단계를 아동에게 하게 하고 나머지 단계는 부모나 교사가 수행하고 아동이 이를 관찰하게 한다. 이와 같은 연쇄적 과정을 통하여 아동이 모든 과정을 배우게 된다. 이 방법이 전진적 행동연쇄법이다.

2) 후진적 행동연쇄

후진적 행동연쇄(backward shaping or chaining)는 교사나 부모가 형성하고자 하는 목표행동 단계 중 마지막 단계를 아동에게 먼저 형성하고 처음 단계를 가장 마지막에 형성하는 방법이다.

즉, 행동형성하고자 하는 행동에서 처음 회차에서는 마지막 단계를 아동에게 하도록 하고 나머지 앞 단계는 부모 또는 교사가 도와준다. 이때 아동은 부모나 교사의 행동을 지켜보게 한다. 그리고 다음 회차에서는 마지막에서 첫 번째 단계와 마지막에서 두 번째 단계를 아동에게 하게 하고 나머지 단계는 부모나 교사가 수행하고 아동이 이를 관찰하게 한다. 이와 같은 연쇄적 과정을 통하여 아동이 모든 과정을 배우게 된다. 이 방법이 후진적 행동연쇄이다.

3) 행동연쇄법 효과

행동연쇄를 중재방법으로 사용하여 효과가 있을 경우는 행동이 연속적인 경우가 가장 적당하다. 즉, 아동이 단계별로 점진적이고 계속적으로 이루어진 경우가 행동연쇄법으로 적당한 것이다. 예를 들어 침대정리, 옷 정리하기, 단추 채우기, 옷 입기, 간단한 요리하기 등이 바로 이것이다.

제3절 유관계약

1. 계약

우리의 일상생활은 모두 계약이다. 계약이란 기록이나 구두로 둘 또는 그 이상의 개인 또는 집단 간의 동의인데, 특정 항목이나 행동에 관련된 부문의 책임을 규정한 것이다. 본 서는 법률 서적이 아니기 때문에 계약에 대하여 설명할 필요는 없지만 기왕 언급한 김에 간단히 언급하면 계약은 일정한 법률효과 발생을 목적으로 하는 당사자 간의 합의이다. 계약에는 채권계약(매매계약, 임대차계약 등), 물권계약(소유권이전합의, 근저당 설정계약 등), 신분계약(혼인, 입양 등)이 있는데 아동과의 유관계약(contingency contracting)은 어떤 식으로 행위를 하면 그가 원하는 어떤 것을 가지도록 하겠다는 의미로 사용된다.

계약은 보통 당사자의 합의만으로 성립하며 어떠한 형식을 필요로 하지는 않으나 후에 계약의 존재 여부에 관하여 분쟁이 발생하였을 경우에는 이에 관한 증거의 제시가 필요하므로 실제에 있어서는 계약서를 작성하는 것이 중요하다.

민법에서는 일부를 제외하고는 계약자유의 원칙상 계약자 자유의사에 따라 계약할 수 있다. 계약자유의 원칙은 개인이 사회생활에 있어 자기의사에 따라 자유로이 계약을 체결하고, 국가는 이에 대하여 당사자의 의사에 따라 사법상의 효과를 인정하여 그 실현에 노력한다는 원칙을 말한다. 계약자유의 원칙에는 계약 체결의 자유, 상대방 선택의 자유, 내용 결정의 자유, 방식의 자유 등이 있다.

일반적으로 계약에는 해야 할 의무가 무엇이며, 기간과 보상에 대하여 정하고 있다. 그러나 일부 계약들은 복잡한 삶에서는 꼭 필요한 것임에도 불구하고 가끔 문서 없이 구두로 계약하기도 한다.

2. 유관계약

1) 유관계약의 의의

위에서 언급한 계약을 행동수정에서 응용한 방법이 바로 유관계약(contingency contracting)이다. 유관계약의 기본원리는 아동과 상의하여 교사나 부모가 원하는 행동을 아동이 하면 아동에게 아동이 원하는 무엇인가를 제공하기로 약속을 하는 과정이다.

이와 같은 유관계약(contingency contracting)은 Premack(1965)에 의한 원리에 기초한다. 이 원리는 바로 '네가 X를 하면 내가 Y를 주겠다'이다.

이와 같은 유관계약의 용도는 매우 다양하다. 즉, 행동을 통제하거나 학습을 증진시키거나 하는데 사용할 수 있는 방법이다.

부모나 교사는 이와 같은 유관계약을 통하여 바람직한 행동을 증가시킬 수도 있으며 부수적으로 아동에게 책임감을 갖도록 지원할 수 있다.

그러나 정서·행동장애 아동(children with emotional disturbance)의 경우 유관계약의 원리에 대하여 제대로 이해할 수 있는 정도의 인지력이 있을 경우에는 유관계약의 효과를 발휘할 수 있겠으나 그렇지 못한 경우에는 유관계약은 화중지병(畵中之餅)에 불과하다. 이 유관계약이 효과적으로 성사되기 위해서는 아동의 참여가 필요하기 때문이다. 유관계약 절차는 아래와 같다(Salend, 1987).

▶ 표 7-6 ◀ 유관계약 절차

절 차	내 용
목표행동 선택	행동수정이 필요하다고 판단되는 행동
아동과의 협의	유관계약에 관련하여 아동과 충분한 대화
강화제 선택	계약에 사용할 강화제 선택과정
계약서 작성 및 검토	부모나 교사가 아동과 계약서를 작성할 때의 유의사항
유관계약 실행	언제나 계약상 아동이 승리하는 사람
평가	유관계약 효과 평가

2) 유관계약 절차

유관계약의 원칙은 일관성이다. 일관성 있는 유관계약을 통하여 아동은 비판적인 생각의 방법, 자기통제, 그리고 생산성을 증가시키려는 독립심을 발달시킨다(Hall & Hall, 1982).

(1) 목표행동 선택

교사나 부모는 아동의 행동 중 유관계약에 의한 행동수정이 필요하다고 판단되는 행동을 목표행동으로 정한다. 이와 같은 목표행동 선택은 앞서 목표행동 선택에 관련한 절차와 같다.

(2) 아동과의 협의

부모나 교사는 목표행동과 유관계약에 관련하여 아동과 충분한 대화를 한다. 이때 유관계약(有關契約)에 의한 방법이 공정한 것임을 아동에게 인식시키고 결국 아동에게 득이 될 것임을 알린다.

(3) 강화제 선택

강화제 선택방법은 앞서 강화제 선택요령에서 설명한 바와 같이 면담이나 강화제 목록, 관찰 등의 방법으로 선택한다. 부모나 교사는 상담을 통하여 유관계약에 관련한 설명과 아동의 의문점을 해소하기도 하지만 이때 아동과 대화하면서 강화제를 선택할 수 있다.

(4) 계약서 작성 및 검토

부모나 교사가 아동과 계약서를 작성할 때에는 아동과의 협의 및 계약서 작성요령 등 검토할 부분이 많다. 이는 유관계약에서 매우 중요한 부분이므로 이후 별도로 설명하기로 한다.

(5) 유관계약 실행

계약 실행과정에서 부모나 교사가 유의하여야 할 점은 충실한 계약의 이행이다. 여기서 궁극적인 목적은 아동의 목표행동을 수정하는 것이므로 교사나 부모는 언제나 계약상 아동이 승리하는 사람이 되도록 노력하여야 하는 것이다.

(6) 평가

평가에서는 유관계약의 효과를 평가하는 과정으로 이후 유관계약을 다시 도입할 때 기초자료가 된다.

3. 유의사항

1) 아동과의 충분한 협의

유관계약에 관련하여 아동과 협의할 때 부모나 교사는 계약이 상호 간에 공정하게 이루어짐을 보장하고 그에 합당한 강화제가 제공될 것임을 약속하여야 한다. 만일 아동이 이 과정에 대하여 의문이 있을 경우 이에 대해 충분히 설명해 줄 필요가 있다. 또한 아동이 이를 게임으로 인식하여 높은 관심을 가지도록 유도한다.

▶ 표 7-7 ◀ 유관계약시 유의사항

유의사항	내 용
아동과 충분한 협의	유관계약에 관련하여 아동과 협의할 때 부모나 교사는 계약이 상호 간에 공정하게 이루어짐을 보장하고 그에 합당한 강화제가 제공될 것임을 약속한다.
강화제공 방법	아동이 계약 성공을 자주하고 이에 대한 보상으로 강화제를 자주 받도록 계약한다.
계약기간	행동수정 초기에는 아동에게 자주 강화를 제공하는 방식으로 계약기간을 정하여야 하기 때문에 계약기간을 비교적 짧게 정한다.
촉진	초기에는 아동이 계약서대로 목표행동을 달성하도록 촉진해 준다.
과제수정	아동이 계약한 목표행동을 수행하지 못할 경우 계약내용이 너무 어려워 아동이 성공적으로 목표행동을 수행하지 못하는 것인지 검토한다.

아동과의 협의는 체계적이고 꼼꼼하게 하여야 한다. 그리고 교사나 부모는 인내심을 가지고 협의가 생산적일 수 있도록 하여야 한다. 협의진행 과정은 복잡하고 많은 시간을 필요로 한다. 특히 교사나 부모가 사전에 계약개념에 대하여 교육받은 적이 없을 경우 더욱 그러하다.

2) 강화제공 방법

유관계약을 처음 시작할 때에는 아동이 계약 성공을 자주하고 이에 대한 보상으로 강화제를 자주 받도록 계약한다. 과제나 강화제는 명백한 것이 좋다. 그리고 강화제와 과제 간의 관계가 비교적 수월한 관계이어야 한다. 예를 들어 목표행동이 높은 수준이고 강화제가 낮은 수준이라면 아동에게 동기를 유발할 수 없을 것이다. 따라서 교사나 부모는 이 점을 명심하여 아동의 능력에 맞는 목표행동을 욕심없이 부여하고 이에 합당한 강화제를 제공하여 아동의 동기를 충분히 유발시켜야 한다.

3) 계약기간

유관계약 기간의 경우도 부모나 교사가 고려해야 할 중요한 요소이다. 즉, 행동수정 초기에는 앞서 언급한 바와 같이 아동에게 자주 강화를 제공하는 방식으로 계약기간을 정하여야 하기 때문에 계약기간을 비교적 짧게 정하여야 한다.

이 계약기간은 아동의 능력을 고려함이 마땅한데 예를 들어 아동이 보이는 행동이 매우 낮은 수준일 경우에는 계약기간을 1일로 하여 즉각적인 강화제 제공을 할 수 있겠으나 아동이 보이는 행동이 비교적 높은 수준에 있을 경우에는 계약기간을 1-2주일 정도로 길게 잡을 수 있을 것이다.

4) 촉진(촉구)

교사나 부모는 유관계약을 한 것으로 만족하고 아동이 행동한 결과만을 평가하는 사람이 아니다. 궁극적으로 부모는 이 게임에서 지는 사람이 되어야 하기 때문에 초기에는 아동이 계약서대로 목표행동을 달성하도록 촉진해 주어야 한다. 즉, 계약서를 아동이 잘 보이는 곳에 비치하고 아동에게 계약에 동의한 목표행동(과제)을 달성하면 강화제를 받을 수 있음을 자주 설명하여 촉구해 주어야 한다.

5) 과제수정

부모나 교사가 위와 같은 촉진에도 불구하고 아동이 계약한 목표행동을 수행하지 못할 경우 부모나 교사는 계약내용이 너무 어려워 아동이 성공적으로 목표행동을 수행하지 못하는 것인지에 대한 검토가 필요하다.

만일 목표행동이 아동수준을 고려할 때 수행하기 어려운 것이었다면 교사나 부모는 아동과 다시 협의하고 새로운 계약서를 작성하여 목표행동 수행정도를 재조정하여야 한다. 그러나 가장 좋은 것은 원래의 계약이 성공적으로 이행될 수 있도록 모든 노력을 기울여야 한다. 그럼에도 불구하고 계약이 제대로 이행되지 못할 때에는 재조정을 하는 것이 좋다.

4. 유관계약서 작성요령

유관계약 형태는 구두계약과 문서계약 두 가지가 있다. 구두계약은 교사나 부모가 아동과의 대화로 일종의 약속을 하는 과정인데 이와 같은 강화제가 포함된 약속은 매일같이 할 수 있다. 이와 같은 강화제가 포함된 약속을 통하여서도 부모나 교사는 아동의 행동을 효과적으로 관리할 수 있을 것이다.

▶ 표 7-8 ◀　유관계약서의 예

계 약 서

이 내용은 박수진 학생과 김미경 선생님이 서로 상의하여 약속한 것이다.
박수진 학생과 김미경 선생님은 이 약속을 서로 지키기로 하였다.

- 약속을 시작하는 날은 2019년 6월 17일부터이다.
- 약속이 끝나는 날은 2019년 6월 23일이다.
- 약속을 지켰는지 확인하는 날은 2019년 6월 23일이다.

≪박수진 학생과 김미경 선생님이 서로 약속한 내용≫

- 박수진은 약속기간 동안 남을 때리지 않는다.
- 박수진이 약속을 지키면 김미경 선생님은 상으로 백설공주 필통을 선물로 준다.
- 만일 박수진이 약속을 지키면 김미경 선생님이 백설공주 필통을 상으로 주지만 약속을 어기면 상을 주지 않는다.

2019년 6월 17일

약속한 사람 :

학생 :　박수진　(사인)

교사 :　김미경　(사인)

반면에 문서계약은 구두계약보다 세밀하게 작성한다. 그리고 계약내용이나 표현방법은 아동의 이해수준을 고려하여 정한다. 즉, 계약에 대한 아동의 충분한 이해가 가장 중요한 것이다. 그리고 계약기간을 구체적으로 명시한다.

그런데 문서에 의한 유관계약은 아동이 문자를 읽고 이해할 수 있는 능력이 있어야 한다. 만일 아동이 문장이해를 제대로 못할 경우 문서계약 양식보다는 다른 방법을 고려하여야 할 것이다.

유관계약 성패에 영향을 미치는 중요한 요인은 바로 계약수준이다. 만일 계약수준을 아동이 스스로 정할 경우 아동의 자기결정 능력이 증가하고 성공해 보려는 동기가 발행하여 매우 효과가 있다. 표 7-8은 유관계약서의 예를 간단히 제시한 것이다.

제 4 절 토큰강화

1. 토큰의 의의

사람들은 일상생활에서 누구나 토큰에 노출되어 있다. 요즈음에는 쿠폰이라는 게 유행이다. 쿠폰의 의미를 판매자의 입장에서 볼 때 고객에게 물건을 구입한데 대한 칭찬으로 제공하는 것이다. 이 쿠폰을 받은 소비자는 또다시 쿠폰을 받아 모아두면 이로울 것이라는 것을 안다. 왜냐 하면 실제로 상품으로 바꾸어주거나 서비스를 제공하기 때문이다.

이와 같은 원리를 도입하여 행동수정에서 사용하는 방법이 바로 토큰강화이다. 이를 토큰경제(token economy)라고도 한다. 즉, 토큰경제의 주 목적은 교육적 환경 내에서 매우 드물게 나타나는 학생의 바람직한 행동을 강화하고 바람직하지 못한 행동을 감소시키는 것이다(한홍석, 2004).

토큰은 대개 부드럽고, 유연한 물질로 한다. 예를 들면 종이 비닐, 또는 간단한 표시물(스마일 얼굴, 별표 등) 등으로 한다. 따라서 교사나 부모가 아동을 위하여 토큰을 만들 때 금속, 플라스틱, 나무와 같은 단단한 물질로 만드는 것보다 부드러운 물질로 만드는 것이 좋다. 왜냐하면 아동의 경우 활동이 많고 주의력이 어른에 비하여 낮기 때문에 토큰으로 인하여 안전사고를 유발할 수 있기 때문이다.

2. 토큰의 상징성

토큰은 토큰 자체 만으로서는 의미가 없다. 예를 들면 종이화폐 10,000원이 의미를 지니는 것은 그 종이 한 장의 의미가 아니라 그 종이 한 장으로 뭔가를 구입하거나 활용가치가 있기 때문인 것이다. 따라서 단순한 토큰 그 자체는 아동에게 별 의미가 없다. 진정한 토큰의 가치는 그 토큰으로 아동이 다양한 강화제를 교환할 수 있어야만 가치가 있는 것이다.

즉, 토큰강화는 부모나 교사가 정한 목표행동을 아동이 하면 아동에게 직접 강화제를 제공하지 않고 그 강화제 중간에 토큰이란 매개체가 존재하여 토큰을 제공하고 그 토큰 속에 강화제라는 의미를 담는 것이다. 즉, 토큰경제(token economy)는 나중에 특정 강화제로 교환할 수 있는 토큰을 얻을 수 있게 해주는 유관관리체제(contingency management system)인 것이다(정용석, 2003).

▶ 그림 7-1 ◀ 토큰에 의한 강화제 전달 원리

토큰을 아동이 모아 가져올 경우 부모나 교사는 강화제로서 아동이 좋아하는 것을 주게 되는 것이다. 따라서 토큰은 매개수단이 된다.

3. 토큰강화 도입절차

1) 목표행동 선택

토큰강화에서도 가장 먼저 교사나 부모는 목표행동을 선택하여야 한다. 이와 같이 목표행동을 정하는 이유는 아동의 구체적인 행동을 수정하기 위한 것이다. 만일 구체적인 목표행동이 없이 토큰강화를 할 경우 아동은 어떤 행동이 강화를 받는 것인지에 대하여 혼란을 겪게 될 것이다.

▶ 표 7-9 ◀ 토큰강화 도입절차

절 차	내 용
목표행동 선택	교사나 부모는 먼저 목표행동을 선택한다.
토큰 선택	아동의 입장에서 아동이 좋아하는 토큰을 선택한다.
규칙제시	토큰 규칙은 하나의 약속으로서 그 규칙은 명백하고 단순하게 정한다.
보상메뉴 결정	실질적인 강화제로서 아동이 일정수준의 토큰을 모을 경우 부모나 교사가 아동에게 제공하는 강화제이다.
토큰강화 실행	토큰강화가 거듭되면서 부모나 교사는 토큰강화를 지속적인 것으로부터 변동적인 강화로 조심스럽게 변경한다.
보상메뉴 변경	부모나 교사가 아동에게 제공하는 강화제를 아무리 잘 정하였다 하더라도 토큰강화가 진행되면서 아동은 강화제에 대한 권태를 느낄 수 있다.

2) 토큰선택

토큰강화에서 다음으로 중요한 것은 토큰의 선택이다. 부모나 교사는 아동의 목표행동을 수정할 목적으로 중간 매개체로서 토큰을 사용하고 이를 통하여 아동이 강화제를 받을 수 있도록 하는 것이 토큰강화의 기본적인 개념이다. 따라서 부모나 교사는 아동에게 가장 적합한 토큰을 정하여 이를 매개로 하여 강화제를 얻도록 하여야 하는 것이다.

이와 같은 토큰의 선택은 아동의 입장에서 아동이 좋아하는 토큰을 선택함이 바람직하다.

3) 규칙제시

부모나 교사는 아동이 목표행동을 하였을 때 아동에게 토큰을 제공하고 이 토큰이 일정수준 모아지면 강화제와 바꾸어질 것임을 알려준다. 이와 같은 토큰 규칙은 하나의 약속으로서 그 규칙을 부모나 교사는 명백하고 단순하게 정하여야 한다.

이 토큰제공 규칙이 애매하거나 부모나 교사의 자의적 판단, 그리고 아동의 토큰에 대한 애매한 이해 등은 토큰강화에서 가장 주의하여야 할 점이다. 또한 주의해야 할 것은 아동은 주어진 기간(1일) 중 정해진 시간에는 언제나 토큰을 교환할 수 있어야 한다. 즉, 토큰을 사용하여 강화제를 받고 싶을 때 언제나 강화를 받아야 한다는 것이다.

4) 보상메뉴 결정

보상메뉴(reward menu)는 실질적인 강화제로서 아동이 일정수준의 토큰을 모을 경우 부모나 교사가 아동에게 제공하는 강화제를 말한다. 이를 위하여 부모나 교사는 보상메뉴를 개발하여야 하는데 이를 정할 때에는 아동과 토큰 메뉴에 대하여 논의하고 메뉴 중에서 자기가 원하는 아이템을 선택하게 하는 것이 좋다. 그리고 그 보상 내역을 아동이 잘 볼 수 있는 장소에 부착하여 자신이 토큰을 모을 경우 보상을 받을 것임을 항상 알게 한다.

보상메뉴(reward menu)는 토큰의 수와 관련지어 계획할 수 있다. 예를 들어 토큰 3개면 빵, 5개면 야구공, 7개면 배구공, 9개면 야구배트와 같이 토큰의 수가 많으면 많을수록 보상수준을 증가시키는 것이다.

이와 같은 방법으로 아동에게 만족지연 효과를 기대할 수도 있는데 만족지연 능력은 보다 크고 장기적인 목표달성을 위해 순간의 충동적인 욕구나 행동을 자제하며 즐거움과 만족을 지연시키는 능력이다(이금섭, 2004). 따라서 이와 같은 만족지연 능력을 돕는 것은 자기통제력을 키우는 한 가지 방법일 것이다.

5) 토큰강화 실행

토큰강화 실행에서는 앞서 규칙에서 언급한 바와 같이 아동에게 토큰 시스템에 대하여 정확하게 설명하고 인내심을 갖고 아동을 이해시킨다. 그리고 아동이 이 시스템에 대하여 제대로 이해를 하고 있는지를 파악하고 만일 정확히 알고 있지 못한다면 서둘러 도입하여 혼란을 조장하는 것보다는 완전히 이해하도록 한 후에 실시하는 것이 좋다.

토큰강화 실행에 있어 토큰에 의한 강화물 제공시간도 매우 중요하다. 만일 토큰과 보상물을 교환하는 시간이 도리어 아동의 쉬는 시간을 빼앗는 시간이거나, 아동이 중요하게 생각하는 만화영화 보는 시간이라거나, 또는 아동이 좋아하는 활동을 하는 시간에 강화물 제공시간을 두면, 아동은 도리어 토큰강화에 대하여 반감을 가지게 된다.

따라서 아동은 자신의 선택으로 강화제를 원하는 때에 받을 수 있고, 토큰을 모아 한꺼번에 받기를 원하면 하나의 기록부를 작성하여 토큰을 모으도록 하여야 한다. 즉 아동은 그 점수를 가지고 보상을 즉시 받을 수도 있고 이를 연기할 수도 있는 것이다.

또 교사나 부모는 아동의 입장에 따라 순응하여 반응하여야 한다. 만일 아동이 원하는 방식에 따르지 않고 보상을 아동의 의사와 다르게 지연시키거나 서둘러 제공한다면 그 효과는 줄어들 것이다.

그리고 아동이 보이는 적절한 목표행동에는 즉각적으로 토큰을 제공하면서 칭찬을 해준다. 이는 토큰강화 실행초기에는 더욱 그러하다. 아동이 목표행동에 대하여 토큰받는 수준이 너무 높은 경우는 새로이 토큰 제공수준을 변경할 수도 있다. 그리고 이와 같은 토큰강화가 거듭되면서 부모나 교사는 토큰강화를 지속적인 것으로부터 변동적인 강화로 조심스럽게 변경한다. 토큰강화의 궁극적인 목표가 목표행동의 수정이기 때문이다.

6) 보상메뉴 변경

보상메뉴 변경도 토큰강화 성공의 중요한 변인인데 부모나 교사가 아동에게 제공하는 강화제를 아동입장에서 아무리 잘 정하였다 하더라도 토큰강화가 진행되면서 아동은 강화제에 대한 권태를 느낄 수 있을 것이다.

따라서 만일 아동이 보상물에 대하여 이미 한번씩 성공하였다거나 별다른 흥미가 없는 경우 부모나 교사는 지체 없이 다시 아동과 상의하여 새로운 보상메뉴를 개발하여야 한다.

4. 행동티켓

토큰강화의 한 가지 방법으로서 행동티켓(behavior ticket)이 있다(Clark, 1998). 행동티켓의 원리는 아동에게 사전에 티켓 한 장을 제공하고 그 티켓을 부모나 교사 또는 다른 어른에게 빼앗기지 않은 채 온전히 가지고 있도록 하는 방법이다.

예를 들어 학교에서 공중예절이 부족한 아동에게 미리 티켓을 한 장 주고 아동이 공중예절을 지키지 않으면 다른 선생님이나 직원 선생님이 티켓을 빼앗을 것임을 알려준다. 물론 다른 선생님이나 직원에게도 사전에 이 방법에 대한 설명을 충분히 해둔다.

그리고 아동이 일정기간 동안 티켓을 찢거나, 잃거나 하지 않고 온전히 지니고 있을 경우 교사는 아동에게 보상을 하기로 약속한다.

클라크(1988)에 따르면 이 기법은 일정 공간 내에서만이 아니라 교실 밖 등 모든 공간에서 활용할 수 있고, 아동의 바람직하지 못한 행동에 대해서는 즉각 교훈이 될 수 있는 장점이 있다고 한다.

덧붙여 말하면 이와 같은 행동티켓(behavior ticket)은 아동에게 일정한 책임감과 바람직한 행동에 대한 지속적인 의식 그리고 아동의 소유욕을 자극하여 바람직한 행동을 유도하는 효과가 있을 것이다. 그러나 이 방법은 전체 구성원의 동의가 있어야 하고, 이 방법에 대한 이해가 있어야하며, 아동이 티켓과 적절한 행동 간의 관계에 대한 충분한 이해가 전제되어야 할 것이다.

제 5 절 모델링

가장 일반적인 인간의 학습방법 중 하나는 관찰과 모방일 것이다. 반두라(Bandura)는 새로운 학습에는 관찰학습을 통한 모방이나 모델링이 더 중요하다고 보았다(강영택, 2003). 어느 강연에서 들은 말인데 여러분이 만일 가장 저렴하게 어떤 일을 익히려면 남들이 하는 것을 보고 배우면 될 것이다(모방). 그보다 조금 비용을 들이고자 한다면 책을 사서보고 익혀야 할 것이다(학습). 아마도 그보다 더 비싼 대가를 통하여 익히려면 실수를 하고 그 실수에 대한 대가를 치르고 난 후 교훈으로 삼아 익히면 될 것이다(경험).

사람이 지닌 모방능력을 이용하여 행동수정(behavior modification)에서 응용하는 방법이 바로 모델링이다. 모델링은 관찰학습(observation studying), 동일시(identification), 흉내(mimic), 대리학습(vicarious), 사회적 조장(social facilitation), 역할놀이(role playing) 등으로 불리기도 한다.

1. 모델링 내용

모델링은 성인이나 또래들이 하는 행동을 그대로 따라해 보는 관찰학습의 일종(한홍석, 2004)으로서 이 기법은 행동수정기법에서 가장 널리 사용하는 방법 중 한 가지이다. 이와 같은 모델링은 아래와 같은 세 가지 효과가 있다(Bandura, 1969). 이 효과는 곧 방법을 의미할 수 있는데 이를 바탕으로 모델링 방법을 설명하면 표 7-10과 같다.

효 과	내 용
관찰학습	아동에게 모델을 보여주고 이 모델이 행동하거나 활동하는 것을 배우게 하는 방법이다.
금지/허용	모델링을 통하여 아동은 행동하거나 말해도 되는 것과 행동하거나 말해서는 안 되는 것을 배울 수 있다.
유도/조장	모델링은 아동에게 일종의 촉진을 유발하는 과정이다.

1) 관찰학습

관찰학습(觀察學習)은 아동에게 모델을 보여주고 이 모델이 행동하거나 활동하는 것을 배우게 하는 방법이다. 이 방법을 통하여 아동은 이전에 가지고 있지 않았던 행동기술을 익힐 수 있다.

저자는 학생들에게 컴퓨터를 가르친 적이 있었는데 학생들에게 그저 말로만 설명하거나 책을 보면서 하도록 하면 그 효과가 매우 떨어졌다. 가장 신속하고 효과적인 방법은 컴퓨터 활용법을 실제로 보여주고(모델) 그대로 배우도록 하는 방법이다. 이와 같은 방법이 모델링 즉 관찰학습인데 동작모방(動作模倣), 학습모방(學習模倣), 행동모방(行動模倣) 모든 영역에서 가능할 것이다.

2) 금지/허용

모델링을 통하여 아동은 행동하거나 말해도 되는 것과 행동하거나 말해서는 안 되는 것을 배울 수 있다. 예를 들어 어떤 아동이 손을 번쩍 들어 교사로부터 칭찬받는 모습을 보고 '아하! 손을 번쩍 들면 칭찬받는구나(허용; 許容)'라고 느껴 아동이 이후 손을 번쩍 드는 행동은 해도 되는 행동으로 배울 수 있고, 수업시간에 다른 아동이 책을 덮었다가 지적 받는 것을 보고 '수업시간에는 책을 덮어서는 안되는 것이로구나(금지; 禁止)!'라고 배울 수 있다.

결국 아동은 다른 아동의 행동과 그 행동의 결과(consequences of behavior)를 보고(모델) 대리로 경험하게 되는 것이다.

3) 유도/조장

유도(誘導)/조장(facilitation; 助長)은 아동에게 일종의 촉진을 하는 과정이다. 예를 들어 손님이 집에 왔을 때 아동은 새로운 사람에 대한 호기심으로 바라보지만 정중히 또는 반갑게 인사하는 방법을 제대로 알지 못한다. 이때 이 아동의 형이 모델이 되어 꾸벅 인사를 하며 '안녕하세요?'라고 말하면 아동은 당시 상황에 대한 행동법을 익히게 되어 같이 인사를 하며 '안녕하세요'라고 말할 수 있게 된다. 이와 같이 모델을 통하여 아동에게 행동을 유도하고 조장(助長)할 수 있는 것이다.

2. 모델링 핵심요소

교사나 부모가 아동에게 모델링에 의한 중재법을 선택한 경우 교사나 부모는 실패를 줄이고 효과를 극대화할 수 있도록 하여야 할 것이다. 이를 위하여 교사나 부모는 모델링을 위한 핵심요소들을 충분히 고려하여야 할 것이다. 예를 들어 모델링에서 가장 중요한 요소가 아동 본인과 모델일 것인데 이들에 대한 충분한 고려 없이 모델링 방법을 사용하고자 한다면 실패를 증가시킬 것이기 때문이다.

이와 같은 모델링 핵심요소를 설명하면 표 7-11과 같다.

▶ 표 7-11 ◀ 모델링 핵심요소

요 소	내 용
아동요소	바람직한 행동법을 배우는 주체가 아동 본인이기 때문에 아동 본인의 모방능력이 우선적으로 고려되어야 한다.
모델요소	모델의 적절성은 물론 모델제공 내용이 적절한가, 모델에 대한 아동의 호감도는 어떠한가를 고려한다.

1) 아동요소

모델링의 핵심요소 우선순위는 아동본인이다. 왜냐 하면 바람직한 행동법을 배우는 주체가 아동 본인이기 때문이다. 따라서 아동 본인의 모방능력이 우선적으로 고려되어야 할 것이다. 만일 교사나 부모가 사용하고자 하는 모델링 중재방법을 아동이 인지적으로 받아들일 수 있는 수준에 합당하고 발달적으로도 합당하면 모델링(modeling)법은 효과를 얻을 수 있을 것이다.

반면에 만일 교사나 부모가 사용하고자 하는 모델링 중재방법을 아동이 인지적으로 받아들일 수 있는 수준에 합당하지 못하고 발달적으로도 합당하지 못하다면 모델링법은 효과를 얻기 힘들 것이다.

또한 아동의 관심사가 이 행동과 어느 정도 상관성이 있어서 호기심을 자극

한다거나 동기를 유발할 수 있는 것이라면 모델링이 효과를 얻겠지만 반대의 경우라면 효과는 반감될 것이다.

2) 모델요소

모델링에 있어 아동 본인요소 만큼이나 중요한 것은 모델의 적절성(適切性)이다. 모델의 적절성은 물론 모델제공 내용이 적절한 것인가의 문제도 있지만 모델에 대한 아동의 호감도도 매우 중요한 요소가 된다.

모델은 아동에게 가장 빠르고 정확하게 적절한 행동을 보여줄 수 있는 모델이어야 한다. 그리고 아동에게 호감이 가는 인물이어야 한다. 모델에는 교사, 부모, 형제, 또래 모두가 해당할 수 있을 것이다.

그러나 하나의 상황에서 효과가 있었던 모델(model)이었다고 하여 다른 상황에서 효과가 있다고 할 수 없다. 예를 들어 집에 온 손님에게 인사하는 모델은 그 집안의 형이 적절할지 모르나 셈하기 모델링의 경우는 형이 아닌 다른 사람이 더 좋은 모델이 될 수 있는 것이다.

제 8 장

바람직하지 못한 행동을 감소시키는 방법

앞서 장에서는 바람직한 행동을 증진시키기 위한 행동수정 방법에 대해 설명하였다. 그러나 부모나 교사는 바람직한 행동을 증진시키기를 원하는 만큼 바람직하지 못한 행동을 감소시키고 싶은 행동을 학교에서나 가정에서 발견하게 된다. 그리고 고민하게 된다.

본 장에서는 이와 같이 아동이 보이는 바람직하지 못한 행동을 감소시키는는 행동수정 기법에 관하여 설명하고자 한다. 이들 방법에는 차별강화(differential reinforcement), 소거(extinction), 질책(reprimand), 특혜박탈(loss of privilege), 타임아웃(time-out), 과잉교정(overcorrection), 포만(satiation), 벌(punishment), 둔감화(desensitization) 등이 있다.

여러분이 명심하여야 하는 것은 바람직한 행동과 바람직하지 못한 행동은 명백히 달라서 다른 방법으로 행동수정해야 하는 것은 아니라는 점이다. 바람직한 행동을 증가(increase)시키는 것이 바로 바람직하지 못한 행동을 감소(decrease)시키는 것이라면 더욱 그러하다. 따라서 아동이 보이는 바람직하지 못한 행동을 감소시키면서 그와 같이 바람직하지 못한 행동 상황에서 바람직한 행동은 무엇인지를 알려주는 것이 바람직하지 못한 행동을 감소시키는 것보다 더 중요한 것이다.

방 법	내 용
교육상 벌	바람직하지 못한 행동을 줄이기 위하여 벌을 사용하는 것
차별강화	목표행동을 수정하기 위하여 상반된 행동 등을 강화하는 방법
소거	목표행동을 일관되게 무시하여 소멸시키는 중재법
질책	목표행동을 수정하기 위하여 꾸중을 하는 중재법
특혜박탈	목표행동을 수정하기 위하여 일종의 반응대가를 치르도록 하는 방법
타임아웃	목표행동을 수정하기 위하여 배제적인 중재방법을 동원하는 것
과잉교정	목표행동을 과잉연습하도록 하는 방법
포만	목표행동에 대하여 물릴 정도로 수행하도록 하는 중재법
둔감화	목표행동에 대한 불안감을 줄이도록 체계적으로 접근하는 방법

제1절 교육상 벌

1. 벌과 처벌

벌은 물론 아동이 보이는 부적절한 행동을 줄이거나 제거하고자 사용하는 행동중재방법(intervention)이다. 그런데 교육상 벌이라는 용어는 사회에서 인식하고 있는 처벌이란 용어와는 다르다. 교육상 벌은 용서의 의미가 강하지만, 사회적 처벌은 응징의 의미가 강하기 때문이다. 따라서 교육에서는 벌의 경우 최소한의 수단을 사용해야 할 것이다. 저자는 이 '벌'이란 용어 대신에 다른 용어, 예를 들면 '지도(指導)'가 어떨까 싶다. 물론 지도(指導)에는 정(正)적 지도와 부(負)적 지도가 있을 것이다. 정적 지도는 정적강화와 유사한 개념이 될 것이고 부적 지도는 벌과 유사한 개념이 아닐까 싶다.

본 서에서는 전반적으로 벌이라 함은 처벌의 의미가 아니라 교육상 벌을 의미함을 밝혀 두기로 한다.

2. 벌과 감정

교사나 부모가 아동의 바람직하지 못한 행동에 대하여 벌을 사용할 경우 그 속에는 일정 부분 부모나 교사의 감정(感情)이 들어 있다. 비약이긴 하지만 '친구'라는 영화를 보면 교사가 학생을 아주 감정적으로 때리는 장면이 나오는데 교육이라는 차원을 넘어 교사의 감정이 학생에게 그대로 전달되는 모습을 그리고 있는 상징적 표현으로 보인다.

이와 같이 아동의 바람직하지 못한 행동에 대하여 부모나 교사가 자신의 감정을 그대로 반영시켜 아동에게 벌을 줄 경우 이를 우리는 폭력(학대; abuse)이라 부른다. 반대로 부모나 교사의 감정이 중립적이고 냉정한 상태에서 객관적으로 벌을 준다면 이를 우리는 '사랑의 매'라 부를 것이다.

3. 벌과 중재강도

아동의 바람직하지 못한 행동에 대한 벌 중재법은 부모나 교사가 아동에게 혐오적인 방법을 사용하여 바람직하지 못한 행동을 줄여보고자 하는 하나의 전략인데 이는 혐오적인 중재법(aversive intervention) 중에서도 가장 강도가 높은 중재법에 속한다(Tobin & Sugai, 1993).

교사나 부모가 사용할 수 있는 벌 중재법들에는 여러 가지가 있는데 이들을 강도 순으로 나열하면 강도가 작은 것부터 큰 순서로 반응대가(response cost), 사회적 질책(social reprimand), 타임아웃(time-out), 과잉교정(overcorrection), 물리적 체벌(corporal punishment) 등이다(Blampied & Kahan, 1992).

4. 벌의 형태

1) 혐오자극 제공

혐오자극(aversive stimulus) 제공은 부모나 교사가 아동의 바람직하지 못한 행동에 대하여 아동에게 직접적으로 혐오적인 자극을 부여하는 것이다. 이때 혐오자극은 신체적일 수도 있고 정신적인 것일 수도 있다(이민경, 2003). 예를 들면 체벌 또는 꾸짖기, 화장실 청소, 나머지 공부, 반성문 쓰기 등이 그 예에 해당한다. 이는 직접적인 벌에 해당한다.

2) 선호자극 박탈

선호자극 박탈(loss of preference stimulus)은 부적절한 행동을 한 아동에 대하여 부모나 교사가 아동이 원하는 것을 박탈하는 것이다(이민경, 2003). 예를 들면 아동이 좋아하는 만화영화를 보지 못하게 하는 방법, 체육시간에 직접 게임에 참여하지 못하게 하는 방법, 토큰강화에서 토큰을 빼앗는 방법(반응대가; response cost) 등이 바로 이 방법이다. 이와 같은 방법은 일반적으로 아동에게 해를 덜 입히면서도 목표행동 수정에 도달시킬 수 있는 효과적인 중재법이다. 이는 간접적인 벌에 해당한다.

5. 벌의 효과 및 자제이유

벌은 단기적인 목적을 달성하는 데는 분명 효과가 있다. 그러나 장기적인 변화를 유도하는 데는 행동 소거(extinction)나 무관심(ignoring)과 같은 다른 중재법이 더 효과적이다.

또 체벌(corporal punishment)은 아동에게 비록 의도하지 않았다 하더라도 신체적인 해가 될 수도 있다. 그리고 벌받는 아동은 행동을 변화시키기보다는 벌주는 사람을 피하려 하고 올바른 행동모델을 얻지 못한다. 따라서 아동에게 효과적인 행동모델을 제공하고 아동에게 바람직한 행동을 가르치려면 벌에 의한 방법보다는 다른 중재방법을 생각할 것이다.

Wood와 Lakin(1978)는 부모나 교사가 벌 중재법을 피해야 할 이유를 설명하였는데 이들의 주장을 요약 정리하면 표 8−2와 같다.

▶ 표 8−2 ◀ 벌 자제의 이유

이 유	내 용
행동의 억압	벌은 아동이 보이는 바람직하지 못한 행동을 근본적으로 제거하지 못하고 그 행동을 억압하는 것이다.
행동대안제시 부족	단순히 벌 중재만으로는 바람직하지 못한 행동을 바람직한 행동으로 바꾸어 가는 행동대안을 제시하지 못하게 된다.
부정적 모델제공	바람직하지 못한 벌이 모델이 된다.
좌절/탈선	벌을 자주 사용할 경우 아동은 자신의 행동에 대하여 자신감이 없어지고 좌절하며 결국엔 탈선의 길을 걸을 수 있다.

1) 행동의 억압

벌 중재법의 치명적인 약점(weak point)은 아동이 보이는 바람직하지 못한 행동을 근본적으로 제거하지 못하고 그 행동을 억압하는 것이다. 아동이 바람직하지 못한 행동을 하였을 때 교사나 부모가 아동에게 벌을 주게 되면 아동은 벌을 주는 사람의 경우에만 행동을 억압하고 다른 상황에 있어서는 마찬가지로 바람직하지 못한 행동을 하게 된다. 이는 이후 설명할 바람직하지 못한 행동을 대체할 행동기술을 익히지 못하기 때문이다.

2) 행동대안 제시 부족

단순히 벌 중재만으로는 바람직한 하지 못한 행동을 바람직한 행동으로 바꾸어 주는 행동대안을 제시하지 못하게 된다. 물론 교사나 부모가 아동에게 벌 중재와 함께 바람직한 대안 행동을 제시할 경우에는 행동대안(alternatives of behaviors)을 익힐 수는 있겠지만 그렇지 않을 경우 체계적인 행동대안 기술을 익히지 못하고, 오직 바람직하지 못한 행동을 참고 견디는 억압적 모습이 된다.

3) 부정적 모델제공

벌 중재법은 '벌'이라는 바람직하지 못한 행동을 교사나 부모가 하게 된다. 저자가 언젠가 지적장애 특수학교에 방문한 적이 있었는데 그 학교 건물 뒤에서 한 고등학생이 다른 학생에게 '엎드려 뻗쳐!'라고 큰소리로 외치고 엎드린 학생의 엉덩이를 발로 차는 것을 본적이 있다.

이와 같은 지적장애 고등학생의 행동은 아마도 누군가에 의하여 벌에 대한 학습을 받은 것으로 추측할 수 있다. 즉 바람직하지 못한 벌이 모델이 된 것이다.

4) 좌절/탈선

아동은 때로 바람직한 행동을 할 수도 있고 바람직하지 못한 행동을 할 수도 있다. 성인도 마찬가지인데 아동이야 오죽하겠는가? 그런데 성인은 아동의 바람직하지 못한 행동에는 참을성이 부족하다. 그래서 아동에게 벌을 주게 되는데 그러면 아동은 자신의 행동에 대하여 자신감이 없어지고 좌절(挫折)하며 결국에는 탈선(脫線)의 길을 걸을 수 있는 것이다.

6. 교사와 벌

우리가 만난 어떤 교사는 벌 중재 사용법에 항의하는 학부모에게 "나는 나의 자식에게도 마찬가지 교육을 한다. 아동에게는 필요할 경우 벌 중재를 사용하는 것이 좋다"라고 주장하였다.

물론 교사나 부모가 아동에게 체벌이나 정신적인 벌 중재로 행동을 통제하는 방법이 손쉬운 방법일지도 모른다. 그러나 교사나 부모는 벌 중재보다 다른 방법이 보다 더 유용한 방법임을 명심하여야 한다. 특히 교사의 경우는 자칫 법적인 문제까지 야기될 수 있다.

따라서 교사는 심한 물리적 체벌(corporal punishment)이나 정신적인 벌을 통하여 아동을 통제하지 말고 다른 긍정적인 중재법을 찾기 위하여 먼저 심사숙고(深思熟考)하여야 한다. 그리고도 벌이 가장 좋은 방법이라면 여러 관련자(부모, 교장, 부장선생님 등)의 도움을 얻어 벌 중재를 하여야 할 것이다.

벌 사용 시 유의사항을 요약하면 아래와 같다(Walker & Shea, 1995).

- 아동에게 벌받을 행동을 하였음을 분명히 이해시킨다.
- 규칙을 아동이 잘 볼 수 있는 장소에 붙여두고 자주 이를 상기시킨다.
- 바람직한 행동모델을 제공한다.
- 벌은 즉각 제공한다.
- 벌은 지속적으로 적용한다. 기분 내키는 대로 적용하지 않는다.
- 일관성 있게 벌을 사용한다(A에게 좋은 것은 B에게도 좋은 것이다).
- 감정을 표현하지 않는다. 교사가 화가 났을 때 또는 자기조절(self control)이 되지 않을 때에는 벌을 주지 않는다.

제2절 차별강화

차별강화는 바람직한 행동이 일어날 때 강화제를 주고 바람직하지 않은 행동이 일어날 때는 강화제를 주지 않는 것을 의미한다. 아동은 차별강화에 의해서 특정한 선행자극이 있을 때 특정하게 반응하는 것을 배우게 된다(한경임, 2003).

학교나 가정에서 부모나 교사는 아동이 보이는 바람직한 행동보다는 바람직하지 못한 행동에 걱정하고 고민한다.

이는 교육상 매우 부적절한 방식일 것이다. 아동이 잘하는 행동에 대하여 부모나 교사가 관심을 보이고 칭찬하도록 하여 다른 아동도 이를 본받도록 지도하는 방식이 옳은 길일 것이다.

이 중 한 가지가 바로 차별강화(differential reinforcement)법이다. 아마도 차별강화법을 통하여 아동에게 바람직한 행동을 증가시켜, 바람직하지 않은 행동을 감소시킬 수 있다면 이보다 더 좋은 방식은 없을 것이다.

차별강화는 아동이 여러 가지 행동을 보일 때 동시에 그 여러 행동을 강화하는 것이 아니라, 하나의 바람직한 행동만을 강화시키는 과정이다. 이 절에서는 이와 같은 차별강화 방법을 단계별로 설명하고자 한다.

▶ 표 8-3 ◀ 차별강화 단계

단 계	내 용
행동목표 및 중재안 선택	아동이 보이는 바람직하지 못한 행동 중에서 행동목표선택, 중재방법으로 차별강화법 선택
적절한 차별강화 전략 선택	제로행동 차별강화, 상반행동 차별강화, 저빈도행동 차별강화 중 적절한 전략 선택
중재에 사용할 강화제 결정	아동수준에 적절한 강화제 결정
성공규준 결정	어느 정도를 성공으로 보는가에 대한 기준 결정
중재도입 및 결과 평가	절차에 따라 중재를 실시하고 이에 대한 결과를 평가

1. 목표행동 및 중재안 선택

차별강화에서 목표행동의 선택은 아동이 보이는 바람직하지 못한 행동 중에서 이루어진다. 즉, 차별강화는 바람직한 행동을 강화하는 데 목적이 있는 것이 아니라 바람직하지 못한 행동을 제거시키기 위하여 사용하는 방법인 것이다.

2. 적절한 차별강화전략 선택

교사나 부모가 차별강화(differential reinforcement)로 아동의 바람직하지 못한 행동을 제거하고자 할 경우 차별강화를 위한 전략을 선택하여야 한다. 차별강화전략에는 제로행동 차별강화(differential reinforcement of zero of behaviors strategy), 상반행동 차별강화(differential reinforcement of incompatible behaviors strategy), 저빈도행동 차별강화(differential reinforcement of low rate behaviors strategy) 등이 있다. 이들을 설명하면 아래와 같다.

▶ 표 8-4 ◀　차별강화

차별강화	내　용
제로행동 차별강화	정해진 시간 동안에 목표행동이 나타나지 않도록 강화하는 방법
상반행동 차별강화	아동행동에 대하여 양립할 수 없는 정반대나 상반된 행동을 체계적으로 강화하여 그 행동을 줄여가고자 하는 중재법
저빈도행동 차별강화	부적절한 행동의 최저율을 점차적으로 강화하면서 행동을 줄여가는 방법

1) 제로행동 차별강화(DRO)

제로행동 차별강화(differential reinforcement of zero of behaviors)는 정해진 시간 동안에 목표된 행동이 나타나지 않도록 강화하는 방법이다(Martin & Pear, 1992). 이때 정해진 시간 중에 아동이 부적절한 행동을 보일 경우 교사는 이를 무시한다. 예를 들어 평균적으로 40분 간격으로 아동이 수업 중 화장실을 가겠다고 하면서 교실 밖으로 나갈 경우, 교사는 35분 간격으로 화장실을 가겠다고 말하지 않은 것에 대하여 강화하는 방법이다. 만일 35분 안에 화장실을 가겠다고 나서면 교사는 이를 무시한다.

제로행동 차별강화를 사용하여 행동수정하기에 적합한 행동에는 싸우는 행동, 욕하는 행동, 별명 부르는 행동, 위협하는 행동, 반박하는 행동, 물건부수는 행동 등이다.

그러나 어떤 행동이 아동자신이나 다른 아동에게 심각한 위협이 되거나, 심각한 파괴 또는 지나친 정도로 학습을 방해한다면 그냥 무시할 수는 없을 것이다. 따라서 이 경우에는 제로행동 차별강화가 아닌 다른 중재방법을 도입해야 할 것이다(Walker & Shea, 1995).

목표행동	제로행동	강화제
싸우는 행동	1시간 동안 싸우지 않는다.	칭찬한다.
욕하는 행동	30분 동안 욕하지 않는다.	토큰을 준다.
반박행동	20분 동안 반박을 하지 않는다.	의견을 말할 기회를 준다.

2) 상반행동 차별강화(DRI)

상반행동 차별강화(differential reinforcement of incompatible behaviors)는 아동행동에 대하여 양립할 수 없는 정반대나 상반된 행동을 체계적으로 강화하여 그 행동을 줄여가고자 하는 중재법이다(Kerr & Nelson, 1989). 예를 들어 어떤 반에서 계속해서 두 명이 말다툼하는 아동이 있다고 하자. 교사는 이런 상황을 분석한 다음, 어떤 아동의 자리를 다른 반대편에 두면 이와 같은 행동은 줄어들 것이다. 즉 아동을 분리하면 그와 같은 행동은 줄어들 것이다. 아니면, 두 명이 서로 다툴 때는 무시하고 서로 다투지 않을 때(다투는 행동의 상반행동) 강화하는 방법도 있을 것이다.

이 예에서 중재에 깔려 있는 가정은, 전자의 경우 좌석간의 거리와 말다툼, 싸우는 행동과 싸우지 않는 행동간에는 상관관계가 있다는 것이다(Walker & Shea, 1995).

따라서 이와 같은 중재가 효과가 있기 위해서는 두 개의 상반된 행동의 선택이 매우 중요하다. 교사는 목표행동을 줄일 수 있는 상반행동을 강화할 많은 상황들을 고려하여야 한다. 상반행동 차별강화를 사용하여 행동수정하기에 적합한 행동 및 상반행동의 예는 지시순응 대 불순종, 별명대기 대 이름대기, 떠들기 대 조용히 하기, 수업종료 대 수업 중, 착석하기 대 이탈하기, 졸기 대 졸지 않기, 더디게 하기 대 제때에 하기, 과제미완수 대 과제완수 등이 있다(Walker & Shea, 1995).

▶ 표 8-6 ◀ 상반행동 차별강화의 예

목표행동	상반행동	강화제
불순종 행동	순종하는 행동	발표기회를 준다.
별명대기 행동	이름을 부르는 행동	만화책을 10분간 보여준다.
떠드는 행동	조용한 행동	스마일 표를 준다.
자리이탈 행동	자리에 앉는 행동	칭찬하여 준다.

3) 저빈도행동 차별강화(DRL)

저빈도행동 차별강화(differential reinforcement of low rate behaviors)는 부적절한 행동의 최저율을 점차적으로 강화하면서 행동을 줄여가는 방법이다(Martin & Pear, 1992). 저빈도행동 차별강화는 이미 습관화 되어있는 행동, 빨리 수정할 필요가 없는 행동, 완전히 제로까지 줄일 필요가 없는 행동 등에 적용가능하다. 예를 들어 일정기간에 가장 낮은 비율로 부적절한 행동을 했을 경우에 강화해 주는 방식이다.

저빈도행동 차별강화를 사용하여 행동수정하기에 적합한 행동은 관심끌기행동, 책임완수행동, 교사나 부모 질문에 대답하는 행동, 손들기 행동 등이다(Martin & Pear, 1992).

▶ 표 8-7 ◀ 저빈도행동 차별강화의 예

목표행동	저빈도행동	강화제
관심끌기	가장 낮은 정도의 관심끌기 행동을 보임	TV를 30분 보게 함
책임완수	책임 완수율이 가장 높은 정도의 완수율을 보임	만화책을 30분 보게 함
질문대답	질문대답 정도가 가장 높은 정도임	칭찬함
손들기	손드는 행동이 가장 높은 빈도임	놀이터에서 놀게 함

3. 중재에 사용할 강화제 결정

중재에 사용할 강화제는 앞서 언급한 강화제 선정방법과 동일하다. 즉, 아동과 직접 상담하여 강화제를 선택하거나 강화제 목록을 통하여 강화제를 선택할 수 있고, 양육자와 강화제 상담을 통할 수 있다.

4. 성공규준 결정

규준(criteria)이란 기준이 되는 표준을 의미하는 것으로서 성공 규준은 어느 정도를 성공으로 보는가에 대한 기준이라 할 수 있다. 차별강화에서 이와 같은 규준은 단계별로 다르게 정하는데 예를 들어 수업시간에 30분 간격으로 화장실에 가는 아동의 경우 1단계로 25분 동안 화장실에 가지 않으면 강화하기로 하였다면

25분이 1차적인 규준이 된다. 그러나 이후 이 규준은 30분, 35분, 수업시간 중으로 그 규준을 점차 증가시켜 정하여야 할 것이다.

5. 중재도입 및 결과 평가

앞서의 절차를 통하여 교사나 부모는 중재를 실시하고 이에 대한 결과를 평가한다. 차별강화에 의한 전략이 성공을 거두었을 경우에는 벌 중재를 피하고 보다 정적인 방법으로 바람직하지 못한 행동을 절제시킬 수 있게 되는 것이다.

그리고 교사나 부모가 차별강화 전략을 사용할 경우 처벌방식을 피하고 아동의 친사회적 행동(prosocial behavior)을 지원하여 주는 등의 부수적 효과도 얻을 수 있다(Webber & Scheuermann, 1991).

제3절   소 거

1. 의의

소거(extinction)는 계획적인 또는 일관된 무시(planned ignoring)라고도 하는데 이는 이전에 강화되어 왔던 행동에 대하여 교사나 부모가 의도적으로 강화제를 철회하거나 강화제를 제공하지 않는 전략을 의미한다(Hall & Hall, 1980). 즉, 소거는 행동이 거의 일어나지 않을 때까지 그 행동을 유지시켜온 강화요인을 제거시키는 과정이다(한경임, 2003).

소거전략에서의 소거는 아주 전적으로 그리고 아주 지속적으로 일관되게 목표행동을 무시한다는 것을 의미한다. 아동에게 강화되어 왔던 바람직하지 못한 행동을 소거하기 위한 가장 효과적인 방법은 그 행동을 무시하는 것이다. 이는 말은 쉬우나 실천하기는 어렵다.

대부분의 부모나 교사는 바람직하지 못한 행동을 무시하기로 결심하고 실행에는 옮기지만 얼마 가지 못하여 포기하고야 만다. 부모나 교사는 아동의 행동이 너무 심하여 또는 무시하기가 너무 어려워 무시할 수 없다고 한다. 그러나 부모나 교사는 아동의 생명에 중대한 문제를 일으키거나 아주 심각한 방해가 아닌 이상 소거법은 바람직하지 못한 행동을 감소시키는 좋은 중재법 중의 하나임을 명심하여야 한다. 소거법의 원리는 아주 간단하다. 그러나 그 효과는 매우 좋다. 다만 그 실천이 어려울 뿐이다.

2. 절차

1) 목표행동 선택

교사나 부모는 아동의 바람직하지 못한 행동 중 한 가지를 목표행동으로 정한다. 목표행동 선택방법은 앞서 언급한 바와 같다.

▶ 표 8-8 ◀ 소거 절차

소거 절차	내 용
목표행동 선택	아동의 바람직하지 못한 행동 중 한 가지를 목표행동으로 정한다.
중재전략 수립	교사나 부모는 관련자의 도움과 함께 전략을 수립한다.
평가	전략의 일관성과 지속성에 대하여 반성한다.

2) 중재전략 수립

소거법의 경우 중재전략은 매우 철저하고 지속적으로 사용하여야 한다. 이를 위하여 교사나 부모는 관련자의 도움과 함께 전략을 수립한다. 이 원리는 간단하나 그 실행이 매우 어렵고 일관성이 있어야 함을 명심하여야 한다. 이를 설명하면 아래와 같다.

▶ 표 8-9 ◀ 소거전략 단계

소거단계	내 용
목표행동에 무반응	태연한 체하고 아예 듣지도 못한 것처럼 행동한다.
하던 일을 계속함	부모나 교사는 아동의 행동에 반응 없이 하던 일을 계속한다.
피해 버림	아동이 더욱 강력하게 부모나 교사에게 목표행동을 하면 계속 참고 견디지 말고 그 자리를 피해 버린다.
바람직한 반응에는 즉각 강화함	새로운 바람직한 행동을 보이면 매우 반갑고 즐거운 표정으로 반응하고 강화제를 제공한다.

(1) 목표행동에 무반응

아동에게서 목표행동이 나타나면, 부모나 교사는 태연한 체하고 아예 듣지도 못한 것처럼 행동한다. 아예 무시(ignoring)하는 것이다.

(2) 하던 일을 계속함

부모나 교사가 태연한 체하고 반응을 보이지 않으면 아동은 더욱 강력하게 부모나 교사에게 이전까지 사용하던 방식으로 교사나 부모를 괴롭힐 것이다. 예를 들어 아동이 꼬집을 경우 더욱 세게 선생님을 꼬집을 것이다. 이 시기를 소거발작 또는 소거폭발기라 한다. 이때 부모나 교사는 절대로 반응을 보이면 안 되며 그냥 하던 일을 계속한다.

(3) 피해버림

만일 아동이 목표행동을 해도 부모나 교사가 못들은 채 무시(ignoring)하고 하던 일을 계속하면 아동은 더욱 강력하게 부모나 교사에게 목표행동을 하게 될 것이다. 그러면 교사나 부모는 이를 계속 참고 견디지 말고 그 자리를 피해 버린다. 이 전략에서 실패한 부모나 교사는 '그래 이번 한번만 들어주자, 다음부턴 절대로 안 되지 …'와 같은 생각으로 아동에게 반응을 하게 되는데, 이는 결국 실패하는 지름길이다.

(4) 바람직한 반응에는 즉각 반응함

일정한 기간이 지나면 아동은 목표행동을 포기하고 새로운 바람직한 행동을 보이게 된다. 부모나 교사는 이때를 기다려 매우 반갑고 즐거운 표정으로 반응하고 칭찬하여 주면서 강화제를 제공한다. 이와 같은 과정으로 아동은 새로운 기술을 습득하게 된다.

3) 평가

소거(extinction)에 의한 중재에서는 가장 중요한 것이 중재초기에 아동이 더 적극적으로 부적절한 목표행동을 보인다는 것이다. 이는 아동이 이제까지 지니고 있던 행동기술을 사용하던 것이 교사나 부모로부터 반응을 얻어내지 못하기 때문에 좀더 강도를 더하여 자신의 행동기술을 시도하는 것으로 볼 수 있다. 이 시기를 소거발작기 또는 소거폭발기라 한다.

이때 부모나 교사는 아동에게 절대로 반응해서는 안 되며 좌절해서도 안 된다. 만일 소거기술을 통하여 행동수정에 실패한 경우는 대부분 이와 같은 부모나 교사의 좌절 때문일 것이다.

따라서 평가에서 소거법이 실패한 것으로 드러났을 경우 교사나 부모는 반드시 전략의 일관성(consistency)과 지속성(duration)에 대하여 다시 한번 반성하여야 할 것이다.

제4절 질책과 특혜박탈

본 절에서는 벌 중재방법 중 한 가지인 질책(reprimand)과 특혜박탈(loss of privilege)에 대하여 설명하기로 한다. 질책과 특혜박탈은 벌 중재 중에서 보다 낮은 수준이나 다른 중재법보다는 강도가 강한 혐오적 중재법(aversive intervention)이다. 따라서 교사나 부모는 다른 비혐오적인 중재법을 고려하고도 적당한 전략이 없을 경우 이 방법을 사용하는 것이 좋다.

1. 질책

1) 의의

질책(reprimands)은 하나의 벌 중재(intervention by punishment)이다. 질책은 바람직하지 못한 행동을 한 것에 대하여 부모나 교사가 행동수정을 목적으로 말로 소리치거나, 호통치거나 꾸짖는 등의 방법으로 혼내는 것을 말한다.

2) 방법

교사나 부모가 질책을 통하여 목표행동을 수정하고자 할 때 반드시 목표행동을 정하고 바람직하지 못한 행동에 대하여 특정 아동에게 특정 목표행동에 대하여 질책한다. 이때 교사나 부모는 바람직하지 못한 행동에 대한 질책만으로 그치는 것이 아니라 반드시 바람직한 행동대안을 알려주어야 한다(Bacon, 1990).

질책을 효과적으로 사용하기 위한 가이드라인을 설명하면 표 8-10과 같다 (Walker & Shea, 1995).

질책방법	내 용
목표행동의 명확화	어떤 바람직하지 못한 행동이 지금 질책을 받고 있는지를 아동에게 정확하게 알려준다.
목표행동중심	아동이 보이는 바람직하지 못한 목표행동에 대하여 그 목표행동 그 자체에 초점을 둔다.
엄격함	질책을 하고 있는 중이라면 목소리나 행동에서 엄격하여야 한다.
분리질책	질책에 상처를 받을 수 있는 점을 고려하여 해당 아동을 따로 불러 질책하는 것이 좋다.
후속적인 벌	아동을 질책한 후 필요하다면 특혜박탈 등의 방법을 사용하여 질책을 뒷받침해 준다.
행동대안	질책을 하고 바람직하게 행동하는 행동대안을 언급해 준다.
냉정함	목표행동 발생 시 최대한 냉정을 유지하고 질책할 준비를 사전에 한다.
일사부재리 원칙	한번 질책이 끝났으면 그만이지 이 행동에 대하여 다시 아동을 질책한다거나 아동의 현재 목표행동 질책을 하면서 과거 이 아동이 저질렀던 바람직하지 못한 행동까지 질책하지 않는다.
비구어 질책	행동강도가 약한 경우는 몸짓 등에 의한 질책도 고려한다.
질책반응	아동이 질책을 받고 있는지를 알고 있는지, 적절한 행동대안을 배웠는지에 대하여 면밀히 살펴본다.

(1) 목표행동의 명확화

교사나 부모는 아동이 보이는 행동 중 어떤 바람직하지 못한 행동이 지금 질책을 받고 있는지를 아동에게 정확하게 알려준다. 아동이 인지적으로 이를 판단할 능력이 없다면 질책은 효과가 없을 것이다.

(2) 목표행동중심

교사나 부모는 아동이 보이는 바람직하지 못한 목표행동에 대하여 그 목표행동 그 자체에 초점을 두어야 한다. 만일 목표행동 이외의 인격적인 모독과 같은 행동은 초점을 잃을 수 있고 존경의 원리(principle of respect)에도 위배된다.

(3) 엄격함

부모나 교사가 목표행동에 대하여 질책중재 방법을 사용하기로 결심하고 질책을 하고 있는 중이라면 목소리나 행동에서 엄격하여야 한다. 이전에 나긋나긋

하게 말하고 밝은 표정으로 아동을 대하던 태도를 180도 바꾸어 엄격하고 심각한 어조 및 표정으로 아동을 질책(reprimand)하여야 한다.

(4) 분리질책

부모나 교사는 질책 이후 해당 아동의 또래관계 등을 고려하고, 다른 아동이 교사나 부모의 질책에 상처를 받을 수 있는 점을 고려하여 해당 아동을 따로 불러 질책하는 것이 좋다.

(5) 후속적인 벌

부모나 교사는 아동을 질책한 후 필요하다면 특혜박탈 등의 방법을 사용하여 질책을 뒷받침해 준다. 이는 구어적인 질책(verbal reprimand) 이후 그에 대한 벌을 부과하는 것이므로 효과강도를 배가시키기 위한 조치이다.

(6) 행동대안

부모나 교사는 질책을 하고 바람직하게 행동하는 행동대안(alternatives of behavior)을 언급해 준다. 단순히 질책만을 하였을 경우 아동은 그 목표행동을 억제할 수는 있겠으나 유사한 상황에서 바람직한 행동을 하는 법을 알지 못할 수 있기 때문이다.

(7) 냉정함

부모나 교사는 아동의 바람직하지 못한 목표행동에 실망하여 매우 분노하거나 좌절하여 냉정을 잃을 수 있다. 이 경우 질책효과를 기대하기 어려우며 아동에게도 부모나 교사에 대한 감정을 좋지 않게 만들 수 있다. 따라서 교사나 부모는 아동의 목표행동 발생시 최대한 냉정을 유지하고 질책할 준비를 사전에 하여야 한다.

(8) 일사부재리 원칙

일사부재리(一事不再理)는 법률용어로서 형사소송법상 어떤 사건에 관하여 유·무죄 판결이 있었을 때 동일사건에 관하여 다시 공소제기를 허용하지 않는다는 원칙을 의미한다. 이를 질책에 활용하면 한번 질책이 끝났으면 그만이지 이 행동에 대하여 다시 아동을 질책한다거나 아동의 현재 목표행동 질책을 하면서 과거 이 아동이 저질렀던 바람직하지 못한 행동까지 질책하여서는 안 된다.

(9) 비구어 질책

부모나 교사가 아동을 질책하는 것은 주로 아동을 직접 말로 꾸짖는 것이나 그 강도가 약한 경우는 몸짓 등에 의한 비구어 질책(non verbal reprimand)도 고려할 만하다. 예를 들어 교사나 부모가 아동과 정확히 눈을 맞추고 머리를 흔들어 '안 돼!' 신호를 보낸다거나, 손가락으로 정확히 지적하거나, 이름을 부르면서 인상을 쓰는 방법 등이 그것이다.

(10) 질책반응

부모나 교사는 아동에게 질책하면서 아동이 충분히 반성을 하고 있는지 무엇 때문에 질책(reprimand)을 받고 있는지를 알고 있는지, 적절한 행동대안을 배웠는지에 대하여 면밀히 살펴본다.

3) 효과

질책은 앞서 언급한 바와 같이 벌에 해당하는 중재방법이므로 그 도입은 보다 신중해야 하나 바람직하지 못한 목표행동으로 인하여 아동 자신이나 다른 사람의 안녕을 해칠 것으로 판단되는 경우 사용한다. 즉, 질책은 아동의 목표행동을 즉각 제지하지 않으면 아동 본인이나 다른 사람에게 심각한 피해가 발생할 수 있는 목표행동에 유용하다.

질책효과는 여러 가지 상황에서 효과가 있는데 질책효과를 높이기 위해서는 구어 질책과 관련이 있는 비구어적 행동을 함께 한 질책(손가락지시), 분명한 질책 이유 제시, 아동과 아주 근접한 질책 방법이 좋다(Van Houten, et al., 1982).

2. 특혜박탈

1) 의의

특혜박탈(loss of privileges)은 반응대가(response cost)라고도 부른다. 이 특혜박탈 역시 질책과 마찬가지로 벌에 의한 중재법에 해당한다. 즉, 아동이 바람직하지 못한 목표행동(target behaviors)을 할 때 아동에게 기존에 제공하던 강화제(reinforcer)를 박탈하거나 이후 제공할 강화제를 박탈함으로써 바람직하지 못한 목표행동을 줄이고자 하는 것이다.

2) 인과관계에 의한 특혜박탈

특혜박탈에서 가장 중요한 것은 인과관계(因果關係)이다. 즉, 아동이 자신이 특혜를 박탈당하는 것과 아동의 바람직하지 못한 행동 간의 인과관계를 이해하고 있어야 하는 것이다. 예를 들어 만성적으로 스쿨버스에 늦어 버스기사가 기다린 경우 아동은 이후에도 계속하여 늦을 것이다. 그러나 스쿨버스 기사가 아동이 제시간에 오지 않으면 기다리지 않고 그냥 출발할 것임을 알려주고 나서, 실제로 아동이 늦은 경우(바람직하지 못한 목표행동), 아동을 태우지 않고 그냥 출발하여 버스를 놓치게 되면(특혜박탈; loss of privilege), 아동은 버스에 늦는 것과 버스를 타지 못하는 것 간의 인과관계를 알 수 있게 된다.

이와 같은 인과관계는 어찌 보면 자연적인 귀결이다. 미술시간에 그림 그릴 준비를 하지 않으면 그림을 그리지 못한다거나, 다리가 아프면 달릴 수 없는 것도 마찬가지이다.

그러나 교육에서는 이와 같은 자연적인 결과귀결이 언제나 가능한 것은 아니다. 수업시간에 딴 짓을 했다 하여 자연히 쉬는 시간이 박탈되는 것이나, 실내 배드민턴에서 운동화가 없으면 배드민턴을 즐길 수 없는 것도 자연적인 귀결(natural consequence)이 되지 못한다. 이는 교사가 인과관계를 인위적으로 부여한 것이다. 이와 같은 인위적인 귀결(artificial consequence)은 교사나 부모가 정하게 되는데 이와 같은 인과관계를 아동이 이해하고 이에 따를 준비가 되어 있어야 한다.

이를 위하여 교사나 부모는 먼저 아동이 보이는 바람직하지 못한 (목표)행동에 대한 반응대가가 어떤 것인지를 아동에게 사전에 예고해 주어 인위적으로 결과귀결을 연계하여 주어야 한다. 물론 이때 아동이 이 인과관계를 잘못 이해하고 있을 경우에는 교사나 부모는 반응대가에 의한 특혜박탈 중재법을 사용할 수 없을 것이다.

3) 특혜박탈 중재 시 유의사항

교사나 부모가 아동이 보이는 바람직하지 못한 (목표)행동에 대하여 반응대가에 의한 특혜박탈 중재법을 사용하고자 할 때에는 다음과 같은 점에 유의하여야 한다.

(1) 인과관계 이해
부모나 교사가 특혜박탈 중재방법을 사용할 경우 가장 먼저 아동의 바람직하지 못한 (목표)행동과 특혜박탈 간 관계(relationship)를 아동에게 확실히 이해시켜야 한다. 그리고 아동이 특혜박탈을 받을 수 있는 목표행동(target behaviors)과 그 행동결과를 확실히 알 수 있도록 이해시킨다. 만일 이 인과관계를 아동이 제대로 이해하고 있지 못할 경우 아동이 이해할 수 있을 때까지 기다리거나 아니면 중재 방법을 다른 방법으로 바꾼다.

교사나 부모가 특혜박탈(loss of privilege)에 의한 중재법을 사용할 때에는 먼저 이 목표행동으로 인한 자연적인 결과귀결(natural consequence)이 나타나 자연적으로 인과 관계가 이루어지는 경우와 반대로 자연적인 귀결이 이루어지지 못하여 인위적인 결과귀결(artificial consequence)을 정하여야 하는 인과관계를 사용하여야 하는 경우를 잘 알고 있어야 한다.

▶ 표 8-11 ◀ 특혜박탈시 유의사항

유의사항	내 용
인과관계 이해	아동이 바람직하지 못한 (목표)행동과 특혜박탈 간 관계를 이해하여야 한다.
공정한 중재 및 적용	행동결과에 대한 귀결을 사전에 예고한 후 냉정하고 공정하게 적용한다.
지속적인 적용	일관성 있게 그리고 지속적으로 중재법을 사용한다.
행동강화	바람직하지 못한 (목표)행동만을 지적하는 것이 아니라 바람직한 행동에 대한 강화도 함께 제공한다.

(2) 공정한 중재 및 적용

교사나 부모는 자연적인 결과귀결에 의한 특혜박탈일 경우 그 행동에 자연적인 결과 귀결을 사전에 예고한 후 냉정하고 공정하게 적용한다. 예를 들어 늦잠 자는 아동의 경우 더 이상 엄마가 힘들여 깨우지 않고 한번만 깨울 것임을 알려주고 다음 날 아침에 한번만 깨운다.

만일 아동이 제때에 일어나 학교에 가면 다행이겠지만 지각을 두려워하여 자꾸 깨우면 아동의 늦잠행동은 수정되지 못할 것이다. 따라서 며칠 지각을 하는 한이 있더라도 정한 기준에 따라 냉정하게 적용하여야 한다.

냉정하게 한다는 것은 부모나 교사가 일부 이 문제에 대하여 죄의식을 가질 수 있는데 이를 철저히 배척하여야 한다. 교사나 부모가 인위적인 결과귀결을 정한 경우에도 마찬가지이다.

또 부모나 교사가 특혜를 박탈당한 아동에게 잔소리를 계속하거나 위협을 할 필요는 없다. 일단 아동은 특혜박탈(loss of privilege)이라는 벌을 받은 것이므로 이후에 다시는 그와 같은 행동을 하지 말아야겠다고 결심할 것이다. 또 그와 같은 행동을 하면 다시 특혜를 박탈당할 것임을 알 수 있게 된다. 따라서 부모나 교사는 한번 특혜박탈을 당한 행동에 대해 잔소리를 하여 이중으로 벌을 주는 일은 삼가한다.

(3) 지속적인 적용

교사나 부모가 특혜박탈 중재법을 사용하기로 하고 아동이 인과관계에 대하여 이해한 경우 그 적용은 지속적으로 이루어져야 한다. 한번 성공하였다 하여 그 성공이 일반화되는 것도 아니고, 수차례 실패하였다 하여 중재효과가 없는 것도 아니다. 부모나 교사는 일관성 있게 그리고 지속적으로 중재법을 사용하는 것이 중요하다.

(4) 행동강화

행동중재 과정에서 만일 아동이 특혜박탈을 피하고자 바람직한 행동을 한 경우, 즉 아동이 특혜박탈을 면하게 된 경우 부모나 교사는 이를 칭찬하고 강화제를 제공한다. 부모나 교사가 아동에 대하여 바람직하지 못한 목표행동에 대하여 특혜박탈로 중재하는 것은 오직 아동의 바람직하지 못한 (목표)행동의 수정에 있는 것이므로 이 목표행동이 변화를 보인다면 당연히 강화하여야 하는 것이다.

따라서 특혜박탈에서는 단순히 벌(특혜박탈)만을 제공하고자 하여 바람직하지 못한 (목표)행동(inappropriate behavior)만을 집요하게 지적하는 것이 아니라 바람직한 행동(appropriate behavior)에 대한 강화도 함께 제공하여야 하는 것이다.

4) 라플중재방식

특혜박탈(loss of privilege) 중 반응대가 라플 방식(response cost raffle)이 있다 (Proctor & Morgan, 1991). 이 방식에서는 먼저 수업을 시작할 때 네 장의 색종이(라플 티켓)를 각 아동에게 각각 색깔을 달리하여 나누어준다. 그리고 수업 중 어떤 아동이 부적절한 행동을 하게 되면 선생님은 그 라플 티켓 한 장을 아동으로부터 회수하면서 잘못된 행동이 무엇이었는지를 알려준다. 이때 아동이 반항하거나 부정적으로 반응하면 교사는 티켓을 한 장 더 가져간다. 이후에도 아동이 부적절한 행동을 계속하여 티켓을 모두 잃으면(4장을 모두 잃으면) 타임아웃(time out)으로 교실에서 분리한다.

수업종료 5분 전에 교사는 각 아동에게 남아 있는 티켓을 확인하여 남아있는 티켓 수에 따라 강화제 메뉴에서 강화물을 선택하게 한다. 이 방법은 아동이 이 중재법의 원리에 대하여 올바로 이해하고 있을 경우 부적절한 행동을 줄이는데 효과가 있다.

제 5 절　타임아웃

1. 의의

하키 경기나 핸드볼 경기를 보면, 반칙을 한 선수에게는 일정한 기간 동안 퇴장시켜 시합에 참여하지 못하게 한다. 이와 같은 벌의 원리가 타임아웃(time-out)이라 할 수 있다.

타임아웃(time-out) 중재는 부모나 교사가 바람직하지 못한 행동을 한 아동에게 정해진 기간 동안 어떤 강화장소로부터 비강화장소로 이동시키는 방법이다. 따라서 타임아웃은 일정시간 정적강화를 제공하지 않는 방법으로서 이 역시 벌에 의한 중재방법이다(Powell & Powell, 1982).

2. 유형

타임아웃(time out)은 바람직하지 못한 (목표)행동을 줄이고자 반응대가로 타임아웃을 실시하는 방법인데 이는 바람직하지 못한 (목표)행동을 줄이는데 효과가 있다.

이와 같은 타임아웃 유형에는 구경(관찰)타임아웃(observational time out), 배제타임아웃(exclusion time out), 완전타임아웃(seclusion time out), 리본타임아웃(ribbon time-out) 등 네 가지 형태가 있다. 이를 설명하면 표 8-12와 같다.

▶ 표 8-12 ◀ 타임아웃 유형

유 형	내 용
구경(관찰자적) 타임아웃	바람직하지 못한 (목표)행동을 한 아동을 강화지역으로부터 완전히 배제하지는 않고 일정한 장소에서 다른 아동의 활동을 구경하도록 하는 방법이다.
배제타임아웃	바람직하지 못한 행동을 한 아동을 강화장소에 있도록 하기는 하나 다른 아동이 강화지역에서 활동하는 것을 구경하지 못하게 하는 방법이다.
완전타임아웃	바람직하지 못한 (목표)행동을 보인 아동을 별도의 타임아웃 방에 가도록 하는 방법이다.
리본타임아웃	아동을 배제시키지 않으면서 타임아웃의 목적을 달성하는 방법이다.

1) 구경(관찰자적) 타임아웃

구경타임아웃(observational time out)은 바람직하지 못한 (목표)행동을 한 아동을 강화지역으로부터 완전히 배제하지는 않고 일정한 장소에서 다른 아동의 활동을 구경하도록 하는 방법이다. 결국 타임아웃을 받은 아동은 다른 아동이 하고 있는 활동을 볼 수는 있지만 직접 그 활동에는 참여하지 못한다.

2) 배제타임아웃

배제타임아웃(exclusion time out)은 바람직하지 못한 (목표)행동을 한 아동을 강화장소(예; 교실)에 있도록 하기는 하나 예를 들어, 해당 아동과 다른 아동 사이에 스크린 등을 설치하여, 다른 아동이 강화지역에서 활동하는 것을 구경하지 못하게 하는 방법이다. 이 방법은 구경타임아웃보다 조금 강도가 더 강하다고 할 수 있다.

3) 완전타임아웃

완전타임아웃(seclusion time out)은 바람직하지 못한 (목표)행동을 보인 아동을 별도의 타임아웃방(time-out room)에 가도록 하는 방법이다. 예를 들어 교사나 부모가 바람직하지 못한 행동을 한 아동만을 교실이나 집에 남기고 다른 지역으로 가거나 이 아동을 별도의 타임아웃 방으로 이동시키기도 한다. 이 방법은 구경타임아웃, 배제타임아웃 방법보다 강도가 더 강하다고 할 수 있다.

4) 리본타임아웃

앞서 언급한 타임아웃 방법은 모두 강화지역으로부터 아동을 배제시키는 방법이다. 반면에 리본타임아웃(ribbon time-out)은 아동을 배제시키지 않으면서 보다 효과적으로 타임아웃의 목적(goal)을 달성하는 방법이다(Foxx & Shapiro, 1978).

리본타임아웃 방법은 아동에게 먼저 리본과 같은 심볼을 준다. 이와 같은 리본은 아동의 가슴에 붙일 수도 있고 아동 이름이 있는 벽에 붙여둘 수도 있다.

만일 아동이 바람직하지 못한 (목표)행동을 하였을 경우 부모나 교사는 미리 주었던 리본을 떼고 일정 기간 동안 강화를 하지 않으며, 이 비강화시간이 끝난 뒤에는 리본을 다시 도입하여 강화를 한다.

이 리본타임아웃법은 다른 타임아웃법과 달리 비배제적인 타임아웃법(nonexclusionary time-out)이기 때문에 아동이 리본타임아웃에 대한 충분한 이해가 있어야 한다. 또 부모나 교사는 리본타임아웃 중에 아동이 바람직한 행동을 하였거나 바람직한 행동에 근접하려 하였을 경우 이 노력에 대하여 강화하여야 한다.

3. 타임아웃시 유의사항

타임아웃 효과는 아동을 둘러싼 여러 가지 요인에 따라 다르게 나타날 수 있다. 따라서 교사나 부모는 이들 아동의 요인을 면밀히 검토하여야 할 것이다. 이에 관하여 설명하면 표 8-13과 같다.

▶ 표 8-13 ◀ 타임아웃시 유의사항

유의사항	내 용
타임아웃에 대한 이해	아동이 타임아웃에 대한 이해를 할 수 있어야 한다.
아동의 특성	타임아웃 효과는 해당 아동의 특성이 가장 중요하다.
중재의 지속성	바람직하지 못한 (목표)행동에 대하여 타임아웃 중재법을 사용하기로 결심하고 실행하였다면 이를 지속적으로 적용하여야 한다.
타임아웃의 일관성	교사나 부모는 타임아웃을 일관성 없이 적용해서는 안 된다.
타임아웃 영역의 특성	아동이 다른 것에 의하여 강화될 것 같지 않은 지역을 선택하여야 하며 아동을 효과적으로 감독할 수 있는 지역을 선택하여야 한다.
타임아웃 시간	타임아웃 기간이 너무 길거나 너무 짧을 경우 중재로서 효과를 잃게 된다.
중재효과의 평가	타임아웃 중 발생한 일에 대하여 기록하고 분석하여 전반적인 효과를 평가한다.
후속조치	교사나 부모는 아동을 타임아웃 때문에 하지 못했던 일로 돌아오게 할 때 세심한 배려를 하여야 한다.

1) 타임아웃에 대한 이해

먼저 아동이 타임아웃에 대한 이해를 할 수 있어야 한다. 이를 위하여 아동은 어떤 행동이 바람직한 행동이고 어떤 행동이 바람직하지 못한 행동인지를 알고 있어야 한다. 그래서 아동이 바람직하지 못한 행동을 하게 되면 타임아웃이란 결과가 발생할 것임을 예측할 수 있어야 한다. 따라서 부모나 교사는 아동에게 타임아웃에 대한 규칙에 대하여 충분히 설명하고 이를 이해시켜야 할 것이다.

그리고 아동이 이 타임아웃 중재에 대하여 잊지 않도록 아동에게 지침을 정하여 주고 이를 자주 상기시켜 주어야 한다.

그러나 교사나 부모가 어린 아동에게 타임아웃을 적용할 때 아동과 타임아웃 방법에 대한 설명을 말로 대화하기가 어려울 것이다. 이 경우에는 실제로 중재를 도입하면서 그 규칙을 보여주고 시작할 필요가 있다.

2) 아동의 특성

타임아웃 효과는 해당 아동의 특성(characteristic of the child)이 가장 중요하다. 예를 들어 과잉행동(hyperactivity), 공격행동(aggressive behavior), 집단에 참여하기를 즐기는 아동은 타임아웃 효과가 매우 클 것이다. 왜냐하면 이와 같은 아동은 집단과 함께 하기를 원하고, 교사나 부모가 활동에 자신을 배제시키는 것을 원하지 않고 도리어 참여시켜 주기를 원하기 때문이다.

그러나 사회적 위축아동(social withdrawn children)이나 소극적인 아동(passive or solitary children)은 집단과 함께 하기를 덜 원하고, 교사나 부모가 활동에 자신을 참여시키는 것을 원하지 않고 도리어 배제시켜 주기를 원한다. 따라서 이들 아동의 경우는 타임아웃이 도리어 강화(reinforcers)가 되어 버릴 수 있다. 그러므로 부모나 교사는 타임아웃 중재 전에 아동의 개별적인 특성을 먼저 면밀히 파악하여야 한다.

3) 중재의 지속성

교사나 부모가 아동이 보이는 바람직하지 못한 (목표)행동에 대하여 타임아웃 중재법을 사용하기로 결심하고 실행하였다면 이를 지속적으로 적용하여야 한다(Brantner & Doherty, 1983). 그리고 일관성이 있어야 한다. 이 점에서 부모–교사의 협력이 필요한데, 타임아웃이 효과를 얻기 위해서는 가정과 학교가 모두 같은 기준으로 적용하여야 한다. 예를 들어 높은 곳에 뛰어내리는 행동을 하는 경우 학교에서는 즉각 타임아웃을 실시하였는데 가정에서는 그냥 내버려 둔 경우 아동이 이 행동을 계속할 수 있는 것이다.

4) 타임아웃의 일관성

교사나 부모는 타임아웃을 일관성(consistency) 없이 적용해서는 안 된다. 예를 들어 아동이 교실에서 심하게 떠들었을 경우 타임아웃 시키기로 하였는데 어느 날은 떠들었다고 타임아웃 시키고 다음날은 껌 씹었다고 타임아웃 시키며 다음날은 숙제 안 했다고 타임아웃 시키는 등의 행동을 하여서는 안 된다.

또 어느 날은 떠들었다고 타임아웃 시켰다가 어느 날은 오늘만은 봐준다고 타임아웃 시키지 않는 것도 문제이다. 이와 같은 방식은 아동을 혼란스럽게 하여 중재의 효과를 떨어뜨리게 된다.

5) 타임아웃 영역의 특성

교사나 부모는 타임아웃 장소(time out area)에 각별히 주의를 기울여야 한다. 교사나 부모는 아동이 다른 것에 의하여 강화될 것 같지 않은 지역을 선택하여야 하며 아동을 효과적으로 감독할 수 있는 지역을 선택하여야 한다. 예를 들면 타임아웃 지역은 교실 구석에 두는 것이 좋다. 만일 타임아웃 지역을 현관에 두면 아동은 지나가는 사람들과 대화기회를 얻을 수 있을 것이다. 즉, 아동은 제도적으로 수업에서 탈피하여 과제를 하지 않아도 되는 기회를 제공받는 것이다. 그리고 가능한 한 여타 시각적 청각적 자극이 없는 지역이 좋다.

그렇다고 하여 타임아웃 실을 별도로 만들 필요는 없다. 구석에 마련한 의자면 족하다. 방을 나눈다든지, 장막을 친다든지, 캐비닛으로 막는다든지, 책장 뒤로 간다든지 하는 것도 고려할 만하다. 중요한 것은 그 지역이 감독을 받고 있고 안전하며 적당한 조명과 환기가 잘되도록 하는 것이다.

6) 타임아웃 기간

타임아웃 기간(duration of the time out)이 너무 길거나 너무 짧을 경우, 중재로서 효과를 잃게 된다(Harris, 1985). 따라서 타임아웃은 대략 3분 정도로 제한되는 것이 좋다. 특별한 상황이라 할지라도 최대한으로 3분~8분 정도면 족하다. 타임아웃 기간에 교사는 아동을 계속하여 관찰하여야 한다. 이때 자명종 형태의 시계를 사용하는 것도 좋다. 타이머가 울리면 타임아웃 시간이 정확히 끝난 것이다. 즉 교사가 공정하게 중재를 적용하고 있다는 것을 아동이 알아야 한다는 것이다.

7) 중재효과의 평가

부모나 교사는 타임아웃 중 발생한 일에 대하여 기록하고 이를 분석하여야 한다. 교사나 부모는 아동의 타임아웃 기록에 대하여 연구하면서 전반적인 효과를 평가한다. 기록을 제대로 작성할 경우 교사는 기록을 통하여 왜 타임아웃 기법이 효과적이었는지 또는 이 기법이 효과적이지 못하였는지 그리고 그 원인은 무엇이었는지를 알 수 있다.

8) 후속조치

타임아웃 후에 아동이 타임아웃 때문에 하지 못했던 과정에 다시 돌아오도록 하는 것이 매우 중요하다. 교사나 부모는 아동을 타임아웃 때문에 하지 못했던 일로 돌아오게 할 때 세심한 배려를 하여야 한다. 만일 아동이 타임아웃 전에 하고 있었던 공부가 싫어 타임아웃 지역에 그냥 앉아 있고 싶을 경우도 있을 것이다. 따라서 이와 같은 점을 세심하게 고려하여 후속조치를 하는 것이 좋다.

제 6 절　과잉교정과 포만

1. 과잉교정

1) 의의

과잉교정(overcorrection)도 역시 벌에 의한 중재법 중 한 가지이다. 이 방법에서는 아동이 바람직하지 못한 (목표)행동을 하였을 경우 교사나 부모가 아동에게 바람직한 (목표)행동을 하도록 그 목표행동을 반복적으로 수행하도록 시키는 과정이다. 이와 같은 과잉교정은 정적연습(positive practice), 기능적인 운동훈련(functional movement training), 교육상 원상회복(restitution) 등으로 불리기도 한다.

2) 종류

과잉교정에는 정적연습과잉교정(positive practice overcorrection)과 상황회복과잉교정(원상회복과잉교정; restitution overcorrection) 등 두 가지 형태가 있다(이민경, 2003).
정적연습과잉교정은 부적절한 행동을 보인 아동에게 계속하여 적절한 목표행동을 요구하는 방법이고, 상황회복과잉교정은 부적절한 행동에 의해서 나타난 좋지 않은 환경을 이전 환경상황보다 더 바르고 좋은 환경으로 교정시키는 방법이다(Martin & Pear, 1992).

3) 유의사항

먼저, 교사나 부모가 과잉교정을 통하여 아동의 바람직하지 못한 행동을 수정하고자 할 때에는 아동이 보이는 바람직하지 못한 행동과 직접 관련을 지어 과잉교정을 사용하여야 한다. 장난감을 이리저리 흩뜨리는 아동에게는 그 흩뜨린 것을 더욱 완전하게 치우게 하여 장난감 흩뜨리는 것은 이후 더 어려운 장난감 치우기 과제를 하여야 한다는 사실을 알게 하여야 하는 것이다.

다음으로 교사나 부모는 바람직하지 못한 행동을 하고 있는 아동에게 그 행동을 정적으로 교정시키는 경험을 해 주어야 한다. 이는 물론 과잉교정 중에 일어나는 효과인데 정적연습의 경우 여러 차례 정적연습(positive practice)을 반복하여 아동이 이 바람직한 행동을 체득하도록 한다.

또한 과잉교정은 아동이 바람직하지 못한 행동을 하는 즉시 실시하는 것이 좋다. 아동이 바람직하지 못한 행동을 하는 즉시 중재하지 않고 일정한 기간이 지났을 경우 아동은 그 기간 동안 바람직하지 못한 행동으로 인한 결과로 강화받을 시간을 가질 것이다. 그리고 부모나 교사가 즉각적인 과잉교정을 하지 않고 일정한 기간 후에 과잉교정을 도입하였을 경우에 아동은 바람직하지 못한 행동과 현재 과잉교정을 받는 것 간의 관련성을 연계하기가 더 어려울 것이다. 따라서 부모나 교사가 아동에게 과잉교정을 하고자 하였다면 바람직하지 못한 행동이 발생한 이후 가능한 빨리 수행토록 하여야 한다.

마지막으로 교사나 부모가 아동에게 과잉교정을 도입하여 중재할 경우 교사나 부모는 그 행동을 가르침에 있어 아동입장에서 수행방법을 자세하게 가르친다. 이는 아동의 수행능력 정도에 따라 그 수준이 달리될 것이다.

2. 포만

1) 의의

포만(satiation)은 교사나 부모가 바람직하지 못한 행동을 한 아동에게 바로 그 바람직하지 못한 행동을 더 많이 계속하게 하여 그 행동을 줄이거나 없애는 방법이다.

사람들은 무슨 일이든 너무 많이 하게 되면 이에 만족하여 더 이상 이 활동을 하지 않게 된다. 어떤 행동에 대해서 물린 것이라 할 수 있다. 포만은 이와 같은 원리를 활용한 방법이다. 즉, 어떤 행동을 계속 증가해서 강화하면 그 행동이 줄어드는 결과가 된다는 것이다.

2) 방법

교사나 부모가 아동의 바람직하지 못한 행동을 포만으로 수정하고자 할 경우 가장 중요한 것은 이 행동이 포만으로 수정이 가능한 것인지에 대한 판단이다. 즉, 포만에 의한 중재는 지속적으로 뭔가를 원하는 것과 같은 바람직하지 못한 행동에 효과적이다.

예를 들면 글씨를 한번만 쓰고는 다시 연필을 깎는 행동이라든지, 연습장에 글씨를 조금 쓰고는 곧바로 연습장을 찢어 쓰레기통에 넣는다든지, 금방 물을 마셨는데 다시 계속하여 물을 가져온다든지 등과 같이 지속적으로 무엇인가를 원하는 행동들이 이 방법에 효과적이다.

제 7 절 둔감화(체계적 둔감법)

1. 의의

둔감화(desensitization)는 아동이 바람직하지 못한 모습으로 두려움을 보이는 경우 이 두려움을 체계적으로 줄이는 방법이다. 둔감화 기법의 기본적인 원리는 부모나 교사가 먼저 낮은 수준의 두려움 요인을 아동에게 제시하고, 점차 높은 수준의 두려움 요인을 제시하여 결국에 가서는 가장 크게 두려움을 유발하는 요인까지도 제시하여 더 이상 두려움을 느끼지 않도록 하는 방법이다.

둔감화 기법으로 효과를 얻을 수 있는 바람직하지 못한 두려움 행동에는 바람직하지 못한 공포심, 대중 앞에 서는데 두려움을 보이는 경우, 학교기피행동, 그룹활동 참여 기피, 물 공포증, 동물공포증, 고소공포증, 비행기공포, 시험공포증과 같은 바람직하지 못한 두려움에 효과가 있다(Wolpe, 1982).

2. 둔감화 절차

둔감화(desensitization)는 두려움을 극복하는 방법으로서 교사나 부모는 체계적이고 구체적인 계획을 수립하여 이 중재를 하여야 한다. 왜냐하면 아동이 두려움을 느끼고 있기 때문에 이에 대한 충분한 배려와 이해를 하여야 하기 때문이다. 체계적인 둔감화 절차는 표 8-14와 같다(Wolpe, 1982).

▶ 표 8-14 ◀ 둔감화 절차

절 차	내 용
전제조건	교사나 부모와 아동 간에 정적인 인간관계가 형성되어 있어야 한다.
위계목록 파악	아동이 보이는 두려움에서 두려움 수준이 낮은 요인부터 높은 요인까지를 고려하여 적절하게 단계목록을 마련한다.
평상심 유지	교사나 부모는 아동이 두려운 상황에서 평상심을 유지할 수 있도록 하여야 한다.
두려운 자극에 대한 대처	아동이 두려워하거나 힘들어하면 심호흡을 통한 이완훈련 등으로 두려움 요인에 대한 대처법을 가르친다.

1) 전제조건

둔감화 기법(desensitization)은 아동에 따라 많은 시간을 필요로 한다. 왜냐하면 아동의 두려움을 점차 줄여가야 하기 때문이다. 따라서 교사나 부모는 둔감화 중재법을 적용하는데 지속적이고 인내심 있게 적용하여야 한다. 이와 같은 둔감화 기법에서는 무엇보다도 교사나 부모와 아동 간에 정적인 인간관계가 형성되어 있어야 한다. 물론 다른 중재법도 마찬가지겠지만 특히 둔감화 기법의 경우는 더욱 그러하다. 왜냐하면 아동의 바람직하지 못한 행동이 두려움이고 이는 두려움 요인과 정적인 관계가 형성되지 못한데 원인이 있어 1차적으로 교사나 부모와 정적인 관계가 없으면 두려움 요인은 더욱 커지는 것이다.

2) 위계목록 파악

두려움 위계목록(anxiety-evoking hierarchy of stimuli)은 아동이 보이는 두려움에서 두려움 수준이 낮은 요인부터 높은 요인까지를 고려하여 적절하게 위계목록을 마련하는 것이다.

3) 평상심 유지

두려운 상황을 만나게 되면 아동은 이성을 잃고 두려움에 떨게 된다. 이 경우 아동은 스스로의 판단능력을 잃고 이 상황을 탈피하고자 전력을 다하게 된다. 이와 같은 상황에서는 교사나 부모의 중재가 효과를 거둘 수 없다. 따라서 교사나 부모는 아동이 두려운 상황에서 평상심을 유지할 수 있도록 하여야 한다.

4) 두려운 자극에 대한 대처

부모나 교사는 아동이 두려움을 보이는 행동에 대하여 둔감화 기법을 통하여 문제를 수정할 것임을 아동에게 알려주고 아동 스스로 마음을 가라앉히고 감내할 만한 수준까지만 수행하게 됨을 알려준다. 그래도 아동이 두렵거나 힘들어하면 심호흡을 통한 이완훈련 등으로 두려움 요인에 대한 대처법을 가르친다.

제 9 장

정신분석이론에 의한 중재

정신분석이론에 의한 중재

　　행동수정 이론에서는 아동의 표면적인 행동에 기초를 둔다. 그러나 정신분석
이론(psychodynamic theory)에서는 아동의 표면적 행동보다는 아동내부의 심리적 상
태에 기초를 둔다.

　　본 장에서는 정신분석이론에 의한 행동수정법을 설명하고자 한다. 교사나 부
모는 행동수정 이론뿐만 아니라 정신분석이론에 의하여도 아동이 보이는 바람직
하지 못한 행동을 수정할 수 있을 것이다.

　　행동수정 이론에서 언급하는 대로 인간이 행동하는 이유가 단순히 학습에
의한 것만은 아닐 것이다. 따라서 정신분석이론에서 주장하는 아동내부에서의 심
리상태에 중심을 둔 행동수정법에 대하여도 살펴볼 필요가 있는 것이다. 표 9－1
은 정신분석이론에 의한 교육중재방법을 요약한 것이다.

▶ 표 9-1 ◀　정신분석이론에 의한 교육중재방법

중재방법	분　류
상　담	생활상담, 현실치료상담
표현매체	음악, 미술, 놀이, 인형, 사진, 애완동물, 역할놀이, 신체활동, 문학, 독서, 모래, 원예
행동관리	동기부여, 계획적 무시, 간섭/통제, 적극적 예방

　　교사나 부모는 아동의 속마음을 처음부터 읽을 수 없다. 즉, 아동이 보이는 표면행동(表面行動; 겉으로 드러난 행동)을 보고 문제가 있거나 문제가 없어 원만함을 알게 되는 것이다. 그러나 교사나 부모가 아동의 표면행동에 문제가 있음을 알게 되면 이 아동이 왜 그런 행동을 하는 것인가에 대하여 의문을 가지고 이를 수정하고자 한다.

　　이때 행동수정 이론에서는 표면행동의 수정에 문제의 초점을 두지만 정신분석이론에서는 표면행동의 근본원인을 찾으려고 한다. 즉, 정신분석이론(psychodynamic theory)에서는 아동이 보이는 표면행동의 근본적 원인을 찾아내어 아동 스스로 이 문제를 해결하도록 도와줌으로써 아동의 표면행동을 자연스럽게 없애고자 한다.

　　이와 같은 과정에서 가장 핵심적인 내용이 바로 상담기법(counseling techniques)이다. 즉, 부모나 교사는 아동이 보이는 표면적인 행동만으로는 아동행동의 원인을 제대로 파악할 수 없기 때문에 이를 알아내기 위해서 아동의 정신세계 즉, 아동의 생각을 알아야 한다. 이를 알아내는 방법은 상담이 가장 직접적이고 가장 빠른 지름길인 것이다.

　　따라서 아동의 정신세계를 알아내는 방법으로서 가장 효과적인 방법이 상담이다. 상담은 치료관점에서 크게 두 가지로 구분된다. 하나는 생활상담(life-space interview)이고 또 하나는 현실상담(reality interview)이다. 이를 설명하면 표 9-2와 같다.

▶ 표 9-2 ◀　상담의 구분

상담구분	설　명
생활상담	아동이 생활하는 동안 발생하는 문제행동에 대하여 상담하여 중재하는 방법
현실치료상담	아동이 스스로 인생의 방향을 설정하고 좀 더 효율적인 행동선택을 하도록 상담자가 도와주는 방법

1. 생활상담

1) 의의

생활상담(life-space interview)이란 아동이 생활하는 동안 발생하는 문제행동에 대하여 상담하여 중재하는 방법이다.

상담법이 가지고 있는 기본적인 방향은 교사나 부모가 문제해결을 해주는 것이 아니라 아동 스스로가 자신에게 닥친 문제를 해결하도록 촉진하여 주는 것이다. 따라서 상담에 의할 경우 표면행동 자체에 초점이 있는 것이 아니라 표면행동을 하도록 한 원인을 찾아내는 것이 중요하다. 이때 상담자의 역할은 해결사가 아니라 촉진자(facilitator) 역할이다.

생활상담은 이와 같은 상담의 역할에 충실하여 아동의 생활 중 발생하는 문제행동을 중재한다.

2) 구분

생활공간 상담기법은 그 목적에 따라 아동생활에서 발생한 문제들을 치료목적으로 활용할 수 있고, 단순히 문제가 발생한 그 시점에서 일차적으로 정서적인 지원을 제공하는데 사용할 수도 있다. 따라서 생활상담을 목적별로 구분하면 표 9-3과 같다.

▶ 표 9-3 ◀ 생활상담의 목적별 구분

목적별 구분	설　명
치료목적 생활상담	아동에게 아동자신을 둘러싼 상황에 대하여 왜곡된 인식을 하고 있음을 깨달아 가도록 지원한다.
정서지원목적 생활상담	아동이 스트레스를 받고 있을 때 즉시 그 시점에서 정서적 지원을 제공하여 줌으로써 아동이 그 문제점을 해결하도록 해준다.

(1) 치료목적 생활상담

먼저, 치료목적으로 생활공간상담을 이용할 경우 교사는 아동의 행동습관 특성을 알아내어 치료목적을 정하고자 실제 일어나는 사건을 활용한다. 이때, 교사는 아동에게 아동자신을 둘러싼 상황(현 실체, 행동특성, 사회적 도덕적 가치와 규준, 그룹 행동과 압력에 대한 반응)에 대하여 왜곡된 인식을 하고 있음을 깨달아 가도록 지원한다.

(2) 정서지원 목적 생활상담

교사가 아동의 정서지원을 위하여 생활공간 상담법을 활용할 경우 교사는 아동이 스트레스를 받고 있을 때 즉시 그 시점에서 정서적 지원을 제공하여 줌으로써 아동이 그 문제점을 건너뛰도록 해준다.

이와 같은 상담으로 교사는 아동의 좌절 정도를 줄여주고, 변화된 상황에서 아동이 적응하도록 정서적으로 지원하며, 긴장된 교사-아동 간, 아동-아동 간의 의사소통관계를 회복시키고, 현존하는 한계성 및 현실감을 강화시켜 주며, 아동에 닥친 문제와 정서적으로 변화된 사안(예를 들면 싸움이나 논쟁)에 대한 해답을 찾도록 도울 수 있다.

3) 상담자 지침

상담자 행동을 위한 가이드라인(guideline)은 표 9-4와 같다(Brenner, 1998). 이는 모든 상담에서 유의하여야 할 지침이 될 것이다.

▶ 표 9-4 ◀ 상담자 가이드라인

가이드라인	설 명
공손	교사나 부모가 아동과 상담할 경우 아동에게 공손하게 대한다.
눈높이	아동의 눈높이에 맞는 위치에서 상담을 한다.
탐색	표면행동 사건에 대하여 내용을 자세히 탐색하여 이해하여야 한다.
적절한 질문	표면행동 사건 실체를 알 수 있는 적당한 질문을 던진다.
이해	표면행동에 대한 아동의 생각을 충분히 이해한다.
반응	아동 스스로 질문하게 하고 적당하게 질문에 반응한다.
고통	아동이 표면행동 사건에 대하여 죄의식이나 부끄러움으로 고통받고 있다면, 그 감정을 최소화하고 줄이도록 격려한다.
의견	아동이 쉽게 자신의 의견을 말하도록 한다.
합의	유사한 사건에 대해서 적용할 수 있는 방법을 상호 합의하에 개발한다.

(1) 공손

교사나 부모가 아동과 상담할 경우 아동에게 공손하게 대한다(be polite). 만일 부모나 교사가 자신의 감정을 통제하지 못한 경우 상담을 하지 않는 편이 낫다. 그리고 상담자는 교사나 목사가 아니다. 마치 설교나 교육처럼 상담하는 것은 상담이 아니다.

(2) 눈높이

교사나 부모가 아동과 상담할 경우 아동의 눈높이에 맞는 위치에서 상담을 한다(eye contact). 이는 대화의 눈높이도 해당할 것이다. 만일 물리적인 눈높이가 맞지 않을 경우 교사나 부모는 앉거나, 무릎을 꿇거나, 서는 방법으로 눈 맞춤을 할 수 있을 것이다.

(3) 탐색

부모나 교사는 아동의 표면행동에 대하여 명백히 이해하여야 한다. 단순한 교사나 부모의 판단만으로 표면행동을 결정지을 경우 상담이 필요 없을 것이다. 따라서 표면행동 사건에 대하여 내용을 자세히 탐색(investigation)하여 이해하여야 한다. 이때 당사자가 아닌 2차·3차 정보와 같은 소문에 의하여 상담하는 것을 피하여야 한다.

(4) 적절한 질문

부모나 교사는 표면행동 사건 실체를 알 수 있는 적당한 질문을 던진다. 이때 '왜'라는 질문은 가급적 피한다. 상담자는 행동의 배경에 초점을 두어야지 문제행동 자체에 초점을 두지 않는다. 상담자는 참을성 있게 아동의 말을 끝까지 들어가면서 필요한 경우 적절한 질문(question)을 한다.

(5) 이해

부모나 교사는 아동의 생각을 들어 그 표면행동에 대한 아동의 생각을 충분히 이해한다(understanding). 아동의 생각은 오해일 수도 있고 상황에 적절한 것일 수도 있다. 상담자가 교사나 부모가 아동의 생각과 판단을 올바로 이해하였을 경우 문제의 배경을 올바로 파악할 수 있는 것이다.

(6) 반응

아동이 스스로 질문하고 적당하게 질문에 반응한다(responding). 아동이 스스로의 의견을 자유롭게 하도록 하는 것이다. 아동의 마음을 읽어주는 일도 좋은 방법이다. 상담자의 적절한 반응은 아동과의 대화를 원활하게 해주는 윤활유와 같다.

이는 일상대화에서도 상대방의 대화에 적절히 반응할 때 대화가 원만해지는 것과 같은 원리이다.

(7) 고통

아동은 상담 자체만으로도 벌을 받고 있다고 생각할 수 있으며 자신의 문제, 자신의 생각이 잘못되었다는 점을 상담을 거치면서 알게 될 수도 있다. 이때 죄의식이나 부끄러움 등이 있을 수 있다.

따라서 아동이 표면행동 사건에 대하여 죄의식이나 부끄러움으로 고통받고 있다면, 그들의 감정을 최소화하고 줄이도록 격려한다(encouraging).

(8) 의견

부모나 교사는 아동이 쉽게 자신의 의견을 말하도록 한다. 만일 아동이 자신의 의견을 말하는데 어려움이 있을 경우에는 이를 도와준다(facilitating).

상담은 최대한 아동의 의견을 밖으로 표출하도록 하는 과정이다. 따라서 상담자는 이를 위하여 최선을 다하고 도와주어야 한다.

(9) 합의

부모나 교사는 조심스럽게 그리고 인내심 있게 이 사건에 즉각적으로 또는 미래에 이와 유사한 사건에 대해서 적용할 수 있는 방법을 상호 합의하에 개발한다(acceptable plan).

이때 아동의 동의가 중요한데 아동이 동의하지 않을 경우 강제로 동의하도록 강요하지 말고 좀 더 시간을 갖고 스스로 판단하도록 돕는다.

2. 현실치료 상담

1) 의의

교육에서의 현실치료 목표는 어떤 사람에게 보다 책임 있는 행동을 하도록 인도하는 것이다. 그런데 현실치료는 대화를 통하여 아동 스스로 행동을 결정하는 것이기 때문에 언어적 상호작용(interaction)이 가능하여야 한다. 따라서 비장애아동의 경우 초등학교 이상의 아동에게 사용할 수 있으며, 정서·행동장애아동의 경우는 그 적용 가능성을 면밀하게 검토하여야 할 것이다.

현실치료(reality therapy)는 미국의 정신과 의사인 Glasser(1990)가 창안하였다. 그는 이후 선택이론(choice theory)을 주장하여 한 사람이 선택하는 것은 개인의 욕구충족을 위한 것이라고 하였다. 현실치료 방법은 아동이 스스로 인생의 방향을 설정하고 좀 더 효율적인 행동선택을 하도록 상담자(부모나 교사)가 도와주는 방법이다. 현실치료에서는 과거 아동에게 어떤 일이 일어났든, 어떤 환경조건에 처해 있든, 현재 상황에서 자신의 행동을 주도적으로 선택하여 책임지고 효율적으로 자신의 욕구를 충족시켜 현재와 미래를 즐겁게 살아나갈 수 있도록 지원하는 방법이다.

이 방법에서 상담자는 아동이 자신의 욕구를 현실적인 방법으로 충족시키도록 도와줌으로써 아동이 성공적인 자기 정체성을 찾도록 한다. 이 방법에서는 아동이 자신의 문제를 스스로 선택한 것이라고 생각하도록 하며 선택의 책임이 개인에게 있다는 점을 강조한다.

정신분석이론이 그러하듯이 현실치료는 개인이 보이는 표면행동은 외부자극에 의해서가 아니라 아동 자신의 내적요구(psychological needs)에 의해 동기화되어 행동으로 나타난다고 본다. 따라서 현실치료에서는 행동에 대한 책임감을 강조하고, 과거보다 현재에, 무의식적 경험보다는 의식적 경험에 초점을 둔다.

2) 상담과정

현실치료 상담과정은 크게 관계형성 단계와 행동변화 단계로 구분한다. 여기서 관계형성 단계는 아동과 친밀한 관계를 형성하기 위한 과정인데 상담에 있어 기본은 아동과 친밀한 관계를 유지하는 것이다. 이와 같은 관계형성은 이후 과정상 모든 절차의 기본이 된다.

그리고 행동변화 단계는 개인의 욕구(want)탐색, 행동(doing)탐색, 자기평가(evaluation), 계획(plan) 등 4단계(WDEP)로 구성되어 있다(Wubbolding, 1998). 이를 설명하면 아래와 같다.

(1) 욕구·바람·감정·탐색

이 과정은 부모나 교사가 아동과 상담을 통하여 아동이 스스로 자신의 세계를 탐색하고, 이제까지 잘 몰랐던 자신의 바람을 확실하게 알게 하며, 아동의 인식구조를 탐색하여 아동이 원하는 것이 다른 사람들과 같은 것인지를 확인하게 한다. Glasser(1986)는 아동의 다섯 가지의 기본욕구를 설명하였는데 이는 표 9-5와 같다.

단 계	과 정	설 명
관계형성 단계	관계형성과정	아동과 친밀한 관계를 형성하기 위한 과정으로 이후 과정상 모든 절차의 기본이 된다.
행동변화 단계	욕구·바램· 감정·탐색과정	상담을 통하여 아동 스스로 자신의 세계를 탐색하고, 이제까지 잘 몰랐던 자신의 바람을 확실하게 알게 하며, 아동의 인식구조를 탐색하는 과정이다.
	행동방향 탐색과정	아동의 표면행동에 대하여 아동 스스로 통제할 수 있는 활동을 스스로 탐색하도록 돕는다.
	행동방향 자기평가과정	아동 자신이 선택한 행동방향이 자신의 욕구충족과 현실적으로 책임있는 행동인지에 대하여 평가하는 과정이다.
	계획과정	이제까지의 상담과정을 종합하여 실천으로 옮기는 계획과정이다.

① 생존(survival)

② 사랑과 소속(love and belonging)

③ 권력(power)

④ 자유(freedom)

⑤ 웃음(fun)

(2) 행동과 행동방향 탐색

이 과정에서 부모나 교사는 아동의 표면행동에 대하여 아동 스스로 통제할 수 있는 활동을 스스로 탐색하도록 돕는다. 이는 아동이 기존에 사용하던 표면행동방식을 바꿈으로써 아동이 지녔던 우울, 격분, 외로움 등의 감정요소와 신체현상을 스스로 바꿀 수 있다고 보는 것이다.

(3) 행동방향에 대한 자기평가

이 단계에서 부모나 교사는 아동 자신이 선택한 행동방향이 자신의 욕구충족과 현실적으로 책임 있는 행동인지에 대하여 스스로 평가하게 하는 과정이다.

이 과정에서 가장 중요한 부분은 아동이 행동변화를 위해 노력하는 방법에 대한 스스로의 자기평가이다. 이 자기평가(self evaluation)를 통하여 아동은 자신의 욕구와 행동 사이의 거리를 스스로 평가할 수 있게 된다.

(4) 계획

계획은 아동 스스로 이제까지의 상담과정을 종합하여 실천으로 옮기는 계획

과정을 의미한다. 따라서 이 과정은 긍정적인 행동계획과 그 계획에 대한 실천을 다짐하는 과정이다.

제 2 절 　표현매체

　　표현매체(expressive media)에 의한 방법은 정신치료에서 많이 사용하는 방법으로서 사람을 통한 감정표현보다는 어떤 매체(음악, 미술, 장난감 등)를 통하여 자신의 감정과 정서를 표현하도록 돕는 정신분석이론(psychodynamic theory)에 의한 중재법이다.

　　표현매체는 아동이 긍정적이든 부정적이든 자신의 감정을 표출하는데 좋은 수단이 될 수 있다. 특히 아동의 경우는 일반적으로 말로 대화를 할 수 없거나 자신의 생활스타일에서 자기통제가 힘들기 때문에 표현매체를 통하여 다른 사람과 갈등위험 없이 스트레스나 좌절감을 풀 수 있는 것이다.

　　표현매체는 아동의 표현능력을 발달시키고, 여러 가지 방법으로 아동의 내적 자원을 자극하는 역할을 담당하여 준다(Cheney & Morse, 1992). 즉, 포기나 위축보다는 관여를 쉽게 해주고, 카타르시스 방출(cathartic release)을 위한 적당한 채널을 제공하여 주며, 아동의 갈등표출 수단이 되고, 매체를 통하여 다른 것들과 대화하는 역할을 해준다. 표현매체를 통한 치료법을 설명하면 표 9-6과 같다.

1. 음악치료

　　음악치료(music therapy)는 음악이라는 표현매체(expressive media)를 사용하여 아동의 심리적, 정서적 문제를 개선하는 방법으로서 이는 미술치료와 마찬가지로 의사소통 통로를 음악이라는 비구어적 매체를 통하여 자신의 의사를 표현하거나 심리적 안정을 구하고자 하는 음악분야의 일부분이다. 즉, 음악치료는 음악을 하나의 치료적 도구로 사용하여 아동의 발달을 촉진시키는 데 그 목적이 있다(이한우, 2004).

　　음악치료 기법은 훈련받은 음악치료사가 아닐지라도 사용할 수 있다(Michel, 1985). 즉, 음악은 보조적 수단으로 사용할 수 있는 것이다. 음악은 아동의 행동을 수정하기 위한 목적, 편안한 분위기를 만들기 위한 목적, 행동장애아동과 아동의

치 료	설 명
음악치료	음악이라는 표현매체를 사용하여 아동의 심리적, 정서적 문제를 개선하는 방법
미술치료	미술을 통하여 의사소통, 사회화, 창조성, 자기표현, 자기탐구, 환경의 조작과 같은 도움을 줄 수 있는 중재방법
놀이치료	아동이 자신의 감정을 표출할 수 있는 환경을 조장하여 줄 놀잇감을 통하여 돕는 중재방법
인형놀이치료	인형놀이를 통하여 자신의 감정을 표출할 수 있도록 돕는 중재방법
사진치료	정서적 반응을 일으키게 하여 치료뿐만 아니라 창조성을 개발하는데도 도움이 되는 중재방법
애완동물치료	정서·행동장애 아동과 신체장애아동, 노인병, 슬럼프에 빠진 사람, 그리고 정신질 환자들을 위한 중재방법
역할놀이치료	장애로 인하여 놀이발달이 늦은 아동에게 간접적인 경험을 유도하여 사회기술을 손쉽게 습득시킬 수 있는 중재방법
신체활동치료	신체활동으로 자신의 감정을 표출하도록 도와주는 중재방법
문학치료	글쓰기를 통하여 자기표현, 자기탐험, 문제해결을 돕는 방법
독서치료	독자와 작품 간 상호교류를 통하여 간접적인 치료목적을 달성하고자 하는 치료중 재법
모래치료	아동 자신이 모래놀이 과정에서 자기를 표현하고 그에 의하여 스스로를 치유하는 중재방법
원예치료	식물관련 여러 가지 원예활동을 통하여 사람의 신체적, 정신적 세계의 질적 향상을 도와 장애 상태를 개선하고, 환경에 적응하며 사회복귀를 촉진하는 중재방법

주의 산만을 해소하기 위한 목적으로 사용될 수 있다.

　　원래 음악은 우리의 신체와 정신건강을 향상시킬 수 있도록 바람직한 변화를 창출해 내는 정서적인 가치와 물리적인 속성을 지니고 있어 자연적인 보상을 줄 수 있다. 또한 인간 심리는 특별한 소리에 예리하게 반응하는 특성이 있기 때문에 아동이 학습활동을 하는데 배경음악으로 들려주어 학습에 대한 성취도와 성과를 크게 달라지게 할 수도 있다(이한우, 2004).

2. 미술치료

미술치료(art therapy)는 미술을 통하여 의사소통, 사회화, 창조성, 자기표현, 자기탐구, 환경의 조작과 같은 도움을 줄 수 있는 중재방법이다(Williams & Wood, 1997). 미술치료는 궁극적으로 어려움을 겪고 있는 사람을 대상으로 하여 그들의 미술작업 다시 말하면 그림이나 소조, 디자인 기법 등과 같은 미술활동을 통해서 그들의 심리를 진단하고 치료하는데 목적이 있다(이근매, 2004).

Naumburg(1958)는 그림을 치료매체로 이용하는 방법을 주장하였고, Kramer (1987)는 그림자체가 치료효과가 있다고 주장하였다. Ulman 등(1977)은 최초로 미술치료라는 용어를 정의하면서 이들의 주장 즉, 치료표현매체로서의 미술과 미술 자체의 치료효과 등에 대하여 모두 인정하였다. 즉, 미술치료는 미술을 통하여 심리적, 정서적 갈등을 완화시킴으로서 원만하고 창조적으로 살아갈 수 있도록 도와주는 심리치료 기법이다(한국미술치료학회, 2000).

미술치료는 미술치료사와 치료를 받는 대상 간의 관계를 중요시한다. 그 이유는 아동은 자신의 감정과 감각을 미술을 통하여 직접 표현할 수 있는데 이와 같은 아동의 표현 즉, 아동이 그려내는 선과 형태와 색채를 통하여 아동의 감정을 이해할 수 있다는 것이다.

따라서 미술치료에서는 아동이 완성한 미술품에 관심을 갖는 것이 아니라 미술표현으로 아동이 지닌 내면화된 생각을 이해하는 것이 중요하다. 또한 미술치료를 통하여 아동이 지닌 내적 문제를 소화하고 통제된 정서(충동성, 공격성)를 극복하고 지난날의 정서적 고통을 간접 체험케 하여 억눌린 정서적 고통들을 분출하여 자신을 깨닫게 하여 준다.

미술치료는 미술이라는 매체를 통한 의사소통 기법이다, 즉, 언어에 의한 의사소통이라기보다는 미술을 통한 의사소통(비언어적 의사소통)인 것이다.

미술치료의 장점에는 1) 미술은 상상의 표현이다, 2) 비언어적 수단이므로 통제를 적게 받아 환자의 방어를 감소시킬 수 있다, 3) 구체적인 유형의 자료를 즉시 얻을 수 있다, 4) 자료의 영속성, 5) 미술은 공간성을 지니고 있다, 6) 창조성이 있으며 에너지를 유발시킨다(이근매, 2004) 등이 있다.

3. 놀이치료

놀이치료(play therapy)는 Axline(1947)이 제안하였는데, 이 방법에서는 아동이 자신의 감정을 표출할 수 있는 환경을 조장(facilitation)할 수 있는 놀잇감을 자유놀이실에 비치한다. 이때 놀이치료에서는 장난감이 무엇보다도 중요한데 놀잇감은 복잡한 장난감이나 게임기구가 아니라 단순한 장난감이나 놀이기구가 적당하다. 왜냐하면 복잡한 장난감은 아동의 독창적인 활동을 제한할 수 있고, 복잡한 장난감 이용법을 부모나 교사가 자주 알려주게 되면 아동의 활동을 능동적으로 만들기보다는 수동적으로 만들 가능성이 있기 때문이다.

놀잇감에는 사회성이 있는 장난감(공, 옷, 장난감 트럭, 장난감 자동차, 장난감 트럭, 퓨펫인형)과 독립적인 장난감(그림책, 동화책, 퍼즐, 종이, 크레용, 페인트)이 있다.

사회성이 있는 장난감의 경우 독립적인 장난감의 경우보다 사회적 행동을 더 촉진시킨다. 그리고 사회적 행동 빈도는 분리교육 장면보다 통합교육 장면에서 더욱 잘 일어난다(장애아동과 비장애아동 간에 사회적인 상호교류를 촉진한다).

놀이치료는 아동에게 놀이시설에서 관심 있는 놀이를 자유롭게 할 수 있도록 보장한다. 활동의 제한은 최소한으로 한다. 그리고 교사나 부모의 역할은 관찰자로서의 역할이며 활동을 용이하도록 돕는 자의 역할이다.

우리나라의 경우 놀이치료에 관련한 연구 논문은 매우 많으며, 정서·행동장애 아동을 위한 놀이 중재방법에 관한 논문도 매우 많다.

4. 인형놀이치료

인형놀이치료(puppetry therapy)란 원래 무대 위에 사람이 아닌 인형이 등장하여 연기하는 놀이다. 인형놀이를 통하여 아동은 자신의 감정을 표출할 수 있다. 즉, 다른 사람과 직접적으로 대화할 수 없거나 대화하지 않으려는 아동의 경우이 놀이가 지닌 장점 즉, 무생물체인 인형을 통하여 일종의 환상 안에서 현실을 상징적으로 표현할 수 있게 해 주기 때문에 대화가 가능해지는 것이다.

이 인형놀이는 현재 언어개발 프로그램이나 정서교육 프로그램에 사용하고 있으며 인형을 통해서 말하고 이전에 표현하지 않았던 감정을 자주 표현하게 도와준다.

또 인형놀이에 직접 관여하지 않는 아동도 이 활동을 통하여, 교사나 다른 아동이 조작하고 있는 것에 반응하기도 하고 함께 이야기하기도 하기 때문에 도움이 된다.

우리나라의 경우 여러 가지 연구에서 인형을 이용한 연구가 활발히 진행되고 있으나 정서·행동장애 아동을 대상으로 한 연구는 매우 적다. 연구의 예를 들면 아동의 위축(강희선, 1998), 지적장애아 사회성 발달(박경미, 2004) 등을 들 수 있다.

5. 사진치료

Minner(1981)는 행동장애와 다른 장애아동에 대한 보조적 치료법으로 사진치료(Photography therapy)를 제안하였다. 이 방법은 치료적일 뿐만 아니라 창조성을 개발하는 데도 도움이 된다. Minner는 사진치료(Photography)를 효과적으로 사용할 수 있는 두 가지 활동을 제안하였다. 즉 슬라이드 테이프를 보여주는 방법과 시각예술작품을 보여주는 것이다. 이 두 가지 활동 모두 개인에게 정서적 반응을 일으킨다.

Raschke, Dedrick, Takes(1986)는 치료도구의 하나로 비디오테이프를 제안하였다. 비디오테이프를 통하여 행동장애 아동은 자신의 행동을 알아차리게 되고 보다 더 적절한 행동을 하는 법을 자기자신 속에서 찾을 수 있다는 것이다. 이들 연구자들은 추천할 수 있는 방법으로 행동 리허설, 자기통제훈련, 실제연출 등을 제안하였다.

비디오테이프 반복을 이용한 자기통제훈련을 할 경우 과제수행에 대한 행동과, 산만한 행동, 학습능률 등에 도움이 된다. 즉, 이를 반복하여 보면서 아동은 자기사정을 할 수 있게 되고 자기통제, 자기강화를 할 수 있게 된다. 그리고 실제 연출(reality replay)은 자기행동에 대한 예측과 결과를 판단하지 못하는 아동에게 도움이 된다.

우리나라의 경우 사진치료에 관한 연구는 드문데, 사진치료의 이론을 정리한 연구(박소현, 2004)가 몇 년 전에 발표되었다.

6. 애완동물치료

애완동물치료(pet-facilitated therapy)은 정서·행동장애 아동과 지체장애 아동, 노인병환자(geriatric patients), 슬럼프에 빠진 사람, 그리고 정신질환자에게 적용되어 왔다. 애완동물에는 개나 고양이, 토끼, 말 등과 같은 다양한 동물들이 사용된다.

그러나 여러 종류의 애완동물치료 후 행동이 극적으로 향상되었다는 주장이 때때로 신문에 등장하기는 하지만 이 접근의 개입효과에 대한 통제된 실험평가는 없다(이한우, 2004).

7. 역할놀이치료

역할놀이(role playing/psychodrama)는 원래 정신질환 치료목적으로 Moreno(1946)에 의해서 개발되었다. 역할놀이는 장애로 인하여 놀이발달이 늦은 아동에게 간접적인 경험을 유도하여 사회기술을 손쉽게 습득을 시킬 수 있어 아동치료에 아래와 같은 효과가 있다.

1) 사회, 정서적 문제에 대하여 해결책을 찾도록 해주고, 의사결정을 하게 해주며, 책임감을 갖도록 해준다.
2) 감정표출을 돕고, 의사소통기술을 향상시켜 준다.
3) 오락과 레크리에이션 기회를 제공하고 교사가 다양한 상황에서 아동을 관찰할 기회를 제공한다.

역할놀이에 관한 우리나라의 근래 정서·행동장애 아동 관련 연구는 아동의 정서지능(정희정, 2005), 아동의 친사회적 행동(박충렬, 2005), 부적응아동(윤태현, 2004), 발달장애아동의 사회성(김말순, 2004), 지적장애아의 언어능력(김복자, 2003) 등이 있다.

8. 신체활동치료

신체활동(physical activities)은 자신의 감정을 표출하도록 도와주는 방법이다(Chace, 1958). 신체활동의 예는 자연이나 동물 흉내 내기, 다양한 상황에서 사람의 감정표현하기 등이다.

신체활동을 통하여 아동은 자신의 감정을 표현할 수 있으며, 이때 음악적 요소(음악, 손뼉, 발치기, 녹음된 소리, 리듬악기 등)를 배경으로 이용할 수 있다.

우리나라의 경우 신체활동에 관련한 연구는 매우 많고 다양하다. 근래의 연구도 120여 편의 석·박사학위 논문이 발표되었으나, 정서·행동장애 아동을 위한 신체활동 연구는 아직도 부족한 실정이다. 정서·행동장애 아동과 관련이 있는 신체활동에 관련한 연구로서는 지적장애아동(이관선, 2002), 소집단 유아의 사회적 능력(송인숙, 2004), 의사소통 및 학교적응(현문학, 2004), 정서발달(이만석, 2002), 장애아와 비장애아 간 상호작용(김윤정, 2002) 등이 있다.

9. 문학치료

문학치료(written word therapy)는 자기표현, 자기탐험, 문제해결을 돕는 방법이다. 글을 씀으로써 아동은 자신의 생각과 태도, 합당한 기술, 문제해결전략 등을 표현할 수 있다. 글쓰기를 통하여 아동은 올바른 의사결정과정을 탐색할 수 있으며, 행동대안과 그 결과를 확인하도록 할 수 있도록 해준다(Dehouske, 1982).

문학치료 효과는 어떤 특정 문제에 있는 것이 아니라 전반적인 관점에서 보아야 한다. 글쓰기 형식에는 시나 소설, 수필, 기사, 책, 일기 등이 있다.

우리나라의 경우 문학치료에 관련한 연구는 비교적 미흡한 편인데 아동관련 연구를 살펴보면 유아의 정서(장덕남, 2003), 문학치료방법(유영애, 2003) 등이 있다.

10. 독서치료

독서치료(biblio therapy)는 독자와 작품 간 상호교류를 통하여 간접적으로 치료목적을 달성하고자 하는 치료중재법이다. 즉, 자신과 유사한 문제를 가지고 있는 문학작품의 등장인물 이야기를 통하여 아동이 자신의 문제를 처리하도록 돕는 것이다(Adderholdt-Elliott & Eller, 1998).

이 중재법은 아동에게 욕구를 충족시켜 주고, 압박감을 해소하며, 정신적 정서감을 향상시키도록 하는데 적용할 수 있다. 독서치료법이 효과를 거두기 위해서는 아동이 독서가 가능해야 하며, 독서에 동기화되어 있어야 한다. 그리고 적절한 독서물이 제공되어야 한다.

우리나라의 경우 독서치료에 관한 연구는 석·박사 학위논문의 경우 20여편 정도이며 이 중 정서·행동장애 아동 관련한 연구는 매우 미흡한데, 부적응아동(유정실, 2004), 읽기부진(임성관, 2004), ADHD(김서경, 2004), 아동의 정서(김민주, 2003) 등이 있다.

11. 모래치료

모래치료(sand therapy)의 시초는 소아과 의사인 로웬펠트(Lowenfeld)에 의해 아동 심리치료 기법의 하나로 고안되었다. 로웬펠트는 모래치료가 아동의 내적세계 표현을 가능케 한다는 뜻에서 '세계기법(the world technique)'이라 불렀다.

모래치료는 아동 자신이 모래놀이 과정에서 자기를 표현하고 스스로를 치유

한다는 원리를 지닌다.

　우리나라의 경우 모래치료에 대한 연구는 근래 수편의 논문이 발표되고 있다. 이들의 연구를 보면 알코올중독자 자녀 심리재활(배영란, 2003), 위축아동(배현주, 2003), 분리불안(이명희, 2002) 등이 있다.

12. 원예치료

　원예치료(horticultural therapy)는 식물 관련 여러 가지 원예활동을 통하여 사람의 신체적, 정신적 세계의 질적 향상을 도와 장애 상태를 개선하고, 환경에 적응하며 사회복귀를 촉진하여 준다고 한다. 원예활동을 치료나 재활(rehabilitation) 개념으로 활용하게 된 것은 근래의 일이다.

　우리나라의 경우 원예치료에 대한 연구는 근래 50여 편의 석·박사학위 논문이 발표되어 관심이 증가되고 있다. 그런데 이들의 연구를 보면 치매노인, 지적장애 성인, 아동의 문제행동, 시설아동, 지체장애 아동 등 그 대상이 매우 다양하다.

제3절　정신분석이론에 의한 표면행동 관리법

　정신분석이론에 의한 치료사들은 위에서 언급한 상담이나 기타 다른 정신분석기법들만으로는 직접적으로 부적절한 행동을 적절한 행동으로 바꾸지 못한다는 점을 인정한다. 그래서 이들은 계속되는 부적절한 행동을 치료하기 위하여 도입할 만한 기법을 찾게 되었다.

　그러나 정신분석가(psychodynamic theorists)들의 생각은 바람직하지 못한 행동을 관리하는 것은 밖으로 나타난 행동만을 관리해서는 안 되며 근본적으로 아동이 지닌 정신세계를 이해하여 이들이 사고하는 방식을 바꾸어 주어야 한다고 믿는다. 그러나 이와 같은 노력 중에 아동이 보이는 표면행동이 이 과정을 방해할 경우, 최소한으로 표면행동을 관리할 필요성을 제한적으로 인정한다. 이와 같이 아동의 표면행동을 관리할 필요가 있을 경우는 아동이나 다른 아동의 안녕에 위협(at risk)이 되거나, 손상을 유발하는 경우, 그리고 치료프로그램을 심하게 방해하는 경우 등이다. 이를 정리하여 설명하면 표 9-7과 같다(Redel & Wineman, 1957).

방 법	설 명
흥미유발	아동의 활동을 도와주거나, 과제수행이 잘 되었음을 알려주거나, 과제에 대하여 이야기하여 아동이 과제에 대해 흥미를 갖도록 한다.
긴장해소	아동이 긴장을 풀고 과제를 할 수 있도록 유머를 사용하여 긴장을 해소하도록 한다.
장애물 돕기	아동에게 닥친 장애물을 부모와 교사가 도와 장애물을 극복하고 과제를 훌륭하게 수행하도록 돕는다.
프로그램 재구축	프로그램에 아동이 제대로 부응하고 있는지에 대하여 충분히 관찰함으로써 프로그램을 유연하게 재구축한다.
일상지원	아동이 하여야 할 일상의 일을 아동에게 자세하게 알려준다.

1. 동기부여

1) 흥미유발

사람들은 일상적인 일이나 어려운 일에는 질리는 법이다. 그러나 흥미를 가지면 시간이 가는 줄을 모르는 경향이 있다. 따라서 흥미를 잃은 아동이나 과제(task)에 질려 있는 아동을 보면 교사는 무엇보다도 아동의 흥미를 유발하도록 노력하여야 한다.

이 흥미유발(interest boosting)방법은 부모나 교사가 아동의 활동을 도와주거나, 과제수행이 잘 되었음을 알려주거나, 과제에 대하여 이야기하여 아동이 과제에 대해 흥미를 갖도록 하는 방법이다. 아동에게 흥미가 유발되면 아동은 자신의 과제를 재구성하고 그 과제를 달성하기 위하여 모든 에너지를 동원하게 된다.

2) 긴장해소

사람은 유머를 통하여 웃고 있는 동안에는 긴장(tension), 좌절(frustration), 근심(anxiety)이 사라진다. 그런데 아동은 중요한 과제를 수행할 때 보통 긴장하게 된다. 따라서 부모나 교사는 아동이 좌절하였을 때 이를 극복하여 긴장을 풀고 과제를 할 수 있도록 유머를 사용한다. 이때 주의하여야 할 것은 유머는 유머로서 족해야지 타인을 해하거나 비난하는 유머가 되어서는 안된다.

3) 장애물 돕기

아동이 언제나 모든 과제를 쉽게 해결하는 것은 아니다. 따라서 아동에게 닥친 장애물을 부모나 교사가 도와(hurdle helping), 장애물을 극복하고 과제를 훌륭하게 수행하도록 돕는다. 그러므로 장애물 돕기는 특정 과제 수행에서 아동이 어려움을 겪고 있을 경우 이를 지원하기 위한 기법이라 할 수 있다.

장애물 돕기는 부모나 교사가 말로 격려를 한다든지, 특정과제에 대하여 도움을 준다든지, 추가적인 장비나 재료를 제공한다든지 하는 방법을 사용한다. 이와 같은 교사나 부모의 도움은 아동이 좌절하거나 포기하기 전에 제공하는 것이 좋다. 이는 행동수정 이론에서의 촉진(prompting)과 유사한 개념이다.

4) 프로그램 재구축

프로그램 진행 중 아동이 바람직하지 못한 행동을 보이는 이유 중에는 프로그램에 근본적으로 문제가 있는 경우가 있다. 즉, 교사나 부모가 지나친 욕심으로 아동의 능력을 고려하지 못하고 학습내용을 높은 수준으로 정하였거나 과제를 과다하게 부여하는 등의 방법을 사용하여 아동으로부터 흥미를 빼앗았을 가능성이 있다.

따라서 교사나 부모는 프로그램에 아동이 제대로 반응하고 있는지에 대하여 충분히 관찰하여 프로그램을 유연하게 재구축(program restructuring)할 필요가 있는 것이다. 이와 같은 프로그램 재구축은 아동이 이미 관심을 잃고 좌절한 이후 해서는 안되며 아동이 관심을 잃고 좌절하기 전에 학습을 재구성하거나 보다 더 적당한 시기까지 연장하여 가르치는 것이 중요하다.

5) 일상지원

사람들은 누구나 타인의 의지에 의하여 프로그램이 정해진 경우 그 프로그램이 어떻게 이루어지고 있는지를 알고 싶어한다. 예를 들어 어떤 사람이 아무런 설명도 없이 눈이 가려진 채 한 시간 동안 자동차에 실려 달린다고 상상해 보라. 아마도 그 사람은 불안과 초조로 전율할 것이다. 이는 아동도 마찬가지이다. 따라서 부모나 교사는 아동이 하여야 할 일상의 일을 아동에게 자세하게 알려주어야 한다. 즉, 그 날의 계획을, 언제, 어디서, 누구와 같이, 왜하는지를 알려주는 것이 중요하다.

이와 같은 일상지원(support from routine)은 정서·행동장애 아동에게는 더욱 그러하다. 왜냐하면 정서·행동장애 아동은 자신의 행동맥락에 대하여 안정적이지 못하고 불안한 상태에 있기 때문이다. 또한 교사나 부모가 아동에게 알려준 사항은 그대로 실천하여 실제로 보여줄 필요가 있다. 그럼으로써 아동이 미래에 대한 예측이 가능해지고 스스로의 행동준비를 할 수 있기 때문이다.

따라서 교사나 부모는 그날그날의 계획을 아동에게 알려주고 이를 벽 등에 붙여두어 자주 보게 하며, 만일 계획이 변경될 경우에는 반드시 이를 미리 알려주어 아동이 혼란스럽지 않도록 하여야 한다.

2. 계획적 무시

계획적 무시(planning ignoring)는 앞서 소거(extinction)에서 언급한 바와 같이 학급친구, 교사, 부모들에게 관심을 끌고자 바람직하지 못한 행동을 하는 경우 사용하는 방법이다. 이에 대하여는 앞서 소거법에서 설명하였으므로 여기서는 그 설명을 생략하기로 한다.

3. 간섭/통제

정신분석이론에서 제안하는 간섭/통제방법에는 직접지적, 방해물제거, 신호간섭, 근접통제, 신체제약 등이 있다. 이를 설명하면 표 9-8과 같다.

▶ 표 9-8 ◀ 간섭/통제방법

방 법	설 명
직접지적	아동이 바람직하지 못한 행동을 반복할 경우, 부모나 교사가 직접 아동의 감정에 호소하는 방법
방해물제거	과제수행에 앞서 과제수행에 방해가 되는 물건들을 사전에 제거하여 주는 것
신호간섭	아동의 바람직하지 못한 행동을 막기 위하여 비구어적 방법으로 신호를 주어 간섭하는 것
근접통제	바람직하지 못한 행동을 하는 아동에 의도적으로 근접하여 바람직하지 못한 행동을 차단하는 것
신체제약	신체제약을 통하여 아동이 안정을 찾을 때까지 잡아 두는 것

1) 직접지적

아동이 바람직하지 못한 행동을 반복할 경우, 부모나 교사는 직접 아동의 감정에 호소하는 방법을 사용할 수 있다. 이는 행동수정 이론에서 질책과 유사한 개념이다. 그러나 이 직접지적(direct appeal)은 아동과의 관계형성 정도, 바람직하지 못한 행동으로 인한 결과의 심각성 정도, 그 행동으로 인하여 또래아동에게 미치는 영향 정도, 아동에 대한 교사, 부모의 권위 정도 등을 고려하여 사용한다. 만일 아동이 부모나 교사와 안정적인 관계형성이 이루어지지 못한 경우 직접 호소법에 의하여 질책(reprimand)을 받을 경우 아동의 반감을 유발할 수 있다. 또한 바람직하지 못한 행동으로 인한 결과의 심각성 정도가 그리 심하지 않은 경우라면 정신분석이론에서는 부모나 교사가 보다 참을성 있게 기다리는 것도 권장할 만하다.

2) 방해물 제거

아동이 바람직하지 못한 행동을 하는 이유 중에는 과제와 관련이 없고, 아동이 상당히 관심을 가지고 있는 물건을 가지고 있기 때문일 수 있다.

어린 아동의 경우는 장난감, 게임기와 같은 물건을 지니고 있어서 과제수행을 방해하기도 하고 좀 나이가 든 아동은 동화책이나 잡지, 만화와 같은 것을 들고 와서 과제를 방해하기도 한다.

따라서 교사나 부모는 과제수행에 앞서 이와 같은 물건들을 사전에 제거 (removing seductive objects; 매력적인 물건 제거)하여 줄 필요가 있다. 그런데 부모나 교사가 이 물건을 제거할 경우 아동이 반항할 우려가 있다.

이때에는 아동과 상의하여 그와 같은 물건을 일정한 장소에 두기로 약속하고 이를 그 장소에 둔 다음 과제를 마친 후에 자유롭게 그 물건을 가지고 놀도록 하는 방법이 효과적이다.

3) 신호간섭

신호간섭(signal interference)은 교사나 부모가 아동의 바람직하지 못한 행동을 막기 위하여 비구어적 방법(nonverbal techniques)으로 신호를 주어 간섭함으로써 아동의 바람직하지 못한 행동을 저지하는 것이다. 이는 앞서 행동수정 이론에서 설명한 비구어 질책에 해당한다.

4) 근접통제

근접통제(proximity control)는 부모나 교사가 바람직하지 못한 행동을 하는 아동에게 의도적으로 근접하여 바람직하지 못한 행동을 차단하는 것을 말한다.

다른 측면으로 이와 같은 근접통제는 불안이나 좌절을 경험한 아동에게 도움이 될 수 있다. 왜냐하면 불안과 위축된 아동의 경우 자신이 의지할 만한 사람이 옆에 있을 경우 심리적인 안정을 줄 수 있기 때문이다.

5) 신체제약

아동이 어떤 이유에서든지 자기통제력을 잃은 경우 가장 문제가 되는 것은 그 아동의 안전이다. 이와 같은 경우에 교사나 부모는 신체제약(physical restraint)을 통하여 아동이 안정을 찾을 때까지 잡아 둔다.

그리고 부모나 교사는 계속하여 아동에게 달래는 어투로 위로하여 준다. 예를 들어 '걱정마! 내가 있잖아!'와 같은 말을 통하여 아동에게 안정감을 주는 방법이다.

이후 아동이 자기통제력을 찾고 다시 안정을 회복한 후에 교사나 부모는 그 아동과 대화를 통하여 자기 통제력을 잃게 한 사건에 대하여 이야기한다. 이때 가장 중요한 것은 앞으로 이와 유사한 일이 발생할 경우 이를 피할 수 있는 방법에 대하여 교사나 부모가 아동과 같이 상의하고 계획해 주는 것이다.

4. 적극 예방행동

아동이 바람직하지 못한 행동을 할 때나, 어떤 활동에서 좌절하고 동요하였을 때, 교사나 부모는 이를 면밀히 검토하여 아동이 바람직하지 못한 행동을 하기 전에, 그리고 그 아동이 신체적으로나 심리적으로 포기하기 전에 예방을 해주어야 한다. 예를 들어 바람직하지 못한 행동의 경우 그 행동이 발생하기 이전에 주의를 환기시켜 주는 방법을 사용할 수 있을 것이고, 체육활동이나 과제활동에서 아동이 포기선언을 할 것 같은 경우 스스로 포기하기 전에 그 활동에서 빼줌으로써 스스로 포기하는 일을 예방하여 주는 것이다. 이 경우 아동은 당혹감을 피하고 냉정을 찾을 기회를 제공받아 이후 다시 이 과제에 도전할 기회를 얻게 된다.

그런데 이와 같은 적극 예방활동(antiseptic bouncing)은 바람직한 행동을 증가시키고자 하는 일환으로 사용되어야지 처벌의 수단으로 사용되어서는 안된다.

제10장

환경이론에 의한 중재

환경이론(environmental theory)에서는 사람이 행동하는 원인을 그 사람 내부에서 찾지 않고 그 사람 주변의 환경(environment)에 초점을 둔다. 즉, 사람은 환경에 영향을 받아 행동한다고 보는 것이다. 따라서 환경이론(environmental theory)에서의 아동행동 중재는 중재의 초점을 아동의 주위 환경에 두는 것이 특징이다.

그러나 환경이론이라 하여 아동을 완전히 배제하고 환경만을 중요시하지는 않는다. 즉, 아동의 능력도 하나의 환경이기 때문에 아동의 능력에 따라 교육하는 것도 환경이론에 해당한다 할 수 있다.

▶ 표 10-1 ◀ 환경이론에 의한 중재법

중재방법	설 명
아동중심 중재법	아동 환경에서 문제의 초점을 아동 당사자에게 두고 다양한 관점에서 살펴 아동의 환경 즉 아동의 능력에 맞는 교육이 중심이다.
환경중심 중재법	아동의 주위 환경에 초점을 두어 아동의 행동을 변화시키고자 하는 방법이다.
아동-환경중심 중재법	아동과 환경 모두에 초점을 두는 것으로서 일반 사회 환경에서 아동의 적응기술 증진, 학교에서 아동이 느끼는 환경에 대한 고려 등이 일반적인 중재법이다.
상호교류중심 중재법	아동과 환경 간의 교류패턴에 초점을 둔다. 즉, 아동을 환경에 포함시키면서 환경간의 적대적 관계를 수정시키는 것이다.

이 장에서는 환경이론에 의한 여러 가지 행동수정 중재법에 대하여 설명하고자 한다. 이들 환경이론에 의한 중재법(environment interventions)으로서는 아동중심 중재법(child-centered interventions; 거의 아동에 초점을 두며 아동의 환경 즉 아동의 능력에 맞는 교육실시가 중심이다), 환경중심 중재법(environment-centered interventions; 거의 환경에 초점을 둔다), 아동-환경중심 중재법(child-environment-centered interventions; 아동과 환경에 초점을 둔다), 상호교류중심 중재법(interface-centered interventions; 아동과 환경간의 교류패턴에 초점을 둔다) 등이 있다(Rhodes & Gibbens, 1997).

제1절 아동중심 중재법

아동중심 환경중재법(child-centered environment interventions)은 아동 환경에서 아동 당사자 문제에 문제의 초점을 두어 다양한 관점에서 살펴보는 것으로서 이 이론에 의하여 가장 보편적으로 그리고 가장 인기 있는 방법이 바로 아동중심 교육이다.

1. 아동중심 교육

1) 수준별 시스템

수준별 시스템(level system)은 아동의 사회적, 정서적, 학습적 행동형성을 위하여 설계된 하나의 조직구조이다(Bauer, Shea, & Keppler, 1986). 이는 단일이론 견해로부터 나온 하나의 중재법이라기보다는 행동수정 이론(토큰 경제, 정적강화, 유관계약)부터 정신분석이론(상담, 표현매체 중재법)에 이르기까지 폭넓은 이론들을 도입한 것인데 여기서 이를 설명하는 이유는 아동의 능력에 맞는 수준을 정하여 교육한다(아동중심 교육; child centered education)는 의미에서이다. 이 중재법에서는 중재법을 결정하는데 있어 전적으로 교사나 부모가 가진 중재기술과 아동의 기능수준에 의존한다. 수준별 시스템 단계는 표 10-2와 같다.

단 계	설 명
목표행동의 결정	아동의 행동이나 능력을 고려하여 수준별 시스템을 사용할 행동을 결정하는 것
수준이나 단계 결정	목표행동에 대하여 수준별 달성목표치를 정하는 것
강화제 결정	각 단계마다 제공할 강화제 목록을 결정하는 것
의사소통 계획	아동과 적당한 의사소통 시스템을 결정하는 것
수준별 중재법 검토	아동수준에 맞는 중재방법을 결정하는 것

(1) 목표행동의 결정

목표행동의 결정은 아동의 행동이나 능력을 고려하여 수준별 시스템을 사용할 행동을 결정하는 것으로서 이는 마치 행동수정에서 목표행동을 정하는 것과 유사하다. 이때 목표행동은 바람직하지 못한 행동일 수도 있고, 학업성취와 같은 능력일 수도 있다.

(2) 수준이나 단계 결정

이는 목표행동에 대하여 수준별 달성목표치를 정하는 것으로서 이 수준이 바로 단계가 된다. 아동이 한 단계를 성공해야 다음 단계로 이동하는 것이므로 각 단계는 하나의 단계가 아니라 여러 개의 단계로 구성되어야 할 것이다.

이때 마지막 단계 기대치가 바로 최종단계(종료단계) 기대치가 된다. 그리고 마지막 단계 기대치가 바로 수준별 시스템의 달성 목표수준이 된다.

또한 각 수준은 현실적으로 정하여, 아동이 같은 수준에 너무 오래 있어서 지루해하거나, 너무 높은 수준이어서 저항하고 좌절하게 하는 수준이어서는 안된다.

(3) 강화제 결정

각 단계마다 제공할 강화제 목록(reinforcer list)을 결정한다. 강화제 결정방법은 행동수정 이론에 의한 강화제 결정방법으로 한다.

(4) 의사소통 계획

치료담당자(therapist)는 교사나 부모 그리고 아동과 적당한 의사소통 시스템을 정하여야 한다. 목표달성을 위하여 치료담당자가 아동을 포함한 관련자와 자주 의사소통을 하여야 하는 것은 당연하다. 부모와 교사와의 의사소통은 전화상담, 메일상담, 직접상담, 기록, 일정한 형식 등을 통하여 한다.

(5) 수준별 중재법 검토

각 수준에 따라 유관계약(contingency contracting)이나 토큰경제(token economy)와 같은 방법을 도입할 수 있을 것이다. 그리고 수준별 내용을 아동에게 명백히 설명하고 공정하게 관리하여야 한다(Reisberg, Brodigan, &, Williams, 1991).

2) 운동, 지각, 정서인지 중재

운동, 지각, 정서인지 중재방법을 요약하면 운동기술 중재, 지각훈련 중재, 정서인지 중재 등으로 요약된다. 이를 설명하면 표 10-3과 같다.

▶ 표 10-3 ◀ 운동, 지각, 정서인지 중재방법

단 계	설 명
운동기술 중재	아동의 신체적 운동기능을 신장하여 아동의 발달을 돕는 방법
지각훈련 중재	아동의 지각 능력을 향상시키기 위한 중재방법
정서인지 중재	아동의 정서인지력을 향상시키기 위한 중재방법

(1) 운동기술 중재

운동기술 중재(motor skill interventions)는 아동의 신체적 운동기능을 신장시켜 아동 발달을 돕는 방법인데, 아동과 같이 놀이터 가기, 등산하기, 수영하기 등의 방법이 아동의 운동기술을 높이는데 도움이 된다.

그런데 정서·행동장애 아동의 경우 운동기술은 주로 손과 눈 간의 협응(coordination)이 강조된다. 왜냐하면 정서·행동장애 아동의 경우 이 협응성(coordination)에 문제가 있을 경우가 있기 때문인데 운동기술을 발달시킬 경우 아동의 협응성뿐만 아니라 정서함양에도 도움이 될 수 있다.

교사나 부모가 운동기술을 발달시키기 위해서는 퍼즐을 사용하는 중재방법이 효과가 있다. 즉 처음에는 6-7조각으로 된 단순한 퍼즐을 사용하다가 아동이 기술을 익히는 속도에 따라 점차 어려운 퍼즐을 사용한다. 너무 어려운 퍼즐을 사용하면 아동이 자신감을 잃게 되므로 아동중심(child-centered)으로 매우 조심스럽게 단계를 높여간다. 아동의 향상 정도에 따라 퍼즐 조각의 수를 증가시키는 방법이 가장 좋은 방법이다.

또 아주 작은 조각으로 된 놀잇감도 눈-손 협응성을 돕는데 이 역시 처음에는 조금 큰 사이즈 레고 같은 것을 사용하다가 아동이 적응하면 점차 그 크기를 낮추는 방법도 매우 효과가 있다. 작은 구슬 꿰기도 손과 눈 협응성(coordination)을 도울 수 있을 것이다. 팽이 돌리기도 아동의 협응성을 돕는 운동중재기술이다.

아동중심 중재방법(child-centered interventions)에 의하여 운동기술을 발달시킬 때 가장 중요한 것은 아동이 그 놀이를 즐겨야 한다는 것이다. 따라서 아동이 그 놀이를 기피하면 그 놀이를 하지 말고 다른 방법을 고안하는 것이 좋을 것이다.

(2) 지각훈련 중재

지각(perception)이란 아동이 환경으로부터 정보를 받아들이는 과정으로 아동의 운동이나 정신적 능력에 중요한 영향을 미친다. 이와 같은 아동의 지각능력은 두뇌(brain)와 밀접한 관련이 있는데 생후 3세 이전에 아동에게 풍부한 환경을 제공하는 것이 두뇌세포 증가에 그리고 지각능력 발달에 중요한 영향을 미친다.

그리고 지각훈련은 뇌의 신경회로망(神經回路網; neural network)을 향상시키는데 효과적이다(Kotulak, 1993). 지각훈련법(perceptual training interventions)은 모빌과 선그리기, 짝 그림 맞추기 같은 것부터 숨은 그림 찾기와 같은 다양한 프로그램을 통하여 아동을 교육할 수 있을 것이다.

앞서 언급한 바와 같이 아동중심 중재법(child-centered interventions)에 의하여 지각훈련을 할 경우에도 가장 중요한 것은 아동이 그 훈련을 즐겨야 한다. 아동이 훈련을 기피하거나 싫어한다면 다른 방법으로 아동을 교육하는 것이 좋다.

(3) 정서인지 중재

정서인지 중재(affective and cognitive learning interventions)는 엄밀히 말하면 인지주의(cognitivism)에 의한 이론인데 아동내부 환경 측면에서 보면 환경이론과도 맥락을 같이한다. 인지이론에 관련하여서는 절을 달리하여 설명하기로 한다.

2. 사회적응 중재법

사회적응 중재법(natural community interventions)에서는 중재의 목표를 일반 공동사회 적응에 두고 공동생활에서 자연적으로 발생하는 문제들에 대하여 아동이 적응행동을 배우도록 교육한다. 이 방법은 아동이 공공생활을 통하여 자연적으로 발생하는 문제들을 수정하는데 목적이 있다(Wagner, 1992).

즉, 아동이 실제 생활을 통하여 생활기술을 익히는 것인데 버스 타기, 슈퍼마켓 이용법, 수영장 가기, 예식장 가기 등의 모든 활동을 통하여 아동의 사회생활 적응을 도울 수 있을 것이다.

이와 같은 실제 생활에서의 사회적응 훈련은 장애아동(children with disability)의 사회통합(inclusion)이라는 측면에서 매우 중요하고도 효과적인 방법이다.

3. 인위적 사회적응 중재 및 인위그룹 중재법

인위적 사회적응 중재법(artificial community interventions)은 아동의 문제행동을 수정하기 위하여 인위적으로 공동사회(집단공동체, 거주센터)를 개발하고 체계적으로 조작(manipulation)하는 것을 말한다. 현재 이와 같은 인위적 사회적응 중재법의 예는 출퇴근가정(halfway house), 공동생활, 기숙학교 등이 있다.

한편 인위그룹 중재법(artificial group interventions)은 그룹을 인위적으로 구성하여 줌으로써 아동의 행동을 변화시키기 위한 시도이다. 즉 공동사회에서 개인을 변화시키고 공동사회에 계속 생활할 수 있도록 하기 위하여 인위적으로 그룹을 구성한다. 이 그룹에서는 개개인의 보호와 지도뿐만 아니라 사회적, 정신적 지원까지 제공하게 된다. 보이스카우트, 걸스카우트 해양소년단 등이 이에 해당한다.

제2절 환경중심 중재법

환경중심 중재법(environment-centered interventions)은 아동의 주위 환경에 초점을 두어 행동을 변화시키고자 하는 방법이다. 이에는 가족환경 중재법(family-environment interventions)과 학교환경 중재법(school-environment interventions)이 있다.

1. 가족환경 중재법

아동의 가족단위에 목표를 둔 가족환경 중재법은 우선 아동의 양육, 행동관리, 가족생활에 관한 훈련과 교육을 통하여 목적(goal)을 달성한다. 가족상담(family counseling) 및 가족치료(family therapy)가 중재법으로 자주 사용된다.

가족치료는 가족 간의 상호작용(interaction)에서 비롯되는 여러 가지 부적응 현상을 치료하는 집단치료의 일종으로서 아동의 문제가 가족에서의 부적응으로 인하여 발생한 것은 아닌지에 대하여 그리고 아동문제해결(problem solving)에 관련하여 가족의 도움을 얻고자 실시한다.

2. 학교환경 중재법

학교환경 중재법(school-environment interventions)은 아동의 주된 환경인 학교 환경을 수정하여 아동이 성공적으로 적응할 가능성을 증진시키기 위한 것이다. 이에는 그룹구성과 교육환경 중재 등이 있다.

1) 그룹구성

환경이론(environmental theory)에 의하면 아동은 환경과 상호작용을 하면서 사회적응 기술을 익히게 된다. 따라서 아동을 일정한 그룹 활동에 포함시켜 이들 그룹 속에서 활동을 지원하여 줄 경우 아동의 상호작용 능력은 증가할 것이다.

이때 교사가 해야 할 그룹 활동에 중요한 요인은 그룹의 구성(group composition)이다.

그룹구성은 대개 나이(나이차이가 큰 아동을 같은 그룹에 두지 않는다), 성(성비를 고려하여 그룹을 정한다), 관심(아동이 서로 공통관심을 지니고 있는 아동끼리 같은 그룹에 포함시키는 것이 좋다), 장애상태(장애 정도에 따라 집단활동을 방해할 우려가 있는 경우는 참여시키기 어렵다), 개인특성(미숙한 아동은 그룹진행에 숙달되고 경험이 많은 아동과 같은 그룹에 포함시키지 않는다), 문제행동 정도 및 강도(갈등을 일으킬 수 있거나 행동장애가 있는 아동은 동일 그룹에 포함시키지 않는다), 문제행동 유형(중증장애아동은 장애가 없는 아동그룹이나 경증장애아동 그룹에 포함시키지 않는다), 과거 그룹 경험 및 기술(그룹 활동에 참여할 준비가 되어있지 않거나 의사가 없는 아동은 그룹 환경에 두지 않는다) 등을 고려하여 극단적인 구성을 피하고 균형잡힌 그룹을 구성한다.

2) 교육환경 중재

교육환경 중재는 교육상 사전조치에 해당한다. 교사는 교수와 행동관리를 용이하게 할 수 있도록 교육환경을 계획하고 조직하여야 한다.

장애아동과의 통합교육에서 장애아동(children with disability)이 또래집단과 성공적으로 기능하기 위해서는 인지능력과 경험에 기초한 적절한 사회기술이 필요한데 이를 위해서는 성공적인 교실수업 활동을 지원을 해줄 수 있는 물품과 세팅이 아동 각각의 특정 장애 특성에 맞추어서 준비되어야 한다. 이를 위한 사전 준비사항은 표 10-4와 같다(Brown, A lthouse & Anfin, 1993).

▶ 표 10-4 ◀ 교육환경을 위한 사전준비

준비사항	준비내용
공간, 교구, 장비	교육공간, 교구, 장비, 복도, 식당, 운동장, 도서관, 음악실 등 배려
벽, 천장, 게시판	스케줄이나 규칙, 계절 및 주제별 게시내용, 달력, 과제 할당량, 당번 표, 차트, 지도 등
바닥공간	식물, 새장, 수족관, 책장, 캐비닛, 교사 책상, 파일 등
그룹 활동 및 개별 활동	토론방법, 수업시간 중 질문에 답하는 요령, 또래와 대화요령, 자리이탈 승인 절차, 교사 신호방법과 촉진방법, 과제설정 및 부여방법, 학습교구 배부방법, 과제제출방법, 교구얻는 방법, 활동장소, 활동내용, 도움 구하는 방법, 수정절차, 적절한 행동과 부적절한 행동, 결석, 지각, 조퇴 후 보고 절차, 수업정지, 수업지체, 화재, 폭풍, 지진훈련과 기타 우연적인 일에 대한 행동계획 등
규칙	교실 또는 교실 밖에서의 행동 규칙(규칙 수는 가능한 적게 긍정적인 언급으로 한다)

신호	• 도움이 필요할 때 신호보내기의 예 :
	  책상 위에 있는 폴더에 표시나 깃발을 둔다, 칠판에 이름을 적는다, 티켓을 가져간다
	• 각종 표시의 예 :
	  화장실은 '화'자 카드, 연필은 '연'자 카드, 물은 '물'자 카드 등
	  빨간카드: 소리가 너무 크다. 노란카드: 주의, 초록: 적당함
	  시작과 종료 표시(예; 전등을 켜거나 끈다)

전환	전환(transitions)은 하나의 행동에서 다른 행동으로 이동시키는 것으로서 이 시기 계획을 면밀히 함
스케줄	활동의 시작과 끝 계획, 한 행동에서 다른 행동으로의 전환계획, 계속적이고 창조적인 활동계획, 커리큘럼 계획, 아동의 욕구부응계획, 변화에 순응하는 유연한 계획

환경은 아동이 여러 가지 외부환경 자극들을 경험함으로써 인지, 사회정서, 언어, 운동감각 등 모든 발달영역을 쌓아가도록 하는 교육현장이라 할 수 있다(최은영. 2002).

아동교육에 있어 환경보다 더 중요한 단일 변수는 없다(Redl, 1959). 그 만큼 환경은 중요한 것이다. 아동 – 환경중심 중재법(child – environment centered interventions)은 아동과 환경 모두에 초점을 두는 것으로서 일반사회 환경에서 아동의 적응기술 증진, 학교에서 아동이 느끼는 환경에 대한 고려 등이 일반적인 아동 – 환경중심 중재법이다. 이와 같은 중재법으로서는 환경치료(milieu therapy)가 있다.

환경치료는 아동의 환경을 조작하여 아동으로 하여금 환경에 적응하는 능력을 길러주기 위한 하나의 치료적 개념이다. 즉, 환경치료는 아동을 위하여 사회적 환경을 조작하는 방법으로서 예를 들어 일반적인 사회환경에 기능하는 능력이 부족한 아동에게 하나의 치료적 공동체(therapeutic community)를 제공하여 매우 구조화된 생활을 하게 함으로써 환경적응력을 키우는 것이다(정신병원에서 정신질환자를 입원시키는 것은 하나의 환경중재법에 해당한다 하겠다).

그런데 여기서 설명하는 환경은 아동이 살고 있는 전체 환경을 의미하며, 아동과 관련이 있는 모든 문화, 다시 말하면 아동자신이 함께 하는 모든 것을 의미한다(Long et al., 1980). 그리고 개인만을 위한 환경치료란 불가능하기 때문에 환경치료는 특정장면에서 아동의 모든 과정을 계속하여 치료해 가는 과정이다.

예를 들어 지적장애나 정서·행동장애 일부 아동의 경우 외부자극에 대해 아주 민감하게 반응하기도 한다. 간단한 시계종소리도 아동에게는 수업을 방해하는 소리가 될 수 있다. 따라서 일부 아동의 경우는 주위 환경을 조작하여 줄 필요가 있다. 일반적으로 차분하고 조용한 공간이 좋으며, 교실 내 인테리어도 산만하지 않고 단순하면서도 차분한 느낌을 주는 환경이 좋다. 또 장난감의 경우도 다양한 장난감을 줄 경우 아동의 주의력에 문제가 있을 수 있으므로 처음에는 한 번에 한 가지 장난감을 주다가 두 가지, 세 가지 등으로 점차 늘려가는 방법이 좋다.

아동 – 환경중심 중재법(child – environment – centered interventions)에서 아동에 관련하여 고려하고 명심하여야 할 사항은 표 10 – 5와 같다.

1. 아동 내부환경

아동의 내부환경 즉, 아동의 기질, 자아 존중감, 자기효용감, 아동의 신체적 건강상태, 지능 정도 등이 이에 해당하는데 이에 대해서는 생태학적 이론에서 자세히 언급하기로 한다.

▶ 표 10–5 ◀ 아동환경

아동 환경	설 명
아동 내부환경	아동의 기질, 자아 존중감, 자기효용감, 아동의 신체적 건강상태, 지능 정도 등
치료자 환경	아동치료를 담당하는 치료사와 아동 간의 관계로서 보다 확대된 개념으로서는 치료시설에서의 교육자 능력도 해당
교육시설 환경	아동에 맞는 교육시설에 관련한 것
가정 환경	우연한 강화, 불안한 애착, 강압적인 상호작용, 과잉관여, 방관, 일관성 없는 부모 훈육, 혼란스런 의사소통, 삼각관계, 부모아동 간 애착의 질, 부모의 가정상황, 가정에서의 형제자매간 관계, 가족스트레스 등
사회 환경	사회적 지원 수준, 아동 학교배치와 또래관계, 가족이 살고 있는 공동사회 타입 등

2. 치료자 환경

치료자 환경은 아동치료를 담당하는 치료사와 아동 간의 관계로서 보다 확대된 개념으로서는 치료시설에서의 교육자 능력도 해당한다. 이에 관련하여서는 생태학적 이론에서 자세히 언급하기로 한다.

3. 교육시설 환경

교육시설 환경은 앞서에서도 언급한 바와 같이 아동에 맞는 교육시설에 관련한 것이다. 아동의 내부환경에 맞는 교육시설의 배치 및 시설제공은 아동의 치료에 매우 도움이 될 것이다. 이에 관련해서도 생태학적 이론에서 자세히 언급할 것이다.

4. 가정 환경

가정 환경에 관련한 것으로서는 우연한 강화(inadvertent reinforcement), 불안정 애착(insecure attachment), 강압적인 상호작용(coercive interaction), 과잉관여(overinvolve-ment), 방관(disengagement), 일관성 없는 부모훈육(inconsistent discipline), 혼란스런 의사소통(confused communication patterns), 삼각관계(triangulation), 부모아동 간 애착의 질(quality of attachment), 부모의 가정상황, 가정에서의 형제자매간 관계, 그리고 가족스트레스(family stress) 등이 해당하는데 이에 관해서 생태학적 이론에서 자세히 언급할 것이다.

5. 사회 환경

사회 환경은 사회의 지원 수준, 아동 학교배치와 또래관계, 그리고 가족이 살고 있는 공동사회 타입 등이 이에 해당한다(Garmezy & Masten, 1994). 이에 대해서도 생태학적 이론에서 자세히 언급할 것이다.

제 4 절   상호교류중심 중재법(사회기술 커리큘럼)

상호교류중심 중재법은 아동과 환경 간의 교류패턴에 초점을 둔다. 즉, 아동을 환경에 포함시키면서 환경간의 적대적 관계를 수정시키는 것이다. 여기에서의 초점은 개인과 환경 간 교류의 질을 높이고 변화시키는 것이다. 이 방법에서는 특정 문제영역에 대하여 강조점을 둔다. 이의 대표적인 것이 바로 사회기술 커리큘럼이다.

사회기술 커리큘럼(social skills curriculum)에서는 정서·행동장애 아동의 부적절한 행동(소리 지르기, 산만한 행동, 과잉행동)은 그 아동이 배울 기회를 얻지 못하였거나 배울 기회가 있었는데 배우지 못한 것으로 보고 체계적으로 아동을 교육할 커리큘럼을 만든다(Carter & Sugai, 1989). 즉 사회기술훈련을 통해서 아동을 복잡한 사회에서 살아가도록 준비시켜야 한다고 생각하는 것이다.

사회기술 커리큘럼은 연구자에 따라 그리고 아동의 능력에 따라 다르다. 따라서 교사나 부모가 사회기술 커리큘럼을 통하여 아동을 교육하고자 할 때에는 아동에 맞는 커리큘럼을 정하고 그 기준 커리큘럼에서 해당 아동에게 합당하도록 수정하여 사용하는 것이 좋다. 표 10-6은 사회기술 커리큘럼의 한 가지 예를 제시한 것이다(Glodstein et al., 1983).

▶ 표 10-6 ◀ 사회기술 커리큘럼

1. 사회기술(1)
1. 듣기 2. 대화시도하기 3. 대화하기 4. 질문하기 5. '고맙습니다'라고 말하기 6. 자기소개하기 7. 다른 사람 소개하기 8. 인사말 하기
2. 사회기술(2)
9. 도움요청하기 10. 함께 하기 11. 가르쳐 주기 12. 지도에 따라하기 13. 사과하기 14. 다른 사람 신뢰하기
3. 감정기술
15. 자기감정 알기 16. 자기감정 표현하기 17. 타인감정 이해하기 18. 타인의 분노 다루기 19. 애정표현하기 20. 두려움 다루기 21. 자기보상하기
4. 선택기술
22. 허락 얻기 23. 물건같이 쓰기 24. 타인 돕기 25. 협상하기 26. 자기통제하기 27. 똑바로 서 있기 28. 놀림에 반응하기 29. 의견충돌 피하기 30. 싸움 피하기
5. 스트레스관리기술
31. 불평하기 32. 불만에 대답하기 33. 게임 후 스포츠맨십 보여주기 34. 당황한 일 다루기 35. 따돌림 다루기 36. 친구를 위하여 서 있기 37. 설득에 반응하기 38. 실패에 반응하기 39. 모순된 이야기 다루기 40. 일러주는 일 다루기 41. 힘든 대화준비하기 42. 집단 압력 다루기
6. 계획기술
43. 할 일 결정하기 44. 문제의 원인 알기 45. 목표 정하기 46. 자기능력 알기 47. 정보수집하기 48. 중요순대로 문제 정리하기 49. 결정하기 50. 과제에 집중하기

제11장

인지이론에 의한 중재

제11장 인지이론에 의한 중재

정서 · 행동장애(emotional disturbance)의 원인은 아직까지 완전히 밝혀지지 않았으나, 과거에는 부모 등에 의한 환경요인이 많다고 믿었다. 즉, 장애의 병인과 관련한 연구에서 특히 자폐성장애의 경우 초기에는 Bettelheim(1967)을 중심으로 부모와 사회환경의 부적절한 아동양육(inappropriate parenting)에 초점을 둔 연구가 있었으나, 이러한 부모의 부적절한 양육이 자폐의 원인이라는 이론은 부모들을 대상으로 한 연구결과 그 타당성이 배제되었다. 또한 이와 같은 이론에 입각한 근래의 처방법 효과에 관련한 연구에서도 효과가 없는 것으로 나타났다(Smith, 1993).

따라서 근래 대부분의 연구는 정서 · 행동장애의 근본원인을 신경/생물학적 원인에 두고, 이 원인 가설에 입각하여 주요 임상특징도 정서 · 행동적인 요인에 두기보다는 보다 신경/생물학적 원인에 접근하고자 하였다(Bailey et al., 1996).

그러나 정서 · 행동장애의 원인을 유전요인을 비롯한 생물학적 특징을 중심으로 한 생물학적 방법에 의한 장애원인 탐색은 아직까지 그 연구가 부족하여 이를 찾아내기는 아직 요원한 듯하다. 이런 점에서 볼 때 정서 · 행동장애 원인 설명에 관련한 인지적인 접근은 행동특징에 입각한 원인설명과 생물학적 방식의 원인설명 간의 괴리(乖離; gap)를 메우는 가교(架橋; bridge)역할이 될 것으로 보인다.

중재법	설 명
마음이론	정서·행동장애의 원인이 상대방의 마음을 이해하는 능력에 결손이 있는 것으로 보고 마음이론을 길러주고자 하는 중재법
중앙응집성	정서·행동장애의 원인이 중앙응집성에 있는 것으로 보고 전체를 보는 시각을 길러주고자 하는 중재법
실행기능	정서·행동장애의 원인이 실행기능의 결손에 있는 것으로 보고 실행기능을 길러주고자 하는 중재법
인지 – 초인지	인지이론과 초인지 전략을 사용하여 중재함으로써 학습효과를 높이고자 하는 중재방법
인지왜곡	아동의 정서문제가 인지왜곡에 의한 것으로 보고 인지왜곡을 수정하고자 하는 중재방법

제1절 인지적 특성

인지이론(cognitive theory)에 의하여 밝혀진 인지적 특성은 마음이론(theory of mind), 중앙응집성(central coherence), 실행기능(executive function) 등이 있다. 그러나 이들 인지이론에 의한 정서·행동장애 아동의 인지적 특성은 향후 많은 연구를 통하여 보다 구체화되어야 할 것이다.

여기서는 이제까지 밝혀진 정서·행동장애 아동의 인지적 특성을 중심으로 살펴보고자 한다.

1. 자폐성장애

인지이론에서는 임상 특징 및 증상에 대한 설명을 인지결함에 두고 있다. 최근 들어 자폐성장애의 다양한 증상들의 원인을 인지 결손이나 다른 인지 스타일로 설명하려는 연구가 활발히 진행되고 있는데 자폐성장애를 설명하는 대표적인 인지 결손으로는 마음의 이론(theory of mind), 중앙응집(central coherence), 실행기능(executive function) 결손 등이 있다(서경희, 2001).

그리고 많은 자폐성장애 아동은 비장애아동들에 비하여 사회적 맥락을 이해하거나 해석하는데 어려움을 겪는다(박계신, 2002). 이는 자폐성장애 아동의 마음이론 결손에 의한 것으로 추측되는데 이와 같은 마음이론은 높은 지능과 언어 기술을 가지고 있으며 상대방과 상호작용을 하고 싶은 욕구도 있는 고기능 자폐성장애 아동이 대인관계에서 어려움을 겪는 원인을 설명해 줄 수 있고, 중앙응집과 실행기능 역시 자폐성장애 아동이 보이는 여러 가지 증상과 행동 특성에 대해 설명해 줄 수 있다.

따라서 지금까지 연구를 통해 밝혀진 인지 결손 이론들을 살펴보는 것은 자폐성장애의 원인에 대한 통찰을 얻을 수 있는 기회가 될 뿐 아니라, 자폐성장애의 사회적 기능을 개선시키기 위한 프로그램의 개발에도 많은 아이디어를 줄 수 있을 것이다(서경희, 2001).

2. 주의력결핍과잉행동장애

인지특성 중 마음이론, 중앙응집이론 그리고 실행기능 등은 자폐성장애 외의 기타 정서·행동장애도 자폐성장애와 유사한 결과를 보이는 것으로 나타났다. 예를 들면, Charman 등(2001)은 22명의 주의력결핍과잉행동장애(attention deficit hyperactivity disorder: ADHD) 아동을 대상으로 하여 부모에게 일반적인 사회능력과 사회적 행동을 평가하도록 한 다음, 이를 유형별로 구분하고 마음이론과 실행기능을 측정한 결과, 마음이론에서는 그룹 간 차이가 존재하지 않았으나 실행기능에서는 차이가 존재하였다.

또 Perner 등(2002)은 주의력결핍과잉행동장애 위험에 있는(at risk) 아동을 대상으로 마음이론과 실행기능을 검사하여 연구하였는데, 마음이론에서는 주의력결핍과잉행동장애 문제가 없었으나 실행기능에서는 문제가 있다고 하였다. Frederick 등(2000)은 주의력결핍과잉행동장애(attention deficit hyperactivity disorder: ADHD)아동 쌍생아 224명(14명은 일란성, 84명은 이란성)을 대상으로 품행(conduct), 적대적 반항(oppositional defiant), 실행기능(executive function) 결함 여부를 검사하였다. 그 결과 주의력결핍과잉행동장애 아동은 품행, 적대적 반항, 실행기능 결함에서 유전성향이 강하게 나타났다.

반면에 Pennington과 Ozonoff(1996)는 실행기능 검사를 통한 연구에서 실행기능 결함이 주의력결핍과잉행동장애와 자폐성장애와는 관련이 있으나, 품행장애(conduct disorder) 등과는 관련이 없다고 하였다.

3. 청각장애

Russell 등(1998)에 의하면 마음이론은 자폐성장애에서 뿐만 아니라 중증청각장애인에게도 나타난다고 하였다. 또한 Peterson과 Siegal(1999)은 자폐성장애 아동과 청각장애아동(hearing impairment children) 그리고 비장애아동 간의 마음이론을 연구하였는데, 구어사용 청각장애아동과 수어사용 청각장애아동 그리고 비장애아동 간 마음이론은 차이를 보이지 않았으나 자폐성장애 아동과는 차이를 보였다.

4. 지적장애

Yirmiya 등(1996)과 Zelazo 등(1996)은 자폐성장애, 다운증후군(Down's syndrome) 아동을 대상으로 한 마음이론 검사결과, 자폐성장애 뿐만 아니라 다운증후군(Down's syndrome)의 경우도 마음이론에 결손을 보인다고 하였다.

그리고 Ghim 등(2001)은 마음이론을 지적장애 아동과 자폐성장애 아동을 대상으로 교육한 결과를 분석한 결과 그 효과가 자폐성장애 집단에서 지적장애 아동보다 효과가 높았음을 발견하였다. 이는 지적장애의 경우 거짓된 신념(false belief)이 지능문제에서 비롯한 것이나 자폐성장애 아동의 경우는 지능에 의한 것이 아니라 인지적인 특성에 기인함을 보여주는 것이다.

이와 같은 연구결과로 볼 때, 지적장애 아동의 경우는 마음이론의 결함이유가 지능지수(IQ)에 의한 요인이 강하고, 자폐성장애의 경우는 지능지수에 의한 요인보다는 인지적 특성에 의한 요인이 강하다고 할 수 있다.

따라서 동일한 마음이론의 결함에도 불구하고 지적장애의 경우는 그 결손이 2차적인 원인에 해당할 것이고 자폐성장애의 경우는 1차적인 원인에 해당한다 할 것이다.

제 2 절　마음이론에 의한 중재법

마음이론에 대한 중재방법은 거짓신념 과제(false belief task), 과자봉지 과제(smarties task), 정서지각 과제(emotion recognition task), 사회해석 과제(social interpretation task), 역할맡기 과제(role taking task), 2차 신념 과제(second－order belief) 등이 있다.

이를 설명하면 아래와 같다.

1. 거짓신념 과제

거짓신념 과제(false belief task)는 Baron－Cohen 등(1985)의 연구에 기초한 것인데 먼저 만화로 된 그림 속에 샐리(Sally)와 앤(Anne)이 있음을 보여준다. 그리고 샐리는 바구니를 가지고 있고 앤은 상자를 가지고 있는 그림을 보여준다.

▶ 표 11-2 ◀ 마음이론에 의한 중재방법

중재법	설 명
거짓신념 과제	아동이 타인의 거짓믿음에 대한 이해를 할 수 있도록 한다.
과자봉지 과제	아동이 기존신념에 대한 타인 믿음을 이해할 수 있도록 한다.
정서지각 과제	아동이 표정을 통하여 타인의 정서를 읽을 수 있도록 한다.
사회해석 과제	아동이 사회 상황을 적절히 이해하도록 한다.
역할맡기 과제	아동의 역할맡기 기술을 훈련하여 역할기술을 증진시킨다.
2차 신념 과제	거짓신념보다 한 단계 심화된 단계로서 타인의 신념을 이해할 수 있도록 한다.

다음으로 샐리가 공을 자신의 바구니에 넣고 나서 방을 나오는 그림을 보여준다. 이제 샐리가 없고 앤이 나타나 샐리의 공을 자기상자에 숨기는 그림을 보여준다. 그리고 나서 샐리가 돌아오는 그림을 보여주며, 다음과 같이 질문을 한다. '샐리는 공을 어디에서 찾을 것 같으니?' 만일 아동의 대답이 '바구니'라는 대답일 경우는 아동이 샐리가 잘못 생각하고 있는 것을 안다는 뜻이므로 과제를 통과한 것이다.

그러나 반대로 아동의 대답이 상자가 아닐 경우 샐리의 거짓신념을 알지 못하는 것이다. 이와 같은 방법을 통하여 아동에게 마음이론을 가르칠 수 있을 것이다.

2. 과자봉지 과제

과자봉지 과제는 아동이 과자봉지(smarties)에 대해 매우 익숙하여 그곳에 무엇이 들어 있는지를 잘 알고 있는(예; 초콜릿 캔디) 봉지를 보여주고 그곳에 무엇이

들어 있는지를 묻는다. 아동이 대답을 하면(일단은 아동이 초콜릿 캔디라고 대답하여야 한다), 이제 그 봉지를 열어 초콜릿 캔디가 들어 있는 것이 아니라 연필이 들어 있음을 보여준다. 다음으로 그 아동에게 '다른 애들은 뭐라고 대답할 것 같은가'를 묻는다(Hogrefe et al., 1986).

만일 아동의 대답이 '캔디'라는 대답일 경우는 아동이 다른 아동도 잘못 생각할 것이라는 것을 안다는 뜻이므로 과제를 통과한 것이다. 그러나 반대로 아동의 대답이 '캔디'가 아닐 경우 아동이 '거짓신념'을 알지 못하는 것이다. 이와 같은 방법을 통하여 아동에게 마음이론을 가르칠 수 있을 것이다.

3. 정서지각 과제

정서지각 과제는 얼굴표정에 의한 정서지각(emotion recognition)을 가르치는 방법으로 이는 얼굴 표정이나 자세를 그림으로 표현하고 이에 따라 네 가지 기본적인 정서(즉, 희노애락 ; 喜怒哀樂)를 찾아내게 하는 방법이다(Spence, 1990).

이와 같은 방법을 통하여 아동에게 사람이 가지고 있는 정서 즉, 기쁜 표정(happy expression), 화난 표정(angry expression), 슬픈 표정(sad expression), 즐거운 표정(pleasant expression) 등을 익히게 하여 타인의 정서(emotion)를 읽을 수 있도록 하는 것이다.

4. 사회적 해석 과제

사회적 해석(social interpretation)은 아동이 사회상황을 적절히 이해하도록 하는 방법으로서 이 방법에서는 일상생활에서 발생하는 일련의 사건(event)을 그림으로 표현하여 그 그림에 대하여 질문을 하게 된다.

예를 들어 '어제 저녁 옆집에서 부부싸움 하는 소리가 들렸어. 그런데 오늘 아침 옆집 아줌마 눈이 퍼렇게 멍들었거든 무슨 일이 일어난 거니?' 또는 '집밖 거리에 왜 앰뷸런스가 지나가니?' 등을 묻는다. 이 질문에 올바른 대답을 하도록 교육하는 것이다. 이는 사회상황을 올바로 이해하도록 하여 사회의 맥락이해에 도움을 주고자 하는 것이다.

이와 같은 과제를 통하여 아동에게 사회해석(마음이론) 기술을 가르칠 수 있을 것이다.

사회적 해석과제로서 사회상황이야기(social story)가 있는데 이는 부모 혹은 전문가가 작성한 짧은 이야기들이며, 사회적 상황을 이해하거나 필요한 사회적 기술을 확인할 수 있도록 구안된 사회상황 읽기의 일환이다(박계신, 2002).

5. 역할맡기 과제

역할맡기(role taking) 과제는 아동의 역할맡기 기술을 훈련하여 아동의 역할기술을 증진시키는 방법이다(Selman & Byrne, 1974). 이 방법에서는 사회적 딜레마 스토리를 이야기해 준다. 예를 들면, '어떤 아동이 정원에 들어가지 않기로 아버지와 약속을 하였다. 그런데 공이 정원에 들어갔다'와 같은 이야기를 해주고 어떻게 하는 것이 좋을 것인지를 물어 질문에 올바른 대답을 하도록 교육한다.

이와 같은 과정을 통하여 아동에게 올바른 역할과 행동방법을 터득하게 할 수 있다.

6. 2차신념 과제

2차신념(second-order belief) 과제는 앞서 설명한 거짓신념보다 한 단계 심화된 단계로서 이 방법은 두 주인공(존과 메어리)에게 각각 개별적으로 아이스크림 통이 예기치 못한 곳으로 옮겨졌다는 것을 알려준다. 그래서 이 둘은 각각 아이스크림 통이 어디에 있는지를 알고 있다. 그러나 둘은 각기 상대방은 아이스크림 통이 예전 장소에 있는 것으로 알고 있다고 생각한다. 이와 같은 상황에서 '네가 생각하기에 존(John)은 메어리(Mary)가 아이스크림을 먹으러 어디로 갈 거라고 생각할 것 같니?'와 같은 질문으로 아동이 2차신념을 이해하도록 교육한다(Perner & Wimmer, 1985).

만일 아동의 대답이 '예전 장소'라는 대답일 경우는 아동이 다른 아동도 잘못 생각할 것이라는 것을 안다는 뜻이므로 과제를 통과한 것이다. 그러나 반대로 아동의 대답이 '예전 장소'가 아닐 경우 아동이 거짓신념을 알지 못하는 것이다. 이와 같은 방법을 통하여 아동에게 마음이론을 가르칠 수 있을 것이다.

중앙응집성에 의한 중재방법은 시각적 위계 과제, 전체보기 과제 등이 있다. 이를 설명하면 표 11−3과 같다.

▶ 표 11−3 ◀ 중앙응집성에 의한 중재방법

중재법	설 명
시각적 위계 과제	사물을 전제적으로 볼 수 있는지 아니면 부분만을 집중하여 보는지를 확인하는 방법
전체보기 과제	전체와 부분을 보는 시각에 어려움이 있는 경우 전체보기 훈련을 통하여 사물의 전체를 먼저 파악하게 한 후 부분을 보게 하는 방법

1. 시각적 위계 과제

시각적 위계 과제(visual hierarchisation task)는 사물을 전제적으로 볼 수 있는지 아니면 부분만을 집중하여 보는지를 확인하는 방법이다(Kinchla, 1974; Navon, 1977; Robertson & Delis, 1986). 예를 들면 전체적인 모습으로도 볼 수 있고 부분적으로도 볼 수 있도록 사물을 나열하여 자극을 처리할 수 있도록 설계한다.

예를 들어 문자 '사'를 가지고 문자 '다'를 만들 경우 전체적인 수준에서 읽으면 글자를 '다'로 읽을 것이고 부분적으로 읽으면 문자 '사'로 읽을 것이다.

아동은 이를 보고 두 가지 방법 중에서 먼저 인식하는 문자가 있을 것이다. 그래서 이를 통하여 보면 아동이 전체적으로 먼저 보는지 지엽적으로 먼저 보는지를 알 수가 있다(Robertson & Lamb, 1981). 이와 같은 과제를 통하여 아동에게 전체적으로 먼저 사물을 볼 수 있도록 교육한다.

2. 전체보기 과제

전체와 부분을 보는 시각에 어려움이 있는 경우 전체보기 훈련(訓練)을 통하여 사물의 전체를 먼저 파악하게 한 후 부분을 보게 할 수 있다. 예를 들어 꽃이 그려진 가방그림을 제시하고 이 그림이 무슨 그림인지를 알도록 하여 전체적인 그림을 이해하도록 하는 방법이다.

실행기능에 의한 중재

실행기능에 의한 중재방법은 카드에 의한 과제, 유사그림 과제, 색이 들어간 단어 과제, 반응과 무반응 과제 등이 있다. 이를 설명하면 표 11-4와 같다.

▶ 표 11-4 ◀ 실행기능에 의한 중재방법

중재법	설 명
카드에 의한 과제	카드의 모양과 색을 각기 다르게 표현하여 제시하고 다양하게 분류하여 보도록 한다.
유사그림 과제	아동에게 약간씩 차이가 있는 일련의 그림들을 제시하고 제시된 그림과 같은 그림 하나를 선택하도록 한다.
색이 들어간 단어 과제	아동에게 색이 들어간 단어를 보여주고 색 또는 단어를 말하거나 읽게 하는 방법이다.
반응과 무반응 과제	아동에게 특정 숫자나 소리 등에 대하여만 반응을 하고 다른 것의 경우는 반응하지 않게 하거나 반대로 특정 숫자나 소리 등에는 반응을 하지 않고 다른 것에는 모두 반응을 하게 한다.

1. 카드에 의한 과제

카드에 의한 중재는 WCST(wisconsin card sorting test)에 의한 방법을 중심으로 하는데 카드의 모양과 색을 각기 다르게 표현하여 제시하고 다양하게 분류하여 보도록 한다. 물론 글자나 색, 모양 등의 기준으로 많이 분류할 수 있을수록 실행기능이 좋은 것이라 할 수 있다(Rumsey, 1995; Rumsey & Hamburger, 1998). 이와 같은 과정을 통하여 아동의 실행기능을 증진시킬 수 있다.

2. 유사그림 과제

유사그림 과제는 Matching Familiar Figures Test(MFFT)에 의한 방법인데 이는 충동성을 조사하여 아동의 실행기능을 알아보기 위한 방법으로 사용되었다.

이 방법에서는 아동에게 약간씩 차이가 있는 일련의 그림들을 제시하고 제시된 그림과 같은 그림 하나를 선택하도록 한다. 이 그림을 상대적으로 빠르게 선택하면서도 다른 그림 중에서 짝을 제대로 찾지 못하면 이는 충동성을 보이는 것이다 (Waterhouse & Fein, 1992).

따라서 이 방법을 통하여 보다 신중하게 같은 그림을 찾도록 하여 실행기능을 증진시킬 수 있을 것이다. 그러나 이 방법은 이 차이가 충동성(impulsion)에 의한 것이라기보다는 일반적인 인지기능에 의한 것이라는 주장도 있다.

3. 색이 들어간 단어 과제

색이 들어간 단어 과제(stroop color-word test)는 자동처리 능력(automatic processing ability)을 키우는 방법이다. 이 원리는 아동에게 색이 들어간 단어를 보여주고 읽게 하는 방법이다. 이때 글자와 색은 같은 방향(파란색으로 파란색이라는 글씨를 적어 넣었을 경우)도 있고, 다른 방향(파란색이라는 글씨를 적었으나 정작 색깔은 빨간색)으로 한 경우 등이 있다.

이때 아동에게 글씨를 읽게 하면 색과 글씨를 동일하게 한 경우는 보다 쉽게 읽을 수 있으나 다르게 하면 읽는데 어려움을 겪는다. 또한 색깔을 말하게 할 경우에도 유사한 결과가 나타난다. 이 방법을 사용하면 아동에게 자동화(自動化)된 반응을 줄이면서 선택적 주의(selective attention)를 요구할 수 있다(Dempster, 1998).

여기에서 반응시간이 길어지거나 정확성이 떨어지는 효과를 스트룹(Stroop)효과라고 한다.

4. 반응과 무반응 과제

반응과 무반응 과제(Go/NoGo task)는 억제반응(inhibition response)을 알아보기 위한 것이다(Kalaska & Crammond, 1995). 이 방법에서는 아동에게 특정 숫자나 소리 등에 대하여만 반응을 하고 다른 것의 경우는 반응하지 않게 하거나, 반대로 특정 숫자나 소리 등에는 반응을 하지 않고, 다른 것에는 모두 반응을 하게 한다.

이와 같은 방법으로 아동의 억제능력을 향상시켜 실행기능을 증가시킬 수 있을 것이다. 예를 들어 문자 중에서 '가'라는 문자가 나오면 반응키를 누르고 다른 경우는 그냥 있는다든지, 숫자 중에서 5가 나오면 반응을 하지 않고, 나머지 숫자인 경우 모두 반응하게 하는 방법이다. 3, 6, 9게임은 반응과 무반응 과제의 기본원리(基本原理)라고 할 수 있다.

제5절 인지-초인지 전략

인지이론(cognitive theory)에서는 사람이 행동하는 이유를 인지(cognition)와 초
인지(meta-cognition)로 구분하여 설명한다. 여기서 인지는 인식(recognizing), 해석
(interpreting), 판단(judging), 추론(reasoning) 등과 같은 알아가는 과정이나 결과를 의
미하고, 초인지는 특정한 지식의 점검(monitoring), 통제(regulattion), 지적(direction)을
가능하게 하는 과정이다. 즉, 초인지(meta-cognition)는 자신이 알고 있다는 것을
알고 있는 것을 의미한다.

이와 같은 인지와 초인지 전략을 통하여 아동에게 학습을 시킬 경우 아동의
학습을 효과적으로 도울 수 있을 것이다. 인지-초인지 전략에는 자기통제 전략
(self monitoring strategy)과 자기교수 전략(self instruction strategy)이 있다. 이를 설명하
면 표 11-5와 같다.

▶ 표 11-5 ◀ 인지-초인지에 의한 중재방법

중재법	설 명
자기통제 전략	교사나 부모가 아동 스스로 자신의 학습행동에 대한 통제를 하도록 하는 과정이다.
자기교수 전략	교사의 도움 없이 아동스스로 학습하는 것으로서 아동 자신이 행동하기 전에 자신이 할 일을 생각하도록 가르치는 것이다.

1. 자기통제 전략

자기통제(self-monitoring) 전략은 교사나 부모가 아동 스스로 자신의 학습행
동에 대한 통제를 하도록 하는 과정이다.

이의 대표적인 것이 행동통제법인데 아동에게 학습 중 헤드폰을 머리에 쓰
게 하고, 헤드폰에서 소리가 들리면 아동 스스로 지금 학습을 하고 있는지를 자
문하게 하여 그 자문 결과를 체크리스트에 체크하도록 한다. 이 방법은 연구자들
에 의하여 효과가 있음이 입증되었다(Prater, Hogan, & Miller, 1997).

다른 방법으로 자기기록 용지를 아동에게 주고 자신이 공부를 하였으면 '+' 를, 그 시간에 공부를 하지 않았으면 '−'를 표시하도록 하는 방법을 사용할 수도 있다(McLaughlin, Krappman, & Welsh, 1985)

2. 자기교수 전략

자기교수(self instruction) 전략은 교사의 도움 없이 아동스스로 학습하는 것으로서 자기교수는 아동 자신이 행동하기 전에 자신이 할 일을 생각하도록 가르치는 것이다(Meichenbaum & Goodman, 1971).

예를 들어 아동에게 자기교수법을 통하여 지도하고자 할 경우 다음과 같은 과정을 밟는다.

> 단계 1: 교사나 부모가 과제를 큰소리로 말하면서 수행한다. 이때 아동은 이를 관찰한다.
> 단계 2: 아동이 부모나 교사의 지시에 따라 과제를 수행한다.
> 단계 3: 아동이 과제를 큰 소리로 말하면서 과제를 수행한다.
> 단계 4: 아동이 혼자서 속으로 말하면서 과제를 수행한다.

이 과정에서 아동이 과제를 큰소리로 말하는 것은 '자기교수적인 말'인데 이는 부모나 교사의 말을 모방하도록 한다. 이 '자기교수적인 말(self instructive word)'은 처음에는 입 밖으로 큰소리로 말하게 하고 이후에는 혼잣말로 하게 하며 더 이후에는 마음속으로 하게 한다. 그런데 이 '자기교수적인 말'은 과제를 성공적으로 완성하는데 중요한 단계를 잘 표현하도록 설계하여야 한다.

제 6 절　인지왜곡

인지이론에서는 아동이 보이는 문제행동의 원인을 인지과정이 왜곡(cognitive distortions)되어 유발된 것으로 본다. 예를 들면 불안(anxiety)이나 우울(depression)은 타인으로부터 부정적인 평가를 받고 있다는 잘못된 생각을 가짐으로써 발생하고, 신경성 식욕부진증은 몸매나 체중에 대한 잘못된 신념(belief)으로 발생한다고 생각한다.

또 우울증이 있는 경우 그 사람은 인지왜곡으로 주변 일에 대하여 실제보다 그 일을 더 나쁘게 생각한다. 예를 들어 자기가 발표하고 있을 때 분명히 그렇지 않다는 증거가 있음에도 불구하고 다른 아동이 그를 비웃었다고 생각하기도 하고, 시험을 잘못 본 것을 자기자신(내 탓), 확대해석(나는 아무 것도 할 수 없어), 당연한 것(나는 이런 시험은 늘 잘 못 봐)라고 생각한다.

인지왜곡 유형에는 흑백논리 사고(black-and-white thinking), 과잉일반화(overgeneralization), 확대-축소해석(overinterpretation-restriktive interpretation), 독심술적 사고(mind reading thinking) 등이 있다. 이를 설명하면 표 11-6과 같다.

1. 인지왜곡 유형

1) 흑백논리

흑백논리는 이분법적 사고를 의미하는데, 일부 정서·행동장애 아동은 자신의 생각을 분기시키는 경향이 있다. 즉, 전부 아니면 모두 아닌 방식(all-or-nothing thinking)의 이분법적 사고(dichotomous thinking), 흑백논리(black-and-white thinking)를 가지고 있다. 그와 같은 사고방식을 가지고 있으면 정서(mood)가 쉽게 변한다거나 타인과의 대인관계에서 문제를 보이는 측면을 보인다. 예를 들어, 원래부터 친구를 좋게 보고 있었는데, 그 친구가 약속을 지키지 못한 경우 즉각 그 사람을 나쁜 사람으로 보게 된다. 이들은 자신을 평가하는 데에도 이와 같은 표준을 적용한다.

▶ 표 11-6 ◀   인지왜곡 유형

중재법	설 명
흑백논리	전부 아니면 모두 아닌 방식의 이분법적 사고
과잉일반화	지나치게 자신이 경험한 일을 일반화하여 생각하는 것
확대-축소해석	자신에게 닥친 경험을 과장하거나 축소하여 보는 경향
독심술 사고	객관적으로 나타난 증거도 없이 다른 사람의 마음을 자신이 잘 아는 것처럼 생각하거나 자신의 생각만으로 단정을 짓는 사고

즉, 아주 작은 일임에도 불구하고 자신이 실수한 경우, 자신을 전적으로 나쁜 사람으로 본다. 아동이 정체성(identity)과 관련이 있는 낮은 자기효용감(low self-efficacy)을 지니고 있을 경우에도 자기결정(self-determination)에 대한 확신부족, 낮은 동기유발(low motivation), 장기목표 설정상의 어려움 등의 문제를 보이게 된다.

2) 과잉일반화

과잉일반화(overgeneralization)는 지나치게 자신이 경험한 일을 일반화(generalization)하여 생각하는 것인데, 예를 들어 어린시절 부부싸움이 잦은 옆집 부부를 보고 부부는 언제나 싸우는 것이라고 일반화하여 생각하거나, 어떤 아동이 어제 오줌을 쌌으므로 오늘도 내일도 오줌을 쌀 것이라고 생각하는 것 등이 과잉일반화이다.

과잉일반화는 심리적으로 볼 때 한번 실수(失手)한 것을 가지고 과잉일반화하여 언제나 실수할 것이라고 생각하거나 자신이 한번 성공한 것을 이후에도 성공할 것이라는 생각을 하는 것도 이와 같은 예이다.

3) 확대-축소해석

확대해석 또는 축소해석은 과잉일반화와 유사한 개념으로 볼 수 있는데 자신에게 닥친 경험을 과장하거나 축소하여 보는 경향을 의미한다. 예를 들어 친구로부터 전화 한통을 받고 이 친구가 자신을 사랑하는 것으로 확대해석하거나, 친구가 고의적으로 때린 행동을 친근감의 표현으로 축소해석하는 경향이 바로 이것이다. 이와 같은 확대-축소해석은 실생활에서 그 경험의 중요성 정도를 잘못 이해하게 되어 실생활을 어렵게 할 수 있다.

4) 독심술 사고

독심술(mind reading) 사고는 아동이 생활을 하면서 타인의 생각을 추론하는 것인데, 이는 또래관계 형성(peer relationship)이나 타인의 의도를 파악하는데 매우 중요한 능력이다. 그러나 객관적으로 나타난 증거도 없이 다른 사람의 마음을 자신이 잘 아는 것처럼 생각하거나 자신의 생각만으로 단정을 짓는 독심술적(讀心術的) 사고(思考)는 문제가 될 수 있다. 예를 들어 또래가 자신을 그냥 바라만 보았을 뿐인데 '너! 왜 째려봐!'라고 소리쳐 싸움이 되는 경우가 그러하다. 우리 일상생활에서도 이와 같은 경우는 매우 흔하다. 명백히 타인이 자신에 대하여 악의가 있다는 증거도 없이 악의가 있는 것으로 생각하는 것이 바로 이것이다.

2. 중재방법

인지왜곡 중재법으로서는 부정적인 인지 사이클 수정, 인지왜곡 노출법, 잘못된 신념 수정법 등이 있다. 이를 설명하면 표 11-7과 같다.

▶ 표 11-7 ◀ 인지왜곡 중재법

중재법	설　명
부정적인 인지 사이클 수정	아동이 타인과의 관계 속에서 인지적으로 왜곡을 불러오는 역기능적인 태도와 생각을 없애도록 함
인지왜곡 노출법	아동이 위험이 된다고 왜곡하여 생각하는 특정 사회상황에 점차 노출시키면서 특정 상황에서 사회기술을 익히는 방법을 가르치는 방법
잘못된 신념 수정	대부분 다른 사람이 고의적으로 자신에게 적대적이라고 생각하는 잘못된 신념을 수정하기 위하여 다른 사람이 나쁜 말을 하고 있거나, 그에게 무례한 짓을 하고 있다고 느끼는 증거를 찾게 하는 방법으로 잘못된 신념을 수정하는 방법

1) 부정적인 인지 사이클 수정

인지이론에 의한 인지왜곡치료의 주 목표는 아동이 부정적인 인지 사이클을 깨도록 하는 것이다. 즉, 아동에게 보다 지원적인 환경을 제공하여 아동이 타인과의 관계 속에서 인지적으로 왜곡(歪曲)을 불러오는 역기능적인 태도(dysfunctional attitudes)와 생각을 없애도록 하여 이들의 인지적 신념이 이성적이지 못한 것임을 알도록 해주는 것이다. 이와 같은 중재를 통할 경우 인지왜곡은 대부분 성공을 거둔다. 다만 그 아동과 치료사(부모, 교사) 간 관계형성이 아주 밀착되어 있어야 한다.

2) 인지왜곡 노출법

다른 인지왜곡 치료법으로서 아동이 위험이 된다고 왜곡하여 생각하는 특정 사회 상황에 점차 노출시키면서 특정 상황에서 사회기술을 익히는 방법을 가르치는 방법이 있다.

예를 들어 타인에 대한 인지왜곡은 분노나 불만을 가진 아동에게 점증적인 노출을 통하여 해당자와 접촉하게 할 경우 효과가 크다. 그러나 이와 같은 방법이 모두 효과가 있는 것이 아니다. 예를 들어 학습된 무력감(learned helplessness)으로 인하여 자신을 타인에게 맡기고 타인의 통제를 받는 위축된 인지왜곡 유형인 경우에는 점증법에 의한 노출법보다는 한 가지씩 기술을 가르치는 기술훈련법이 더 효과가 있다.

3) 잘못된 신념 수정

아동이 인지왜곡을 하는 이유는 대부분 다른 사람이 고의적으로 자신에게 적대적이라고 생각하는 신념(belief) 때문이다. 따라서 이런 아동에게는 치료초기에 다른 사람이 나쁜 말을 하고 있거나, 그에게 무례한 짓을 하고 있다고 느낄 때마다 그날그날 시간메모를 해두도록 한다. 다음으로 치료사는 그에게 부정적인 생각에 직접 도전해 보도록 한다. 이때 증거가 있는지를 확인하여 보게 하고 그 생각을 바꾸어 보도록 한다. 만일 증거를 발견하지 못하였다면, 더 논리적이고 현실적인 설명을 하도록 한다(예: 애들이 다른 것에 대하여 이야기하고 있다). 또 교사나 부모(치료사)는 그에게 만일 어떤 사람이 그에게 무례하게 행동한다면 어떻게 할 것인가에 대하여 생각하도록 한다. 이와 같은 과정이 거듭되면 의심과 인지왜곡은 점차 줄어든다.

제12장

생물학적 이론에 의한 중재

이 장에서는 생물학적 이론에 관련한 중재법에 대하여 설명하고자 한다. 생물학적 모델에는 유전상담(genetic counseling), 출산전후 중재, 섭식(diet) 및 약물, 예방기법 등이 있다.

생물학적 이론(biophysical theory)에 의한 중재법에서 중재의 주체는 아마도 의사이고 협조자 또는 지원자는 교사나 부모일 것이다. 그러나 의사와 교사간의 관계는 지시자와 그에 대한 복종자의 관계가 아니라 상호협력의 관계로 이해함이 맞을 것이다. 왜냐하면 의사는 교사의 협조를 필수적으로 받아야하기 때문이다. 예를 들면 교사와 의사 간 상호협력관계, 의사의 의료처방에 대한 교사의 협력, 의료처방 안전관리 등은 서로 간에 필수적으로 이루어져야 할 협력인 것이다. 따라서 생물학적 행동관리 중재는 이와 같은 의사와 교사 간 상호협력으로 설명할 수도 있다.

정서·행동장애(emotional disturbance)와 관련한 여러 가지 이론들이 있지만 생물학적 이론(biophysical theory)만큼 중요한 이론은 없을 것이다. 그럼에도 불구하고 생물학적 이론만큼 답보상태에 있는 이론도 없는 것 같다. 빨리 관련 전문가들은 정서·행동장애의 생물학적 설명을 명쾌하게 하여 정서·행동장애인들의 삶의 질에 보탬이 되길 기대한다.

1. 유전과 선천연구

유전(heredity)이란 부모로부터 자손으로 전해지는 현상을 의미한다. 연구에 의하면 부모의 유전적 기능에 의하여 아동의 정서·행동장애가 유발되는 것으로 나타나고 있다. 이 점에서 유의하여야 할 것은 유전과 선천(congenitalness)을 구분하여 보아야 하는데 선천은 유전적인 이유이든 아니든 임신중부터 장애의 원인이 발생하여 타고난 원인을 의미한다. 이와 같은 연구는 흔히 쌍생아 연구에서 그 증거를 찾는데 일란성 쌍생아는 같은 정서·행동장애를 지닐 확률이 높고 이란성 쌍생아는 그렇지 않다는 것이다.

반면에 유전은 부모의 특성을 자녀가 그대로 이어받는 것을 의미하는데 이와 같은 연구는 아동의 정서문제가 양부모와 친부모 간에 누구의 원인에 더 영향을 받는가를 연구하는 것이다. 연구결과는 정서문제의 경우는 양부모보다는 친부모로부터 이어받는 경향이 더 높아 아동의 정서문제는 유전적인 원인이 환경적인 원인보다 강하다고 한다.

2. 유전상담

유전적으로 문제가 있는 젊은 커플의 경우는 결혼을 앞두고 많은 고민에 싸인다. 이들의 고민은 유전으로 인하여 자신이 겪었던 고통스런 경험과 이를 극복하기 위한 경제적 부담, 그리고 2세가 겪어야 할 동일한 고통에 대하여 고민하게 된다. 그러나 실제로 유전을 예방하는 방법은 그다지 없는 것으로 보인다.

유전에 의한 장애 유형은 매우 많다고 한다. 일반적으로 알려진 유전자 결함에 의한 장애에는 다운증후군(Down's syndrome), 낫 세포질환(sickle cell disease), 담낭섬유증(cystic fibrosis), 혈우병(hemophilia) 등이 있다. 유전자에 의한 결함은 만성적이고 복합적으로 나타나 후천적으로 보이는 결함(일시적이고 국부적으로 나타남)보다 더 심각하다.

유전상담(genetic counseling)은 특정 태아에 대한 질병이나 결함발생 가능성을 평가하는 것이다(Kameya, 1972). 물론 유전상담의 목적(goal)은 장애아동 출생을 예

방하는 것이다. 그러나 유전상담을 통하여 모든 장애아 발생을 정확하게 예측할
수는 없으나 특정 부모 또는 부모가 될 사람의 자식에 대하여 이상유무 가능성을
예측해 줄 수는 있다. 따라서 유전상담자는 장애아가 태어날 가능성에 대한 의학
적 정보를 예비부모에게 제공하고 부모는 임신중인 태아에 대하여 최종 결정을
하여야 한다.

제 2 절 출산전후 중재

1. 태아기 중재

생물학적 이론(biophysical theory)에서는 기본적으로 행동문제의 원천이 인체조
직기관에 있다고 본다. 따라서 생물학적 이론에서는 태아기(prenatal) 인체조직부
터 인간행동 문제의 원천을 찾고자 한다. 물론 태아기와 신생아기 생물학적 결함
의 원인은 환경과 유전이다.

유전은 이미 앞서 언급하였으므로 태아환경을 중심으로 생물학적 원인을 살
펴보면 태아기(prenatal)에 영향을 미치는 환경요인으로서는 산모요인(신진대사
(metabolism)문제, 산모나이, 임신횟수 및 빈도)과 임신기간중 산모에게 영향을 미친 요
인(바이러스 질병 및 감염, 성병, 약물, 음주, 흡연, 다이어트, 기타손상), 산모 외부요인(오염
이나 방사능) 등을 들 수 있다.

▶ 표 12-1 ◀ 태아환경중심 생물학적 원인

요 인	내 용
산모요인	신진대사문제, 산모나이, 임신횟수 및 빈도
임신기간 요인	바이러스 질병 및 감염, 성병, 약물, 음주, 흡연, 다이어트, 기타손상
산모 외부요인	오염, 방사능

이와 같은 것을 볼 때 태아기 장애(prenatal disorder)는 치료나 어떤 처방보다
도 예방을 통하는 방법이 더욱 효과적임을 추측할 수 있다. 그리고 산모요인을
살펴볼 때 산모로서 자연적인 상태로 인위적인 어떤 자극이 없을 경우에는 문제
가 없음을 보여준다. 물론 출산 이후 약물에 의한 조절, 교정수술을 통할 수는 있

겠지만 예방비에 비하여 처방비가 너무나 비싸므로 예방이 가장 중요한 수단임을 명심하여야 한다.

따라서 태아기 관리(prenatal care) 중재에서는 처방보다는 예방을 중심으로 중재한다. 즉, 태아가 산모 뱃속에서 건강한 환경에서 정상적으로 발달하도록 하기 위한 다양한 중재를 의미하는 것이다. 이런 측면에서 방송국 등에서 실시하는 '임신육아교실'은 매우 의미 있는 활동이라 할 수 있다. 이와 같은 태아기 관리를 활용하여 산모는 태아의 성장과 발달에 대하여 올바로 이해하게 되고, 문제를 감지한 경우 즉각적인 처방(treatment)을 할 수 있게 된다.

2. 출산 이후 생물학적 중재

출산 후 소두증(microcephaly), 과잉운동장애(pyperkinesis), 학습장애(learning disorder), 그리고 기타 아동이 가지고 있는 유사한 증상에 대한 의학적 검사 등은 조기치료에 필수적이다. 생물학적 측면에서 볼 때 출산 후 여러 가지 중재 역시 매우 중요하다. 왜냐하면 아동기와 청소년기에 손상, 질병, 감염의 위험이 매우 높기 때문이다. 따라서 출산 후 아동부모는 정기적인 진료를 통하여 아동의 발달을 살펴보고 이상이 발견되면 이를 즉시 중재해야 할 것이다.

만일 아동에게 조직기관 결함이 의심될 경우에는 여러 가지 검사도구를 통하여 검사하여야 한다. 그리고 부모는 가족력, 아동의 의료력, 발달력, 행동력 등을 의사에게 제공하고, 교사는 아동의 학습능력, 학습형태, 행동상, 인지상 문제점 등을 의사에게 보고하며, 심리학자는 심리평가 결과를 의사에게 보고하여, 의사가 임신정보, 가족력, 아동 출생력, 임신기간, 발달, 행동 등에 대한 종합적 정보를 평가하도록 한다. 이때 의사는 혈액검사, 소변검사, X레이검사, 신경학검사,

▶ 표 12-2 ◀ 의사의 평가 및 검사

요 인	내 용
조직기관 검사	임신정보, 가족력, 아동 출생력, 임신기간, 발달, 행동 등에 대한 종합적 정보 평가 혈액검사, 소변검사, X레이검사, 신경학검사, 뇌파검사
신경기능장애 평가	아동의 걸음걸이 검사, 조절능력 검사, 근육반사작용 검사, 근육의 힘과 조화 검사, 손 움직임 검사, 감각검사, 인지검사, 언어검사, 시각검사, 청각검사

뇌파검사(electroencephalogram: EEG) 등을 실시할 수 있다.

또한 의사는 아동 신체시스템에 대한 신경기능장애 평가를 위하여 아동의 걸음걸이 검사, 조절능력 검사, 근육반사작용 검사, 근육의 힘과 조화 검사, 손 움직임 검사, 감각검사, 인지검사, 언어검사, 시각검사, 청각검사 등을 검사할 수 있다. 이와 같은 과정이 바로 생물학적 이론(biophysical theory)에 의한 중재법이다.

제3절 섭식 및 약물

1. 섭식

섭식(diet)은 영양과 관련이 있는데 영양(nutrition)은 몸에서 필요로 하는 영양소 관계이다. 일반적으로 특정 행동과 특정 영양소간에 정확한 과학적 관계가 있다는 증거는 없다. 그러나 이들 요인 간의 논리적 관계가 있을 가능성이 존재한다. 연구에 의하면 몇몇 영양소와 특정 신체장애 간에 일부 관계가 있음이 밝혀졌다.

영양실조 아동은 몽롱하고 졸린 모습을 보이고 자극에 과민하고, 의욕상실을 보인다. 이와 같은 아동은 감염, 질병, 손상을 입기 쉽다. 따라서 아동에 있어 적절한 영양의 중요성은 아무리 강조해도 지나치지 않다. 따라서 부모가 아동에게 집에서 영양을 공급할 수 없을 때, 학교, 지역사회, 지방자치단체 등이 아침, 점심 등을 제공하여야 한다.

2. 약물(수술)치료와 재활훈련

약물에 의한 조절은 의약처방 중재법이다. 그리고 교정수술은 내반족(clubfoot), 구개파열(cleft lip), 시력, 청력, 언어문제 등을 약화시키기 위한 수술과정이고 성형수술은 기형을 수정하는데 효과가 있다.

물론 약물치료나 수술치료뿐만 아니라 재활훈련 서비스(rehabilitation training service)도 생물학적 측면에서 사용되는데 지적장애나 시각장애, 청각장애, 언어장애, 신체장애, 학습장애, 행동장애, 정서 · 행동장애인의 생활기술 및 생활능력 향상에 도움을 준다.

정서·행동장애 아동에 대한 약물처방(medication)에 관한 연구를 보면 그 처방법과 평가는 매우 다르게 나타난다(Wilson & Sherrets, 1989). 그러나 약물치료가 일부 정서·행동장애 현상을 줄이는 데는 분명 역할을 하는 것으로 보인다.

표 12-3은 약물치료의 효과를 요약한 것이다.

▶ 표 12-3 ◀ 약물치료와 효과

구분	효 과
중추신경시스템 자극제	약물: Ritalin, Dexedrine, Cylert 효과: 통제 가능한 신체활동 증가, 목표 통제 가능, 충동과 분열 현상감소, 산만한 행동 감소, 주의집중 증가, 인지향상, 운동-협응력 증강, 협동, 바람직한 행동증가 부작용: 메스꺼움, 식욕부진, 체중감소, 수면문제(불면증, 졸리움), 신경질, 우울증, 울기, 투여초기에 심각한 떨기나 두려움 기타 : 사춘기 이전 아동에게 안정을 주는 효과, 어른들에게는 보통 자극이 되지만 아동의 경우에는 냉정을 찾고 조용하게 하는 효과(역설효과; paradoxical effect)
불안 정신질환 치료제	약물: Mellaril, Thorzine, Librium, Miltown, Equanil 효과: 안정 효과, 차분, 행동과 사회기능 향상 부작용: 메스꺼움, 졸리움, 입안 건조증, 코 충열, 신경질, 발진현상, 식욕부진, 체중증가 기타: 아동치료제; Mellaril, Thorzine

제4절 약물 중재 시 교사의 역할

의사가 정서·행동문제를 지닌 아동에게 약물 중재를 한 경우 교사나 부모는 의사와 상의하여 중요한 지원자 역할을 하여야 한다. 또한 약물치료시 고려사항은 표 12-4와 같다.

1. 의뢰

사실 교사는 약물에 관하여 자세히 알지 못한다. 그러나 교사는 아동의 부모에게 아동문제에 관하여 설명하면서 병원에 가 볼 것을 권유할 수는 있을 것이

▶ 표 12-4 ◀ 약물 중재 시 고려사항

요 인	내 용
의뢰	교사는 아동의 부모에게 아동문제에 관하여 설명하면서 병원에 가 볼 것을 권유
의사와의 협력	교사는 자신의 관찰 결과를 충실히 의사에게 제공
학교에서의 투약	의사와 상의하여 지침에 따라, 그리고 학내 지침에 따라 투약
약물처방 후 중재계획	투약 전에 소홀히 하였던 지식과 기술을 아동이 배울 수 있도록 배려

다. 이런 점에서 교사의 의뢰(referral)역할이 존재한다.

교사는 먼저 아동문제에 관련한 정보를 아동의 부모에게 충실하게 제공한다. 이때 교사는 약물처방을 권유하기보다는 그 권유역할을 의사가 할 수 있도록 하는 역할 즉, 부모가 의사를 찾도록 하는 것이 가장 좋다.

2. 의사와의 협력

교사의 권유를 받든 부모 스스로든 간에 아동이 병원을 방문하면 의사는 보다 정확한 진단을 위하여 담당교사로부터 정보를 얻고자 할 수 있다. 이 경우에 교사는 자신의 관찰결과를 충실히 의사에게 제공해 주어야 한다.

그리고 의사가 일정한 사정을 통하여 아동에게 약물처방을 한 경우에는 교사의 역할은 더욱 커진다. 왜냐하면 아동의 정서문제에 관련하여 약물 처방 전과 약물처방 이후의 치료효과에 대하여 객관적으로 설명할 수 있는 사람이 바로 교사이기 때문이다.

의사는 이와 같은 치료효과에 대한 피드백을 절대적으로 필요로 한다. 왜냐하면 약물처방이란 것이 특히 정서·행동장애의 경우 그 효과가 동일한 것이 아니라, 특정 약물이 특정 아동에게 효과가 있는 경우도 있고 그렇지 못한 경우도 존재하기 때문이다. 또 약물의 투여량도 처음에는 적은 양부터 시작하여 점차 늘려가거나 줄여가는 실험적인 방법을 사용하기 때문이다. 따라서 교사는 아동의 약물치료 효과를 면밀히 관찰하여 의사에게 알려줄 필요가 있는 것이다.

3. 학교에서의 투약

요즘에는 약효가 12시간 동안 지속하는 약물이 있기는 하지만 특별한 경우 학교에서 약물을 투약할 경우가 있을 수 있다. 이 경우에는 의사와 상의하여 지침에 따라, 그리고 학내 지침에 따라 투약을 한다. 이와 같은 과정은 이후 발생할 수 있는 법률적인 문제와도 긴밀하게 관련이 있다. 그리고 학내에 약물처방에 대한 규정이 없을 경우에는 규정을 정하여 책임 있는 사람(보건교사)이 약물을 투여하는 것이 좋다.

4. 약물처방 후 중재계획

의사가 약물을 처방하여 효과가 있다 하더라도 그 효과가 투약 전에 공부하지 못한 학습기간을 보상할 수 없고, 바람직한 행동을 아동이 스스로 익힐 수는 없는 것이며, 자존감(self esteem)을 키운다거나 타인과의 상호작용(interaction)을 증가시키는 기술을 익히는 것도 아니다. 그리고 단지 행동적인 문제가 줄어든 것일 뿐 지적장애나 두뇌손상과 같은 본질적인 결함은 여전히 존재하는 것이다.

따라서, 교사는 투약 전에 소홀히 하였던 지식과 기술을 아동이 배울 수 있도록 배려하여야 한다.

제13장

생태학적 이론에 의한 중재

생태학적 이론에 의한 중재

생태학적 이론(ecological theory)에 의한 접근으로 인간행동을 이해하고자 할 때에는 한 사람의 생태를 체계적으로 종합하여 보는데 이들 생태학적 요인에는 앞서 언급한 바와 같이 내부체계(ontogenic), 소체계(micro system), 중간체계(meso system), 외부체계(exo system), 대체계(macro system) 등이 있다. 그러나 아동의 경우 내부체계와 소체계 그리고 중간 및 외부체계가 더욱 중요할 것이다. 이들을 중심으로 설명하면 아래와 같다.

제1절 내부체계

앞서 언급한 바와 같이 내부체계는 한 사람 내부에 관련한 체계로서 정신분석이론과 생물학적 이론(biophysical theory)과 밀접한 관련이 있는 시스템이다. 즉, 한 사람 개인의 정신세계와 신체적 능력 즉, 성격, 능력, 자질 등이 이에 해당한다.

사람들은 누구나 외부환경과 상호작용하기 위한 자신의 내부세계를 가지고 있고 신체적 특성을 가지고 있어 이와 같은 특성으로 개인의 세계를 형성한다. 이들 내부체계에 대하여 설명하면 표 13-1과 같다.

▶ 표 13-1 ◀   내부체계

요 인	내 용
유전	한 사람의 기질이나 지능 등과 같은 심리적 특성은 유전적인 요인이 강하다.
출산 전후	출산을 전후한 아동의 건강 관련 요인이 매우 중요하다.
신체건강	신체건강이 좋을 경우 아동은 좋은 조정을 보이는 경향이 있다.
인지심리	인지 심리요인이 품행과 정서에 영향을 미친다.
생물학적	생물학적 요인이 정서문제와 일부 관련이 있다.

1. 유전

유전은 내부체계의 중요한 부분을 차지한다. 즉, 한 사람의 기질이나 지능 등과 같은 심리적 특성은 유전적인 요인이 강하다는 것이다(Rutter, 1991). 그러나 아동의 정서문제가 유전요인에 의한 것이라는 확실한 증거는 아직 없다.

유전체계에 관련한 중재법에 관해서는 이미 생물학적 중재법에서 언급하였는데 유전에 의한 중재는 사후 중재보다는 사전예방이 가장 효과적이다.

2. 출산 전후

1) 출산 전 중재

출산 전 태아의 건강은 산모의 자궁환경에 영향을 받는데 자궁환경에 부정적인 영향을 미치는 요인으로는 산모의 연령(age), 혈액형 불일치(RH−), 영양실조(nutritional deficiency), 흡연(smoking), 음주, 약물남용, 풍진(rubella), 매독(syphilis), 에이즈(acquired immune deficiency syndrome: AIDS) 등이다.

▶ 표 13-2 ◀   출산 전후

요 인	내 용
출산 전 중재	산모의 연령, 혈액형 불일치(RH−), 영양실조, 흡연, 음주, 약물사용, 풍진, 매독, 에이즈 등이다.
출산 후 중재	미숙아가 두뇌손상을 받으면 주의집중 문제나 과잉행동 문제를 보일 수 있다.

그리고 임신 중 두뇌손상을 입은 아동은 특정 분야에서의 결함을 보이지 않고 학습이나 지적능력 등 전반적인 저하를 보인다. 그 이유는 아마도 발달상 중추신경시스템 발달이 이루어지지 않아 기능 분화(specialization of function)가 되지 않기 때문일 것이다. 반면에 생후 두뇌손상을 입은 아동은 국부적인 기능저하를 보인다. 출산시 병원에서 겸자분만(forceps delivery)이나, 머리가 거꾸로 나오거나, 난산이었을 경우, 또는 탯줄이 꼬인 경우와 같은 출생시 발생할 수 있는 문제들로 인하여 유아는 신경 손상을 입을 수 있다.

출산 전 중재방법은 계획적인 산모교육과 출산시 아동의 손상을 예방할 수 있는 의학적 조치일 것이다. 또한 산모가 풍진과 같은 질병에 감염되지 않도록 예방주사를 맞도록 하는 방법도 중요한 중재방법이 될 것이다.

2) 출산 후 중재

출산 당시 신생아가 미숙아일 경우 두개골이 충분히 발달되지 못하였기 때문에 출생중에 두뇌손상을 입을 가능성이 높다. 그리고 이와 같은 미숙아가 두뇌손상을 받으면 주의집중 문제나 과잉행동 문제를 보일 수 있다고 한다(Hinshaw, 1994).

출산 후(postnatal) 신생아를 위한 중재는 주로 미숙아에 관련한 중재인데 미숙아 출산과정에서 두뇌손상을 예방하고 출산 후에는 세심한 주의를 기울여 양육하여야 한다. 보통 미숙아는 초기에는 발달지체를 보이지만 적절한 의료적 처방과 부모의 세심한 양육 그리고 적절한 지적, 신체적 자극을 주게 되면 비장애아동과 다름없이 자라게 된다. 따라서 미숙아의 경우 출산시부터 취학이전 기까지 의학적 처방과 부모의 정성스런 자극제공 등이 특히 더 중요하다 할 것이다.

3. 신체건강

1) 의의

마음과 신체는 함께 간다는 말이 있듯이 신체가 건강할 경우 아동은 좋은 조정을 보이는 경향이 있다(Rutter & Casaer, 1991). 아동의 신체건강에 도움을 주는 요인에는 유전, 순산(順産), 질병이나 손상, 영양공급, 운동, 스트레스, 성과 나이 등이다. 사춘기 이전에 여아는 남아보다 스트레스를 더 잘 관리하나 사춘기 이후에는 남아가 여아보다 스트레스를 더 잘 관리한다. 그리고 어린 아동이 나이든 아동보다 스트레스 영향을 덜 받는다.

두뇌손상 아동의 경우 사후조치, 손상위치, 심각성 정도에 따라 인지손상, 행동문제 등이 다르게 나타날 수 있다(Goodman, 1994; Snow & Hooper, 1994).

2) 중재

신체건강과 관련한 중재는 질병의 예방, 적절한 영양공급, 정기적인 운동, 안정적인 양육 등이 중요한 방법에 해당한다. 질병의 예방은 적기 예방주사, 두뇌손상, 예방조치 등이 해당하고, 두뇌발달이 왕성한 3세 이전에 신체적인 운동을 제공하는 것이 중요할 것이다. 물론 아동의 영양 공급에 세심한 관심을 갖고 양육하는 것도 중요하며, 아동이 스트레스를 받지 않도록 배려하는 일도 중요한 중재일 것이다.

4. 인지-심리 시스템

인지-심리 시스템에 영향을 미치는 요인에는 지능지수(지능이 낮으면 품행장애(conduct disorders)위험이 있다), 자존감(self-esteem; 자존감이 낮으면 품행장애나 정서장애(emotional disorders)의 위험이 있다), 외적통제 소재(external locus of control; 외적 통제소재를 가지면 품행문제와 정서문제를 일으킬 수 있다), 기질 등이 있다. 이들에 대하여 설명하면 표 13-3과 같다.

▶ 표 13-3 ◀　인지-심리 시스템

요 인	내 용
자기규제신념	아동이 높은 수준의 자기규제신념(효용감)을 갖게 되면 과제완수를 더 효과적으로 할 수 있다.
방어기제	방어기제는 아동이 부정적인 정서상태를 규제하기 위하여 사용하는 것이다.
대처전략	아동이 특정한 문제 또는 정서적인 상황에 당면하였을 때 이를 해결하는 기술이다.

1) 자기규제신념

(1) 의의

아동이 과제완수에 성공하고, 이 성공이 자신의 능력으로 성공하였다고 생각하면, 아동은 자기효용감이 생긴다(Bandura, 1981). 즉, 아동이 미래에 유사한 과제에도 잘 할 수 있을 것이란 믿음이 생기는 것이다. 아동이 높은 수준의 자기효용감을 갖게 되면 과제완수를 더 효과적으로 할 수 있다. 그러나 낮은 자기효용감을 가진 아동은 문제를 해결하고자 지속적으로 노력하지 않는 경향이 있다. 그래서 낮은 자기효용감으로 정서문제를 유지시키게 되는 것이다.

이와 같은 낮은 자존감(self esteem) 외에도 정서발달에 영향을 미치는 요인으로서는 우울귀인스타일(depressive attributional style; 아무리 노력해도 성공할 수 없다는 신념; Abramson et al., 1978), 적대적 귀인스타일(hostile attributional style; 실패의 탓을 타인의 탓으로 생각하는 신념), 인지왜곡(cognitive distortions; 상황에 대한 확실치 못한 해석) 등이 있다.

(2) 중재
① 자기효용감 증진 중재
자기규제 시스템에 관련한 아동중재방법은 아동이 과제완수에 성공한 경우 이 성공이 자신의 능력으로 성공하였다고 생각하도록 도와주는 일이다. 예를 들어 아동이 무거운 물건을 들고자 할 때 아동을 도와 물건을 옮기도록 하고 아동을 칭찬하거나 아동이 넘을 수 없는 장애물을 도와 넘게 하고 잘 넘었음을 칭찬하는 일 등이 바로 이것이다. 이와 같은 중재는 주위에서 매우 흔한 중재법이다.

② 낙관적 귀인스타일(우울 귀인스타일 예방) 중재
아동이 자신의 과제에 실패한 경우 부모나 교사는 아동에게 그 실패가 능력부족이나 어쩔 수 없는 것이라는 반응을 하여 아동에게 절망을 가르치기보다는 노력하면 성공할 수 있고, 실패원인이 이 과제 한 부분에 한한 것이며 다음에는 그렇지 않을 것이라고 격려하여 아동에게 새로운 과제에 도전할 수 있는 힘을 부여한다.

그리고 만일 아동이 과제에 성공한 경우 아동의 능력으로 인한 것임을 알려주고 다른 경우도 성공할 수 있는 것임을 알려주어 무기력을 극복시켜 준다.

③ 일관성(적대적 귀인스타일 예방) 중재
부모나 교사는 아동을 훈육(discipline)하면서 일관성 있고 예측 가능한 지시를 통하여 아동의 기대와 부모나 교사의 행동이 동일하도록 교육한다. 만일 아동의 기대와 부모나 교사의 행동이 다르게 나타나면 아동은 그 원인을 타인의 탓으로 돌리는 적대적 귀인스타일(hostile attributional style)을 보이기 때문이다. 이와 같은 경우의 중재기법은 면담기법을 참조하는 것이 좋을 것이다.

④ **상황설명(인지왜곡예방) 중재**

아동이 어떤 상황에 대하여 확실치 못한 해석을 하게 되면 여러 가지 인지왜곡을 보일 수 있는데, 부모나 교사는 아동이 인지적으로 상황을 왜곡한 경우 이를 충분히 설명하여 오해를 풀도록 하여야 한다. 이때 아동이 판단한 생각을 충분히 듣고 하나하나 세심하게 설명을 하는 것이 좋다. 이와 같은 경우 중재방법은 앞서 언급한 면담기법이 좋다.

▶ 표 13-4 ◀ 자기규제신념 중재

요 인	내 용
자기효용감 증진 중재	자기규제 시스템에 관련한 아동중재방법은 아동이 과제완수에 성공한 경우 이 성공이 자신의 능력으로 성공하였다고 생각하도록 도와주는 일
낙관적 귀인스타일 중재	과제에 실패한 경우 노력하면 성공할 수 있고, 실패원인이 이 과제 한 부분에 한정한 것이며 다음에는 그렇지 않을 것이라고 격려하고, 과제에 성공한 경우 아동의 능력으로 한 것임을 알려주고 다른 경우도 성공할 수 있는 것임을 알려주어 무기력을 극복시켜줌
일관성 중재	아동을 훈육하면서 일관성 있고 예측 가능한 지시를 통하여 아동의 기대와 부모나 교사의 행동이 동일하도록 교육
상황설명 중재	아동이 어떤 상황에 대하여 확실치 못한 해석을 하지 않도록 충분히 설명하여 오해를 예방함

2) 방어기제

방어기제는 아동이 부정적인 정서상태를 규제하기 위하여 사용하는 것으로서 부모의 분노에 대한 반응과 같은 부정적인 외부 사건일 수도 있고, 죄의식과 같은 부정적인 내부 사건일 수도 있다.

▶ 표 13-5 ◀ 방어기제

요 인	내 용
원시적 방어기제	부정적인 정서 상태를 규제하기 위하여 수동적 공격
신경증적인 방어기제	자신의 분노를 타인에게 떠넘기거나 싸움으로 해결
성숙한 방어기제	자기성찰, 유머, 자기주장 등으로 분노 해결

방어기제는 원시적 방어기제(primitive defence mechanism) 즉 부정적인 정서상태를 규제하기 위하여 수동적 공격(passive aggression; 부모의 지시에 응하면서도 응하는 태도가 매우 미온적임)을 사용한다. 신경증적인 방어기제(neurotic defence mechanism; 자신의 분노를 타인에게 떠넘기거나 싸움으로 해결), 성숙한 방어기제(mature defence mechanism; 승화(sublimation), 자기성찰(self-observation), 유머, 자기주장(self-assertion) 등으로 분노를 해결) 등도 있다.

이때 원시적 방어기제와 신경증적인 방어기제는 미성숙한 방어기제로서 우울(depression), 부정(denial), 떠넘기기, 분열(splitting), 투사(projection), 수동적 공격(passive aggression) 등과 같은 미성숙한 방법으로 갈등을 해결한다. 이와 같은 미성숙한 방어기제는 단기간 동안은 불안(anxiety) 또는 기타 부정적인 정서를 규제할 수 있으나 장기적으로는 문제가 될 수 있다. 반면에 성숙한 방어기제는 승화와 같은 것이 이에 해당하는데 이를 사용하면 생산적인 방법으로 불안(anxiety)과 관련한 갈등을 관리를 할 수 있다.

방어기제와 관련한 중재에는 아동이 갈등관련 문제에 부딪쳤을 때 문제를 해결하는 기술을 익히도록 하는데 중점을 둔다. 경우에 따라서 상담을 통하여 간단한 시나리오를 정하여 제공하고 이와 유사한 상황에서 어떤 갈등방법이 유용한 것인지를 알려주는 것이다.

3) 대처전략 시스템과 중재

대처전략(coping strategy) 구분은 크게 네 가지로 즉, 기능적 문제중심 대처전략(functional problem-focused coping strategies; 문제에 대한 정확한 정보, 현실적인 행동계획, 타인으로부터 지지와 충고, 혼자 또는 다른 사람의 도움으로 계획수행), 역기능적 문제중심 대처전략(dysfunctional problem-focused coping strategies; 부정확하고 관련이 없는 정보, 복권당첨과 같은 비현실적인 계획, 점성가 말과 같은 부적절한 지지 또는 충고, 타인의 도움거부), 기능적인 정서중심 대처전략(dysfunctional emotion-focused coping strategies; 안정적인 애착에 기초한 내적 작동모델(internal working models), 타인에 대하여 공감(empathy), 재구축(reframing), 인지 재구조화(cognitive restructuring), 카타르시스(katharsis), 기분전환, 운동, 긴장풀기(relaxation)), 역기능적인 정서중심 대처전략(dysfunctional emotion-focused coping strategies; 지원적인 인간관계 형성보다는 파괴적인 관계 유지, 카타르시스(katharsis)보다 거부적인 생각, 건설적인 재구축보다 막연한 희망에 몰입, 긴장풀기보다 약물이나 술에 의지, 신체적인 운동보다 공격) 등이 있다.

정서중심이든 문제중심이든 역기능적 대처전략(dysfunctional coping strategies)은 단기간에는 문제나 정서를 해결할 수 있으나 장기간으로는 아동문제나 정서 해결보다는 문제 또는 정서를 유지시킬 수 있다.

따라서, 대처전략에 관련해서는 앞서 언급한 방어기제와 마찬가지로 아동이 특정한 문제 또는 정서적인 상황에 당면하였을 때 이를 기능적으로 해결하는 기술을 익히도록 하는데 중점을 둔다. 이 경우에도 경우에 따라서 상담을 통하여 간단한 시나리오를 정하여 제공하고 이와 유사한 상황에서 어떤 갈등방법이 유용한 것인지를 알려주는 방법이 좋다.

▶ 표 13-6 ◀ 대처전략 시스템 중재

요 인	내 용
기능적 문제중심 대처전략	문제에 대한 정확한 정보, 현실적인 행동 계획, 타인으로부터 지지와 충고, 혼자 또는 다른 사람의 도움으로 계획수행
역기능적 문제중심 대처전략	부정확하고 관련이 없는 정보 복권당첨과 같은 비현실적인 계획, 점성가 말과 같은 부적절한 지지 또는 충고, 타인의 도움거부
기능적 정서중심 대처전략	안정적인 애착에 기초한 내적 작동모델, 타인에 대하여 공감, 재구축, 인지 재구조화, 카타르시스, 기분전환, 운동, 긴장풀기
역기능적 정서중심 대처전략	지원적인 인간관계 형성보다는 파괴적인 관계 유지, 카타르시스보다 거부적인 생각, 건설적인 재구축보다 막연한 희망에 몰입, 긴장풀기보다 약물이나 술에 의지, 신체운동보다 공격

5. 생물학적 시스템

생물학적 측면에서 볼 때, 생리자각수준 이상(abnormal levels of physiological self consciousness), 신경전달물질시스템규제 이상(dyeregulation of neurotransmitter system), 순환주기리듬 이상(abnormal circadian rhythms), 신경내분비결핍(neuroendocrine consequences of starvation) 그리고 기타 신체시스템 이상 등은 정서문제와 관련이 일부 있다고 한다(Binnie & Boyd, 1994).

이와 같은 경우 중재방법은 의학적인 진단과 처방이 주요 중재수단이 될 것이다.

제 2 절 소체계

소체계(micro system)는 개인이 타인과 상호작용하면서 발생하는 심리상태이다. 이와 같은 체계는 결국 하나의 내부체계와 다른 사람의 내부체계 간의 관계로 볼 수 있다. 아동의 경우 학교에서 다른 아동과의 상호작용, 부모와의 상호작용 등이 이에 해당한다 할 것이다. 소체계에서의 각 하위체계와 중재방법을 설명하면 표 13-7과 같다.

▶ 표 13-7 ◀ 소체계

요 인	내 용
모자 유대	생후 2년 간 아동과 일차 양육자 간, 특히 아동과 부모 간 애착의 질이 아동의 정신건강 발달에 매우 중요하다.
지적자극	감각운동 수준과 지적자극 수준은 아동의 지적인 발달에 매우 중요하다.
양육스타일	부모의 양육스타일은 아동발달과 관련이 매우 깊다.
가족문제	가족 관련도 아동의 정서발달에 중요한 역할을 한다.
스트레스	아동기 초기 스트레스는 아동 정서발달에 영향을 미친다.

1. 모자 유대

Klaus와 Kennell(1976)의 모자 간 유대이론(bonding theory)은 유아가 출생하면 즉각 어머니 살을 맞대는 접촉을 하여야 모자 간의 유대를 형성할 수 있다고 주장하였으나 실제 확인 연구결과 안정적인 모자 간 애착유대는 출산 직후 살을 맞대는 접촉 없이도 애착(attachment)을 형성할 수 있고 생후 2년 간 아동과 일차 양육자 간, 특히 아동과 부모 간 애착의 질(quality of attachment)이 아동의 정신건강 발달에 매우 중요한 것으로 나타났다(Sluckin, 1981).

그리고 아동이 부모와 안정적인 애착을 형성하면 아동은 안전의 원천을 부모로부터 제공받아 이후 대인관계능력이 잘 발달된다. 그리고 안정적인 애착이 형성되면 자존감(self esteem), 긍정적인 정서, 좋은 또래관계, 성인과 좋은 인간관계, 좋은 자율감 등을 발달시킨다고 한다(Belsky & Nezworski, 1988).

이와 같은 배경에서 모자유대에 의한 중재는 생후 2세까지의 아동과 부모 간의 애착형성의 중요성을 강조하고 정서·행동장애 아동(children with emotional disability)의 경우 부모와의 애착형성을 도울 수 있는 방법으로 중재한다.

2. 지적자극

부모가 유아에게 제공하는 감각운동(sensorimotor) 수준과 지적자극(intellectual stimulation) 수준은 아동의 지적인 발달에 매우 중요하다고 한다. 그리고 가정에서 부모가 다양한 놀잇감을 제공하고, 지적자극을 위해 여러 가지 기회를 제공하면, 아동의 현재 지적수준과 미래의 IQ에 지대한 영향을 주는 것으로 나타났다(Bradley et al., 1989).

아동의 지적자극 중재는 출생시부터 아동의 지각능력에 따라 자극을 제공하는데 예를 들어 모빌을 걸어둔다거나, 모빌을 다리에 연결하여 아동이 다리를 움직일 때마다 모빌이 움직이도록 하는 자극도 도움이 된다고 한다. 또한 아동의 정서에 부모가 잘 반응하고 아동에게 다양한 미각, 청각, 시각, 촉각 자극을 제공하여 아동의 지적자극을 돕는 것이 필요하다.

3. 양육스타일

부모의 양육스타일(parenting style system)은 아동발달과 관련이 매우 깊다고 한다(Darling & Steinberg, 1993). 부모의 양육 스타일 유형을 요약하면, 신뢰적 스타일(아동에게 온정적이고 아동중심적으로 양육. 부모는 아동에게 적절한 통제를 하면서도 나이에 맞는 책임성을 갖도록 하고 최대한 아동발달을 자율과 신뢰로 베풀어주는 환경을 제공; 바람직한 양육스타일. democratic style), 권위적 스타일(온정적이지 못하고 통제를 강조. 아동은 성인이 되어도 수줍음을 잘 타고, 솔선하기를 꺼리는 경향을 보인다. authoritarian style), 허용적 스타일(온정적이지만 훈육(discipline)에서 느슨한 모습. 아동은 계획에 따라 일을 추진하는 능력에 결함을 보이고, 충동통제(impulse control) 능력에도 부족함을 보인다. permissive style), 방관적 스타일(온정적이지도 못하고 통제를 하지도 않음, 양육 소홀의 형태로서 심각한 문제를 보일 수 있다. neglecting style) 등이 있다.

양육에서의 중재는 부모교육 등을 통하여 아동이 신뢰적인 스타일로 양육받도록 함으로써 우호적이고 협상을 통한 환경에서 타인의 견해를 받아들이면 갈등(conflict)을 효과적으로 관리할 수 있다는 점을 배우도록 한다.

양육스타일	내 용
신뢰적 양육스타일 (authoritative style)	・아동에게 온정적이고 아동 중심적으로 양육 ・부모는 아동에게 적절한 통제를 하면서도 나이에 맞는 책임성을 갖도록 하여 최대한 아동발달을 자율과 신뢰로 베풀어주는 환경을 제공하는 바람직한 양육스타일이다.
권위적 양육스타일 (authoritarian style)	・온정적이지 못하고 통제를 강조 ・아동은 성인이 되어도 수줍음을 잘 타고, 솔선하기를 꺼리는 경향을 보인다.
허용적 양육스타일 (permissive style)	・온정적이지만 훈육에서 느슨한 모습 ・아동은 계획에 따라 일을 추진하는 능력에 결함을 보이고, 충동통제능력에도 부족함을 보인다.
방관적 양육스타일 (indulgent style)	・온정적이지도 못하고 통제를 하지도 않음 ・양육 소홀의 형태로서 심각한 문제를 보일 수 있다.

부모의 신뢰적인 양육스타일로 아동이 협상, 타인의견 존중, 갈등관리법을 익히게 되면 아동은 이후 문제해결능력 향상, 원만한 또래 관계형성 등을 통하여 사회적 네트워크를 잘 형성할 수 있게 된다.

4. 가족문제

1) 양육 시스템

양육 시스템(parenting system)은 부모의 양육 능력과 관련한 체계로서 아동의 1차 환경인 부모의 내부체계가 아동에게 영향을 미치는 시스템이다. 이를 하위 유형별로 설명하면 표 13-9와 같다.

▶ 표 13-9 ◀ 가족문제

시스템	내 용
양육체계	부모의 양육 능력과 관련한 체계로서 아동의 1차 환경인 부모의 내부체계가 아동에게 영향을 미치는 시스템이다.
부부관계	부부문제는 아동의 정서에 중대한 영향을 미칠 수 있다.
가족체계	가족체계가 구체화되어 있지 못하면 정서문제를 유발할 수 있다.

(1) 강화

부모는 아동의 행동이 바람직한 경우에는 강화를 하고 바람직하지 못한 경우에는 강화를 하지 않음으로써 아동이 바람직한 행동을 할 수 있도록 도와야 한다. 그러나 일부 가족의 경우 바람직하지 못한 행동에 대하여 강화시킬 의도는 없었지만 무의식적으로 강화를 하게 된다. 예를 들어 멸치를 먹지 않는 아동에게 '얘는 멸치를 못 먹어!, 멸치를 싫어해!'라고 말하여 멸치를 먹지 않도록 무의식적으로 강화하게 된다. 이와 같은 예는 흔히 가정에 발견되는데 강화의 중재는 부모교육이나 가족치료과정을 통하여 우연한 강화를 예방하고 바람직한 행동을 강화하는 방법을 제공하는 것이다.

▶ 표 13-10 ◀ 양육

요 인	내 용
강화	부모는 아동의 행동이 바람직한 경우에는 강화를 하고 바람직하지 못한 경우에는 강화를 하지 않음으로써 아동이 바람직한 행동을 할 수 있도록 도와야 한다.
의사소통	부모는 아동의 의사를 제대로 들어야 하고 아동의 위치에서 아동이 이해할 수 있는 방식으로 아동에게 명확하고 직접적인 설명을 주어야 한다.
삼각관계	아동이 부모 중 한 사람과 연합하고, 다른 한 사람이 외곽에 있는 형태를 보이는 것으로 이 경우 양육방식에 대해 서로 충돌하게 된다.
아버지 관여	치료에 아버지가 관여하게 될 경우 성공 가능성이 높아 아버지의 관여 정도가 좋은 결과에 대한 좋은 예측변수가 된다.

(2) 의사소통

부모와 아동 간 의사소통이 원만하지 못할 경우 아동정서에 영향을 줄 수 있다. 예를 들어 부모가 아동에게 아이스크림을 그만 먹으라는 표현으로 '많이 먹어라!'라고 말한 경우 아동이 이를 단순히 '많이 맛있게 먹으라!'는 표현으로 이해한 경우 부모의 분노를 유발하여 결국 아동이 혼란스럽게 된다. 이와 같은 예는 부모의 의사를 아동이 올바로 이해하지 못한 결과인데, 다른 예를 보면 아동이 학교에 가기 싫어 배가 아프다고 말한 경우, 부모가 실제로 아동이 배가 아픈 것으로 판단하여 의학적 중재를 선택하면 아동은 이후에도 학교에 가기 싫으면 배가 아프다고 말하고 그로 인하여 의사소통에 문제가 발생할 수 있는 것이다.

따라서 의사소통에서의 중재방식은 부모가 아동의 의사를 제대로 들어야 하고 아동의 위치에서 아동이 이해할 수 있는 방식으로 아동에게 명확하고 직접적인 설명을 주어야 하는 것이다.

(3) 삼각관계

삼각관계(triangulation)는 아동이 부모 중 한 사람과 연합하고, 다른 한 사람이 외곽에 있는 형태를 보이는 것으로 일반적으로 엄마와 아동이 연합하고 아버지는 외곽에 있게 된다(Bosworth et al., 1999). 이 경우 어머니는 무의식중에 아동의 문제행동을 강화하게 되고, 아버지의 행동을 무시하게 된다. 그러면 부모는 아동양육에 관련하여 서로 충돌하게 된다. 따라서 부모는 아동문제에 관련해서는 삼각관계에 유의하고 은근히 자녀를 자기편으로 끌고자 하는 행동을 하지 않아야 한다.

예를 들어 부부싸움을 한 이후 '너는 누구 편이니?'와 같은 말이나 자녀 앞에서 배우자를 신랄하게 비난하면서 자녀의 동의를 구하고자 하는 행동은 지양하여야 한다.

(4) 아버지 관여

가족치료 연구에 따르면, 치료에 아버지가 관여하게 될 경우 성공 가능성이 높아 아버지 관여 정도가 좋은 결과에 대한 좋은 예측변수가 된다고 한다(Carr, 1997).

이와 같은 연구들은 언론에도 소개된 바 있는데 아동기에 아버지와 상호작용이 많았던 사람들은 그렇지 못하였던 사람들보다 이후 성장하여서 인생이 행복하다고 느끼는 사람이 더 많았다고 한다.

따라서 아버지 관여에 의한 중재는 아동문제에 관련하여 아버지의 참여를 적극 유도하는 것이다.

2) 부부관계

아동에게 영향을 미치는 부부관계는 부부 간의 불화를 들 수 있다. 부부싸움이 잦을 경우 아동은 스트레스를 받을 수 있고(특히 부부불화(marital discord)가 아동양육문제인 경우 스트레스는 더욱 크다), 부부갈등으로 자신이 버림받지 않을까 걱정하며, 아동이 부모불화(marital discord)에 책임이 없는데도 책임감을 가지고 문제를 해결하고자 노력하게 되고, 부부불화로 아동에게 적절한 양육환경을 제공하지 못하게 할 수 있다(Moffitt & Caspi, 1998).

또 부부의 이혼, 부부의 입원, 투옥, 부부의 심리문제 등도 아동의 정서에 중대한 영향을 미칠 수 있는데 이와 같은 요인들의 고려도 부부관계에 의한 중재에서 고려하여야 할 요인이다.

3) 가족체계

하나의 가족체계에는 일관성 있는 가족규칙, 가족 구성원 간의 명확한 역할, 일상적인 활동 등이 존재하여야 한다. 그러나 이와 같은 것들이 가족체계에 존재하지 못할 경우 혼란스런 가정환경(chaotic family environment)이 된다.

혼란스런 가족환경의 경우 가족 내 의사소통 기술(communication skill)과 문제해결기술(problem solving skill)이 부족하다. 그리고 정서문제를 유발할 위험이 있다(Kazdin, 1995). 또 품행문제가 있는 손위 형제자매가 있을 경우 손아래 아동도 품행문제를 보일 위험이 있다(Kazdin, 1995). 이는 탈선한 손위 형제(deviant siblings)로부터 부적절한 역할 모델을 제공받기 때문이다.

따라서 가족체계에 관련한 중재에서는 부모와 아동이 안정적인 애착관계(secure attachment)를 형성하고, 부모가 신뢰적인 양육스타일을 가지고 분명하고 직접적인 의사소통을 하며, 가족 내 명백한 규칙, 역할, 일상적인 일을 정하여 보다 구조적인 가족구조를 형성하도록 해준다.

5. 스트레스

1) 별거-사망

아동에게 스트레스를 일으키는 요인 중 별거-사망(separation-bereavements)을 들 수 있다. 아동이 어떤 이유에서든 부모와 별거하게 되거나 부모 중 한 명이 사망하거나 아동과 아주 가까웠던 친구나 애완동물 등과 더 이상 상호작용(interaction)할 수 없는 상황이 된 경우가 이것이다. 이 경우 아동은 특히 우울증과 같은 문제를 일으킬 위험이 있다(Harrington, 1996). 따라서 이 경우에는 별거-사망(separation-bereavements)과 관련한 스트레스를 중재하기 위한 상담기법 등이 필요할 것이다.

2) 아동학대

아동의 스트레스 요인 중 아동학대(child abuse)를 들 수 있다. 아동이 학대를 받게 되면 이후 정서문제와 품행문제가 유발될 수 있다(Briere et al., 1997). 따라서 아동학대와 관련한 증거를 확보하게 되면 아동학대의 고리를 끊는 중재를 신속하게 하여야 할 것이다.

요 인	내 용
별거-사망	아동이 부모와 별거하게 되거나 부모 중 한 명이 사망하거나 아동과 아주 가까웠던 친구나 애완동물 등과 더 이상 상호작용 할 수 없는 상황이 된 경우 우울증과 같은 문제를 일으킬 위험이 있다.
아동학대	아동이 학대를 받게 되면 이후 정서문제와 품행문제가 유발될 수 있다.

제3절 중간 및 외부체계

중간체계는 소체계에서 조금 확대된 학교, 가정, 동아리, 공공사회 속에서 상호작용 하는 시스템 즉, 한 사람의 내부체계와 다수의 다른 사람 집단 간의 상호작용이다.

여기서는 아동의 경우 중간체계 밖의 시스템은 크게 구분하여 볼 필요성이 적으므로 중간체계, 외부체계, 대체계를 통합하여 설명하고자 한다.

▶ 표 13-12 ◀ 중간, 외부, 대체계

요 인	내 용
사회지원	사회적 지원이 부족하면 그 가족은 대처능력자원을 잃게 된다.
가정 스트레스	가정 스트레스가 쌓이면 가정은 전반적으로 가정의 역동성을 약화시키게 된다.
교육배치	아동이 지원을 원만하게 제공받지 못하고, 충분한 준비가 되지 못한 학교에 배치되면, 아동은 정서문제를 개선하기 어렵다.
또래관계	아동은 또래관계를 통하여 모방하고, 상호작용을 통하여 발달하게 된다.
공공사회	정서·행동장애인에 대한 사회적 인식은 정서·행동장애 극복에 영향을 미친다.
처방	아동과 부모가 교사나 의료진, 사회복지사 기타 관련 전문가와 긴밀하게 협조할 경우 정서·행동장애 아동의 예후는 좋다.

1. 사회지원

한 가족에게 있어 사회적 지원이 부족하면 그 가족은 대처능력자원을 잃게 된다. 즉, 네트워크가 부족하고 다른 가족과 정적인 관계가 형성되지 못하며, 친구가 없이 사회적으로 고립되면 정서적으로 안정을 기할 수 없게 되는 것이다 (Garmezy & Masten, 1994).

따라서 사회적 지원을 통하여 개인의 안녕감을 증진시키고 문제해결에 대한 지원을 충분히 제공하는 방법으로 중재하여야 할 것이다.

2. 가정 스트레스

가정에서 스트레스를 받는 요인은 부모 실업, 중병, 친지사망(bereavement), 전학, 이사, 싸움 등이 있다(Goodyer, 1990). 이와 같은 요인으로 스트레스가 쌓이면 가정은 전반적으로 가정의 역동성을 약화시킬 것이다. 따라서 스트레스 관련 중재에서는 이와 같은 가정 스트레스 요인을 최대한 줄이고자 하는 중재법을 사용하여야 할 것이다.

3. 교육배치

정서·행동장애 아동의 교육배치(school placement)는 아무리 강조해도 과언이 아니다. 실제로 우리나라엔 아직까지도 정서·행동장애 아동을 위한 교육이 미흡한 건 사실이다.

교사나 부모가 아동문제에 관하여 상담을 하거나 자문을 구하고자 할 때에도 이에 응할 수 있는 전문가 팀이 부족하다. 그래서 아동이 지원을 원만하게 제공받지 못하고, 충분한 준비가 되지 못한 학교에 배치되면, 아동의 정서문제를 개선하기 어렵다(Rutter, 1985).

따라서 교육배치(school placement system) 측면에서의 중재는 아동의 장애 상태에 따라 적절한 교사와 적절한 지원을 할 수 있는 시스템을 마련하고 배치하는 것이 중요할 것이다.

또한 교육시설 환경의 경우, 물리적으로 안전한 공간, 예측할 수 있고 심리적인 안정감을 주는 환경, 주의집중과 학습촉진을 위한 구조화된 환경, 아동에게 반응하는 환경, 탐구활동을 촉진하는 환경, 발달에 필요한 충분한 영양제공 및 수면과 휴식 등의 요소가 고려되어야 한다(최은영, 2002).

4. 또래관계

부모는 가끔 '어디서 못된 것을 배워왔다'고 말한다. 그런데 역설적이지만 정서·행동장애 아동(children with emotional disability)의 경우 이런 '못된 것을 배워 왔다'는 사실은 매우 긍정적인 일이 될 것이다. 왜냐하면 아동이 모방을 하고 있음을 증거하고 있는 것이기 때문이다.

이처럼 아동은 또래관계(peer relationship)를 통하여 모방하고 상호작용을 통하여 발달하게 된다. 따라서 또래관계에서의 중재는 적절한 또래관계 발달 및 유지를 위한 노력이 필요할 것이다.

한편 품행문제나 약물남용 청소년들은 대부분 비행이나 약물남용 또래그룹(peer group)을 가지고 있다고 한다(Kazdin, 1995). 이는 아마도 또래관계에서 비행청소년 그룹(delinquency adolescent group)과 어울리면서 모방과 강화를 받아 나타나는 것으로 볼 수 있는데 또래관계 중재를 통하여 이 관계 고리를 끊어주지 않으면 청소년 비행은 계속될 것이다.

5. 공공사회

정서·행동장애인에 대한 사회적 인식은 정서·행동장애의 극복에 영향을 미친다. 예를 들어 정서·행동장애 아동이 사회적응을 위한 노력으로 여러 가지 실생활을 접할 때 주위의 시선은 음으로 양으로 영향을 미치기 때문이다. 따라서 공공사회(community system)에서의 적극적인 홍보와 지원이 필요할 것이다. 그리고 아동의 행동문제와 사회적 병리(social pathology)문제도 상호 밀접한 관계가 있다.

예를 들어 빈곤이나 문화적 지원 부족으로 인한 사회적 불이익(social disadvantage), 범죄지역(criminal area), 낮은 고용기회(low opportunity of employment), 폭력노출 등은 이의 전형적인 예이다(Garmezy & Masten, 1994).

6. 처방

아동과 부모가 교사나 의료진, 사회복지사(social worker) 기타 관련 시스템 전문가와 긴밀하게 협조할 경우 정서·행동장애 아동의 예후는 좋다. 그리고 아동과 가족이 문제가 있음을 인정하고 이를 해결하고자 하며 이전에 유사한 대처 경험이 있어 전문가의 처방과 치료계획을 받아들이면 중재효과는 더욱 좋다. 또한 전문가 간의 상호협력도 중요하다(Carr, 1995).

따라서 처방에 관련한 중재는 이들 처방 간의 긴밀한 협조를 유도하도록 하는 노력이 필요할 것이다.

제14장

긍정적 행동지원

긍정적 행동지원(positive behavior support)은 한마디로 영유아의 발달 및 생애에 영향을 미치는 총체적 행동형태를 항구적으로 구축하는 것을 목적으로 한다(김정일, 2004).

정서에 문제가 있는 아동은 종종 개인행동과 사회행동에서 문제를 보인다. 이와 같은 행동을 우리는 문제행동(바람직하지 못한 행동)이라고 하는데 학자들은 이와 같은 문제행동을 변화시키기 위하여 여러 가지 기법들을 개발하여 왔다. 이 기법의 대표적인 것들이 앞서 여러 장에서 언급한 여러 가지 기법들이다.

그런데 아동이 보이는 문제행동을 보는 시각에 관련하여 생각해 볼 것이 있다. 즉, '아동이 바람직하지 못한 행동을 왜 하는가?'인 것이다. 아동이 바람직하지 못한 행동 즉 문제행동을 하는 이유를 행동수정 이론에서는 학습에 의한 것으로 보고, 정신분석이론에서는 아동의 정신세계, 그리고 인지주의 이론에서는 인지방식, 환경이론(environmental theory)에서는 환경 탓, 생물학적 이론(biophysical theory)에서는 아동의 생물학적 특징으로 보고 있다. 그러나 이와 같이 아동의 행동원인이 어디에 있든 간에 아동이 보이는 문제행동은 그 행동에 원인이 있고 그 행동의 원인을 알게 되면 문제행동의 중재방법(treatment)을 알 수 있을 것이다.

긍정적 행동지원(positive behavior support)은 이와 같이 문제행동의 원인을 탐색하고 문제행동을 바람직한 행동으로 지원하는 방식을 의미한다. 이와 같은 긍정적 행동지원은 행동의 대안을 아동에게 제공하여 준다는 의미에서 매우 의미 있는 중재법이라 할 수 있다. 이 장에서는 이와 같은 긍정적 행동지원에 관련하여 살펴보고자 한다.

▶ 표 14-1 ◀ 긍정적 행동지원

구 분	내 용
문제행동의 본질	문제행동도 아동의 의사표현 방식이다.
응용행동분석과 긍정적 행동지원	응용행동분석의 한계를 극복한 것이 긍정적 행동지원이다.
기능사정	긍정적 행동지원에서도 철저한 기능사정을 실시한다.
중재방법	긍정적 행동지원에서의 중재는 중재연속체에 따른다.

제1절 문제행동의 본질

1. 문제행동

앞서 언급한 바와 같이 아동의 문제행동의 원인은 이론마다 그 원인을 다르게 보나 전반적으로 볼 때 정서·행동장애 아동이 나타낸 문제행동 유형은 표 14-2와 같이 요약할 수 있다.

▶ 표 14-2 ◀ 문제행동 및 결과

문제행동 유형	문제행동으로 인한 결과
한 과제에서 다른 과제로의 이동 문제	상호작용, 학습에 지장초래
상동증적인 신체운동	또래로부터 고립, 사회적 상호작용 기회감소
과잉행동 및 특정 행동에 지나친 집착	신체적 문제, 학습기회, 또래활동기회 감소초래
행동기술 결핍	의사소통기술 부족
상황인식능력 결핍	환경에 부적절한 행동초래

1) 한 과제에서 다른 과제로의 이동문제

정서에 문제가 있는 아동 특히 자폐성장애 아동은 한두 가지 일에 몰입하여 한 가지 과제에서 다른 과제로 이동하기를 꺼려한다. 이는 아동이 또래아동과 상호작용(interaction)을 하거나 학습을 하는데 방해가 될 것이다. 따라서 아동이 한 과제에만 집착(perseveration)하고 다른 과제로 이동하려 하지 않는 행동은 문제행동이 된다.

2) 상동증적인 신체행동

모든 정서·행동장애 아동이 그런 것은 아니지만 일부 정서·행동장애 아동은 상동증적인 신체운동 모습을 보인다. 즉, 손뼉을 의미 없이 치거나, 손톱을 습관적으로 물어뜯거나, 얼굴을 위로 두고 뱅글뱅글 도는 등의 신체운동(physical activities)을 보인다.

이와 같은 행동은 다른 또래 아동이 보기에 이상행동으로 보여 또래로부터 고립될 수 있고, 또래아동과의 사회적 상호작용을 방해하여 상호작용 기회를 줄이게 될 것이다. 따라서 이와 같은 행동도 문제행동이 된다.

3) 과잉행동 및 특정 행동에 대한 지나친 집착

정서·행동장애 아동은 과잉행동을 하기도 하는데 높은 곳에서 뛰어 내리는 등의 행동을 비장애아동과 비교하여 상당히 높은 수준으로 그리고 높은 빈도를 보인다. 또 정서·행동장애 아동은 특정 주제나 사물(objects)의 특정 부위에만 지나치게 집착(perseveration)하는 모습을 보이기도 하는데 이 역시 비장애아동과 비교하여 높은 수준, 높은 빈도의 모습을 보인다. 이와 같은 행동도 과잉행동으로 볼 수 있다.

이와 같은 과잉행동 및 특정 행동에 대한 지나친 집착은 신체적 안전문제를 초래하고 학습기회를 잃을 수 있으며, 또래활동 기회를 감소시키게 되어 문제행동이 된다.

4) 행동기술 결핍

정서·행동장애 아동은 바람직한 행동기술에 대한 학습의 부족이나 인지능력 부족으로 인하여 행동기술을 배우지 못한 경우가 많다. 또 행동기술을 익혔다 하더라도 자신이 알고 있는 행동을 하지 않거나, 비록 행동을 하더라도 수준이 낮고 적극적이지 못하다. 예를 들어 아동자신이 해결하여야 할 행동의 경우 문제해결기술을 제대로 익히지 못하여 짜증을 부린다거나 울거나 공격적인 행동을 보일 수 있다. 이와 같은 부족한 행동기술은 결국 의사소통기술을 방해하여 문제행동이 된다.

5) 상황인식능력 결핍

정서·행동장애 아동은 상황인식에 대한 능력이 부족하여(out of context) 어느 특정 상황에서는 적절한 행동을 보이나 다른 상황에서는 적절하지 못한 행동을 보일 수 있다. 예를 들어 야구장이나 결혼식장에서는 박수가 바람직한 행동이겠으나 장례식장에서는 그렇지 못하다. 따라서 아동이 상황인식능력이 부족할 경우 이는 문제행동이 된다.

2. 문제행동의 의미

이제까지 사람들은 아동이 보이는 문제행동(도전행동; challenging behavior; 바람직하지 못한 행동; inappropriate behavior)이 나쁜 것이라고 생각하였다. 그래서 이들 문제행동에 대하여 교사나 부모는 사전에 문제행동이 나타나지 않도록 하는데 중점을 두고 그럼에도 불구하고 만일 아동이 문제행동을 보일 경우 반응대가(벌)에 의한 중재법을 사용하였다(Schloss & Smith, 1998).

그런데 이와 같은 사전예방에 의한 문제행동 전략은 두 가지 측면에서 문제가 있다. 첫째는 벌에 의한 중재법으로는 목표행동(target behaviors)을 줄일 수는 있을지 모르지만 대체행동을 만들어 내지는 못한다는 것이다. 즉, 아동이 보이는 문제행동을 바람직한 행동으로 바꾸어주는데 초점을 두지 못하고 문제행동을 억제시키는 데만 관심이 있는 것이다.

이와 같은 중재법은 물론 의미가 있을 수도 있다. 예를 들어 다른 아동을 때리는 경우 벌을 주면 때리지는 않을 것이다. 따라서 바람직하지 못한 행동(때리는 행동)은 줄어들 것이나 때리게 되는 배경 즉, 아동이 때리는 이유를 교사나 부모가 알지 못하게 되어 이후 유사한 상황에서 때리지 않고 다른 효과적인 방법으로 의사를 표현할 방법을 가르치지 못하게 된다.

둘째는 아동의 문제행동이 아동의 표현이라는 점 즉, 교사나 부모가 아동을 이해할 수 있는 기회라는 점이라는 것을 간과한 것이다. 이는 앞서 '문제행동'에서 제시한 바와 같이 아동이 보이는 문제행동은 여러 가지 원인에서 발생할 수 있는데 그 원인을 부모나 교사가 제대로 이해할 수 있는 기회를 잃게 되는 것이다. 예를 들어 아동이 목마를 때 목을 쥐어뜯는 문제행동을 보인 경우 단순히 목을 쥐어뜯는 행동만을 억제시키면 아동의 의사소통 수단 즉, 목이 마름을 표현하는 수단(목을 쥐어뜯어)을 소멸시켜 버리게 되는 것이다.

따라서 교사나 부모가 아동의 문제행동을 줄이고 바람직한 대체행동을 개발하도록 하기 위해서는 아동의 문제행동에 대하여 교사나 부모가 이를 기능적으로 분석하고 창조적인 반응(creative response)을 보여야 한다.

이를 위하여 교사나 부모는 아동이 자신의 행동을 표현하기 위한 행동수단을 이해하여야 한다. 그리고 나서 아동이 보이는 문제행동에 대하여 바람직한 행동대안을 제시해 주어야 한다. 이와 같은 원리가 바로 긍정적 행동지원의 원리이다.

결국, 문제행동이야말로 아동이 원하는 것을 알려주는 중요한 단서(clue)라는 관점에서 보면, 문제행동은 억제해야 할 그 무엇이 아니라 격려해야 할 그 무엇이라는 생각을 가지게 된다(박지연, 2004).

제2절 응용행동분석과 긍정적 행동지원

1. 행동수정 이론의 문제점

응용행동분석(applied behavior analysis: ABA)은 아동이 보이는 행동에 대하여 이를 면밀히 검토하여 아동에게 바람직한 행동을 하도록 하는 행동수정기법이다. 앞서 행동수정 이론을 설명한 것은 대부분 이 응용행동분석을 기초로 설명한 것이다.

▶ 표 14-3 ◀ 행동수정 이론의 문제점

문 제 점	내 용
일반화	응용행동분석을 기초로 한 행동수정 이론은 중재의 초점이 아동행동결과에 있어서 아동이 새로 획득한 행동을 오랫동안 일반화시켜 유지시키는데 문제가 있었다.
인권	바람직하지 못한 행동을 하는 아동에게 벌 중재법을 사용한다거나 아동의 동의나 권리를 유보하는 형식의 행동중재는 인권에 위배된다.
문제행동에 대한 시각	아동이 보이는 문제행동도 의사소통방법으로 인식하고 아동이 문제행동으로 의사소통하려 할 경우 이를 문제없는 의사소통방식으로 하도록 가르치는 것이 효과적이다.
삶의 질	이제까지의 행동수정은 아동의 표면적인 행동에 초점을 두어 왔다. 그러나 아동의 행동문제는 문제행동을 보이는 시기 즉, 단편적인 시각에 의한 것이 아니라 전반적인 삶의 질을 고려하여야 한다.

이와 같은 행동수정 이론(응용행동분석)은 아동이 보이는 여러 가지 목표행동에 대하여 바람직한 행동을 증가시키거나 바람직하지 못한 행동을 줄이고자 하는 것이었다. 그런데 이와 같은 응용행동분석에 기초한 행동수정 이론은 몇 가지 문제점을 가지고 있었다. 이를 요약 설명하면 표 14-3과 같다.

1) 일반화

응용행동분석을 기초로 한 행동수정 이론은 중재의 초점이 아동 행동결과에 있어서 아동이 새로 획득한 행동을 오랫동안 일반화시켜 유지하는데 문제가 있었다. 즉, 아동에게 행동수정 이론으로 새로운 기술을 가르쳤다 하더라도 이를 일반화시키는 데는 종종 실패한 것이다. 그래서 행동수정 관련 학자들은 일반화를 촉진하기 위하여 보다 자연적인 방법으로 아동을 중재하는 방법에 대하여 연구하기 시작하였다. 즉, 행동수정(behavior modification)을 보다 질적으로 접근하는 것이다(Van Houten et al., 1982).

2) 인권

앞서 언급한 바와 같이 분명 행동수정 이론에는 윤리성(ethics) 문제가 대두된다. 바람직하지 못한 행동을 하는 아동에게 벌 중재법을 사용한다거나 아동의 동의나 권리를 유보하는 형식의 행동중재가 이루어지는 문제점이 바로 그것이다.

따라서 학자들은 인권을 침해하는 중재방법에서 장애인의 권리와 인간의 존엄성을 보장하는 방식의 행동중재법 연구가 필요하게 되었다(Horner et al., 1990).

3) 문제행동에 대한 시각

아동이 보이는 문제행동이 과연 무엇인가에 관련하여 기존에는 아동이 보이는 문제행동은 문제행동일 뿐 그 문제행동에 특별한 의미를 두지 않았다. 그러나 이제 아동이 보이는 문제행동도 의사소통방법으로 인식하고 아동이 문제행동으로 의사소통하려 할 경우 이를 문제없는 의사소통방식으로 하도록 가르치는 것이 효과적이라는 생각을 갖게 되었다(Carr et al., 1994).

4) 삶의 질

이제까지의 행동수정은 아동의 표면적인 행동에 초점을 두어 왔다. 그러나 아동의 행동문제는 문제행동을 보이는 시기 즉, 단편적인 시각에 의한 것이 아니라 전반적인 삶의 질을 고려하여야 한다. 따라서 행동중재는 당장의 행동문제를 수정하는 것이 아니라 아동의 전반적인 삶의 질 측면에서 바라보아야 한다는 것이다.

결국 응용행동분석에 기초한 긍정적 행동지원은 아동이 나타내는 바람직하지 못한 행동을 바람직한 행동으로 변화시킴과 동시에 아동의 긍정적 행동들을 확장해 가는 중재시스템이다. 아동이 부적절한 행동을 나타내어 중재대상이 되는 경우 아동의 행동이 어떤 원인으로 인해 나타나는지 분석하여 그 원인이 되는 환경을 우선 개선함으로써 후에 나타나는 부정적 행동에 의해 아동의 긍정적 발달이 훼손되는 것을 예방할 수 있게 된다(김정일, 2004).

2. 긍정적 행동지원에 의한 행동수정 철학

긍정적 행동지원 연구의 대부분은 정서·행동장애 아동과 관계된 것이다. 그럼에도 불구하고 긍정적 행동지원은 특수교사, 학교 심리학자, 그리고 기타 정서·행동장애 아동과 직접적으로 접촉할 사람들에 대한 훈련이나 교육에는 미흡하였다.

긍정적 행동지원(positive behavior support: PBS)은 근본적으로 위에서 언급한 응용행동분석의 원리에 충실하나 응용행동분석의 문제점을 극복하고자 한다. 이를 위하여 긍정적 행동지원에서는 아동이 현실적으로 배울 기회를 제대로 얻지 못하고 있다는 철학으로부터 출발한다. 따라서 긍정적 행동지원에서는 아동이 보이는 문제행동을 수정하고자 할 때 그 문제행동을 소거하고자 하는 것이 아니라 그 문제행동으로 아동이 하고자 하는 의사가 무엇인지를 파악하여 보다 바람직한 방법

▶ 표 14-4 ◀ 긍정적 행동지원에 의한 행동수정 철학

철 학	내 용
아동의 삶의 질	특정의 문제를 해결하기 위하여 삶의 질을 떨어뜨리는 행동중재는 지지 받을 수 없다.
기능분석	아동의 문제행동을 이해하기 위하여 사전-사후 사정을 통하여 면밀히 분석한다.
다중중재	아동의 문제행동 중재는 대부분 한 가지 중재방법으로 일반화까지 해결되지 않는다. 따라서 여러 가지 요인을 고려한 다중중재를 검토한다.
적응행동	아동이 보이는 문제행동은 적응행동을 제대로 배우지 못한 것으로 본다.
환경구축	환경분석 및 환경변경을 통하여 문제행동을 보이는 아동이 자연스럽게 문제행동을 줄일 수 있도록 한다.

으로 의사소통을 하도록 지원하는 것이다.

긍정적 행동지원에 의한 행동수정 철학을 요약하면 표 14-4와 같다(Horner et al., 1993).

1) 아동의 삶의 질

긍정적 행동지원에 의한 행동수정에서는 특정 행동의 수정을 통한 당장의 문제해결에 초점을 두기보다는 아동의 삶의 질 측면에 초점을 둔다. 여기서 가장 조심하여야 할 것은 특정의 문제를 해결하기 위하여 삶의 질을 떨어뜨리는 행동 중재는 지지받을 수 없다는 것이다. 예를 들어 아동의 문제행동으로 인하여 특수 학급에서 특수학교로 이동시키는 일은 대부분 아동의 삶의 질 측면에서 매우 위험할 것이다.

2) 기능분석

문제행동에 영향을 줄 수 있는 자극(stimulus)들은 수없이 많다(윤치연, 2003). 따라서 부모나 교사는 아동의 문제행동을 이해하기 위하여 사전-사후 사정을 통하여 면밀히 분석한다. 이는 아동의 문제행동이 어떤 원인에 의한 것인지를 명백히 하기 위한 것이다. 이 과정은 기존 행동수정의 원리(응용행동분석)를 크게 벗어나지 않는다.

3) 다중중재

아동의 문제행동 중재는 대부분 한 가지 중재방법으로 일반화까지 해결되지 않는다. 따라서 여러 가지 요인을 고려한 다중중재를 검토한다. 즉, 행동수정 이론에서 주장하는 행동주의 이론에 국한하는 것이 아니라 여러 가지 다른 이론들 즉, 생물학적 이론(biophysical theory), 인지이론(cognitive theory), 환경이론(environmental theory) 등을 통하여 아동의 행동문제에 종합적으로 접근한다.

4) 적응행동

아동이 보이는 문제행동은 적응행동을 제대로 배우지 못한 것으로 본다. 즉, 아동이 의사소통을 위하여 보이는 문제행동을 의사소통에 덜 문제 있는 행동으로 대체하도록 가르친다. 결국 적응행동을 증가시켜 문제행동을 줄임으로써 의사소통을 용이하게 하고 더 효과적으로 행동하게 해준다.

5) 환경구축

환경분석 및 환경변경을 통하여 문제행동을 보이는 아동이 자연스럽게 문제행동을 줄일 수 있도록 한다. 이는 아동이 환경으로 인하여 문제행동을 하게 되는 것을 자연스럽게 환경조정을 통하여 줄이도록 하는 방법이다.

제3절 긍정적 행동지원에서의 기능사정

1. 기능사정의 의의와 중요성

기능사정(functional assessment)은 기능분석(functional analysis)이라고도 하는데 행동의 원인이나 기능을 이해하는데 유효하다(Carr et al., 1994). 긍정적 행동지원에서의 기능사정에서는 행동이 문제행동이라 할지라도 아동에게 어떤 의미를 가지고 있다는 것이라고 생각하고 그 행동이 어떤 논리적 목적이나 기능을 가지고 있는지를 살펴보게 된다. 따라서 기능사정에서는 아동이 행동한 목적을 이해하는 것이 매우 중요하다.

그런데 아동이 보이는 문제 행동의 대부분은 의사소통기능과 관계가 있다(Carr et al., 1994). 따라서 행동이 적절하든 부적절하든 간에 아동이 의사소통하고 있는 것에 대하여 부모나 교사가 이해하지 못할 경우 아동을 더욱 충분히 이해하여 중재할 기회를 잃게 될 것이다. 즉, 교사나 부모가 아동 문제행동의 목적을 제대로 이해하지 못하면, 아동이 보인 문제행동을 통한 의사소통 의도를 알지 못하게 되고, 아동의 의사소통 목적을 알지 못하면 그 의도에 반응하지 못하게 되어 무시하는 결과를 초래한다(Iwata et al., 1982).

2. 기능사정 방법

기능사정은 문제행동의 원인 즉, '왜 그 행동을 하는가?'에 대답하는 일로 요약할 수 있다. 문제행동이 발생하면 먼저 그 원인을 찾아내는 것이 가장 중요한데, 문제행동의 원인은 문제행동 과정을 살펴봄으로써 가능하다.

문제행동의 원인이 밝혀지면 마치 의사가 병의 원인을 알아낸 것과 같이 아

동의 문제행동은 상당히 줄어들게 된다. 왜냐하면 예를 들어 아동이 물을 달라는
의도로 목을 조른 경우, 문제행동(목을 조르는 행동)은 물을 제공받아 없어질 것이
기 때문이다. 이와 같이 아동이 보이는 문제행동은 대부분 어떤 목적을 가진 의
사소통이다(Carr et al., 1994).

그런데 행동기술이 부족한 아동의 경우 동일한 문제행동을 한 가지 수단으
로 사용하지 않을 수 있다는 것이다. 예를 들어 목이 말라 목을 조르는 경우와 배
가 고파 목을 조르는 경우 모두 동일하게 목을 조르나 의도가 다를 수 있는 것이
다. 즉, 똑같은 문제행동이라도 여러 가지 기능을 가질 수 있기 때문에 문제행동
이 같다고 해서 추정되는 기능이 같을 필요는 없다(박지연, 2004). 따라서 부모나
교사는 행동기술이 부족한 경우 동일한 문제행동이라 할지라도 그 행동이 다른
목적으로 사용될 수도 있음을 명심하여야 한다.

이와 같은 배경에서 볼 때 아동이 보이는 동일한 문제행동도 상황에 따라 여
러 가지 목적을 가지고 있을 수 있기 때문에 교사나 부모는 그 문제행동에 대하
여 면밀한 분석이 매우 중요하다.

3. 기능사정 단계

기능사정(functional assessment)을 통하여 보면 같은 문제행동이라도 상황에 따
라 행동의 의도가 달라서 비록 문제행동이 동일하게 보일지라도 문제의 목적은
다를 수 있음을 알 수 있다. 따라서 부모나 교사가 아동의 문제행동을 효과적으
로 중재하기 위해서는 주어진 행동의 목적을 명확히 이해하여야 한다. 이와 같은
기능사정 단계를 설명하면 표 14-5와 같다(O'Neill et al., 1997).

▶ 표 14-5 ◀ 기능사정 단계

단 계	내 용
행동의 기술	기능분석은 목표행동으로 정할 문제행동의 기술(記述)로부터 시작한다. 부모나 교사가 아동의 행동을 기술할 때 다른 관찰자가 아동에 대하여 기술하더라도 마찬가지 기술을 하는 정도로 정확하게 기술하여야 한다.
관찰 및 목표행동 결정	관찰은 이제 잠재적 목표행동이 정해진 이후 목표행동을 정하기 위한 세심한 관찰이다. 그리고 목표행동이 정해진 이후에는 어느 상황에서 언제 목표행동이 발생하고, 어느 상황에서 언제 목표행동이 발생하지 않는지를 세밀하게 기록한다.

가설수립	수일간 목표행동을 관찰한 후에 부모나 교사는 관찰기록과 직접관찰을 통하여 아동의 문제행동에서 어떤 판별패턴이 있는지를 알아낸다.
가설검증	가설검증은 위에서 언급한 가설에 대한 회의가 있을 경우 이를 검증하기 위한 수단으로 사용한다.
중재계획 및 실행	교사나 부모가 아동이 보이는 문제행동에 대한 가설을 확신한 경우 그에 맞는 중재법을 설계한다. 이때 긍정적 행동지원에서의 중재법은 행동대안 즉, 대체행동을 마련하는 일이다.

1) 행동의 기술

기능분석은 목표행동(target behaviors)으로 정할 문제행동의 기술(記述; description)로부터 시작한다. 부모나 교사가 아동의 행동을 기술할 때 다른 관찰자가 아동에 대하여 기술하더라도 마찬가지 기술을 하는 정도로 정확하게 기술하여야 한다. 예를 들어 '산만하다'라는 식의 기술(description)은 엄밀한 의미에서의 기술(description)이 아니다. 어떻게 산만한지, 빈도는 어떤지, 강도는 어떤지에 대한 기술이 필요하다. 따라서 아동이 보인 행동을 객관적인 시각에서 아주 구체적이고 확실하게 기술하여야 한다. 이와 같은 기술은 잠재적 목표행동을 정하기 이전의 기술과정이다.

2) 관찰 및 목표행동 결정

관찰은 이제 잠재적 목표행동이 정해진 이후 목표행동을 정하기 위한 세심한 관찰이다. 문제행동의 기능을 파악하기 위해서는 일정 기간 아동을 관찰할 필요가 있는데 비록 날마다 보는 문제행동이라 하더라도 객관적인 관찰자 입장에서 전후 상황을 살펴보면 평소 발견하지 못한 단서를 제공해 준다.

목표행동이 정해진 이후에는 어느 상황에서 언제 목표행동이 발생하고 발생하지 않는지를 관찰자는 세밀하게 기록한다. 이때 시간과 장소 그리고 상황을 중심으로 관찰기록한다. 이때 행동수정 이론에서 밝힌 바와 같이 시간 절약을 위하여 시간 샘플링법을 활용해도 가능하다.

관찰자는 문제행동이 발생한 시간과 상황을 기록한다. 이때 관찰자는 기존 관찰양식을 사용할 수도 있으며 관찰자가 양식을 만들어 사용할 수도 있다. 이 방법을 통하여 목표행동을 결정한다. 이 관찰을 통하여 부모나 교사는 목표행동 시 무슨 일이 있는지, 그 행동 이후에 발생한 것이 무엇인지를 알아낸다. 그리고 실제 그 결과에 대하여 면밀하게 추가로 관찰한다.

따라서 관찰 및 목표행동 결정에서는 관찰을 통해서 먼저 잠재적 목표행동에 대하여 관찰기록을 하고 이 기록을 중심으로 목표행동을 정하여 다시 목표행동의 관찰을 통하여 세밀하게 문제행동의 전후관계를 살펴야 한다.

▶ 표 14-6 ◀ 행동관찰표

행동관찰표

학   생:

날   짜:

기록방법: 문제행동 발생시 왼쪽 열에 시간과 행동을 적고 왼쪽부터 오른쪽으로 이동하면서 해당 사항을 기록합니다.

문제 행동 및 시간	상 황 (과제)	과제 성공 여부	부모/ 교사의 위치	근처에 있던 사람	교사/ 부모의 조치	문제 행동 후 또래 반응	문제 행동 후 결과	문제 행동 이유 추론

3) 가설수립

수일 간 목표행동을 관찰한 후에 부모나 교사는 관찰기록과 직접관찰을 통하여 아동의 문제행동에서 어떤 판별패턴이 있는지를 알아낸다. 이때 특정 활동이나 특정 시간에 문제행동이 증가하면 교사나 부모는 이 시점의 선행사건에 대하여 면밀히 살펴본다.

일반적으로 수집된 정보를 검토하면 이전에 알지 못하였던 문제행동의 선행사건과 그 후속결과들을 알 수 있다. 따라서 이 같은 분석을 통하여 문제행동을 하게 되는 조건에 관한 잠재적인 가설(사정공식; formulation)을 세우게 된다. 대부분의 경우 정서·행동장애 아동이 문제행동을 보이는 이유는 문제행동에 대한 우연한 정적강화(오히려 그 문제행동을 하게 함), 문제행동에 대한 우연한 부적강화(그 문제행동을 하여 다른 혐오자극을 회피, 탈출하게 함), 자기자극(신체적으로 지루함) 중 하나이다(Iwata et al., 1982).

이와 같은 문제행동의 원인은 문제행동에 선행하여 나타난 것 등을 통하여 알 수 있다(예; 아동이 배가 고프거나 갈증이 날 때 그 문제행동이 있었다).

4) 가설검증

가설검증은 위에서 언급한 가설에 대하여 회의(懷疑)가 있을 경우 이를 검증하기 위한 수단으로 사용한다. 이는 체계적인 환경조작에 해당하는데 부모나 교사가 환경조작을 하고 문제행동에 어떠한 변화가 있는지를 살펴본다. 이와 같은 조작은 가설이 실제로 타당한 가설인지를 확인하기 위한 것이다.

예를 들어 아동이 소리에 민감하여 교실에 있는 시계바늘 돌아가는 소리가 수업을 방해한다는 가설이 있을 경우 실제로 소리나지 않는 시계로 교체하여 반응을 살펴볼 수 있다. 이와 같이 사전행동-행동-후속결과(ABC)분석을 통하여 가설을 검증할 수 있다.

5) 중재계획 및 실행

교사나 부모가 아동이 보이는 문제행동에 대한 가설을 확신한 경우 그에 맞는 중재법을 설계한다. 이때 긍정적 행동지원에서의 중재법은 행동대안 즉, 대체행동을 마련하는 일이다. 긍정적 행동지원에서 볼 때 문제행동은 문제행동으로 그치는 것이 아니라 문제행동 대부분은 그 문제행동으로 어떤 의사소통을 하려는 시도이다. 따라서 그 문제행동으로 의사를 표현하고자 하는 방식을 조정하여 보다 용납할 수 있는 행동을 할 수 있도록 행동대안을 마련하여 주는 것이다. 이것이 바로 긍정적 행동지원의 핵심이다.

부모나 교사가 대체행동을 가르칠 경우 대체행동은 가능하면 바람직한 결과를 얻을 수 있는 대안이어야 하며 쉽게 수행할 수 있어야 하고 효율적이어야 한다(Durand & Carr, 1991). 이들 중재방법에 관해서는 절을 달리하여 설명할 것이다.

4. 긍정적 행동지원 단계

이상복, 서경희, 김정일(2004)은 긍정적 행동지원방법을 단계별로 설명하였는데 이를 도표로 제시하면 표 14-7과 같다. 이는 앞서 언급한 기능사정과 유사하다.

단 계	설 명
문제상황식별	• 문제행동을 관찰 가능한 용어를 사용하여 정확하게 정의한다. • 문제행동이 한 가지 이상일 경우에는 우선순위를 정하는 과정이 필요하며, 아동 자신이나 주변 사람들에게 건강 및 안전과 관련된 피해를 입히는 행동을 최우선적인 목표로 결정하여야 한다.
환경진단(기능사정)	• 어떤 상황에 얼마나 자주 또는 얼마나 오랫동안 발생하는지 등에 대한 관찰을 하여 행동의 발생상황 및 기능을 포괄적으로 사정한다. • 면담이나 질문지를 이용한 간접적인 평가 및 관찰을 통한 직접적인 사정으로 이루어진다. • 배경사건(setting events), 선행사건(antecedents), 행동(behavior), 후속결과(consequences)로 구성된 가설을 개발한다. • 기능분석(functional analysis)을 실시한다. 기능분석이란 가설수립 후 체계적으로 선행사건 및 후속결과를 조작하면서 문제행동의 정확한 기능을 조작하는 과정이다.
중재를 위한 목표행동결정	• 문제행동의 기능을 대체할 수 있는 바람직한 목표행동을 결정한다.
중재계획	• 문제행동 예방 및 적절한 행동의 발생을 촉진하는 중재를 계획한다. 　가. 배경사건과 선행사건에 대한 변화를 통해 문제행동을 예방한다. 　나. 문제행동과 동일한 기능을 가지면서도 보다 효율적이고 바람직한 대체행동을 교수한다. 　다. 발생한 문제행동에 대한 적절한 중재를 적용한다.
계획의 실행	• 환경 내 모든 사람들이 중재계획을 이해하고 실행방법을 알아야 하며 협력적이고 일관성 있는 중재가 이루어지도록 한다.
진전에 대한 지속적인 점검	• 정기적인 자료수집을 통한 문제행동의 예방이나 새로운 행동의 습득을 유지하고 일반화시키는 데 필요한 소거전략을 결정한다.

제4절 중재방법

1. 긍정적 행동지원 모델의 중요성

　　교사나 부모는 아동의 정서문제에 대하여 벌을 사용하지 않고 문제행동에 대한 중재를 할 수 있는 방법을 배워야 한다(Colvin & Sugai, 1988). 이와 같은 교사나 부모의 중재기술로 새로운 사회기술, 학습기술, 운동기술 또는 생활기술을 가르칠 수 있는 것이다.

이때 부모나 교사는 바람직한 행동을 억제하기보다는 적절한 행동을 가르치는 것이 특히 중요하다. 왜냐하면 아동 대부분은 특정 장면이나 환경에서 적절한 행동이 무엇인지를 알지 못하기 때문이다.

만일 아동이 문제행동을 하였는데도 우연히 강화를 받은 적이 있다면 아동은 이후에도 문제행동이 아닌 적절한 방식으로 행동(대체행동)하는 능력을 알지 못할 것이다. 예를 들어 갖고 싶은 장난감을 갖지 못하게 하였을 때 울고 짜증을 내어 장난감을 얻었을 경우 아동은 우연히 강화되어 이후에도 장난감을 얻기 위하여 짜증을 낼 것이고 다른 것을 요구할 때도 유사한 짜증방법을 사용하여 얻어내려 할 것이다. 따라서 부모나 교사는 짜증을 없애려하지 말고 차제에 대체행동을 가르쳐야 하는 것이다. 이 원리가 바로 긍정적 행동지원 방식이고 이 방법이야말로 아동에게 적절한 행동기술을 가르치는 방법인 것이다.

2. 대체행동 선택시 고려사항

1) 삶의 질

기능사정 후 긍정적 행동지원에서 가장 중요한 것은 대체행동의 선택이다. 이때 가장 중요하게 고려하여야 하는 것은 아동의 삶의 질이다(Winett & Winkler, 1972). 이는 아동의 입장에서 문제행동이 아동의 전반적인 삶의 질에 어느 정도 영향을 미치는가 여부에 따라 행동수정의 우선순위와 긴급성이 존재하는 것이다.

또 아동이 가족이나 사회 활동에 참여할 수 있는 능력을 증가시킬 것 같은 대체행동이나 제한된 환경을 줄여갈 수 있는 대체행동은 아동의 삶의 질을 향상

▶ 표 14-8 ◀ 대체행동 선택시 고려사항

고려사항	내 용
삶의 질	기능사정 후 긍정적 행동지원에서 가장 중요한 것은 대체행동의 선택인데 이때 가장 중요하게 고려하여야 하는 것은 아동의 삶의 질이다.
용이성	대체행동은 사회적으로 용인되고 단순하여 아동이 수행하기 좋아야 한다.
아동능력	대체행동은 아동행동 목록에 이미 있는 행동을 활용하는 것이 좋다.
사회적 강화	대체행동은 가정과 사회에서 쉽게 칭찬받고 강화될 수 있는 것일수록 좋다.
지시 따르기	부모나 교사가 중재법으로서 가장 중요한 것은 지시 따르기다. 지시 따르기는 타인의 요구에 아동이 정적으로 반응하는 것이다.

시킬 수 있는 대체행동이 된다.

2) 용이성

부모나 교사가 선택한 대체행동은 사회적으로 용인되고 단순하여 아동이 수행하기 좋아야 한다(Durand, 1990). 만일 대체행동이 문제행동보다 수행하기 어렵다면 아동은 이를 기피하여 문제행동을 계속할 것이다.

3) 아동능력

대체행동은 아동행동 목록(repertoire)에 이미 있는 행동을 활용하는 것이 좋다. 이는 적은 빈도라도 아동에게 존재하는 기술을 사용하게 하는 것으로서 아동이 표현하는 기술을 일부라도 가지고 있는 경우는 그 행동의 수행이 용이하겠지만 그렇지 못한 경우에는 아무리 간단한 행동이라 할지라도 아동이 행동하기에 용이하다고 생각하지 못할 것이다.

4) 사회적 강화

교사나 부모가 어떤 대체행동을 선택하든지 그 대체행동은 아동의 생활에서 타인에 의하여 쉽게 강화될 수 있는 것이어야 한다(Heward, Darding, & Rossett, 1979).

따라서 대체행동은 가정과 사회에서 쉽게 칭찬받고 강화될 수 있는 것일수록 좋다. 이때 아동만의 행동으로 의사를 표현하고, 아동과 부모 또는 아동과 교사만이 아는 방식의 의사표현 방식은 가급적 피하는 것이 좋다.

5) 지시 따르기

부모나 교사가 중재법으로서 가장 중요한 것은 지시 따르기다. 지시 따르기는 타인의 요구에 아동이 정적으로 반응하는 것이다. 그런데 일반적으로 지시 따르기를 아동복종이라고 생각하여 지시를 피하고 아동중심(child-centered interventions)으로 교육하여야 한다고 주장한다. 즉, 타인의 지시에 맹목적으로 응하게 되면 자율성, 창의성, 동등감을 잃게 된다고 주장하는 것이다.

그러나 지시 따르기는 정서·행동장애 아동에게 필수적인 것이다. 아동이 사회적 기대(지시)를 잘 따르면 따를수록 더 쉽게 배우고 더 잘 공유할 수 있는 상황을 맞는 것이다. 즉, 사람들은 누구나 지시에 응하면 사회기술을 익힐 것이라는 판단이 있을 경우 지시에 반항하지 않고 따르게 된다. 따라서 아동은 지시 따르기 기술을 가지고 있어야 하고 지시에 따른 결과를 예측할 수 있어야 한다. 지시에 따르는 능력이 없고 예측하는 능력이 없는 경우 아동은 사회관계나 생활기술에서 자신이 선택할 기회를 잃게 된다.

3. 중재 연속체

교사나 부모가 문제행동을 중재할 때 가장 중요한 것은 문제행동을 새로운 기술로 바꾸어 주려는 중재이어야 한다. 그리고 이 중재법에는 단점이 없어야 한다(White, 1986). 물론 중재법에는 여러 가지가 있다. 책을 보거나 장시간 고민하면 중재법은 있게 마련이다. 그런데 교사나 부모가 중재대안으로 마련한 것 중에서 어느 방법을 먼저 사용하여야 할 것인가는 정말로 고민이다.

여러 가지 중재대안 중에서 한 가지 중재법을 선택하기 위해서는 먼저 사용할 만한 가치가 있는 중재법들을 아동을 제한하는 정도에 따라 연속으로 정리하여 두어야 한다(Brady, 1984). 이때 제한하는 정도가 높으면 높을수록 마지막에 도입하여야 하고 낮으면 낮을수록 먼저 도입하는 것이 좋다.

이들 중재법의 연속체(continuum of interventions)를 아동의 행동을 제한하는 수준별로 설명하면 표 14-9와 같다.

▶ 표 14-9 ◀ 중재 연속체

연속체 수준	내 용
비제한수준	아동의 행동을 거의 제한하지 않는 수준의 중재법으로서 아동의 문제행동이 아동의 삶의 질에 영향을 미쳐 이 행동을 바꾸어 주면 가치가 있는 경우 사용하는 중재법이다.
낮은 제한수준	비제한보다는 약간 높은 수준으로 아동의 행동을 제한하나 가급적 행동의 제한을 자제하는 수준의 중재이다. 교사나 부모의 관여 수준이 조금 높은 것이다.
중간 제한수준	아동의 행동제한수준이 중간 정도의 수준인 방법을 의미하는데, 문제행동에 사용되는 현재의 강화수준을 더 적극적으로 제공하는 방식이다.
높은 제한수준	아동이 보이는 문제행동을 막는 대신에 바람직한 행동을 부모나 교사가 지시하는 전략이다.

1) 비제한수준

비제한수준은 아동의 행동을 거의 제한하지 않는 수준의 중재법으로서 아동

의 문제행동이 아동의 삶의 질에 영향을 미쳐 이 행동을 바꾸어 주면 가치가 있
는 경우 사용하는 중재법이다.

이는 전적으로 아동의 입장에서 중재를 실시하는 아동중심 중재법(child-
centered interventions)이라 할 수 있다. 이를 설명하면 표 14-10과 같다.

▶ 표 14-10 ◀ 비제한 수준 중재

방 법	내 용
동기유발	정적행동 동기를 증가시켜서 역기능적인 상호작용 패턴을 순기능적인 상호작용 패턴으로 바꾸어준다. 이때 순기능적인 상호작용 패턴을 증가시키기 위해서는 아동의 성공과 강화 가능성을 증가시켜 준다.
예측	변화에 저항하는 아동의 경우 다음 활동이나 과제에서 무슨 일을 할 것인가를 충분히 설명하여 이해하도록 도와주는 것이 좋다.
선택	아동에게 선택할 수 있는 기회를 만들어주어 의사소통할 수 있도록 돕는다.

(1) 동기유발

교사나 부모는 가르치는 데만 지나치게 의욕을 지닌 나머지, 아동은 따르려
하지 않는데 억지로 가르치려 하여 낭패를 보게 된다. 아동이 원치 않는데 아동
을 억지로 가르치려 한다면 아동은 부정적인 동기가 증가하여 반항하려는 힘이
강해진다. 이와 같은 상호작용 패턴은 교육에서 매우 역기능적이다. 따라서 정적
행동 동기를 증가시켜서 역기능적인 상호작용 패턴을 순기능적인 상호작용 패턴
으로 바꾸어 주어야 한다. 이때 순기능적인 상호작용 패턴을 증가시키기 위해서
는 아동의 성공과 강화의 가능성을 증가시켜 주어야 한다. 이것이 바로 동기유발
이다.

동기유발(motivation)은 과제나 행동 또는 전환교육(transition education)에 대한
저항을 줄이기 위해 교사나 부모가 아동이 정적인 행동동기를 가지도록 유도하여
주는 과정이다. 이와 같은 동기유발은 아동에게 저항감을 줄이고 호기심을 갖도
록 하여 보다 과제를 수월하게 할 수 있도록 돕는다(Davis et al., 1994).

동기유발 방법은 아동이 쉽고, 빨리 해낼 수 있는 과제를 먼저 선택한다. 이
때 아동이 과제를 훌륭히 수행하면 교사나 부모는 아동의 성공에 대하여 충분히
칭찬하여 준다. 이와 같은 과정을 거듭하면서 교사나 부모는 아동에게 점차 목표
하는 과제에 접근하도록 끌어들인다(Singer, Singer, & Horner, 1987). 즉, 일단 아동과
정적인 상호작용 동기를 가지게 되면 교사나 부모는 이제 조금 수준을 높여서 아

동이 반응할 가능성이 낮은 활동을 하도록 요구한다. 그러면 아동은 이전에 보였던 문제행동이나 불순종 없이 과제에 정적으로 따르게 된다. 이와 같은 상호작용 패턴이 아동중심적인 지도방법이다(Davis & Brady, 1993).

(2) 예측

교사나 부모는 정서 · 행동장애 아동이 변화에 저항한다고 한다. 그러나 실제로 살펴보면 정서 · 행동장애 아동이 변화에 저항한다 라기보다는 그 변화로 무슨 일이 일어나게 될 것인지를 충분히 이해하지 못하여 저항하는 것이지 정서 · 행동장애 아동의 일반적인 특징으로 볼 수는 없다.

예를 들어 학교에서 내일 할 일을 가정에서 미리 알려주고 연습을 한다면 아동은 다음날 학교에 가서 큰 저항 없이 과제를 달성할 수 있을 것이다(Koegel et al., 1996).

따라서 변화에 저항하는 아동의 경우 다음 활동이나 과제에서 무슨 일을 할 것인가를 충분히 설명하여 이해하도록 도와주는 것이 좋다. 이때 말이나 그림 스케줄을 사용하여 과제나 활동의 예측성을 증가시키는 방법도 매우 좋다. 또한 새로운 변화가 있기 전에 미리 활동을 보여주어 아동이 그 결과를 사전에 친숙하게 알고 변화를 맞도록 하면 저항은 줄어들 것이다.

(3) 선택

장애아동을 위한 전통적인 프로그램에서는 아동에게 일상적인 일과 기회를 통제하는데 중점을 두었다. 그러나 이와 같은 방법은 여러 가지 측면에서 아동에게 동기를 부여해 주지 못한다(Smith, 1997).

따라서 아동에게 선택할 수 있는 기회를 만들어 주는 것이 좋다. 그리고 아동이 선택한다는 것은 의사소통을 한다는 의미도 된다.

교사나 부모는 정서 · 행동장애 아동의 경우 선택을 제대로 할 수 있는 능력을 가지고 있지 못하다고 한다. 그러나 백번 양보하여 선택기술이 없다 하더라도 선택기술을 배울 능력이 없는 것은 아니다(Parsons & Reid, 1990).

2) 낮은 제한수준

낮은 제한수준은 비제한보다는 약간 높은 수준으로 아동의 행동을 제한하나 가급적 행동의 제한을 자제하는 수준의 중재이다. 교사나 부모의 관여 수준이 좀 더 높은 것이다. 이는 당연히 비제한수준 전략을 사용한 후에도 효과가 없을 때 사용하게 된다. 이를 설명하면 표 14-11과 같다.

▶ 표 14-11 ◀ 낮은 제한수준 중재

방 법	내 용
단 서	교사나 부모가 아동에게 대체행동기술을 가르칠 때 아동이 제대로 이를 이해하지 못할 경우 여러 가지 단서를 사용하는 것이 좋다.
반 복	반복연습은 아동이 적정 수준까지 숙련되어 자동화될 때까지 정확히 여러 번 행동을 반복하는 것이다.
촉 진	아동이 대체행동을 수행할 수 있을 때까지 언어나 행동 등으로 올바른 행동을 도와주는 것이다.

(1) 단서

교사나 부모가 아동에게 대체행동 기술(replacement skill)을 가르칠 때 아동이 제대로 이를 이해하지 못할 경우 여러 가지 단서를 사용하는 것이 좋다. 즉, 단서를 변화시켜 아동이 가장 이해하기 편리하게 단서를 제공하는 것이다. 예를 들어 말로 단서를 제공하였는데 아동이 제대로 이해하지 못하면, 시각적 단서나 몸짓 단서를 사용하여 이해를 도울 수 있을 것이다(Scott & Clark, 2000).

좀더 복잡한 과제일 경우에는 그림이나 또래모델을 통하여 보여주는 단서도 매우 유용할 것이다. 말의 표현으로 단서를 제공할 때에도 아동에 합당한 용어로 다양하게 설명하는 방법도 단서의 변화에 해당한다.

(2) 반복

반복연습은 아동이 적정 수준까지 숙련되어 자동화될 때까지 정확히 여러 번 행동을 반복하는 것이다. 반복연습을 게을리하거나 강화제(reinforcer)와 함께 사용하지 않게 되면 동기를 잃을 수도 있다(Scott & Clark, 2000).

따라서 아동에게 반복하여 같은 과제를 거듭하게 하고 이를 훌륭히 수행할 때마다 강화해 주어야 한다. 혹자는 반복연습이 아동을 지루하게 하여 역효과를 보이게 할 수 있다고 생각하나 실제로 지루해하는 사람은 부모나 교사이지 아동이 아니다.

(3) 촉진

긍정적 행동지원에서 아동에게 대체행동을 가르칠 때 촉진법은 매우 유용한 방법 중 하나이다. 촉진(prompting)은 아동이 대체행동을 수행할 수 있을 때까지 언어나 행동 등으로 올바른 행동을 도와주는 것이다. 그런데 교사나 부모는 이 촉진에 매우 익숙해 있다(Alberto & Troutman, 1995). 그러나 촉진이 지나치면 아동에게 역효과가 있을 수도 있다. 그 이유는 아동이 촉진에 의존하는 경향을 보이기 때문이다.

따라서 교사나 부모는 촉진이 필요할 때 처음에는 아동의 손을 잡고 촉진하는 것도 가능하겠으나 이후에는 시각적인 촉진, 언어적인 촉진 등을 유도하여 아동이 의존하는 태도를 지니지 않도록 배려하여야 한다.

그리고 촉진법에 의한 중재에서는 교사나 부모가 제공하는 물리적 도움을 점차 줄여 가는 기법을 주의 깊게 사용하여야 한다. 이를 용암법(fading)이라고 하는데 처음에는 물리적 도움과 함께 언어 단서(verbal cue)를 같이 제공하지만, 이후에는 아동을 전혀 도와주지 않고도 수행할 수 있을 때까지 점차 물리적 접촉을 줄여간다(Foxx & Azrin, 1972). 예를 들어 나사 사용법을 아동에게 가르칠 때, 처음에는 한 손을 잡아 가르치고 다음에는 팔목이나 팔꿈치를 잡고 가르치며 다음에는 손 운동을 동작으로 보여서 가르치는 방식이 좋은 예이다.

3) 중간 제한수준

중간 제한수준은 아동의 행동 제한수준이 중간 정도의 수준인 방법을 의미하는데, 문제행동에 사용되는 현재의 강화 수준을 더 적극적으로 제공하는 방식이다. 이 역시 비제한 수준에 의한 중재와 낮은 제한수준에 의한 중재방법에 실패한 경우 사용한다.

▶ 표 14-12 ◀ 중간 제한수준 중재

방 법	내 용
강화제 변경	아동이 특정 강화제로도 대체기술을 습득하려 하지 않을 경우 해법은 강화제를 변경한다.
강화계획	아동이 만일 강화제의 다양화나 강화제 변경으로도 새로운 대체행동을 충분히 배우지 못하면 교사나 부모는 강화계획을 새로이 수정할 필요가 있다.
차별강화	대체행동 차별강화와 의사소통 차별강화가 있다.
비상황강화	체계적이긴 하지만 비상황적인 방식으로 강화제를 제공하는 방식이다.

(1) 강화제 변경

만일 어떤 아동이 특정한 강화제로도 대체기술을 하려 하지 않을 경우 해법은 강화제(reinforcer)를 변경하는 것이다. 즉, 강화제가 아동의 대체행동습득에 도움이 되지 않으면 강화제가 아닌 것이다. 따라서 강화제를 변경하여 강화제가 강화제로서 기능을 효과적으로 할 수 있는 방법을 찾아야 한다.

(2) 강화계획

아동이 만일 강화제의 다양화나 강화제 변경으로도 새로운 대체행동을 충분히 배우지 못하면 교사나 부모는 강화계획을 새로이 수정할 필요가 있다. 즉, 강화계획을 변경하여 보다 더 자주 강화를 제공하고 강화기간도 길게 제공한다. 그래서 아동이 대체행동을 점차 익혀 갈 경우 체계적으로 강화제를 줄여 간다(Scott & Clark, 2000).

(3) 차별강화

차별강화(differential reinforcement)는 교사나 부모가 아동의 문제행동이 아닌 다른 목표행동을 강화하는 것이다(Favell, 1993). 이 원리를 이용하여 긍정적 행동지원에서는 다음 두 가지 응용기법을 사용한다(Scott & Clark, 2000).

첫째는 대체행동 차별강화(differential reinforcement of alternative behavior: DRA)인데 이는 아동이 문제행동에 더욱 사회적으로 용인할 수 있는 대안을 만들어낼 때만 강화제 제시를 하는 것이다. 예를 들어 어떤 아동이 또래를 꼬집는 행동에는 반응을 보이지 않고 끌어당기는 대체행동을 할 경우 강화를 제공한다.

▶ 표 14-13 ◀ 차별강화

구 분	내 용
대체행동 차별강화	아동이 문제행동에 더욱 사회적으로 용인할 수 있는 대안을 만들어 낼 때만 강화제 제시를 하는 것
의사소통 차별강화	의사소통 수단을 사전에 배운 대로 사용할 경우에만 강화하는 방법

둘째는 의사소통 차별강화(differential reinforcement of communication: DRC)이다. 이는 예를 들어 도움 카드사용법을 가르친 다음 문제행동을 하지 않고 도움카드를 사용할 경우에만 강화를 하는 것이다.

(4) 비상황강화

이제까지 강화제는 아동이 바람직한 행동을 증가시키거나 바람직하지 못한 행동을 감소시켰을 때 사용하는 것이 좋다고 하였다. 그러나 비상황강화(noncontingent reinforcement: NCR)는 이 논리의 정반대이다. 비상황강화는 체계적이지만 비상황적인 방식으로 강화제를 제공하는 방식이다(Vollmer et al., 1993).

비상황강화에서는 교사나 부모가 먼저 문제행동의 유지요인을 먼저 찾아낸다. 그리고 강화제를 비상황적으로 제공한다. 이해를 돕기 위하여 아동이 책을 멀리하는 문제행동을 가지고 설명하면 아래와 같다(Scott & Clark, 2000). 부모나 교사는 이미 아동이 책을 싫어하는 문제행동이 있음을 알았다고 가정한다.

① 비상황적으로 책을 제공한다.

부모나 교사는 먼저 지속적으로 그리고 비상황적으로 아동에게 책을 제공한다. 이때 아동이 책을 보고 짜증을 내지 않도록 한다. 따라서 처음에는 아동에게 책을 제공하는 시간은 매우 짧을 것이다.

② 책을 잠시 가지고 있지 못하게 한다.

아동이 책을 보고 짜증을 내기 전에 부모나 교사는 책을 다시 회수하였다가 잠시 후 다시 책을 제공한다. 그리고 아동이 책을 가지고 있는 기간을 늘리고 책을 제공하는 간격을 짧게 한다. 이를 거듭하면 아동이 책에 짜증을 내는 문제행동은 줄어들게 된다.

4) 높은 제한수준

높은 제한수준은 아동이 보이는 문제행동을 막는 대신에 바람직한 행동을 부모나 교사가 지시하는 전략이다. 이 과정은 부모나 교사가 아동의 행동을 제한하는 정도는 높으나 아동의 문제행동을 악화시키지 않고 아동이 모델링을 통하여 대체행동기술을 익힐 수 있는 이점이 있다.

일반적으로 행동수정에서는 아동이 보이는 문제행동을 없애려는데 초점을 두어 왔다. 즉, 행동수정 이론은 행동을 없애는 전문가로 보여진 것이다(Holburn, 1997).

그러나 문제행동을 없애는 방식으로는 아동에게 새로운 기술을 가르치지 못한다. 아동이 문제행동을 하는 이유는 이미 부족한 기술을 가지고 있기 때문이며 기능적 대체기술 교육 없이는 문제행동은 없어지나 영원히 바람직한 행동은 배울 수 없는 것이다.

또 문제행동을 강제로 없애는 방식은 아동의 위축을 불러와 학습된 무기력(learned helplessness), 통제 불감, 낮은 자기효용감을 보일 수 있다. 따라서, 높은 제한수준으로 아동을 중재하고자 할 때에도 아동에게 대체기술을 익히고자 하는데 초점을 두어 중재하여야 할 것이다.

구 분	내 용
긍정적 과잉교정	아동에게 정적행동을 과다하게 하도록 하는 것으로서, 기존의 부적절한 행동을 없애는데 초점을 두는 것이 아니라 정적인 실행을 과잉으로 연습시키는데 초점이 있다.
긍정적 상황관찰 타임아웃	타임아웃을 벌이 아닌 또래 아동의 행동을 관찰하여 모델링 효과를 얻을 수 있도록 하는 방안으로도 사용한다.

예를 들어 과잉교정(overcorrection)의 경우도 아동에게 그냥 과잉교정을 하는 것이 아니라 정적연습 과잉교정(positive practice overcorrection)을 하는 것이 타당하다. 정적연습 과잉교정은 아동에게 정적행동을 과다하게 하도록 하는 것으로서, 기존의 부적절한 행동을 없애는데 초점을 두는 것이 아니라 정적인 실행을 과잉으로 연습하는 것이다.

예를 들어 아동이 잠시 쉬자는 의미로 비명을 지른 경우 교사에게 잠시 쉬자는 요구를 하는 의미를 가진 낱말카드를 계속 제시하게 하는 방식이 좋은 것이지, 비명을 지르지 않고 3분 간 조용히 앉아 있게 하는 중재는 효과가 떨어진다.

또 타임아웃(time out)의 경우도 배제적 타임아웃, 비배제적 타임아웃 등과 같이 문제행동을 없애는 처벌로 이 중재법을 사용하는 것이 아니라 정적상황관찰 타임아웃(contingent observation time out from positive reinforcement: TOPR)을 통하여 또래 아동의 행동을 관찰하여 모델링 효과를 얻을 수 있도록 하는 것이 좋다 (Roberts, 1988). 정적상황관찰 타임아웃은 관찰 타임아웃에 해당한다.

제15장

교사와 부모 협력

제15장 교사와 부모 협력

교사와 부모 협력은 일련의 가정-학교 관리프로그램이다. 부모-교사 협력이 효과적일 때 아동이 더 많이 배우고 더 잘 적응하며 더 빨리 발달한다.

따라서 이 장의 목적은 교사와 부모가 아동에 관련하여 서로 의사소통을 원활히 함으로써 아동이 지니고 있는 문제를 보다 정확히 이해하고 상호협조적으로 문제를 해결하는 방법을 제시하는데 있다.

제1절 협력과 부모의 요구

이 절에서는 부모와 교사 간 협력에 대하여 설명하고자 한다. 이는 아동을 위하여 매우 필요한 부분이다. 특히 장애아동의 경우는 더욱 그러하다. 그리고 교사가 부모의 협조를 얻어내는 것과 부모가 가장 힘들어하는 부분이 무엇인지를 파악하여 이를 돕는 것 역시 매우 중요하다.

또한 부모로서 아동에게 어떻게 지원해야 하는지에 대한 부모의 역할에 대한 조언도 교사의 몫일 것이다. 이 절에서는 이와 같은 부분에 대하여 언급한다.

1. 부모와 교사 간 협력

좀 비약일지는 모르지만 저자는 여기저기 강연을 다니면서, "우리의 1년은 과거의 100년과 맘먹는다!"고 주장한다. 과거 인류문화 발달속도는 1년 전이나 10년 전이나 별다른 차이가 없었다. 10년이면 강산도 변한다는 말이 있긴 하지만 그리 심각한 수준은 아니었다. 그래도 100년은 지나야 약간의 생활 패턴 변화가 있을 뿐이었다. 그 당시에는 수십 년 전에도 우마차를 타고 다녔고, 수십 년 후에도 마찬가지였다. 우리들의 조상은 천년동안 한복을 입고 살았다. 우리가 서양 사람과 별다른 차이 없이 옷을 입게 된 혁명(?)은 역사적으로 볼 때 아주 최근의 일이다. 그러나 현대는 정보화 혁명으로, 우리 인류의 과학발달로, 우리에게 너무나도 엄청난 변화를 요구하였다. 삐삐 들고 불과 몇 년을 돌아다니더니, 냉장고 같은 휴대폰을 멋지게 들고 다닌 적이 바로 엊그제다. 그런데 이제 성냥갑보다 조금 큰 휴대폰으로 못하는 것이 없을 정도가 되었다.

결국 다른 분야도 마찬가지지만 자녀 양육문제에서도, 우리는 문화적 끈을 놓치고야 말았다. 즉, 현대는 할아버지가 아버지를 양육하였던 방식대로 나를 양육하였고 그 방식을 이어받아 내가 자녀를 양육할 수 있는 시대가 아닌 것이다.

연구에 따르면 아버지 관여가 많으면 많을수록 자식이 잘 자란다는 연구결과가 있다. 물론 반대로 아버지가 지나치게 엄격하여 자식을 망친다는 연구도 많이 있다. 그러나 중요한 것은 과거 우리 조상은 자식 교육의 책임이 아버지에게 있었다. 자녀에 대한 아버지 관여는 당연하였다는 말이다. 그러나 산업사회가 되면서 아버지는 교육에 관하여 그 역할이 공교육기관이나 사교육기관에 넘겨졌고 어머니에게 넘겨졌다.

앞서 언급하였듯이 자식의 양육이 인생에서 가장 중요한 일임에도 불구하고 그 인생에서 가장 중요한 일을 타인(교사, 사회 등)에게 맡기고 있는 것이다. 게다가 요즈음 부모들은 그리고 학자들은 모두 아동의 삶에 가장 중요하게 영향을 미치는 사람이 부모라는 사실을 인정한다.

그러나 문제는 부모가 부모역할에 관련하여 제대로 된 지식을 알지 못한다는 것이다. 아동의 궁극적인 이익, 복지를 위해 부모가 할 수 있는 일에 대하여, 그리고 올바른 부모의 역할에 대하여 제대로 알지 못한다는 것이다.

따라서, 교사는 직업상 문제에서 아동을 단순히 교육하는데 그치는 것이 아니라 부모에게 아동교육에 관련한 서비스를 제공할 필요가 있는 것이다. 이는 분명 장애아동을 담당하는 교사는 더욱 그러할 것이다. 물론 가정과 학교 간 상호

협력은 아동의 욕구에 부합하도록 하는 방법이 효과가 있을 것이다.

2. 부모의 요구

Ross(1964)는 정신분석학적 관점에서 장애아동에 대한 부모의 반응을 언급한 바 있다. 그에 따르면 부모가 자기아동이 장애라는 점을 인식하게 되면 바로 불안이 증가하고 이 불안감은 아동의 현 상태와 아동에 대한 부모의 기대 사이의 모순을 인지함으로써 나타난다고 한다. 그리고 이때 부모는 불안감을 통제하고자 하나 이상의 대처기법을 사용한다고 한다.

장애아동에 대해 부모가 감정적인 반응을 보이는 것은 위기에 처해 있거나 위기를 직감한 모든 부모에게 자연스러운 인간적인 반응이다. 그러나 모든 부모가 모두 같은 대처기법(coping strategy)을 사용하지는 않는다. 부모반응이 부모마다 각기 다양한 것이다. 그러나 일반적으로 부모가 보이는 대처기법들에는 표 15-1과 같은 것들이 있다.

▶ 표 15-1 ◀ 부모의 대처기법

대처기법	설 명
자격지심(self-doubt)	부모는 부모로서, 인간으로서 자신의 가치를 의심할 수 있다. 아이를 낳고 기르는데 대한 무력감, 낮은 자존감 등을 보일 수 있다.
불행, 슬픔 (unhappiness & mourning)	아동문제가 너무 고통스럽다고 느껴서 부모의 삶의 낙이 사라져 버린다. 이러한 부모의 반응은 사랑하는 아이가 죽은 후에 일어나는 아픔과 비슷하다.
죄의식(guilt)	아동문제 원인에 대하여 자세히 알지 못하여 죄의식을 느낀다. 아동문제가 자신의 실수라고 믿는다. 아동의 장애 이유를 찾으려 극단적인 길로 치달아 그다지 중요하지도 않은 개인행동이나 과거 비난받을 만한 사건을 찾아내기도 한다.
부정(denial)	아동의 장애존재를 부정함으로써 아동문제에 반응하지 않는 경우도 있다. 문제존재를 부정한다면 자신이 문제와 관련될 필요가 없기 때문이다.
투사(projection)	다른 사람에게 비난을 가할 수 있다. 교사나 육아담당자, 상담자, 생활환경 조사원, 배우자, 간호사, 의사에게 아동의 장애에 대한 비난을 가할 수 있다.
회피와 거부 (avoidance & rejection)	상처를 받아 타인이나 아동과 접촉을 피한다.

당혹감, 사회적 고립 (isolation)	당황한다. 당혹감으로 사회적 고립된다. 부모와 아동 모두 쇼핑이나 방문, 산책, 놀이에 참여하거나 가지 않는다.
적대감(hostility)	적대심을 나타내기도 하며 때때로 아동에 대해 묻거나 쳐다보는 다른 사람들에 대해 공연히 화를 내기도 한다. 이 적대감과 분노의 대상은 버스승객, 거리의 사람, 친구, 이웃사람, 친지 등 누구든 될 수 있다.
과다의존, 무력감 (overdependence & helplessness)	배우자나 아동, 친지, 또는 전문가에게 지나치게 의존적으로 반응할 수 있다.
혼란(confusion)	아동문제로 혼란해 한다. 문제의 원인에 대해, 그 과정과 처방에 혼 란을 일으킨다. 그 혼란은 실제 정보와 안내 부족 때문이다.
좌절감(frustration)	아동을 위해 적절한 활동을 해야겠다고 결심한 부모들은 서비스를 얻 기 위한 노력 중 좌절하고 만다. 부모들은 자질이 부족하고 냉정한 전문가에 직면한다. 사회에서 적절한 서비스 부족 때문에 좌절한다.

제 2 절 부모교육

부모교육 프로그램에는 세 가지가 있다. 이는 정보제공, 상담, 부모훈련
(parent training)이다.

▶ 표 15-2 ◀ 부모교육 프로그램

프로그램	내 용
정보제공	일차적으로 다양한 주제로 부모에게 많은 지식을 제공한다.
상담	아동에 관련하여 부모의 정서적 감정조정을 위해 그리고 아동문제의 상담이나 치료에 가정의 참여를 유도하기 위하여 사용된다.
부모훈련	부모가 아동의 행동을 관리하고 효과적으로 아동과 상호작용하도록 지원한다.

1. 정보제공

정보프로그램에서는 일차적으로 다양한 주제로 부모에게 많은 지식을 제공
한다. 즉, 이 프로그램의 가장 중요한 목적은 정보의 전달이다. 이 프로그램에서

는 아동양육기술정보, 아동발달정보, 프로그램의 설계요령, 장애원인과 치료정보, 행동관리 기술정보 등을 제공한다.

일반적으로 교사는 가정에서의 아동행동에 대해서는 자세히 알지 못한다. 따라서 교사는 부모의 관찰과 보고를 듣고 전략을 마련하여야 한다. 또한 반대로 부모도 학교에서의 아동행동에 대해서 자세히 알지 못하므로 교사는 학교에서의 아동행동 등에 대하여 부모에게 설명해 주어야 한다.

또한 교사는 해당 아동의 장애 상태를 고려한 양육정보를 여러 문헌을 통하여 정리한 후 부모에게 제공하여 가정에서 효과적인 양육을 할 수 있도록 돕는다.

그리고 현재의 아동발달정보에 대해서도 교사능력 범위 내에서 성실히 제공하고 장애아동을 위한 프로그램 설계방법을 설명하여 가정에서 활용할 수 있도록 돕는다. 장애의 원인과 치료정보 역시 부모에게 여과 없이 제공하고 아동에 대한 올바른 기대를 갖도록 돕는다. 마지막으로 행동수정 이론에 의한 행동수정 원리를 부모에게 설명하여 부모가 자칫 오해하지 않도록 하고 가정에서도 이를 활용할 수 있도록 한다.

2. 상담

상담은 아동에 관련하여 부모의 정서적 감정조정을 위해, 그리고 아동문제의 상담이나 치료에 가정의 참여를 유도하기 위하여 사용된다.

교사는 상담을 통하여 아동 관련 문제력(the history of problem), 문제행동, 문제행동을 보일 때 나타내는 독특한 특성, 문제행동을 유발시키는 강화제, 부모와 다른 가족 구성원들 간의 책임과 역할, 부모의 기대와 요구, 이러한 기대와 요구의 합리성, 현재 사용하는 행동수정기법, 가정에서 사용하는 강화제, 행동빈도/비율 관찰 데이터 등을 알아낸다. 그리고 부모의 정신적, 심리적 상태에 대해서도 면밀히 검토한다.

그리고 정서 · 행동장애 아동 부모들은 자녀양육을 포함한 가사노동 시간을 할애하기 위해서 부모들의 생활적 시간과 사회문화적 시간을 줄여 사용하고 있었다(이한우, 2004). 따라서 이와 같은 점도 고려하여 부모의 스트레스에 대해서도 상담하는 것이 좋다.

3. 부모훈련

부모훈련 프로그램은 부모가 아동의 행동을 관리하고 효과적으로 그들과 상호작용(interaction)하도록 지원하는 프로그램이다. 예를들어 부모역할훈련(parent effectiveness trainging: PET, Gordon, 1970), C－group 전략(Dinkmeyer & McKay, 1982) 등이 그 예이다. 이는 실제로 아동문제를 해결하는데 일차적으로 초점을 맞춘다.

제3절　가정-학교 협력

가정－학교 연계를 유지하기 위해서 그리고 가정－학교 연계 행동수정을 위해서 부모와 교사는 긴밀히 의사소통하여야 한다. 이를 위하여 대화장을 사용할 수 있는데 대화장은 부모－교사의 의사소통과 협력을 지속시키고 증가시키는 데 효과적인 기술이다(Schmalz, 1987).

또 일일보고 카드(daily report cards)도 의미 있는 수단인데 일일보고 카드를 통하여 아동과 부모에게 아동의 학업, 행동에 관련한 정보를 자주 제공하면 할수록 학업수준이나 생활능력이 더 향상된다고 한다(Edlund, 1969).

참고문헌

강영택(2003). 행동수정의 기법 - 모방, 촉구, 자극통제, 자극변별 - . 한국정서행동장애아교육학회, 행동치료사 자격연수자료집, 부천시보육정보센터. 157 - 162.

강상은(2004). 원예치료가 아동의 게임중독과 공격성 완화에 미치는 영향. 대구가톨릭대학교 대학원.

강정희 편저(2008). 특수교육학. 서울:도서출판 희소

공마리아(2004). 자폐성아동의 인지적 특성 및 인지발달지도 전략. 한국정서행동장애아교육학회, 행동치료사 자격연수자료집, 183 - 199.

권보은, 강영심(2010). 비디오 자기모델링 중재가 자폐아동의 자발적 인사하기에 미치는 효과. 특수아동교육연구, 12(3), 409 - 426.

김말순(2004). 체험을 통한 역할놀이가 발달장애아동의 사회성 및 구어표현능력에 미치는 효과. 고신대학교 교육대학원.

김복자(2003). 역할놀이를 통한 언어지도가 정신지체아의 언어능력에 미치는 효과. 인제대학교 교육대학원.

김미경(2008). 자폐장애 및 정서·행동장애의 이해. 청목출판사.

김미경·최기창(2009). 행동수정. 형지사.

김미경(1995). 음악활동이 자폐아동의 사회성기능증진에 미치는 영향. 대구대학교 대학원.

김미경·서경희(2004). 고기능자폐아의 중앙응집. 정서·행동장애연구. 20(1), 315 - 336.

김민주(2003). 어린이의 상한 마음을 돌보기 위한 독서치료 서비스 방안 연구 : 부산지역 공공도서관 어린이실을 중심으로. 부산대학교 대학원.

김순덕(2004). 원예활동이 지체부자유아동의 자아개념, 대인관계, 언어능력에 미치는 영향. 조선대학교 교육대학원.

김서경(2004). 칭찬을 병행한 ADHD 아동의 독서치료에 관한 연구. 전북대학교 교육

대학원.

김영란(2012). 특수학교차원의 긍정적 행동지원이 장애학생의 행동과 개별화교육목표 및 학생 행동관리에 대한 교사의 인식에 미치는 영향. 미출판 박사학위논문, 이화여자대학교대학원, 서울.

김영란, 이숙향(2009). 심각한 행동문제 위험 학생의 사회적 행동 증진을 위한 다층 강화 체계 내 2차 예방 중재 관련 연구 동향. 자폐성장애연구, 9(2), 111−133.

김윤정(2002). 신체활동이 장애유아와 비장애유아와의 사회적 상호작용에 미치는 효과. 단국대학교 대학원.

김윤희(2009). 행동연쇄법을 이용한 지도가 지적장애아동의 배변처리 능력에 미치는 효과. 미출판 석사학위논문, 영인대학교 교육대학원, 인천.

김정일(2004). 선진화된 자폐아동 교육기관의 행동학적 적용사례. 한국정서행동장애아교육학회, 행동치료사 자격연수자료집. 43−62.

김진희(2004). 원예치료프로그램이 정신지체인의 적응행동변화에 미치는 효과성 연구. 호남대학교 행정대학원.

김현옥(2004). 치매노인을 위한 원예치료 활용 방안에 관한 연구. 조선대학교 정책대학원.

김황용, 채말임(2011). 동그라미(Circles)를 활용한 사회−성 교육프로그램이 지적장애아동의 사회−성 행동에 미치는 효과. 한국지적장애교육학회, 13(1), 77−99

문장원(2004). 문제행동 중재를 위한 기능사정 적용에 대한 논점. 한국정서행동장애아교육학회, 12: 105−122.

박경미(2004). 인형극놀이가 경도 정신지체아의 사회성 발달에 미치는 효과. 영남대학교 교육대학원.

박계신(2002). 마음이론을 통한 자폐아동의 사회성 중재전략들. 한국정서학습장애아교육학회, 정서장애아 및 학습장애아 교육연수 자료집. 67−82.

박계신(2003). 행동변화의 유지 및 일반화. 한국정서학습장애아교육학회, 성동장애인종합복지관. 2, 218−232.

박소현(2004). 사진치료의 이론과 실제 : 가족사진을 통한 사진치료 연구. 이화여자대학교 디자인 대학원.

박지연(2004). 자폐성 아동의 중재와 발달지원. 한국정서행동장애아교육학회, 행동치료사 자격연수자료집. 377−385.

박충렬(2005). 동화를 이용한 역할놀이가 초등학교 저학년 아동의 친사회적 행동에 미치는 효과. 대구교육대학교 교육대학원.

방명애(2000). 자폐아동의 인지특성과 교수전략. 『정서·학습장애연구』. 16(1), 139−158.

배영란(2003). 알코올중독자 자녀 심리재활을 위한 모래놀이치료 사례연구. 한림대학교 사회복지대학원.

배현주(2003). 의사소통 모래상자를 이용한 위축아동의 모-자녀간 행동변화 사례연구. 『놀이치료연구』. 7(1), 57-72.

서경희(2001). 아스퍼거 증후군-인지적 결손을 중심으로-. 『재활심리연구』. 8.

손유니(2015). 특수학교차원 긍정적 행동지원 리더십 팀을 위한 전문성 향상 프로그램 개발 및 효과: 교사 효능감, 학급관리 기술, 교사 상호작용 행동을 중심으로, 미출판 박사학위논문, 이화여자대학교 대학원, 서울.

송인숙(2004). 소집단 신체활동이 유아의 사회적 능력에 미치는 영향. 전남대학교 교육대학원.

송인혜(2010). 읽기 교과서를 활용한 감정 이해 교수가 자폐 범주성 장애 아동의 기본 감정 이해에 미치는 효과. 미출판 석사학위논문, 단국대학교 대학원, 서울.

안병환 외 역(2004). 최신행동수정. 서울: 학지사.

양명희(2012). 긍정적 행동지원에 관한 고찰. 광신논단, 21, 533-577.

양명희(2013). 교육형장에서 개별대상연구의 필요성. 광신논단, 22, 503-528.

양명희(2016). 행동수정이론에 기초한 행동지원 2판. 서울: 학지사.

유영애(2003). 문학치료의 방법과 응용. 경북대학교 대학원.

유정실(2004). 독서치료프로그램이 부적응 아동의 자아존중감과 학교생활 적응에 미치는 효과. 영남대학교 교육대학원.

윤예니(2009). 학급차원의 보편적 긍정적 행동지원이 초등학교 6학년 학생의 문제행동과 학교생활 만족도에 미치는 영향. 미출판 석사학위논문, 이화여자대학교, 서울.

윤치연(2003). 문제행동의 기능분석에 따른 의사소통지도. 한국정서학습장애아교육학회, 성동장애인 종합복지관, 2, 199-211.

윤태현(2004). 역할놀이가 부적응아의 공격성에 미치는 영향. 한양대학교 교육대학원.

이관선(2002). 정신지체 유아의 신체활동 중재효과 연구. 단국대학교 대학원.

이관형(2012). 학교차원 긍정적 행동지원이 ADHD 위험학생 및 일반학생의 문제행동 감소와 교사의 생활지도 만족도에 미치는 영향. 미출판 석사학위논문, 경인교육대학교교육대학원, 인천.

이근매(2004). 자폐성 아동의 미술치료. 한국정서행동장애아교육학회, 행동치료사 자격연수자료집. 101-106.

이금섭(2004). 부적응 유아의 만족지연행동에 관한 연구. 대구대학교 대학원.

이금섭(2003). 행동수정의기법-강화전략-. 한국정서행동장애아교육학회, 행동치료사 자격연수자료집, 부천시보육정보센터. 142-150.

신현기(2004). 교육과정 수정과 조절을 통한 통합교육 교수적합화. 서울:학지사

이만석(2002). 아동의 신체활동 참여가 정서지능 발달에 미치는 효과. 한국체육대학교 대학원.

이명희(2002). 분리불안형 등교거부아의 모래상자놀이치료. 『놀이치료 연구』. 6(2),

59－73.

이민경(2003). 벌의 유형 및 적용원리. 한국정서학습장애아교육학회, 성동장애인 종합 복지관. 2, 212－217.

이민호(2004). 빈곤아동의 학교생활에서 나타나는 정서행동문제에 관한 연구. 한국정 서행동장애아교육학회. 12, 41－63.

이민호(2003). 목표행동 설정. 측정 및 기록. 한국정서행동장애아교육학회, 행동치료 사 자격연수 자료집, 부천시보육정보센터. 82－94.

이상복·서경희·김정일(2004). 치료특수교육의 현장 적용과 긍정적 행동지원. 한국정 서행동장애아교육학회, 12, 187－202.

이상복·이효신·서경희·김정일·박채진·이은정(2009). 행동치료를 위한 응용행동분석 의 실제. 호미연수원 행동치료사 전문사이버연수자료집.

이소현 외(2006). 특수아동교육. 서울: 학지사.

이소현, 박은혜(2011). 특수아동교육. 서울: 학지사.

이한우(2004). 발달장애아동 어머니의 생활시간 제약 영향요인분석. 한국정서행동장 애아교육학회. 12, 65－88.

이한우(2004). 자폐성 아동을 위한 기타 대체요법들. 한국정서행동장애아교육학회, 행 동치료사 자격연수자료집, 271－290.

이혜진(2004). 원예치료 실행기관 유형에 따른 원예치료 인식도 조사. 단국대학교 대 학원.

이희중(2012). 구조화된 교수가 자폐성 장애 학생의 수업 행동에 미치는 영향. 미출 판 석사 학위논문, 전남대학교 교육대학원, 여수.

임성관(2004). 읽기 부진아를 위한 독서치료 프로그램 연구. 중앙대학교 교육대학원.

장덕남(2003). 그림동화가 유아의 정서적 반응에 미치는 영향. 우석대학교 대학원.

정용석(2003). 행동수정의 기법－차별강화, 토큰강화－. 한국정서행동장애아교육학회, 행동치료사 자격연수자료집, 부천시보육정보센터. 151－156.

정희정(2005). 역할놀이가 아동의 정서지능에 미치는 효과. 대구교육대학교 교육대학원.

정희진, 양명희(2014). 사회적 강화와 촉구의 용암에 의한 발달지체 유아의 착석행동 및 지시 따르기의 변화 연구. 특수교육재활과학연구, 53(1), 261－276.

조승이(2004). 원예치료가 고등학교 정신지체 학생의 대인관계 향상에 미치는 영향. 조선대학교 교육대학원.

조명애(2009). 자기결정행동 구성 요소를 적용한 국어 수업이 장애아동의 학업성취도 및 자기결정행동에 미치는 영향: 목표설정과 선택하기를 중심으로. 미출판 석사 학위논문, 이화여자대학교 교육대학원, 서울.

진홍신(2002). 효과적인 교육적 중재접근. 한국정서학습장애아교육학회. 정서장애아 및 학습장애아 교육연수 자료집, 36－66.

최은영(2002). 학습촉진환경지원. 한국정서학습장애아교육학회, 정서장애아 및 학습장애아 교육연수 자료집. 14-35.

최혜승, 김황용, 양명희, 김의정(2009). 통합학급 특수아동의 문제행동 지도. 미간행 강의 교재, 광주교육대학교 교육복지 실현사업단, 광주.

한경임(2003). 바람직한 행동 증가법 및 문제행동 감소법. 한국정서행동장애아교육학회, 행동치료사 자격연수자료집, 부천시보육정보센터. 126-135.

한국미술치료학회(2000), 미술치료의 이론과 실제, 동아문화사, 대구.

한신영 편저(2009). 최신특수교육학(상). 서울.

한홍석(2004). 자폐성 아동의 일상생활 자립기술 증진 방안, 한국정서행동장애아교육학회, 행동치료사 자격연수자료집. 303-319.

현문학(2004). 신체활동 중심의 집단놀이가 초등학생의 의사소통 및 학교생활적응에 미치는 영향. 부경대학교 교육대학원.

홍준표(2009). 응용행동분석. 서울: 학지사.

Abramson, L. Y., Seligman, M. E. P., & Teasdale, J. D.(1978). Learned helplessness in humans: Critique and reformulation. Journal of Abnormal Psychology, 87, 49-74.

Adderholdt-Elliott, M., & Eller, S. H.(1989). Counseling students who are gifted through bibliotherapy. Teaching Exceptional Children, 22(1), 26-31.

Alberto, P. A., & Troutman, C. A.(1990). Applied behavior analysis for teachers. columbus, OH: Merrill.

Alberto, P. A., & Troutman, A. C.(1995). Applied Behavior Analysis for Teachers. Englewood Cliffs, New Jersey: Prentice Hall, Inc.

Alberto, P. A., & Troutman, A. C.(2014). 교사를 위한 응용행동분석(이효신 역). 서울: 학지사.

Allen, R, C.(1969). Legal rights of the disabled and disadvantaged (GPO 1969-0-360-797). Washington, DC: U. S. Department of Health, Education, Welfare, National Citizens Conference on Rehabilitation of the Disabled and Disabled and Disadvantaged.

Andrews, E. K.(1997). The Shape School: Assessing Executive Function in Preschool Children, Developmental Neuropsychology, 13, No. 4, 495-499.

APA(American Psychiatric Association)(1994). Diagnostic and Statistical Manual of Mental Disorders, 4th ed.

Archer, A., & Hughes, C.(2011). Explicit instruction: Effective and dfficient teaching. New York: Guilford Press.

Asperger, H.(1944: 1991) The autistichen psychopathen imkindesalter In U. Frith (Ed) Autism and Asperger Syndrome, Cambridge, Cambridge University Press.

Axelrod, S.(1983). Behavior modification for the classroom teacher. New York:

McGraw—Hill Book Co.

Axline, V. M.(1947). Play therapy. Boston: Houghton Mifflin Co.

Bacon, E. H.(1990). Using negative consequences effectively. Academic Therapy, 25(5), 599—611.

Bailey, A., Phillips, W., & Rutter, M.(1996). Autism: Towards an integration of clinical genetic neuropsychological and neurobiological perpectives. Journal of Child Psychology and Psychiatry, 37.

Bandura, A.(1969). Introduction. In L. homme, A. P. Csanyi, A. M. Gonzales, & J. R. Rechs (Eds.), How to use contingency contracting in the classroom. champaign, IL: Research Press.

Bandura, A.(1981). Self—referent thought: A developmental overlap of self—efficacy. In Flavell, J. H., and Ross, L.(Eds.), Social Cognitive Development Frontier and Possible Future, Cambridge University Press, Cambridge, England, 200—239.

Baron—Cohen, S., Leslie, A. M., & Frith, U.(1985). Does the autistic child have a theory of mind?. Cognition, 21, 37—46.

Bauer, A. M., Shea, T. M., & Keppler, R.(1986). Levels systems: A framework for the individualization of behavior management. Behavioral Disorders, 12(1), 28—35.

Belsky, J. & Nezworski, T.(1998). Clinical Implications of Attachment, Lawrence Erlbaum Assoc., Hillsdale, New Jersey

Bender, W. N.(2011). 학습장애: 특성, 판별 및 교수전략(권현수, 서선진, 최승숙, 공역. 서울: 학지사(원저 2008 출간).

Bettelheim, B.(1967). The Empty Fortress. New York: Free Press.

Bezdek, J. M.(2011). An examination ot the validity of office disciplinary referrals(ODR) as a behavioral screener: A descriptive study. (Oredr NO. 3454497, University of Kansas). ProQuest Dissertations and Theses, 113. Retrieved from http://search.proquest.com/docview/870025142?accountid=14556

Biffle, C.(2013). Whole brian teaching for challenging kids. Retrieved for http://wholebrainteaching.com

Bigge, J. L., & Stump, C. S.(1999). Curriculum, Assessment and Instruction, Worthworth publishing.

Blampied, N. M., & Kahan, E.(1992). Acceptability of alternative punishments : A communtiy survey. Behavior Modification, 16(3), 400—413.

Bosworth, K., Gingiss, P., Pottoff, S., & Roberts—Gray, C.(1999). A Bayesian model to predict the success of the implementation of health and education innovations in school—centered programs. Evaluation and Program Planning, 22(1), 1—11.

Bradley, R. H., Rock, S. L., Caldwell, B. M, & Brisby, J. A.(1989). Uses of the HOME inventory for families with handicapped children. American Journal of Mental Retardation, 94, 313—330.

Brady, M. P.(1984). A curriculum and instruction synthesis model for teachers of the severely handicapped. The Exceptional Child. 13(1), 19—32.

Brantner, J. P., & Doherty, M. A.(1983). A review of time—out : A conceptual and methodological analysis. In S. Awelrod & J. Apsche(Eds), The effects of punishment on human behavior. New York : Academic Press.

Briere, J., Woo, R., McCrae, B., Foltz, J., & Sitzman, R.(1997). Lifetime victimization history, demographics, and clinical status in female psychiatric emergency room patients. Journal of Nervous and Mental Diseases, 185, 95—101.

Brown, M. H., Althouse, R., & Anfin, C.(1993). Guided dramatization: Fostering social development in children with disabilities. Young Children, 48(2), 68—71.

Carr, A.(1999). The handbook of child and adolescent clinical psychology. Routledge.

Burke, M., Dacis, H., Lee, Y., Hagan—Burke, S., Kowk, O., & Sugai, G.(2012). Universal screening for behavioral risk in elementary schools suing SWPBS expectatbiions. Journal of Emotional and Behavioral Disorders, 20, 38—54

Carr, E. G., Levin, L., McConnachie, F., Carson, J. I., Kemp, D. C., & Smith, C. E.(1994). Communication—based intervention for problem behavior. A user's guide for producing positive change. Baltimore: Paul H. Brookes.

Carter, D. R. & Horner, R. H.(2009). Adding functional behavioral assessment to First Step to Success: A case study. Journal of Positive Behavior Interventions, 11(1), 22—34.

Carter, J., & Sugai, G.(1989). Survey of prereferral practices : Responses from state departments of education. Exceptional Children, 55, 298—302.

Centers for Disease Control.(2010). Statistics on students with ADHD. Retrieved form http://www.cdc.gov/nchs/fastats/adhd.htm

Chace, M.(1958). Dance in growth or treatment settings. Music Therapy, I, 119—121.

Charman, T., Carroll, F., & Sturge, C.(2001). Theory of mind, executive function and social competence in boys with ADHD. Emotional and Behavioral Difficulties, 6, 27—45.

Cheney, C., & Morse, W. C.(1972). Psychodynamic interventions in emotional disturbance. In W. C. Rhodes & M. L. Tracy(Eds.), A study of child variance: Vol. 2. Interventions. Ann Arbor: University of Michigan Press.

Clark, J.(1998). Behavior tickets Quell misconduct. Behavior in Our Schools, 1(3), 19−20.

Cheney, D., Flower, A., & Templeton, T.(2008). Applying response to intervention metrics in the social domain for students at risk of developing emotional and behavioral disorders. Journal of Special Education, 42(2), 108−126.

Christenson, S., Thurlow, M., Sinclair, M., Lehr, C. A., Kaibel, C. M., Reschly, & Pohl, A.(2010). Check & Connect: A comprehensive student engagement intervention manual(2nd ed.). Minneapolis: University of Minnesota Press.

Colvin, G., & Sugai, G.(1988). Proactive strategies for managing social behavior problems: An instructional approach. Education and Treatment of Children, 11, 341−348.

Cooper, J. O. Heron, T. E, & Heward, W. L.(1987). Applied behavior analysis. Columbus, OH : Merrill.

Cooper, J. O. Heron, T. E., & Heward, W. L.(2010). 응용행동분석(상)(정경미, 김혜진 양유진, 양소정, 장현숙 역). 서울: 시그마프레스(원저 2007년 출간)

Crone, D. A., Hawken, L. S., & Horner, R. H.(2010). Responding to problem behavior in schools: The behavior education program (2nd ed.). New York: Guilford press

Darling, N., & Steinberg, L.(1993). Parenting style as context: An integrative model. Psychological Bulletin, 113(3), 487−496.

Davis C. A., Brady M. P., Hamilton R., McEvoy, M. A., & Williams, R. E.(1994). Effects of high−probability requests on the social interactions of young children with severe disabilities. Journal of Applied Behavior Analysis. 27: 619−637.

Davis, C. A., & Brady, M. P.(1993). Expanding the utility of behavioral momentum: Where we've been, where we need to go. Journal of Early Intervention, 17, 211−223.

Dempster F. N.(1991) Inhibitory processes: a neglected dimension of intelligence. Intelligence. 15: 157-73.

Dinkmeyer, D, &. Mackav, G. D.(1982). Raising a responsible child: Practical steps to successful family relationships. New York: Simon & Schuster.

Downing, J. A., Moran, M. R., Myles, B. S., & Ormsbee, C. K.(1991). Using reinforcement in the classroom. Intervention in School and Clinic, 27(2),

85-90.

Dunbar, R. I. M.(1996). Grooming, Gossip and the Evolution of Language. New York, Faber

Durand, V. M.(1990). Severe behavior problems: A functional communication training approach. New York: Guilford.

Edlund, C. V.(1969). Rewards at home to promote desirable school behavior. Teaching Exceptional Children, 1(4). 121-127.

Everett, S., Sugai, G., Fallon, L, Simonsen, B., & O'Keeffe, B.(2011) School-wide tier II interventions: Check-in, check-out getting started workbook. Retrieved form http://pbis.org/common/pbisresources/presentations/8APBS_Tier2_GettingStartedWorkbook.pdf

Fink, A. H.(1988). The psychoeducational philosophy: Programming implications for students with behavior disorders. Behavior on Our Schools, 2(2), 8-13.

Foss-Feig, J., Tadin, D., Schauder, K., & Cascio, C.(2013). A substantial and unexpected enhancement of motion perception in autism. Journal of Neuroscience, 33(19), 8243-8249.

Foxx, R. M. & Shapiro, S. T.(1978). The timeout ribbon: A nonexclusionary timeout procedure. Journal of Applied Behavior Analysis, 11, 225-242.

Foxx, R. M., & Azrin, N. H.(1972). Restitution A method of eliminating aggressive-disruptive behavior of retarded and brain damaged patients. Behaviour Research and Therapy, 10, 15-27.

Frederick, L. C., Linda, L. T. Susan, E. Y.(2000). Heritability and the Comorbidity of Attention Deficit Hyperactivity Disorder With Behavioral Disorders and Executive Function Deficits: A Preliminary Investigation, Developmental Neuropsychology, 17, No. 3, 273-287.

Garmezy, N., & Masten, M. S.(1994). Chronic adversities. In M. Rutter, E. Taylor, & L. Hersov (Eds.), Child and adolescent psychiatry. Oxford: Blackwell.

Ghim, H, R, Lee, H., & Park. S.(2001). Autistic children's understanding of false belief: Studies based on computerized animation task, In http://www.lucs.lu.se/epigenetic-robotics/Papers/Ghim.pdf.

Glasser, W.(1990). Reality therapy: A new approach to psychiatry. New York: Borego Press.

Goldstein, A. P., Spafkin, R. P., Gershaw, N. J., & Klein, P.(1983). Structures learning: A Psychoeducational approach for teaching social competencies. Behavioral Disorders, 8(3), 161-170.

Goodman, S. N.(1994). The use of predicted confidence intervals when planning experiments and the misuse of power when interpreting results. Annals of Internal Medicine 121:201－206.

Goodyer, I. M.(1990). Life experiences, development and childhood psychiatry. John Wiley.

Hallahan, D. P., & Kauffman, J. M.(2003). Exceptional Learners: Introduction to Special Education (9th ed.). Boston: Allyn and Bacon.

Halle, J., Bambara, L. M., & Reichle, J.(2008). 대체기술 교수. Bambara, L. M. & Kern, L.(2008). 장애학생을 위한 개별화 행동지원: 긍정적 행동지원의 계획 및 실행(pp. 321－368)(이소현, 박지연, 박현옥, 윤선아 공역). 서울: 학지사(원저 2005년 출간)

Harrington, R.(1996). Childhood bereavement: bereavement is painful but does not necessarily make children ill (Letter in response to Black(1996). British Medical Journal, 313, 822.

Harris, K. R.(1985). Definitional. parametric, and procendural considerations in time－out interventions and research, Exceptional Children, 51(4), 279－288.

Hanbury, M.(2008). 자폐 스펙트럼 장애교육: 현장 지침서. (곽승철 외 공역). 서울: 학지사(원저 2005년 출간).

Hawken, L. S., MacLed, S., & O'Neil, R.(2011). Effects of function of problem behavior on the responsiveness to the Behavior Education Program. Education and Treatment of Children, 34, 551－574.

Heward, W. L., Dardig, J. C., & Rossett, A.(1979). Working with Parents of handicapped children. Columbus, Ohio: Charles E. Merrill.

Hawken, L. S., Vincent, C. G., & Schumann, J.(2008). Response to intervention for social behavior: Challenges and opportunities. Journal of Emotional and Behavioral Disorders, 16(4), 213－225.

Hinshaw(1994). Attention Deficits and Hyperactivity in Children. Thousand Oaks, CA: Sage Publications.

Hogrefe, G. J., Wimmer, H., & Perner, J.(1986) Ignorance versus false belief: A developmental lag in attribution of epistemic states. Child Development, 57.

Holburn, S.(1997). A renaissance in residential behavior analysis? A historical perspective and a better way to help people with challenging behavior. The Behavior Analyst, 20,. 61－85.

Horner, R. H., Dunlap, G., Koegel, R. L., Carr, E. G., Sailor, W., Anderson, J. A., Albin, R. W., & O'Neill, R. E.(1990). Toward a technology of "nonaversive" behavioral support. Journal of the Association for Persons with Severe Handicaps, 15, 125－132.

Hughes, L.(1996) When an Insect is more like a Plant, Nature Australia, 25(4): 30−38.

Iwata, B. A., Dorsey, M. F., Sliver, K. J., Bauman, K. E., & Richman, G. S.(1982). Toward a functional analysis of self−injury. Journal of Applied Behavior Analysis, 27, 197−209.

Jacques, S. and Zelazo, P. D.(2001). The Flexible Item Selection Task(FIST): A Measure of Executive Function in Preschoolers, Developmental Neuropsychology, 20, No. 3, 573−591.

Kameya, L. I.(1972). Biophysical interventions in emotional disturbance. In W. C. Rhodes & M. L. Tracy(Eds.), A study of child variance: Vol. 2. Interventions. University of Michigan Press.

Karraker, R. J.(1977). Self versus teacher selected reinforcers in a token economy. Exceptional Children, 43(7), 454−455.

Kauffman, J, M.(1989). Characteristics of children's behavior disorders(4th ed.). Columbus, OH : Merrill.

Kazdin, A. E.(1995). Child, parent and family dysfunction as predictors of outcome in cognitive−behavioral treatment of antisocial children. Behaviour Research and Therapy, 33, 271−281.

Kennedy, M., & Swain−Bradway, J.(2012, March). Using dynamic practices to support PBIS. Presented at the International Convention of the Association for Positive Behavior Support(APBS). Atlanta, Georgia.

Kerr, M. M., & Nelson, C. M.(1989). Strategies for managing behavior problems in the classroom(2nd ed.). New York: Merrill.

Kerr, M. & Nelson, M.(2010). Strategies for addressing behavior problems in the classroom. Upper Saddle River, NJ: Pearson.

Kinchla, R. A.(1974). Detecting target elements in multi−element arrays: A confusability model. Perception and Psychophysics, 15, 149−158.

Klaus, M. H. & Kennell, J. H.(1976). Maternal−Infant Bonding. St. Louis: Mosby.

Koegel, L. K., Koegel, R. L., Kellegrew, D., & Mullen, K.(1996). Parent education for prevention and reduction of severe problem behaviors. In L. K. Koegel, R. L. Koegel, & G. Dunlap(Eds.), Positive behavioral support. Baltimore: Paul H. Brookes.

Kohn, A.(2011). Well, duh!−Ten obvious truths that we shouldn't bo ignoring, American School Board Journal, April

Kramer, E.(1987). Art as therapy with children. New York: Schocken Books.

Lennox, D. B., & Miltenberger, R. G.(1989). Conducting a functional assessment of problem behavior in applied setting. Journal of the Association for Persons with Severe Handicaps, 14(4), 304−311.

Lewis, R. B., & Doorlag, D. H.(1995). Teaching special students in the mainstream. Englewood Cliffs, NJ: Prentice−Hall.

Lewis, R. B., & Doorlag, D. H.(2011). Teaching special students in general education classrooms(8th ed.). Englewood, NJ: Merrill.

Lo, Y., Algozzine, B., Algozzine, K., Horner, R., & Sugai, G.(2010). Schoolwide positive behavior support. In B. Algozzine A. Daunic, & S. Smith(Eds.), Preventing problem behaviors: Schoolwide programs and classroom practices (pp. 33−52). Thousand Oaks, CA: Corwin.

Long, N, J, Morse, W. C. & Newman, R, G.(1980). Conflict in the classroom (4th ed.). Belmont, CA: Wadsworth..

Long, N.(2010). Why competent persons have meltdowns working with troubled students: A personal essay, Reclaiming Children and Youth, 18(4), 40. Retrieved form http://www.reclaimingjournal.com

Martin, G., & Pear, J.(1999). Behavior modification; What it is and how to do it. New Jersey, Prenticce Hall.

Martin, G., & Pear, J.(1992). Behavior modification: What it is and how to do it. Englewood Cliffs, NJ: Prentice−Hall.

Mayer, G. R.(2009). 학급행동관리(조미현 역). 서울: 한국행동분석연구소(원저 2006 년 출간).

McGonigal, J.(2011). Reality is broken: Why games make us better and how they can change the world. New York: Penguin Press.

McLaughlin, T. F., Krappman, V. F., & Welsh, J. M.(1985). The effects of self−recording for on−task behavior of behaviorally disordered special education students. RASE, 6(4), 42−45.

Meichenbaum, D., & Goodman, J.(1971). Training impulsive children to talk to themselves: A means of developing self−control. Journal of Abnormal Psychology, 77, 115−126.

Michel, D. E.(1985). Music therapy: An introduction to therapy and special education through music (2nd ed.). Springfield, IL: Charles C. Thomas.

Minner, S.(1981). Using photography as an adjunctive and creative approach. Teaching Exceptional Children, 13(4), 145−147.

Moffitt, T. E., & Caspi, A.(1998). Annotation: Implications of violence between intimate partners for child psychologists and psychiatrists. Journal of Child Psychology and Psychiatry, 39, No. 2, 137−144.

Moreno, J. L.(1946). Psychodrama. Beacon, NY: Beacon House.

Morgenthaler, T.(2013). How many hours of sleep are enough for good health? Mayo Clinic Website, Expert Answers. Retrieved form http://www.mayoclinic. org/healthy−living/adult−health/expert−answers/how−many−hours−of−sleep−are−enough/faq−20057898

Morris, R. J.(1985). Behavior modification with exceptional children: Principles and practices. Glenview, IL: Scott, Foresman.

Naumburg, M.(1958). Art therapy: Its scope and function in the clinical application of projective drawings. New York: Grune and Stratton.

Navon, D.(1977). Forest before trees: The precedence of global features in visual perception. Cognitive Psychology, 9:353−383.

O'Neill, R., Horner, R., Albin, R, Sprague, J., Storey, R., & Newton, J.(1997). Functional assessment and program development for problem behavior: A practical handbook. Pacific Grove CA: Brooks/Cole.

OSEP Center on Positive Behavioral Interventions and Supports(2014). Schools that are implement SWPBIS. Eugene, OR: University of Oregon. www.pbis.org

Panyan, M. C.(1980). How to use shaping. Austin, TX: Pro−Ed.

OSEP Technical Assistance Center on Positive Behavioral Interventions ans Supports(October 2015b). Positive Behavioral Interventions and Supports (PBIS) Implementation Blueprint: Part 2 − Foundations and Supporting Information. Eugene, OR: University of Oregon. www.pbis.org

OSEP Technical Assistance Center of Positive Behavioral Interventions and Supports(October 2015a). Positive Behavioral Interventions and Support(PBIS) Implementation Blueprint: Part 1 − Foundations and Supporting Information. Eugene, OR: University of Oregon. www.pbis.org

Parsons, M. B., & Reid, D. H.(1990). Assessing food preference among persons with profound mental retardation: Providing opportunities to make choices. Journal of Applied Behavior Analysis, 23, 183−195.

Pennington, B. F, Ozonoff, S.(1996). Executive functions and developmental psychopathology. Child Psychol Psychiatry, 37, 51−87.

Perner, J. & Wimmer, H.(1985). John thinks that Mary thinks that Attribution of second−order beliefs by 5− to 10−year old children. Journal of Experimental Child Psychology, 39, 437−471.

Perner, J., Kain, W., & Barchfeld, P.(2002). Executive control and higher−order theory of mind in children at risk of ADHD. Infant & Child Development, 11, 141−158.

Peterson, C. Siegal, M.(1999). Representing inner Worlds: Theory of mind in Autistic, Deaf, and Normal Hearing Children, Psychological science, 10(2).

Piaget, J.(1926). The language and thought of the child. New York: Harcourt, Brace(Original work published 1923).

Powell, T. H., & Powell, I. Q.(1982). Guidelines for implementing time−out procedures. The Pointer, 26, 18−21.

Prater, M. A., Plank, S., & Miller, S.(1991). The effects of self−monitoring on decreasing talking−out behavior and increasing time on−task. Perceptions, 26(4), 12−17.

Proctor, M. A. & Morgan, D.(1991). Effectiveness of a response cost raffle procedure on the disruptive classroom behavior of adolescents with behavior disorders. School Psychology Review, 20(1). 97−109.

Raschke, D., Dedrick, C., & Takes, M.(1986). Videotape feedback as a therapeutic tool. Teaching: Behaviorally Disordered. Youth, 2, 14−19.

Redl, F.(1959). The concept of the life space interview. American Journal of Orthopsychiatry, 29, 1−18.

Redl, F., & Wineman, D.(1957). The aggressive child. New York: The Free Press.

Reisberg, L., Brodgian, D., & Williams, G. J.(1991). Classroom management: Implementing a system for students with BD. Intervention in School and Clinic, 27(1), 31−38.

Rhodes, W. C., & Gibbins, S.(1972). Community programming for the behaviorally deviant child. In H. C. Quay & J. F. Werry(Eds.), Psychopathological disorders of childhood. New York: John Wiley & Sons.

Rie, H., Rie, E., Stewart, S., & Anbuel, J.(1976). Effects of Ritalin on underachieving children: A replication. American Journal of Orthopsychiatry, 45, 313−332.

Riffel, L.(2011). Positive behavior support at the tertiary level: Red zone strategies. Thousand Oaks, CA: Corwin.

Roberts, M. W.(1988). Enforcing timeouts with room timeouts. Behavior. Modificatioin. 4, 353−370.

Robertson, L. C., & Lamb, M. R.(1991). Neuropsychological contributions to theories of part/whole organization. Cognitive Psychology, 23, 299−330.

Robherts, T. B.(1975). Four psychologies applied to education: Freudian−Behavioral−humanistic−transpersonal. Cambridge, MA: Schenkman Publishing Co.

Ross, A. O.(1964). The exceptional child in the family: Helping parents of exceptional children. New York: Grune & Stratton.

Rotter, S.(1996). Biophysical aspects of cortical networks. In: V Torre and F Conti(eds.) Neurobiology: Ionic Channels, Neurons, and the Brain. New York: Plenum.

Rumsey, J. M., & Hamburger, S. D.(1988). Neuropsychological findings in high-functioning autistic men with infantile autism, residual state. Journal of Clinical and Experimental Neuropsychology, 10, 201-221.

Rumsey, J. M.(1985). Conceptual problem-solving in highly verbal, norretarded autistic men. Journal of Autism and Developmental Disorders, 15, 23-35.

Rusch, F. R., Rose, T., & Greenwood, C. R.(1988). Introduction to behavior analysis in special education. Englewood Cliffs, NJ : Prentice-Hall.

Russell P. A., Hosie J. A., Gray C. D.(1998), The development of theory of mind in deaf children. Child Psychol Psychiatry 39, 903-910.

Rutter, J.(1991). Refugees We Left Because We Had To An Educational Book for 14-18 Year Olds. Refugee Council, London.

Rutter, M.(1985). Resilience in the face of adversity: Protective factors and resistance to psychiatric disorder. British Journal of Psychiatry, 147, 598-611.

Rutter, M., & Casaer, P.(1991). Biological risk factors for psychosocial disorders. Cambridge, UK: Cambridge University Press.

Salend, S. J.(1987). Contingency management systems. Academic Therapy, 22(3), 245-253.

Sandall, S., & Ostrosky, M.(2010). 도전적 행동에 대처하는 실제적 아이디어:특별한 영유아 모노그래프 시리즈 1호(김진희, 김호연 역). 서울: 학지사(원저 1999년 출간).

Schloss, P. J.(1986). Sequential prompt instruction for mildly handicapped learns. Teaching Exceptional Children, 18(3), 181-184.

Schloss, P. J., & Smith, M. A.(1998). Applied behavior analysis in the classroom. Boston: Allyn & Bacon.

Schmalz, N.(1987). Home-school notebook: How to find out what your child did all day. Exceptional Parent, 17(6), 18-19, 21-22.

Scholastic, Inc.(2011). Time management for teachers, Retrieved form http://www.scholastic.com/teachers/article/time-management

Scott, J., Clark, M. S., & Brady, M. P.(2000). Students with Autism, Singular Publishing Group, San Diago, California.

Selman, R. L., & Byrne, D. F.(1974). A structural-developmental analysis of levels of role taking in middle childhood. Child Development, 45, 803-806.

Shea, T, M., & Bauer, A. M.(1994). Learners with disabilities: A social systems perspective of special education. Madison, WI: Brown & Benchmark Publisher.

Shea, T. M., & Bauer, A. M.(1987). Teaching children and youth with behavior disorders (2nd ed).

Sluckin, A.(1981). Growing up in the playground:The social development of children. London: Routledge and Kegan Paul.

Smith, L.(1997). Creating an integrated language development program. Journal of College Reading and Learning, 27, 167−173.

Smith, T. (1993). IN Carr, A.(1999). Child and Adolescent Clinical Psychology. New York, routeledge.

Snow, J. H., & Hooper, S. R.(1994). Pediatric Traumatic Brain Injury. Sage Publications. London.

Spence, S.(1980). Social Skills Training with Children and Adolescents. A Counsellor Manual. NFER−Nelson, Horsham.

Stern, D.(1985). The Interpersonal World of the Infant. New York: Basic Books.

Teunisse, J. P. W. M., Cools, A. R., Van Spaendonck, K. P. M., Aerts, F. H. T. M., & Berger, H. J. C.(2001). Cognitive styles in high−functioning adolescents with autistic disorder. Journal of Autism and Developmental Disorders, 31 (1), 55−66.

Stormont, M., Lewis, T. J., Becker, R., & Johnson, N. W.(2012) 프로그램·학교차원의 긍정적 행동지원 시스템을 실행하기(노진아, 김연하 공역). 서울: 시그마프레스(원저 2008 출간).

Sugai, G., Horner, R. H. Algozzine, R., Barrett, S., Lewis, T., Anderson, C. Simonsen, B.(2010). School−wide positive behavior support: Implementers' blueprint and self−assessment. Eugene, OR: OSEP Center on PBIS. www.pbis.org

Thomas, A., & Chess, S.(1977). Temperament and development. New York: Brunner/Mazel.

Tobin, T, J. & Sugai, G.(1993). Intervention aversiveness: Educators' perceptions of the need for restrictions on aversive interventions. Behavioral Disorders, 18(2). 110−117.

U.S. Department of Education(2012). What works clearinghouse. Washington, DC: Institute of Education Sciences, National Center for Education Evaluation and Regional Assistance.

Ulman, Kramer, & Kwiatkowska(1977). Art Therapy in the United States. Art Therapy Publications, Vermont.

Van Houten, R. Nau, P., Mackenzie—Keating, S., Sameoto, D., & Colavecchia, B.(1982). An analysis of some variables influencing the effectiveness of reprimands. Journal of Applied Behavior Analysis, 15, 65—83.

Vaughn, S., Bos, C. S., & Lund, K. A.(1986). But they can do it in my room: Strategies for promoting generalization. Teaching Exceptional Children. 18(3), 176—180.

Wagner, M.(1972). Environmental interventions in emotional disturbance. In W. C. Rhodes & M. L. Tracy(Eds.), A study of child variance: Vol. 2. Interventions. Ann Arbor: University of Michigan Press.

Walker, J. E., & Shea, T. H.(1995). Behavior Management; A practical approach for education(6th ed.). Englewood Cliff, NJ: Prentice Hall, Inc.

Waterhouse, L., & Fein, D. C.(1982). Language Skills in developmentally disabled children. Brain and Language, 15, 307—333.

Webber, J. & Scheuermann, B.(1991). Accentuate the positive eliminate the negative. Teaching Exceptional Children, 24(1), 13—19.

Werner, E. E., & Smith, R. S.(1982). Vulnerable but invincible: A longitudinal study of resilient children and youth. New York: McGraw—Hill.

Wheeler, M., Keller, T. & Dubois, D.(2010). Social policy report: Review of there recent randomized trials of school—based mentoring. Making sense of mixed feelings. Sharing Child & Youth Development Knowledge, 24(3), 1—21.

Williams, G. H., & Wood, M. M.(1977). Developmental art therapy. Baltimore: University Park Press.

Wilson, J. E., & Sherrets, S. D.(1979). A review of past and current pharmacological interventions in the treatment of emotionally disturbed childre and adolescents. Behavioral Disorders, 5(1), 60—69.

Wimmer, H., & Perner, J.(1983). Beliefs about beliefs: Representation and constraining function of wrong beliefs in young children's understanding of perception. Cognition, 13, 103—128.

Wolery, M., Ault, M. J., & Doyle, P. M.(1992). Teaching students with moderate to severe disabilites: Use of response prompting strategies. White Plains, NY: Longman Publishing Group.

Wolpe, J.(1982). The practice of behavior therapy(3rd ed.). New York: Pergamon Press.

Wood, F. H.(1978). Punishment and aversive stimulation in special education: Legal, theoretical and practical issues in their use with emotionally disturbed children and youth. Minneapolis: University of Minnesota.

Wubbolding, R.(1988). Using Reality Therapy. Harper & Row: New York.

Yirmiya, R.(1996). Endotoxin produces a depressive-like episode in rats. Brain Research, 711, 163-174.

Zeitlin, S. & Williamson, G. G.(1988). Developing family resources for adaptive coping. Journal of the Division for Early Childhood, 12, 137-146.

Zelazo, P. D., Burack, J. A., Benedetto, E., & Frye, D.(1996). Theory of mind and rule use in individuals with Down's syndrome: a test of the uniqueness and specificity claims. Child Psychol Psychiatry, 37:479-484.

Zirpoli, T. J.(2008). 통합교육을 위한 행동관리의 실제, 제5판(유재연, 임경원, 김은경, 이병혁, 박경옥 역). 서울: 시그마프레스(원저 2008년).

찾아보기

국문색인

영문색인

Ellis   72

emotion   96

emotion recognition task   263

emotional disturbance   89, 260, 278

empathy   169, 294

environmental factor   105

environmental theory   77, 252

environment-centered interventions   247, 251

equilibration   93

exclusion time out   213

executive function   261

existentialism   51

exo system   101, 288

expressive media   232

extinction   115, 122, 192, 202

F

facilitation   109, 187

facilitator   226

fading   162, 328

false belief   96

false belief task   96, 263

family stress   256

family-environment interventions   251

fixed interval reinforcement   132, 134

fixed ratio reinforcement   132, 133

formal operational period   93, 95

formulation   319

forward shaping or chaining   174

functional analysis   316, 321

functional assessment   316

functional movement training   217

G

generalization   119, 120, 172

genetic counseling   278

genital stage   81

H

Hall   152

hemophilia   84, 279

hepatitis   86

heredity   86

horticultural therapy   239

Houten   152

human right   56

hyperactivity   215

hypertension   86

hypothyroidism   86

I

id   79

identification   186

inadvertent reinforcement   256

inappropriate behavior   50, 58

inconsistent discipline   256

individualized education program; IEP   60

initial phase   123

insecure attachment   256

integration theory   99

intellectual stimulation   297

intelligence quotient; IQ   60

interest boosting   240

interface-centered interventions   247

interpreting   270

intervention   193

investigation   228

J

judging   270

저자 약력

김 미 경

학 력
대구대학교 대학원 특수교육 정서·행동장애아교육 전공(문학석사)
대구대학교 대학원 특수교육 정서·행동장애아교육 전공(문학박사)

경 력
현) 세한대학교 특수교육과 교수
　　응용분석학회(ABA)한국지부 상임이사
　　한국정서·행동장애교육학회 이사
　　한국학습장애학회 이사
　　한국발달장애학회 이사

논문 및 저서
• 고기능 자폐아의 중앙응집
• ADHD SC-4에 의한 ADHD아동의 출현율 조사 연구
• 음운인식 중재가 읽기장애 아동의 뇌 활성화에 미치는 효과 연구 외 50여 편

• 자폐범주성 장애아동교육
• 정서 및 행동장애아 교육
• 장애아동 상담 및 부모교육의 실제 외 10여 편

행동수정 및 긍정적 행동지원의 이해

초판발행　　　2019년　9월 10일
중판발행　　　2023년　8월 10일

지은이　　　　김미경
펴낸이　　　　노　현

편　집　　　　우석진
기획/마케팅　　이영조
표지디자인　　벤스토리
제　작　　　　고철민·조영환

펴낸곳　　　　㈜ 피와이메이트
　　　　　　　서울서울특별시 금천구 가산디지털2로 53 한라시그마밸리 210호(가산동)
　　　　　　　등록　2014. 2. 12. 제2018-000080호
전　화　　　　02)733-6771
f a x　　　　02)736-4818
e-mail　　　　pys@pybook.co.kr
homepage　　www.pybook.co.kr
ISBN　　　　979-11-90151-23-8　93370

copyright©김미경, 2019, Printed in Korea

정　가　　　　24,000원

박영스토리는 박영사와 함께하는 브랜드입니다.